创意城市蓝皮书

中国创意产业发展报告
Chinese Creative Industries Report
(2021)

主 编 张京成

·北京·

图书在版编目（CIP）数据

中国创意产业发展报告.2021／张京成主编.--北京：中国经济出版社，2021.9
ISBN 978-7-5136-6645-9

Ⅰ.①中… Ⅱ.①张… Ⅲ.①文化产业-研究报告-中国-2021 Ⅳ.①G124

中国版本图书馆 CIP 数据核字（2021）第 189367 号

责任编辑　严　莉
责任印制　巢新强
封面设计　任燕飞设计室

出版发行	中国经济出版社
印　刷　者	北京艾普海德印刷有限公司
经　销　者	各地新华书店
开　　　本	710mm×1000mm　1/16
印　　　张	30.5
字　　　数	510 千字
版　　　次	2021 年 9 月第 1 版
印　　　次	2021 年 9 月第 1 次
定　　　价	128.00 元
广告经营许可证	京西工商广字第 8179 号

中国经济出版社　网址 www.economyph.com　社址 北京市东城区安定门外大街 58 号　邮编 100011
本版图书如存在印装质量问题，请与本社销售中心联系调换（联系电话：010-57512564）

版权所有　盗版必究（举报电话：010-57512600）
国家版权局反盗版举报中心（举报电话：12390）　服务热线：010-57512564

中国创意产业发展报告(2021)编委会

主　编：张京成
副主编：许玥姮　王齐国
编　委：(以姓氏笔画排序)
　　　　马　达　王伟明　王伟杰　王苗苗　王晓云
　　　　石火培　刘　畅　刘　涛　刘光宇　刘怀玉
　　　　刘轶梅　成　文　何世剑　吴扬文　吴晨生
　　　　旷婷玥　李　林　杨　洋　芦秋婉　苏　刚
　　　　林　玮　赵振东　黄永林　曾凡颖　颜　鹏

"创意城市蓝皮书"总序

张京成

　　城市是生产力发展到一定阶段的产物,并随着生产力的发展而不断升级。时至今日,伴着工业文明的推进和文化提升,以及服务业的大力发展,经济增长方式的转变和产业结构的调整正在推动一部分城市向着一个前所未有的高度迈进,这就是创意城市。

　　创意城市已经为众多有识之士所关注、所认同、所思考。在全球性竞争日趋激烈、资源环境束缚日渐紧迫的形势下,城市对可持续发展的追求,必然要大力发展附加值高、环境友好、成效显著的创意经济。创意经济的发展实质上就是要大力发展创意产业,而城市是创意产业发展的根据地和目的地,创意产业也正是从城市发端、在城市中集聚发展的。创意产业的发展又激发了城市活力,集聚了创意人才,提升了城市的文化品位和整体形象。

　　综观伦敦、纽约、东京、巴黎、米兰等众所周知的创意城市,其共同特征大都离不开创意经济。首先,这些城市都在历史上积累了一定的经济、文化和科技基础,足以支持创意经济的兴起和长久发展;其次,这些城市都已形成了发达的创意产业,而且能以创意产业支持和推进更为广泛的经济领域创新;最后,这些城市都具备了和谐包容的创意生态,既能涵养相当数量和水平的创意产业消费者,又能集聚和培养众多不同背景和个性的创意产业生产者,使创意经济行为得以顺利开展。

　　对照上述特征不难发现,我国的一些城市已经或者正在迈向创意城市,从北京、上海到青岛、西安等二线城市,再到义乌、丽江等中小城市,我们自2006年起每年编撰的《中国创意产业发展报告》一直忠实记录着它们的创意轨迹。今天,随着创意产业的蔚然成风,其中的部分城市已经积累了相当丰富的实践经验以及大量可供研究的数据与文字资料,对其进行专门研究的时机已经成熟。

　　因此,我们决定在《中国创意产业发展报告》的基础上,逐步对中国各主要创意城市的发展状况展开更加深化、细化和个性化的研究和发布,由此即产生了"创意城市蓝皮书",这也是中国创意产业研究中心"创意书系"的重要组成部分。希望这部蓝皮书能够成为中国每一座创意城市的忠实记录者、宣传推介者和研究探索者。

是为序。

2011年11月

Preface to the Blue Book of Creative Cities

Zhang Jingcheng

City came into being while social productivity has developed into a certain stage and upgrades with the progress of the productivity. Along with the marching of industrial civilization, cultural development, the growth of the service industry, the transformation of economic growth and the adjustment of industrial structure, cities worldwide have by now entered an unprecedented stage as of the era of creative cities.

Creative cities have caught the attention from various fields these years. While the global competition for limited resources gets heated, sustainable development has become the only solution for cities, which brings creative economy of high added value and high efficiency into this historic stage. Creative industries is the parallel phrase to creative economy, which regards cities as the bases and the core of the development, and cities is also the place where creative industries started and clustered. On the other hand, creative industries helped to keep the city vigorous, attract more talents and strengthen the public image of the city.

From the experiences of world cities such as London, New York, Tokyo, Paris, and Milan, creative economy has been their common characteristic. First, histories of these cities have provided them with certain amount of economic, cultural and technological resources, which is the engine to start and maintain creative economy; second, all these cities have had sound creative industries which can function as a driving force for the innovation and economic growth of the city; finally, these cities have fostered harmonious and tolerant creative ecology through time, which conserves consumers of creative industries, while attracting more creative industries practitioners.

It can be seen that some Chinese cities have been showing their tendency on the way to become creative cities, such as large cities of Beijing and Shanghai, medium-size cities of Qingdao, Xi'an and even small cities of Yiwu and Lijiang, whose development paths have been closely followed up in our *Chinese Creative Industries Report* started in 2006. By now, some cities have had rich experiences, comprehensive data and materials worthy to be studied, thus the time to carry out a special research has arrived.

Therefore, based on *Chinese Creative Industries Report*, we decided to conduct a deeper, more detailed and more characteristic research on some active creative cities of China, leading to the birth of *Blue Book of Creative Cities*, which is also an important part of *Creative Series* published by China Creative Industries Research Center. We hope this blue book can function as a faithful recorder, promoter and explorer for every creative city of China.

前　言

作为"十三五"收官之年的2020年是特殊的一年,年初新冠肺炎疫情暴发,包括创意产业在内的各行业在这一年中均受到前所未有的冲击。从国家到地方多措并举提振经济,促进文化消费、加快创意产业融入内循环、以"文化+"推动区域融合与城乡发展,创意产业数字化转型进一步加速,并在疫情防控进入常态化后继续发挥引领作用。

随着城市更新逐渐成为城市发展新模式,创意产业的发展目标也逐渐融合到城市更新的整体目标之中。近年来,城市更新相关政策中涉及文化的议题逐渐得到重视,为城市更新与创意产业的融合发展提供了政策保障。各地在推进城市更新同时发展创意产业的实践中获得了宝贵经验,历史文化街区、工业文化遗产等文化资源在城市更新中得到保护和利用,创意产业为城市空间重新布局注入新的活力。"十四五"期间,城市更新行动的规模将进一步扩大并得到规范,在城市更新中实现共建共治共享,并借由创意产业的发展获得空间重塑与文化的传承。

《中国创意产业发展报告(2021)》以"城市更新与创意产业发展"为主题,通过若干城市创意产业的发展反映全国总体情况和趋势,组织国内具有代表性的北京、天津、石家庄、哈尔滨、常州、扬州、宁波、南昌、抚州、青岛、郑州、武汉、重庆、贵阳、西安、西宁、澳门17座城市的专家学者参与撰稿。关注各城市如何在城市更新中激发创意产业发展活力,推动创意产业升级转型;详细阐述这些城市创意产业发展现状、创新模式与特点,总结城市更新与创意产业融合发展的成功经验,归纳面临的问题与发展短板,结合创意产业正在面对的国内外巨大挑战,探索应对措施及发展方向。

本年度报告沿袭以往"总报告、分城市报告、评析"三个板块的基本框架,继续发布"中国城市文化创意指数报告",采用文化创意+创意生态、赋能能力、审美驱动力、创新驱动力4个方面、16个指标、45个数据项对国内149个城市创意产业发展给予评价分析,形成指数报告,发布排行榜,并对"粤港澳大湾区""长三角""京津冀"三大城市群进行专题研究分析。

《中国创意产业发展报告》连续16年跟踪观察中国创意产业的发展,较为完整地记录了创意产业在中国主要城市的发展历程。2021年的中国创意产业发展报告将纳入"创意城市蓝皮书"体系,形成统一的品牌,我们将与各地合作者、广大读者一起,继续致力于推动创意产业发展。在此,对参与本书撰稿的各创意城市的专家学者、相关政府部门和协会的领导表示衷心感谢。

最后,还要感谢北京市科学技术研究院(北科智库)对《中国创意产业发展报告》编撰工作的一贯支持,作为智库产品的重要载体,创意城市蓝皮书将继续丰富北科智库的成果内容和形式。

Foreword

As the final year of the 13th Five-Year period, 2020 was a special year. The outbreak of COVID-19 before the Spring Festival has brought about unprecedented impact to all industries including creative industries. From central to local government, measures have been taken to revitalize economic development, promote cultural consumption, speed up creative industries integrating into internal circulation, and contribute to regional integration as well as urban and rural development based on "culture plus" strategy. The digital transformation of creative industries has been further accelerating and continuely leading when the epidemic prevention and control has become normalized.

Since urban renewal has gradually become a new paradigm of urban development, the aims of the development of creative industries have gradually integrated into the general aims of urban renewal. In recent years, culture related topics have been increasingly valued among policies regarding urban renewal, which provides policy guarantee to the integration of urban renewal and creative industries. Apart from promoting urban renewal, local governments have also gained precious experience from developing creative industries. Cultural resources such as historic cultural areas and industrial heritage have been protected and utilized via urban renewal. Creative industries have instilled new vitality into urban restructuring. According to the 14th Five-Year Plan, the scale of urban renewal will be further enlarged and standardized. This will accomplish co-construction and co-governance and sharing, and will actualize spatial remolding and cultural inheritance via the developing creative industries.

The Chinese Creative Industries Report 2021, themed with urban renewal and creative industries development, organized 17 representative cities in

China to join and contribute in writing which include Beijing, Tianjin, Shijiazhuang, Harbin, Changzhou, Yangzhou, Ningbo, Nanchang, Fuzhou, Tsingtao, Zhengzhou, Wuhan, Chongqing, Guiyang, Xi'an, Xining and Macau. The report focuses on how the cities stimulate vitality of creative industries development, how they promote the upgrading and transformation of creative industries; elaborates on the present situation, innovation modes and characteristics of creative industries among the cities, summarizes successful experience of urban renewal and the development of creative industries integration, concludes the issues confronted and the weaknesses in its development, and explores measures and fufure directions in view of the huge challenges creative industries face at home and abroad.

This annual report follows the three part basic framework: general summary, individual city report, and comment and analysis. It continues to publish the report on Chinese urban cultural creative industries, offers comments and analysis on the development of urban creative industries among 149 cities in China measured in 4 aspects (cultural creativity + creative ecology, enabling skills, aesthetic driving force and innovation driving force), 16 indexes, and 45 data items, formulates index report and publishes rankings. On top of this, the annual report does thematic research and analysis into three city clusters: Guangdong—Hong Kong—Macao Greater Bay Area, Yangtze River Delta, and Beijing—Tianjin—Hebei region.

Over the past 16 years, the *Chinese Creative Industries Report* has been tracking the development of Chinese creative industries. It records the process of development of creative industries among major cities in China comprehensively. As an integrated brand, In 2021, *Chinese Creative Industries Report* becomes part of the *Blue Book of Creative Cities series*. We will co-operate with contributors and public readers from different regions, dedicating in promoting the development of creative industries continuously. Hereby, we would like to express heartfelt gratitude to those who contributed to this report, experts and scholars in each creative city and officials of related government sectors and associations.

Finally, we would also like express our gratitude to Beijing Academy of Science and Technology for supporting *the Chinese Creative Industries Report*. As an important carrier of Think Tank products, this blue book will continue to enrich the content and form of the achievements.

目 录

第一章　总报告：城市有机更新促进中国创意产业持续发展……………（1）

　　2020年初新冠肺炎疫情暴发，包括创意产业在内的经济社会发展承受了前所未有的压力。从国家到地方多措并举提振创意文化消费、加快创意产业融入内循环、以"文化+"推动区域融合与城乡发展。随着城市更新行动成为"十四五"时期我国城市发展进程中重要工作，创意产业与城市更新融合迎来新的机遇。

第二章　北京：文化创意产业在城市更新中发展壮大………………（21）

　　2020年新冠肺炎疫情暴发后，北京一方面出台政策措施支持文化创意企业持续发展，另一方面继续推进全国文化中心建设，以文化的繁荣兴盛引领文化创意产业的发展，实现文化创意产业的持续增长。同时，以城市规划为蓝图，实施城市更新行动，涵养历史与现代交融的城市文化气息，赋予城市生机活力。

第三章　天津：城市更新助力创意产业融入京津冀协同发展…………（37）

　　在疫情防控下，天津积极推动文化创意产业复工复产，主动谋划、主动作为，以文旅融合为依托保护传承文化遗产，当好服务企业"店小二"，促进城市更新，推动天津创意产业深度融入京津冀协同发展。"十四五"时期，创意产业对经济社会高质量发展的带动价值和重要作用将更加凸显，在要素市场建设、"文旅+"战略、特色创意产品等方面展现出更大视野。

第四章　石家庄：推进智慧城市建设，提升城市文化品质……………（59）

　　作为一个发展中城市，石家庄面临传统产业转型升级、县域经济做大做强、资源环境约束和生态环境压力。在这种背景下，石家庄市提出建设新型智慧城市，以云计算、大数据、移动互联网、人工智能、5G、物联网为基础的新一代信息技术赋能城市建设和经济增长，重塑城市核心竞争力，通过推进新型城镇化和建设现代化省会城市，加快融入京津冀世界级智慧城市群。

第五章　哈尔滨：在城市更新过程中注重文化创意产业发展 …………（81）

哈尔滨市在城市更新过程中，突出以文化为中心的发展之路，突出城市文化功能，增强城市文化驱动力，与哈尔滨市正在实施城市发展战略，实现全面振兴全方位振兴相一致。城市更新保存了城市历史文化，延续了城市文脉，记录了城市个性的发展和演进，注重和加强与文化创意产业的融合发展，不断提升城市影响力和吸引力。

第六章　常州：红色 IP 引领，助力城市更新和创意产业升级 …………（99）

常州以红色 IP 为引领，运用"文旅+"思维，形成"红色 IP+文化 IP"的发展思路，将文化资源优势转变为红色 IP 优势，塑造有内涵、有创意、有颜值的红色 IP 品牌，积极建设可体验、宜休闲、有温度的红色文化示范区，创新基于"诗与远方"融合的文旅产业高质量发展模式，助力城市更新和创意产业发展，为"大运河文化带"战略和"文旅休闲明星城"战略赋能。

第七章　扬州：打造特色创意街区，助力古城文创产业发展 …………（125）

扬州作为一座 2500 年的历史文化名城，有着丰富的历史文化资源。近年来，扬州市委市政府致力于经济高质量发展的同时，不断发挥文化资源优势，推进文化创意产业发展，通过城市"微更新"打造系列特色文化创意集聚区，成功揽获"东亚文化之都""运河之都"和"美食之都"的称号，将扬州打造成为古代文化与现代文明交相辉映的世界名城。

第八章　宁波：城市更新中的宁波想象 …………（141）

宁波对城市更新有着极高的要求，体现出对传统与当代的双重重视。2020年，宁波组建博物院、文化遗产管理研究院，充分发挥大运河（宁波段）遗产管理委员会作用，组织多项活动，促使现代创意点亮传统城市，提升市民文化素养。未来，宁波的城市更新将更加依靠数字化改革，将乡村振兴与都市区协同发展结合起来，助力浙江省高质量发展，建成共同富裕示范区。

第九章　南昌：城市改造迭代创新，推动文化创意产业振兴发展 ……（159）

南昌市在旧城改造、城市更新和文化创意产业迭代发展中，不断探索，创新实践，成绩斐然。绳金塔、万寿宫历史文化街区、绿地象南文化商业中心、佑民寺洪州禅文化旅游街区、"红谷十景"项目等城市文化品牌打造,南昌汉代海昏侯国遗址博物馆建设、"三大"开发区特色项目开发及形形色色的文旅特色小镇打造等,起着标杆和引领作用,形成了许多典型经验。

第十章 抚州:城市更新中的文化传承与产业创新 ………………… (191)

抚州以"临川韵味、山水秀城"为总体设计目标,城市更新围绕市域、规划区和中心城区空间体系规划。注重城市空间的氛围营造和城市功能品质提升,优化文化商业空间,实施综合、全面的城市更新。对于老城区的更新及遗产保护,坚持"街区建设、规划先行"的原则,编制相应的保护规划,以唤醒历史文化为核心,让其成为造福民生的活性资源。

第十一章 青岛:城市更新与文化创意产业的共生共荣 ………… (213)

2020年,面对突如其来的新冠肺炎疫情冲击和复杂多变的外部环境,青岛市的文化创意产业在曲折中奋进,文旅产业在多方探索中提质增效。在存量时代,城市更新呈现多元化发展趋势,以文化创意产业引导的城市更新模式,不仅护住了城市文化根脉,也降低了城市改造成本、提升了城市品位。城市更新的完成,也为文化创意产业的发展和突破提供了空间和保障。

第十二章 郑州:推动黄河文化保护传承弘扬,打造历史文化主地标
城市 ………………………………………………………… (235)

郑州通过完善推进机制、强化项目支撑、弘扬黄河精神、组织开展黄河文化月等,保护传承弘扬黄河文化的效果初步显现。黄河文化是中华民族的根和魂,是中华民族坚定文化自信的重要根基。保护传承弘扬黄河文化,建设黄河历史文化主地标城市,谱写黄河文化辉煌发展新篇章是作为国家中心城市的郑州应有的使命和担当。

第十三章 武汉:激活城市记忆,文化产业助力城市更新 ………… (253)

荆楚文化重镇武汉,历史悠久,文化底蕴深厚,拥有丰富的城市记忆资源。在城市转型升级中,武汉以文化产业为引擎,从地域、历史、文化、社会四维出发,激活城市记忆,延续城市文脉,在实践中保护、传承、创生城市记忆,形成独具特色的城市更新与文化产业互动共荣的发展模式,为其他城市文化产业与城

市更新协同发展提供了一定借鉴。

第十四章　重庆：打造西部文创文旅高地，实施大文旅＋城乡内生力 …………………………………………………………（275）

重庆作为全国的六大老工业基地之一，工业遗产资源丰富，工矿业文化浓厚。借助"十三五"期间文创产业和文旅融合发展的良好基础与"网红重庆"的巨大势能，重庆文化创意产业将更广泛地参与到重庆的"城市更新、城乡融合、乡村振兴"和都市文创园区、文旅景区的打造，重庆"文化IP"的深度开发，将形成全新的"重庆创意、重庆文化、重庆产品"。

第十五章　贵阳：城市更新与文化产业融合助推创意产业园区发展 ……………………………………………………………（289）

贵阳市全面贯彻坚持以人民为中心，坚持新发展理念，以推动高质量发展为主题，发挥贵阳市和贵安新区丰厚的民族文化资源禀赋，通过维护、整建和完善旧空间资源等方式，进行空间再造式的更新创造，构建与完善了多样化的文化创意产业园区，优化了贵阳市的城市空间、功能布局，由此满足了疫情期间人们飞速增长的多元化、多层次的精神文化需求。

第十六章　西安：城市更新焕发生机，文化底蕴展现独特风采 ………（315）

西安实施"南控、北跨、西融、东拓、中优"城市空间发展战略，通过完善政策体系，统筹西安城市低效用地，优化产业布局结构，统筹老区新区发展，保护古都风貌，推动文化传承创新，以钟楼、碑林、小雁塔、七贤庄等为主要更新片区，打造最具历史文化特色的人文景区，彰显千年古都的文化自信，达到保护文化遗产并延续城市文脉的城市更新目标。

第十七章　西宁：城市转型步伐加快，创新发展能力不断提升 ………（331）

西宁市积极创建高原美丽示范城市，着力开展城市更新行动，实施城市生态修复和功能完善工程，补齐基础设施和公共服务设施短板，不断提升城市人居环境质量、人民生活质量和城市竞争力，使城市更加宜业、宜居、宜人。本章通过对西宁市城市更新目前取得的成效与存在的问题进行梳理，提出西宁市未来在绿色发展和共享发展方面的对策建议。

第十八章　澳门:实施城市更新行动,促进文化产业发展 ……………(349)

澳门作为粤港澳大湾区及"一带一路"的重要城市,具有深厚的中西方文化根基。其在城市更新中融入并形成文化创意产业集群,对推进澳门产业适度多元、提升城市地位具有重大意义。澳门的文化创意产业为城市更新提供了物质基础,而城市更新又为创意产业提供了更多平台和机会,两者有机融合将给澳门的文化产业带来科技、产业、区域等更多的融合趋势。

第十九章　评析:城市更新与中国创意产业发展 …………………(371)

2020年初新冠肺炎疫情暴发,各地文化创意产业几乎停滞不前。随着数字文化创意产业在疫情冲击中逆势发展,各地文化创意产业开始复苏并亮点频现,在"十三五"收官之年加快了高质量发展的步伐。在作为城市发展新趋势的城市更新中,各地创意产业获得资源与空间,并与城市的规划布局、发展愿景相融合,推动城市焕发新的活力。

第二十章　指数发布:2020中国城市文化创意指数报告 …………(383)

中国城市文化创意指数于2018年首次发布,2020年新增了包括香港特别行政区、澳门特别行政区在内的9个城市,总样本达到149个。优化了文化创意GDP和文创贡献率指标,对粤港澳大湾区、长三角城市群、京津冀城市群进行了专题分析,为新的一年文化创意赋能经济促进城市发展带来借鉴和启迪。中国城市文化创意指数将成为"文化创意+"城市更新战略管理工具。

参考文献 ……………………………………………………………(443)
附录　中国创意产业研究中心《创意书系》出版书目 ……………(451)
后　记 ………………………………………………………………(454)

Contents

Chapter 1　General Report: Urban Organic Renewal Promotes the Continuous Development of Chinese Creative Industries ·················· (1)

　　The outbreak of COVID‑19 before the Spring Festival in early 2020 has exerted unprecedented pressure on the development of economic social development, including creative industries. From central to local sectors, many measures have been taken to revitalize cultural consumption, speed up the integration of creative industries into internal circulation, and contribute to regional integration and urban‑rural development relying on "cultural plus" strategies. As urban renewal action has become more important in Chinese urban development during the 14th Five‑Year Plan period, the integration of creative industries and urban renewal faces new opportunities.

Chapter 2　Beijing: Cultural Creative Industries Prosper in Urban Renewal ··· (21)

　　After the outbreak of COVID‑19, Beijing government issued policies and measures to support the continuous development of cultural creative enterprises, and kept promoting the construction of cultural center of China, leading the development of cultural creative industries based on cultural prosperity, to actualize the continuous increase in cultural creative industries. At the same time, Beijing government conducted urban renewal action plan, boosted urban cultural atmosphere combining with historical and contemporary elements, to infuse vitality to the city.

Chapter 3   Tianjin: Urban Renewal Assists the Integration of Creative Industries into Coordinated Development of the Beijing-Tianjin-Hebei Region ⋯⋯⋯⋯⋯⋯⋯⋯⋯⋯⋯⋯⋯⋯⋯⋯⋯⋯⋯⋯⋯⋯ (37)

Under epidemic prevention and control, Tianjin actively promoted work resumption of cultural creative industries and initiated protecting and preserving cultural heritage upon the integration of culture and travel, serving enterprises, facilitating urban renewal, propelling Tianjin creative industries' deep integration into coordinated development of the Beijing – Tianjin – Hebei Region. During the 14th Five – Year Plan period, the driven value and important functions of the prosperous development of creative industries in economic society will be more apparent. It will also exhibit greater outlooks on the construction of factor market, "culture and travel added" strategies, characteristic creative products, etc.

Chapter 4   Shijiazhuang: Promotes Smart City Construction, Enhances Urban Cultural Quality ⋯⋯⋯⋯⋯⋯⋯⋯⋯⋯⋯⋯⋯⋯⋯⋯⋯ (59)

As a developing city, Shijiazhuang faces the transformation and upgrading of traditional enterprises, strengthening of county economies, restraints on resources environment and eco – environmental stress. In this circumstance, Shijiazhuang proposed building a new type of smart city, using cloud computing, big data, mobile Internet, artificial intelligence, 5G, Internet of things as new generation of information technologies to enable urban construction and economic growth, and to remodel urban core competitiveness. By advancing new – type urbanization and building a modern provincial city, Shijiazhuang speeded up the integration of Beijing – Tianjin – Hebei Region world – class smart city clusters.

Chapter 5   Harbin: Addresses the Development of Cultural Creative Industries in the Process of Urban Renewal ⋯⋯⋯⋯⋯⋯⋯⋯⋯⋯⋯⋯ (81)

In the process of urban renewal, Harbin emphasizes a culture – centered approach to development, highlights urban cultural functions and enhances the driving force of urban culture. This is in accordance with the implementation of urban development strategies and the outlook of actualizing all-round revitalization of Harbin. Urban renewal preserves the history and culture of the city, continues urban context, records individual development and evolution of the city, emphasizes and enhances the integral development of cultural creative industries, continuously raises urban significance and attractiveness.

Chapter 6　Changzhou: "Red Intellectual Property (IP)" leads, and Propels Urban Renewal and Upgrading of Creative Industries ······ (99)

Leading with "Red Intellectual Property (IP)", Changzhou applies "culture and travel added" thought and forms "Red IP + cultural IP" development thinking. It transforms advantages of cultural resources to Red IP advantages, and shapes cultured, creative and pleasant Red IP brands, actively builds experiential, comfortable and warm red culture demonstration areas. It makes innovation upon high-quality culture and travel industry development mode which integrates the concept of "poetry and distance", assists in urban renewal and creative industry development, and empowers the strategies of "Grand Canal Cultural Belt" and "Cultural and Leisure Star City".

Chapter 7　Yangzhou: Builds Featured Creative Blocks, Promotes the Development of Cultural and Creative Industries of the Old City ······ ·· (125)

As a renowned city of 2500-year history, Yangzhou owns abundant historical and cultural resources. In recent years, Yangzhou government has been dedicated to both achieving high-quality economic development and promoting cultural creative industries development in view of its advantages in cultural richness. Yangzhou has built series of characteristic cultural creative blocks and gained the reputation of "Culture City of East Asia", "Canal City" and "City of Gastronomy". It has become a world-famous city combining ancient culture and modern civilization.

Chapter 8 Ningbo: Ningbo Image in Urban Renewal ………………… (141)

Ningbo has extremely high demand for urban renewal, which manifests dual emphasis on both tradition and modernization. In 2020, Ningbo established museums and the Institute of Cultural Heritage Management, fully exerts its effectiveness as the heritage management commission of the Grand Canal (Ningbo), organized a number of activities, promoted the enlightening of the traditional city with modern creativity, to enhance the cultural literacy of citizens. In the future, the urban renewal in Ningbo will rely more on digital reform and coordinated development of revitalizing rural areas and urban districts, assisting Zhejiang province establishing high - quality demonstration zones for common prosperity.

Chapter 9 Nanchang: Iterative Innovation in Urban Reconstruction, Promotes Rejuvenation and Development of Cultural Creative Industries ……………………………………………………………… (159)

Nanchang relentlessly explores and innovates in developing reconstruction of old towns, urban renewal and developing cultural creative industries. It has made great achievements. By building urban cultural brands such as Shengjin Pagoda, the Longevity Palace Historical and Cultural District, Greenland Xiangnan Cultural and Commercial Center, Youmin Temple Hongzhou Zen Cultural and Tourist District, "Ten Scenes of the Red Valley", constructing Museum of Nanchang Haihunhou site of Han Dynasty and developing projects of three development zones and various culture and travel characteristic towns, Nanchang has been playing a leading role and typical experience has been formed.

Chapter 10 Fuzhou: Cultural Inheritance and Industry Creativity in Urban Renewal ………………………………………………………… (191)

The general aims of spatial planning system of Fuzhou's urban renewal is city encircling districts, planning areas and the central city. It focuses on creating atmosphere of urban space and enhancing quality of urban functions, optimizing cultural and commercial space, implementing comprehensive and all-round urban renewal. Regarding the urban and heritage protection of old towns, it insists the principle of planning before constructing blocks and compiling corresponding protection plans to awaken history and culture as core elements, enabling it to become living resources and benefit the livelihood of citizens.

Chapter 11　Tsingtao: Intergrowth and Co-Prosperity of Urban Renewal and Cultural Creative Industries ……………………………… (213)

Confronted with the unexpected COVID-19 outbreak and the complicated and changeable external environment in 2020, cultural creative industries of Tsingtao have strived and progressed. Culture and travel industries have achieved positive outcomes. In inventory times, urban renewal presents diversified development trend. Urban renewal mode, led by the mode of cultural creative industries, not only protected urban cultural roots, but also decreased the cost of urban reconstruction while boosted urban temperament. The accomplishment of urban renewal also provided space and guarantee to develop and make breakthrough in cultural creative industries.

Chapter 12　Zhengzhou: Promotes Protection and Inheritance of the Yellow River Culture, Builds Historical and Cultural Main Landmark City ……………………………………………………… (235)

Zhengzhou has achieved initial outcome in protecting and inheriting the Yellow River Culture by improving advancing mechanism, strengthening project support, carrying forward the Yellow River spirit, organizing Yellow River Culture Month, etc. The Yellow River Culture is the root and spirit of the Chinese nation, is the important foundation of consolidating cultural confidence of the Chinese nation. Protecting and inheriting the Yellow River Culture, constructing the Yellow River historical and cultural main landmark city, writing a new chapter of the prosperous development of the Yellow Culture is supposed to be the mission and responsibility of the National Central City Zhengzhou.

Chapter 13　Wuhan: Activates Urban Memory, Cultural Industries Promote Urban Renewal ·· (253)

Wuhan, the center of Jingchu Culture, has a long history, profound cultural deposits and abundant urban memory resources. During the transformation and upgrading of the city, Wuhan empowers cultural industries, activates urban memory from regional, historical, cultural and social four dimensions, continues urban context, protects, inherits and innovates urban memory in practice, forms a unique development mode of urban renewal and cultural industries that interact, co‑flourish and mutual develop. This provides models for the coordinated development of cultural industries and urban renewal in other cities.

Chapter 14　Chongqing: Creates Highland of Western Cultural Creativity and Cultural Tourism, Implements Grand Culture and Travel and Urban-Rural Internal Driving Force ···················· (275)

As one of the six old industrial bases, Chongqing has plentiful industrial heritage resources and profound mining cultural atmosphere. Taking the opportunity of the 13th Five‑Year Plan period that the integration of cultural creative industries and cultural tourism has laid a solid foundation and Chongqing has become an Internet celebrity city, cultural creative industries in Chongqing will be more widely engaged in building "urban renewal, urbanrural integration, rural vitalization", urban cultural and creative zones, culture and travel tourist attractions, deepening development of Chongqing's "Cultural IP (Intellectual Property)", will formulate brand‑new "Chongqing creativity, Chongqing culture, Chongqing products".

Chapter 15　Guiyang: Integration of Urban Renewal and Cultural Industries to Facilitate the Development of Creative Industries Parks ··· (289)

　　Guiyang comprehensively adheres to a people - centered approach, insists on developing new ideas and promotes high - quality development to display rich national resources of Guiyang city and Gui'an New District. Through maintaining, rehabilitating and bettering old space resources as such, Guiyang conducted space reconstructing to re - create and update space, constructed and improved diversified cultural and creative industrial parks, optimized the urban space and function layout of Guiyang city, hence satisfied people's rapidly growing, diversified and multi - leveled spiritual and cultural needs during the pandemic.

Chapter 16　Xi'an: Rejuvenates Urban Renewal, Cultural Richness Exhibits Unique Characters ·· (315)

　　Xi'an conducted "South in charge, North crosses, West integrates, East enlarges, Middle optimizes" strategic urban spatial planning. It perfects policy system, arranges low effectiveness land use in Xi'an city, optimizes industrial distribution, plans for the old and new liberated areas, protects the styles and features of the ancient city and promotes cultural inheritance and innovation. Sites such as Xi'an Belfry, Forest of Steles, Small Wild Goose Pagoda and Qixianzhuang District is decided as major renewal areas, to create the most historical and cultural featured attractions, to manifest cultural confidence of the old city, and to fulfill the aims of urban renewal in protecting cultural heritage and continuity of urban context.

Chapter 17　Xining: Quicken Urban Transformation, Continuously Boosts Development and Innovation Capacity ···························· (331)

　　Xining actively builds a plateau beautiful demonstration city, conducts urban renewal, implements urban ecological restoration and functional betterment projects, makes up for the disadvantages in infrastructure and public service, keeps improving urban human settlement environment, quality of life among people and urban competitiveness to make a more friendly, comfortable and attractive city. This report makes suggestions on green development and shared development of Xining, based upon the current achievements and existing problems of Xining.

Chapter 18　Macau: Implements Urban Renewal Action, Promotes Development of Cultural Industries ············· (349)

　　Macau is an important city of Guangdong – Hong Kong – Macao Greater Bay Area and "the Belt and Road", which has deep Chinese and western cultural richness, thus combines and forms cultural creative industry clusters in urban renewal which has great significance in promoting appropriate diversity and enhancing social status of the city. Macau's cultural creative industries offer substantial foundation for urban renewal, and urban renewal also provides more platforms and opportunities to creative industries which organically blends and will bring about more integration trends of Macau's cultural industries in aspects of technology, industry, region, etc.

Chapter 19　Comment and Analysis: Urban Renewal and the Development of Chinese Creative Industries ············· (371)

　　The outbreak of COVID – 19 before the eve of the Spring Festival nearly made cultural creative industries from all regions stagnant. With the adverse development of digital cultural and creative industries, cultural creative industries have been revitalized in all regions, which has accelerated the high – quality development of cultural creative industries in the last year of the 13th Five – Year Plan period. In the process of urban renewal, creative industries from all regions have gained resources and space, which integrates with urban planning and overall outlooks, promotes the rejuvenation of the city.

Chapter 20　Index Release：2020 China Urban Cultural Creativity Index Report ……………………………………………………………（383）

The China Urban Creativity Index was initially issued in 2018，9 cities were newly added in 2020 including Hong Kong and Macau. The total sample has reached 149. This report optimizes cultural creative GDP and textual contribution rate indexes，does thematic analysis on Guangdong - Hong Kong - Macao Greater Bay Area，Yangtze River Delta and Beijing - Tianjin - Hebei city clusters，and sheds light on cultural creativity enabling economy and thus promoting urban development for the following year. The China Urban Creativity Index will become "culture and creativity added" strategic management tool in urban renewal.

References ………………………………………………………………（443）
Appendix　List of *Creativity Series* Published by China Creative Industries Research Center ……………………………………………（451）
Postscript ………………………………………………………………（454）

第一章
总报告：城市有机更新促进中国创意产业持续发展

一、2020年中国创意产业发展概况

二、创意产业在城市更新进程中持续发展

三、创意产业发展展望

2020年是特殊的一年，年初新冠肺炎疫情暴发，创意产业在这一年中承受了前所未有的压力。疫情暴发后数月时间中消费场馆无法正常营业，促使包括创意产业在内的众多产业加快了数字化转型。同时，从国家到地方多措并举提振创意文化消费，加快创意产业融入内循环，以"文化+"推动区域融合与城乡发展。下半年，随着疫情防控形势持续好转，创意产业逐步得到恢复，文化新业态以及在疫情防控期间加快推进数字化转型的行业更是逆势增长，发挥引领作用。

一、2020年中国创意产业发展概况

（一）多措并举推动文化消费

2020年2月，正值疫情防控紧锣密鼓、国内外贸易几乎停滞之际，国家发展改革委印发《关于促进消费扩容提质加快形成强大国内市场的实施意见》，明确要求全面提升国产商品和服务竞争力、加强自主品牌建设等，其中涉及推动文化和旅游、体育、健康等领域服务标准制修订与试点示范，推进文化创意和设计服务与制造业融合发展，支持企业建立工业设计中心、创意设计园等平台，培养引进创意设计人才，提高产品文化内涵。

7月国内疫情得到控制，但国外疫情形势仍然严峻，国家发展改革委再进行部署，出台《关于支持新业态新模式健康发展激活消费市场带动扩大就业的意见》，其中明确拓展共享生活新空间，推动形成高质量的生活服务要素供给新体系，涉及创意文化产业的方面为鼓励文化旅游领域产品智能化升级和商业模式创新，发展生活消费新方式，培育线上高端品牌，同时推动旅游景区建设数字化体验产品，丰富游客体验内容。

9月，促进消费上升为国家层面的部署，《国务院办公厅关于以新业态新模式引领新型消费加快发展的意见》出台，提出要进一步培育壮大各类消费新业态新模式，其中包括深入发展在线文娱，鼓励传统线下文化娱乐业态线上化，支持互联网企业打造数字精品内容创作和新兴数字资源传播平台；鼓励发展智慧旅游，提升旅游消费智能化、便利化水平；大力发展智能体育，培育在线健身等体育消费新业态。

10月，扩内需促消费的工作由国家发展改革委进一步推进落实，印发《近期扩内需促消费的工作方案》，推动线上博物馆发展带动文创产品销售，鼓励具备条件的各级文博单位开发线上博物馆，结合5G、虚拟现实等技术，增加立体式展品展示；允许文创产品开发收益可按规定用于文博单位日常支出、征集藏品、提供公共服务；同时加大旅游年票和一卡通发行力度，鼓励发展京津冀、长三角、珠三角、粤港澳等著名景点资源丰富的都市圈，加大旅游一卡通和预付式旅游年票发行力度，推出更多价廉景美旅游线路，并加强旅游宣传推广，强化品牌引领，办好线上全国旅游宣传推广活动，加强与新媒体合作，推动传统旅游业传播方式等创新，激发文化和旅游多元消费与市场振兴，选择生态旅游资源丰富、民宿发展较为规范的生态旅游和乡村旅游景点，在节假日集中进行宣传，带动更多跨省旅游，同时鼓励各地加强与电商平台合作，开设网上店铺、代销点，拓展乡村物流布点，扩大特色产品销售。

在提振国内文旅消费基调下，10月，文化和旅游部、国家发展改革委、财政部联合印发《关于开展文化和旅游消费试点示范工作的通知》，提出自2020年起，在全国范围内分批次确定若干试点城市，在此基础上，综合考虑不同规模和类型城市的示范性，择优确定示范城市。推动试点城市、示范城市纳入多层级消费中心培育建设。到2022年，建设100个试点城市、30个示范城市，试点城市、示范城市促进文化和旅游消费体制机制更加完善，政策保障体系更加健全，消费环境更加优化，产品和服务供给更加丰富，文化和旅游消费保持快速增长态势。12月，文化和旅游部、国家发展改革委、财政部联合印发《关于公布第一批国家文化和旅游消费示范城市、国家文化和旅游消费试点城市名单的通知》，确定河北省廊坊市等15个第一批国家文化和旅游消费示范城市与北京市东城区等60个国家文化和旅游消费试点城市。该通知要求，各省（区、市）文化和旅游厅（局）会同本省（区、市）发展改革委、财政厅（局）统筹推动本地区示范城市、试点城市建设工作，督促示范城市、试点城市加强对文化和旅游消费工作的组织领导，认真落实工作方案，因地制宜、改革创新、特色发展，积极培育壮大文化和旅游消费新业态新模式，全面提升文化和旅游消费质量和水平，推动文化产业和旅游产业高质量发展。第一批国家文化和旅游消费示范城市包括河北省廊坊市、内蒙古自治区鄂尔多斯市、吉林省长春市、上海市徐汇区、江苏省南京市、江苏省苏州市、浙江省杭州市、山东省济南市、山东省青岛市、河南省洛阳市、湖北省武汉市、湖南省长沙市、重庆市渝中区、四川省成都市、云南省昆明市。

一方面消费侧政策频出，另一方面供给侧政策持续发力，保障了2020年疫情防控期间产业的稳定发展。2020年5月，文化和旅游部对《国家全域旅游示范区验收、认定和管理实施办法（试行）》和《国家全域旅游示范区验收标准（试行）》作出修订，进一步规范国家全域旅游示范区验收、认定和管理工作。12月，文化和旅游部发布《关于命名"21世纪避暑山庄"文化旅游产业园区等9家园区为国家级文化产业示范园区的决定》，同时发布《关于公布第二批国家级文化产业示范园区创建名单的通知》，确定13家获得创建资格的园区及5家暂保留"国家级文化产业试验园区"称号开展创建工作的园区。

跨区域旅游的协同发展在2020年得到国家层面的政策支持，10月和12月，两个跨区域规划——《国家发展改革委、文化和旅游部关于印发〈太行山旅游业发展规划（2020—2035年）〉的通知》《文化和旅游部、粤港澳大湾区建设领导小组办公室、广东省人民政府关于印发〈粤港澳大湾区文化和旅游发展规划〉的通知》出台，前者旨在发挥文化旅游在脱贫攻坚、乡村振兴等方面的作用，后者则将重点放在增强文化软实力与提升中华文化影响力，推动文化旅游产业加快融入国内国外双循环方面。

经过近一年疫情考验，创意产业数字化趋势加快，数字化与数据管理政策体系得到持续完善。11月，《文化和旅游部政务数据资源管理办法（试行）》由文化和旅游部办公厅印发，《关于推动数字文化产业高质量发展的意见》（以下简称《意见》）由文化和旅游部印发，其中后者提出，到2025年，培育20家社会效益和经济效益突出、创新能力强、具有国际影响力的领军企业，各具特色、活力强劲的中小微企业持续涌现，打造5个具有区域影响力、引领数字文化产业发展的产业集群，建设200个具有示范带动作用的数字文化产业项目，为此，在夯实数字文化产业发展基础、培育数字文化产业新型业态、构建数字文化产业生态等方面进行了部署。《意见》与2017年原文化部印发的《关于推动数字文化产业创新发展的指导意见》一脉相承，总结了近年来数字文化产业的发展规律，又结合产业发展新趋势，对新兴的数字文化产业作出顶层设计，引导产业发展方向，形成更多新增长点、增长极。

国家统计局数据显示，2020年末全国文化和旅游系统共有艺术表演团体2027个，博物馆3510个。全国共有公共图书馆3203个，总流通56953万人次；文化馆3327个。有线电视实际用户2.10亿户，其中有线数字电视实际用户2.01亿户。年末广播节目综合人口覆盖率为99.4%，电视节目综合人口覆盖率为99.6%。全年生产电视剧202部7476集，电视动画片116688分钟。全年生产故事影片531部，科教、纪录、动画和特种影片119部。出版各类报纸277亿份，各类期刊20亿册，图书101亿册（张），预计人均图书拥有量7.24册（张）。年末全国共有档案馆4234个，已开放各类档案17659万卷（件）。

（二）创意产业实现正增长

2020年，文化创意产业承受住了新冠肺炎疫情的冲击，在疫情得到控制后逐步复苏，并实现了正增长。国家统计局数据显示，对全国6.0万家规模以上文化及相关产业企业开展调查，2020年，上述企业实现营业收入98514亿元，按可比口径计算，比上年增长2.2%（前三季度下降0.6%）；文化新业态特征较为明显的16个行业小类①实现营业收入31425亿元，增长22.1%。

2020年第一季度，受新冠肺炎疫情影响，文化企业受到较大冲击，营业收入下降明显，全国规模以上文化及相关产业企业第一季度实现营业收入16889亿元，按可比口径计算，比上年同期下降13.9%，而文化新业态特征较为明显的16个行业小类实现营业收入5236亿元，增长15.5%，展现了强劲的抗冲击能力。随着疫情防控形势持续向好，复工复产不断推进，文化企业生产经营逐步趋于好转。上半年规模以上文化及相关产业企业实现营业收入40196亿元，按可比口径计算，比上年同期下降6.2%，降幅比第一季度收窄7.7个百分点；文化新业态特征较为明显的16个行业小类实现营业收入12939亿元，增长18.2%，优势更加明显。进入下半年后，文化产业企业的

---

① 文化新业态特征明显的16个行业小类是：广播电视集成播控，互联网搜索服务，互联网其他信息服务，数字出版，其他文化艺术业，动漫、游戏数字内容服务，互联网游戏服务，多媒体、游戏动漫和数字出版软件开发，增值电信文化服务，其他文化数字内容服务，互联网广告服务，互联网文化娱乐平台，版权和文化软件服务，娱乐用智能无人飞行器制造，可穿戴智能文化设备制造，其他智能文化消费设备制造。

生产状况一路好转。2020年前三季度，上述企业实现营业收入66119亿元，按可比口径计算，比上年同期下降0.6%，降幅比上半年收窄5.6个百分点；文化新业态特征较为明显的16个行业小类实现营业收入21229亿元，增长21.9%，增幅一路攀升。这一复苏势头一直保持到2020年底，年度数据显示，上述企业实现营业收入增幅已经由负转正，比上年增长2.2%；文化新业态特征较为明显的16个行业小类实现营业收入增长22.1%，占规模以上文化及相关产业企业营业收入的比重为31.9%，比上年提高9.0个百分点。其中，互联网其他信息服务、其他文化数字内容服务、互联网广告服务、娱乐用智能无人飞行器制造、可穿戴智能文化设备制造等5个行业小类的营业收入增速均超过20%。

2020年全年统计数据显示，不同领域中，文化核心领域营业收入60295亿元，比上年增长3.8%，增速较前三季度提高2.3个百分点；文化相关领域营业收入38220亿元，下降0.1%，降幅收窄3.7个百分点。分产业类型看，文化制造业营业收入37378亿元，比上年下降0.9%，降幅较前三季度收窄2.9个百分点；文化批发和零售业营业收入15173亿元，下降4.5%，降幅收窄5.5个百分点；文化服务业营业收入45964亿元，增长7.5%，增速提高1.5个百分点，是文化产业实现正增长的主要力量。

从分行业的角度看，疫情对文化创意产业的冲击不尽相同，总体而言，疫情使原先产业链不同环节出现不同程度的断裂，从而呈现扁平化重构，从生产到消费环节少的行业表现出更强的韧性，对线下消费场景依赖程度较大的行业则受到较大冲击。

1. 新闻信息服务与创意设计服务快速增长

受疫情影响，新闻信息服务需求增长迅猛，新闻信息服务行业文化企业营业收入节节攀升。第一季度新闻信息服务营业收入1739亿元，同比增长11.6%；到上半年结束，新闻信息服务营业收入3996亿元，同比增长13.4%，继续保持较快增长；前三季度结束时，新闻信息服务营业收入6434亿元，同比增长17.0%，继续领跑；2020年全年数据显示，新闻信息服务营业收入9382亿元，比上年增长18.0%，全年增幅在9个文化行业中最大。

疫情的冲击使得市场对文化消费的品质诉求愈加凸显，创意设计服务行业在2020年表现出的韧性表明产业将持续推进高质量发展。第一季度创意设计服务营业收入下降2.5%；上半年创意设计服务营业收入6250亿元，同比增长3.3%，增速由负转正，实现增长；前三季度结束时，创意设计服务营业收入10276亿元，增长9.0%；2020年全年创意设计服务营业收入15645亿元，增长11.1%，增幅在9个文化行业中仅次于新闻信息服务业。

2. 文化消费终端生产与内容创作生产复苏强劲

文化产业9个行业中2020年营业收入增幅第三的是文化消费终端生产行业，达到5.1%，营业收入总额18808亿元，而且是在第一季度营业收入同比下降15.1%、上半年下降5.9%的情况下，前三季度结束时复苏转正取得0.8%的同比增长，总额达到12549亿元，从产业链的层面保障了文化创意产业体系的建立与完善。

内容创作生产营业收入在第一季度下降7.7%、上半年下降0.3%，但到了前三季度结束时已经实现增长4.1%，年度数据显示，2020年营业收入23275亿元，增长4.7%，已经好于上年同期，也好于文化产业整体的全年增长情况。

3. 文化装备生产与文化投资运营实现增长

文化装备生产行业第一季度营业收入下降19.8%，上半年下降10%，前三季度结束时较上年同期下降3.4%，降幅收窄，并于2020年底实现了1.1%的增长，达到5893亿元。文化投资运营行业第一季度营业收入下降10.0%，上半年下降1.9%，到前三季度结束时较上年同期增长0.2%，2020年底达到451亿元，同比增长2.8%，略好于文化产业2.2%的全年增长。

4. 文化传播渠道、文化娱乐休闲服务及文化辅助生产和中介服务备受打击

文化传播渠道行业、文化娱乐休闲服务行业与文化辅助生产和中介服务行业受疫情冲击较大，直到2020年底尚未恢复至上年同期水平。文化传播渠道行业第一季度营业收入下降31.6%，上半年同比降幅收窄至24.4%，前三季度结束时较上年同期下降16.5%，2020年全年下降11.8%。文化娱乐休闲服务行业第一季度营业收入119亿元，下降59.1%，是整个文化产业中降幅最大的行业；第二季度略有好转，上半年同比下降48.8%；前三季度结束时较全年同期下降39.9%，仍举步维艰；至2020年底较上年同期下降30.2%，仍然是文化产业中降幅最大的行业。文化辅助生产和中介服务行业第一季度营业收入同比下降21.7%，上半年同比下降13.3%，前三季度结束时较上年同期下降9.5%，至2020年底最终录得6.9%的同比降幅。

5. 区域差距扩大

分区域看，第一季度东部地区实现营业收入12741亿元，同比下降13.9%，占全国比重为75.4%；中部、西部和东北地区分别为2366亿元、1620亿元和162亿元，分别下降15.3%、9.6%和24.8%，占全国比重分别为14.0%、9.6%和1.0%，西部地区下降幅度最小，而东北地区下降幅度最大。第二季度起各地均有好转，上半年东部地区实现营业收入30460亿元，同比下降6.3%，降幅较第一季度收窄7.6个百分点；中部、西部和东北地区分别为5730亿元、3653亿元和353亿元，分别下降6.7%、2.4%和19.8%，降幅分别收窄8.6个、7.2个和5.0个百分点。前三季度结束时西部地区实现营业收入5865亿元，增速由上半年下降2.4%转为增长0.9%；东部、中部和东北地区分别为50305亿元、9385亿元和564亿元，分别下降0.4%、1.5%和15.9%，降幅分别收窄5.9个、5.2个和3.9个百分点。截至2020年底，东部和中部地区均翻正，分别为73943亿元和14656亿元，分别增长2.3%、1.4%；西部地区实现营业收入9044亿元，比上年增长4.1%，增速较前三季度提高3.2个百分点，录得最大的地区增幅；东北地区实现营业收入872亿元，下降8.6%，降幅收窄7.3个百分点，尚未恢复至疫情之前的水平。各地区所占全国比重的年度数据显示，区域差距在扩大：东部地区较上年增加1.6个百分点，占比达到75.1%，是唯一占比增加的地区；中部地区占比14.9%，较上年减少0.8个百分点；西部地区占比9.2%，较上年减少0.5个百分点；东北地区占比0.9%，较上年减少0.1个百分点。

6. 旅游业触底反弹

新冠肺炎疫情暴发早期，交通管控对旅游业的打击前所未有。随着国内疫情得到有效控制，国内旅游开始复苏。根据国内旅游抽样调查结果，全年国内游客28.8亿人次，比上年下降52.1%。其中，城镇居民游客20.7亿人次，下降53.8%；农村居民游客8.1亿人次，下降47.0%。国内旅游收入22286亿元，下降61.1%。其中，城镇居民游客花费17967亿元，下降62.2%；农村居民游客花费4320亿元，下降55.7%。人均每次出游花费774.14元，比上年同期下降18.8%。其中，城镇居民人均每次出游花费870.25元，下降18.1%；农村居民人均每次出游花费530.47元，下降16.4%。分季度看，旅游业降幅逐渐收窄，其中第一季度国内旅游人数2.95

亿人次，同比下降 83.4%；第二季度国内旅游人数 6.37 亿人次，同比下降 51.0%；第三季度国内旅游人数 10.01 亿人次，同比下降 34.3%；第四季度国内旅游人数 9.46 亿人次，同比下降 32.9%。

二、创意产业在城市更新进程中持续发展

（一）城市更新逐渐成为城市发展新模式

2018 年末中国的城镇化率已接近 60%，表明大多数人都居住在城市，城乡之间人口与用地的转换逐步趋于缓和与稳定，城市内部空间的建设与优化逐渐成为重要的城市议题。"城市更新"所关注的是如何在城市用地规模不增加的情况下实现城市功能的优化以及空间品质的提升。近年来，国内城市更新的理论与实践发展受到高度关注，城市更新在政策与制度建设、工作路径与方法转型、提高城市治理能力、实现城市综合转型目标等方面取得显著进展。城市更新既是建筑规划时代的机遇，也符合经济民生发展的趋势，故从国家到地方，城市更新都成为近年施政的重点。实施城市更新行动，旨在推动城市结构调整优化和品质提升，转变城市开发建设方式，不断提升城市人居环境质量、人民生活质量、城市竞争力，走出一条符合中国特色的城市发展道路，其主要任务包括完善城市空间结构、实施城市生态修复和功能完善工程、强化历史文化保护、塑造城市风貌、加强居住社区建设、推进新型城市基础设施建设、加强城镇老旧小区改造、增强城市韧性、推进以县城为重要载体的城镇化建设等。其中，强化历史文化保护、塑造城市风貌具体是指：建立城市历史文化保护与传承体系，加大历史文化名胜名城名镇名村保护力度，修复山水城传统格局，保护具有历史文化价值的街区、建筑及其影响地段的传统格局和风貌，推进历史文化遗产活化利用。同时，还应全面开展城市设计工作，加强建筑设计管理，优化城市空间和建筑布局，加强新建高层建筑管控，治理建筑不规范的现象，塑造城市时代特色风貌。

（二）城市更新与创意产业融合发展的制度环境持续优化

党的十九届五中全会通过的《中共中央关于制定国民经济和社会发展第十四个五年规划和二〇三五年远景目标的建议》明确提出实施城市更新行动。

这是以习近平同志为核心的党中央站在全面建设社会主义现代化国家、实现中华民族伟大复兴中国梦的战略高度，准确研判我国城市发展新形势，对进一步提升城市发展质量作出的重大决策部署，为"十四五"乃至今后一个时期做好城市工作指明了方向，明确了目标任务。

城市更新相关政策体系建设起步较早，近年来，城市更新相关政策中涉及文化的议题逐渐得到重视，为城市更新与创意产业的融合发展提供了制度保障。《中华人民共和国城乡规划法》于2007年出台，并于2015年、2019年进行两次修订，是我国城乡规划体系建设的基础性文件。随后，通过《关于进一步加强城市规划建设管理工作的若干意见》《关于进一步加强历史文化街区划定和历史建筑确定工作的通知》等一系列文件予以细化。上海、天津、重庆、海南、浙江等地也出台了涉及历史风貌或历史建筑保护的地方政策。2020年7月国务院办公厅印发的《关于全面推进城镇老旧小区改造工作的指导意见》中，基本原则有一条为"坚持保护优先，注重历史传承，兼顾完善功能和传承历史，落实历史建筑保护修缮要求，保护历史文化街区，在改善居住条件、提高环境品质的同时，展现城市特色，延续历史文脉"。2020年8月《住房和城乡建设部办公厅关于在城市更新改造中切实加强历史文化保护坚决制止破坏行为的通知》指出，具有保护价值的城市片区和建筑是文化遗产的重要组成部分，是弘扬优秀传统文化、塑造城镇风貌特色的重要载体；保护好、利用好这些珍贵历史文化遗存是城乡建设工作的使命和任务。为了在城市更新改造中进一步做好历史文化保护工作，文件要求推进历史文化街区划定和历史建筑确定工作，同时加强对城市更新改造项目的评估论证，加强监督指导。

（三）城市更新与创意产业融合的特征

城市的更新可以说自城市建立之日起便不曾停止，在城市建设过程中积累的历史文化资源基础上进行更新无疑是城市更新最自然的方式之一。当城市更新与文化更新的诉求均强烈的情况下，旧的城市空间得到更新或重建，成为容纳新兴文化的新空间。经历过工业化的城市还拥有别具特色的工业文化遗产，这一文化资源在城市进行产业转型中将发挥独特的作用。此外，更有城市利用重大文化事件带动大规模的城市更新，从而重塑城市形象。

1. 城市更新与历史文化街区及名城建设融合

历史文化街区和历史文化名城建设工作始于三十多年前公布的国家历史文化名城,这一工作持续得到国家历史文化名城保护专项资金支持,《国家历史文化名城保护专项资金管理办法》于 1998 年印发。2008 年颁布《历史文化名城名镇名村保护条例》,并于 2017 年修订,进一步加强历史文化名城、名镇、名村的保护与管理。随着国内城市发展迈入存量时代,历史文化街区成为近几年国内城市更新过程中极具代表性的载体。越来越多的注重历史街区更新与产业发展的关系的成功案例表明:历史街区的保护不应该是孤立的,而应该是与城市发展相融合的,历史街区通过积极参与整个城市街区的风貌、功能及公共空间的塑造,在最大化保护街区的基础上成为与区域发展相适应的空间,从而使得社会价值和经济价值得以共同实现。历史文化街区乃至历史文化名城的更新,已经从早期的强调硬件更新到近年来将遗产保护、文化更新、产业更新、生态修复等多领域纳入更新规划范围。2020 年 8 月《住房和城乡建设部办公厅关于在城市更新改造中切实加强历史文化保护坚决制止破坏行为的通知》的印发,明确了在城市更新中开展对历史文化街区和历史建筑的认定、评估工作的主体责任,同时明确了监督及问责机制,城市更新中历史文化保护工作开展的制度环境得到持续优化。其后住房和城乡建设部、国家文物局联合印发《国家历史文化名城申报管理办法(试行)》,进一步规范历史文化名城的管理。

2. 城市更新与工业遗产保护开发融合

随着工业技术变革带来的产业升级转型,工业遗存的保护利用逐渐成为城市发展过程中必须考虑的议题。1973 年第一届国际工业纪念物保护会议在英国铁桥峡谷召开,这座铁桥是 18 世纪英国工业革命的象征,1986 年它作为世界上第一例工业遗产被收入世界文化遗产名录。我国对工业遗产独特价值的关注已有十余年,2016 年,工业和信息化部、财政部联合发布《推进工业文化发展的指导意见》,提出大力发展工业文化,提升中国工业综合竞争力,塑造中国工业新形象,推动中国制造向中国创造转变。2017 年 12 月,工业和信息化部公布了第一批国家工业遗产名录,到 2020 年 12 月,该名录已经发布了四批。2018 年 11 月《国家工业遗产管理暂行办法》出台,明确了工业遗产可以通过建设博物馆、开发旅游、建设工业文化产业园区的途径进行利用和发展。2020年6月国家发展改革委牵头的五个部门联合印发《推动老工业城市工业遗产保护利用实施方案》，旨在探索老工业城市转型发展新路径，以文化振兴带动老工业城市全面振兴、全方位振兴。

3. 废旧建筑和棕地成为文化创意产业发展空间

产业转型的过程给城市留下了许多废旧建筑甚至是棕地①，虽然这些废旧建筑本身并未展示出足够的文化吸引力，棕地更是需要处理复杂的环境污染影响，但是循环利用废旧建筑或修复工业棕地所能提供的空间对于文化创意产业仍然具有经济吸引力，而文化创意产业的发展能够为整个区域注入活力。废旧建筑的改造利用在欧洲特别是德国，已经有近百年历史。国内开始较晚，较多着眼于对原来用于生产和生活的废旧建筑进行改造，从休闲度假旅游市场的角度切入，有效地赋予其新功能。那些让旧形式和新功能保持一定的独立性的废旧建筑改造，一方面保留了建筑的历史真实性，另一方面又为创意产业创造了独特的场景空间。棕地的生态修复过程通常也是景观再造过程，例如广为人知的棕地改造项目——德国北杜伊斯堡公园就是生态与文化结合的典型。

4. 交通布局重塑文化地图

以交通为导向的开发（TOD，Transit–Oriented Development）同样使城市得到新生，形成城市中新的创意产业集聚区。这一模式在日本东京、中国香港等高密度人口分布城市得到了较多应用。东京是全球轨道交通系统建设最密集的城市之一，较早就开展了关于高架下部空间利用的探索，从轨道交通网络建设初期就作为停车场与仓储区来使用，发展为依据空间位置形成的别具特色的高架下部空间利用模式。例如山手线从御徒町站到秋叶原站的高架下部空间，因御徒町在江户时代就是日本的手工艺品重镇而成为聚集传统工艺创作者的手作街区。被誉为世界最美书店之一的茑屋书店坐落在中目黑站高架下。这种多形式并存的高架下部空间利用的"东京模式"体现了创意产业土地集约化再开发的重要性。随着国内城市交通规划不断升级优化，TOD正在成为城市更新的新趋势。例如在TOD开发较早的广州，地铁牵头，联手广州图书馆、佛山市图书馆、广州海珠区图书馆，在城市综合体及大型

---

① 棕地，广义上是指已经开发过的土地，狭义上则指已经开发并存在环境污染的土地。

车辆段上盖住宅社区、设置公共图书馆，利用城市轨道交通实现了城市空间布局优化、产业重塑与区域价值挖掘提升。2014年，《国务院办公厅关于支持铁路建设实施土地综合开发的意见》提出"支持盘活现有铁路用地推动土地综合开发"，依托铁路的 TOD 得到迅速发展。2020 年底，重庆龙湖金沙天街成为国内首个高铁 TOD 综合体。

5. 文化事件推动城市更新

在近代的城市发展进程中，运动会、博览会等事件被证实能够激发大规模的城市更新。文化导向型城市更新策略发端于英国，英国城市对此运用娴熟，格拉斯哥、利物浦等工业城市借此成功转型，并成为"欧洲文化之都"；伦敦则将 2012 年的奥运申办与伦敦东区的更新复兴计划相结合，以大事件带动了城市更新。巴塞罗那也是利用大型文化活动时机进行综合城市规划的成功典范，1929 年的国际博览会、1992 年的奥运会、2004 年的世界文化论坛都是巴塞罗那城市建设历史上重要的文化推动事件，这些事件促使其进行了大规模的城市更新。大型文化活动也已经被国内很多城市视为城市发展的重要环节，例如北京、广州等城市便是利用筹办奥运会和亚运会开展了一系列影响深远的城市更新。

（四）城市更新进程中发展创意产业需要注意的问题

1. 局部与整体的平衡

城市更新是个持续不断的过程，创意产业的发展亦然。无论对于城市更新，还是对于创意产业而言，未来观都是必需的。目前的城市更新其实除了常见的社区改造以外，更重要的是通过对城市空间的改变实现对城市发展模型的重构，这与城市中的产业发展息息相关。过去的城市更新及产业布局粗放，尚未顾及小环境更新。如今若仅将局部的小环境更新当成城市更新的全部，或者对整体空间及产业布局缺乏把握，则可能错失城市发展良机。不同于社区级别的更新与产业引导，城市更新及产业布局范围更广、时间更长，是整个城市范围内的议题。城市更新中，创意产业将与教育、环保、医疗等城市空间中已承载的功能相结合，在不同时间尺度上形成合力，更新城市发展的模式。只要城市存在，城市更新与产业发展就不会停止。

2. 公共利益与商业效益的平衡

城市更新被认为是纯政府投入的情况在目前比较普遍，基于这一观点所开展的城市更新在保障公共利益方面不遗余力，然而这种情况下政府往往在可持续性上无法作出承诺。从城市发展的多样性而言，把社会其他参与主体排除在外也会带来根本性的缺陷，且与城市发展本身逻辑不符。居民的切身利益是城市更新的核心议题之一，但居民参与的机制在现行的城市更新中尚不明确，居民参与的缺失使得不同群体间的利益平衡面临挑战。另外，产业发展是推动城市发展的重要因素，也是探索未来城市发展模型的核心话题之一。城市更新既需要自上而下的政策驱动，也需要自下而上的需求驱动。将社会意愿及资源引入城市更新行动，将使城市更新更加具有可持续性和可推广性。将城市更新放在一个较长的时间线上考量，社会资源的参与有助于产业落地并带动内生动能，使更新后的城市具有生长能力，成为真正的更新。

3. 保护与更新的平衡

城市更新旨在以存量空间不断满足新增的需求，存量空间中既涉及本身可以被替代的部分，也涉及具有历史价值、难以替代的部分。很明显，如果所有具有历史性的建筑乃至街区都封闭起来只做静态的展示，那么城区的使用性会大大降低。目前，无论是学界还是产业界都比较认同活化、利用是最好的保护，这一理念同样适用于工业遗存的保护利用。过去历史建筑或街区得不到很好的保护的情况已经得到重视，近年来对历史建筑或街区的修复致力于尊重历史、尽量原址修复，为历史建筑或街区选择合适的现代功能，同时遵循可逆且最小干预的原则，实现保护与更新。

（五）城市更新进程中的创意产业发展

1. 注重规划与制度建设

《中华人民共和国国民经济和社会发展第十四个五年规划和2035年远景目标纲要》（以下简称《纲要》）中明确提出"加快转变城市发展方式，统筹城市规划建设管理，实施城市更新行动，推动城市空间结构优化和品质提升"。在此总体基调下，"十四五"期间城市更新行动的规模将进一步扩大并得到规范。《纲要》同时提出要健全现代文化产业体系，并在文化遗产保护传承、重大文化设施建设及旅游目的地质量提升等方面进行了工程部署。这一系列涉及城市与产业的规划和目标是城市更新获得成功、创意产业得到更好发展的保证。例如深圳依据全市城市总体规划和土地利用规划，编制了《深圳市城市更新"十三五"规划（2016—2020）》，对深圳城市更新工作进行总体性指导。经过多年的探索实践，深圳、广州、上海、重庆、武汉等地目前已形成具有综合性特点的城市更新制度体系，并设置了专门的部门机构管理城市更新事务。对城市更新工作的整体把控和多部门合作的局面将更好地推动创意产业在城市更新乃至城市发展中发挥积极作用。

2. 共建共治共享

城市的更新离不开城市居民的合作，在创意产业中居于核心地位的文化创意同样源于居民的城市生活。通过有效的管理和运作，将城市外部资源、地方特色文化等充分结合，调动城市居民参与的积极性，城市发展的内生动力将得到进一步激发，城市的公平性也能得到更大程度的保证。"公益优先、多方参与"的价值理念在上海、深圳等城市的城市更新中得到了很好的体现，在更新管理的区域评估、实施计划编制等环节均要求公众参与，评估阶段明确的公共要素包括城市功能、文化风貌、生态环境、慢行系统、公共服务配套设施、公共开放空间等。加大对开放空间、公共服务设施的提供力度的更新项目将得到政策允许的建筑面积奖励；符合历史风貌保护的更新项目，新增要求保护的建筑、构筑物可以不计入容积率的计算值。这些政策保证了城市更新项目的公共利益得到落实。创意产业的社会效益也体现为公共利益得到落实，与城市更新相结合后将更加注重共建共治共享机制的建立与完善，从而提升创意产业的社会效益。

3. 加强保护与活化利用

近年来，随着历史文化遗产保护顶层设计的逐步完善，历史文化遗产保护也成为城市更新中越来越重要的议题。2021年1月，住房和城乡建设部办公厅印发《关于进一步加强历史文化街区和历史建筑保护工作的通知》，明确要加强修复修缮，禁止在历史文化街区内大拆大建，充分发挥历史文化街区和历史建筑的使用价值；各地要加大投入，开展历史文化街区保护修复工作，并持续提升历史文化街区的宜居性，在对存在安全风险的历史建筑进行抢救性修缮的同时，支持和鼓励赋予历史建筑当代功能，与城市和城区生活有机融合，以用促保，还可对文物建筑、历史建筑以外的其他建筑，在尊重街区整体格局和风貌的前提下进行创新性的更新改造、持续利用。2021年3月，自然资源部和国家文物局联合印发《关于在国土空间规划编制和实施中加强历史文化遗产保护管理的指导意见》，明确严格历史文化保护相关区域的用途管制和规划许可，坚持先规划后建设的原则，实施城市更新和乡村振兴行动，防止大拆大建破坏文物等各类历史文化遗存本体及其环境，严禁违反规划或擅自调整规划在历史文化名城名镇名村相关区域建设高层建筑、大型雕塑等高大构筑物。这一文件提出要促进历史文化遗产活化利用。在不对生态功能造成破坏的前提下，允许在生态保护红线内、自然保护地核心保护区外，开展经依法批准的考古调查、勘探、发掘和文物保护活动，以及适度的参观旅游和相关必要的公共设施建设，促进文化和自然遗产的合理利用。各地自然资源主管部门对国家考古遗址公园建设等重大历史文化遗产保护利用项目的合理用地需求应予保障。鼓励各地自然资源主管部门商文物主管部门，结合实际探索历史风貌分类管控机制，研究制定引导历史文化遗产合理利用的规划、土地等支持政策。

三、创意产业发展展望

（一）文化创意产业加快数字化转型

近年来，文化创意产业数字化转型已经渐入佳境。2016年，数字创意产业首次被纳入国家战略性新兴产业发展规划，成为战略性新兴产业中唯一一个面向生活需求的产业。2017年，原文化部出台《关于推动数字文化产业创新发展的指导意见》，首次从国家层面明确"数字文化产业"的提法，并对数字文化产业发展进行宏观性指导。2020年新冠肺炎疫情暴发后，数字化程度较高的行业在助力抗疫、推动复工复产中发挥了重要作用，全产业的数字化成为共识。2020年10月中国共产党第十九届中央委员会第五次全体会议通过《中共中央关于制定国民经济和社会发展第十四个五年规划和二〇三五年远景目标的建议》，明确"发展数字经济，推进数字产业化和产业数字化，推动数字经济和实体经济深度融合，打造具有国际竞争力的数字产业集群"，数字经济正式成为国家战略和顶层设计。2020年11月，文化和旅游部出台《文化和旅游部关于推动数字文化产业高质量发展的意见》，在文化产业领域进行具体部署，明确提出要实施文化产业数字化战略，推动数字文化产业高质量发展。

在数字经济发展加速的2020年，其底层架构的完善以及边界和范畴的厘清的步伐也在加快。国家文化大数据体系建设已经在法律和政策层面得到国家强有力的支持。在2019年形成的《文化产业促进法（草案）》中提到，推动文化资源数字化，分类采集梳理文化遗产数据，标注中华民族文化基因，建设文化大数据服务体系。在2019年8月科技部等六部门印发的《关于促进文化和科技深度融合的指导意见》中也提到，加快国家文化大数据标准体系建设。2020年5月，中央文改领导小组办公室下发《关于做好国家文化大数据体系建设工作的通知》，部署了文化大数据体系建设工作，涉及数据的采集、存储、传输和应用等具体任务。2020年12月，国家统计局主管的《统计研究》刊登了以中国数字经济产业统计分类为主要成果的论文，论文基于数字经济的概念演进、国际组织和官方统计部门对数字经济相关产业的统计划分以及中国现有相关统计分类标准，提出了中国数字经济产业统计分类。

2021年开年以来，多地已经通过推出相关政策措施等积极推进数字经济。2020年文化和旅游部部门决算显示，科技支出近5亿元，2021年部门预算增至5.3亿元，同比增长约6%。在政策、投入均在加码的情况下，可以预见数字文化创意产业在2021年将继续快速发展。

（二）产业带动乡村振兴进入新时期

2020年是决战脱贫攻坚、决胜全面小康之年，新时代脱贫攻坚目标任务如期完成，现行标准下农村贫困人口全部脱贫，贫困县全部摘帽，易地扶贫搬迁任务全面完成，消除了绝对贫困和区域性整体贫困，在此基础上，巩固拓展脱贫攻坚成果、全面推进乡村振兴战略成为"十四五"时期经济社会发展的目标之一。2021年，随着国家乡村振兴局正式挂牌、《中华人民共和国乡村振兴促进法》的实施，全面推进乡村振兴进入新时期。

2021年初，中共中央、国务院发布《关于全面推进乡村振兴加快农业农村现代化的意见》，对下一阶段全面推进乡村振兴作出部署。文件提出构建现代乡村产业体系，其中包括开发休闲农业和乡村旅游精品线路、完善配套设施，以及推进农村一二三产业融合发展示范园和科技示范园区建设。文件还提出，大力加强村庄风貌引导，保护传统村落、传统民居和历史文化名村名镇，并加大农村地区文化遗产遗迹保护力度。这一系列部署将推动文化旅游与乡村振兴进一步融合发展。

2021年4月29日,《中华人民共和国乡村振兴促进法》(以下简称《乡村振兴促进法》)由第十三届全国人民代表大会常务委员会第二十八次会议审议通过,自2021年6月1日起施行。《乡村振兴促进法》是我国第一部直接以"乡村振兴"命名的法律,也是一部全面指导和促进乡村振兴的法律。全面实施乡村振兴战略,具体落实为促进乡村产业振兴、人才振兴、文化振兴、生态振兴、组织振兴,推进城乡融合发展等。在产业与文化繁荣方面,要求政府保护农业文化遗产和非物质文化遗产,挖掘优秀农业文化深厚内涵,弘扬红色文化,传承和发展优秀传统文化,加强对历史文化名镇名村、传统村落和乡村风貌、少数民族特色村寨的保护,开展保护状况监测和评估,坚持规划引导、典型示范,有计划地建设特色鲜明、优势突出的农业文化展示区、文化产业特色村落,发展乡村特色文化体育产业,推动乡村地区传统工艺振兴,积极推动智慧广电乡村建设,活跃繁荣农村文化市场。这一法律的正式施行,将推动文化创意产业在乡村振兴中发挥更加重要的作用。

(三)"双循环"背景下促进文化消费

2020年疫情防控期间,国家层面出台了多项政策措施,一方面促进文化消费,另一方面持续推动文化创意产业高质量发展,同时,浙江、云南、青海、广西壮族自治区、湖北、四川、黑龙江、江西等多地出台相应的地方性政策措施以促进消费、支持企业应对疫情冲击。随着国内疫情防控进入常态化,同时跨境消费受疫情影响较大,国内文化消费回暖并有望升级,积极融入国内大循环为主体、国内国际双循环相互促进的新发展格局。2021年春节,全国有超过1亿人选择就地过年,春节假期释放的文化消费引领了春节假日经济的新增长。春节期间,文化消费市场供需两旺,同时更趋于多元化及高端化,推动文化创意产业转型升级。"就地过年"乃至"就地过节"将驱使城市建设思路由"旅游城市"逐步向"城市旅游"转变,吸引外地游客向挖掘本地居民旅游潜力转变,单一性休闲旅游向复合价值型旅游转变。在这一转变中,旅游的文化性进一步凸显,并推动了文化的创新发展。强大的文化需求对文化企业的供给侧提出了新要求,促使文化创意企业加快高质量发展的步伐。文化消费活力日益增强,文化消费潜力持续释放,有利于各地积极探索长效的文化消费机制,将继续推动现代文化产业体系的构建和完善。

(四) 金融助力创意产业发展

受资本寒冬和新冠肺炎疫情双重打击，2020年文化创意产业投资一片萧条。在此宏观形势下，政府资金投入成为文化创意产业投资的重要推手。

2020年11月由中宣部和财政部共同发起设立、目标规模500亿元的中国文化产业投资母基金在北京正式成立。这一基金作为国家级文化产业投资基金，主要围绕落实国家文化战略和规划积极发挥作用，以政府引导资金撬动、吸引各方资本投入，通过市场化运作和专业化管理，支持文化企业改制重组和并购，促进文化资源整合和产业结构调整，推动文化产业高质量发展。中国文化产业投资母基金主要投向的领域包括新闻信息服务、媒体融合发展、数字化文化新业态等文化产业核心领域，与文化产业高度相关的旅游、体育等相关行业，支持电影等重点行业发展，以及围绕粤港澳大湾区建设、长三角一体化发展等国家重大区域发展战略，支持区域文化产业协同发展，做强做优做大文化企业，增强文化产业实力和核心竞争力，促进形成文化产业发展新格局。从设立背景、基金目标、投资方向上看，中国文化产业投资母基金被寄予厚望，将为文化创意产业发展提供有力的金融支撑，加速中国文化创意产业资本寒冬的破冰进程，其作用和意义将远超2011年设立的首个中国文化产业投资基金。

地方政府专项债券也将成为文化金融领域另一支重要力量。《地方政府专项债券发行管理暂行办法》在2015年4月已经出台，然而在文化和旅游领域专项债券如何落实一直缺少核心的政策支撑。一直到2017年8月，国家发展改革委发布的《社会领域产业专项债券发行指引》明确社会领域产业专项债券包括文化产业和旅游产业专项债券，主要用于新闻出版发行、广播电视电影、文化艺术服务、文化创意和设计服务等文化产品生产项目，以及文化产业园区和旅游基础设施建设、旅游产品和服务开发等项目。2019年4月，文化和旅游部等7家单位联合印发《关于2019年全国优选文化和旅游投融资项目推荐遴选工作的通知》，后期公布的遴选结果显示全国有320个文旅项目入选，涉及拟融资金额2325.4亿元。2020年5月，文化和旅游部办公厅印发《关于用好地方政府专项债券的通知》，要求各地文旅部门主动与所在地财政、发展改革等部门沟通对接，争取将文化和旅游行业纳入各地地方政府专项债券重点支持范围。2021年2月，文化和旅游部办公厅印发《关于进一步用好地方政府专项债券推进文化和旅游领域重大项目建设的通知》，首次明确将文化旅游领域作为新增专项债券的重点投向。可以预期，文旅行业将有望争取到更多专项债券和资金支持，补齐基础配套设施短板，加快行业振兴复苏与转型升级。

（张京成、许玥姮，北京市科学技术研究院，中国创意产业研究中心，北京市科学技术情报研究所，文化创意产业标准化研究北京市重点实验室）

第二章
北京：文化创意产业在城市更新中发展壮大

一、2020年北京文化创意产业发展概况

二、北京文化与城市更新

三、城市更新中推动文化创意产业发展的实践探索

四、城市更新中促进文化创意产业发展的经验与思考

2020年新冠肺炎疫情暴发后，北京的文化创意产业受到很大冲击。疫情防控期间，北京一方面出台政策措施支持文化创意企业持续发展，另一方面继续推进全国文化中心建设，以文化的繁荣兴盛引领文化创意产业的发展，实现文化创意产业的持续增长。同时，以城市规划为蓝图，实施城市更新行动，涵养历史与现代交融的城市文化气息，赋予城市生机活力。

一、2020年北京文化创意产业发展概况

（一）多措并举支持文化创意产业应对疫情

2020年新冠肺炎疫情暴发后，为深入贯彻落实党中央、国务院和市委市政府关于新型冠状病毒肺炎疫情防控工作部署，按照北京市人民政府办公厅《关于进一步支持打好新型冠状病毒感染的肺炎疫情防控阻击战若干措施》和《关于应对新型冠状病毒感染的肺炎疫情影响促进中小微企业持续健康发展的若干措施》要求，进一步减轻疫情对首都文化企业生产经营的影响，促进企业健康可持续发展，北京市文化改革和发展领导小组办公室于2月印发了《关于应对新冠肺炎疫情影响促进文化企业健康发展的若干措施》，采取提前启动财政资金项目的申报工作以确保资金到位、增加文化相关产业补贴、对符合条件的文化企业给予房租补贴或减免等措施支持文化企业应对疫情，同时鼓励文化内容数字化、公益化和精品化，培育产业发展的新动能。

随后北京市文化改革和发展领导小组办公室印发《关于加强金融支持文化产业健康发展的若干措施》，从加大信贷融资对文化企业的支持力度、加大风险投资对文化企业的支持力度、引导文化企业充分利用资本市场金融工具、加大财政资金对文化企业的扶持力度、加快国家文化与金融合作示范区建设、夯实文化金融基础工作共六个方面给出具体措施，再次接力支援文化产业

复苏。

3月北京市文化和旅游局印发《关于应对新冠肺炎疫情影响促进旅游业健康发展的若干措施》，通过补助、融资担保、旅游保险等措施发挥财政资金引导效能，通过加强对相关企业、从业人员的服务提升产业竞争力，同时鼓励景区积极推进数字化升级，进一步减轻疫情对旅游企业经营的影响，帮助旅游企业共渡难关和稳定发展。

（二）持续推进文化中心建设

4月正式印发的《关于新时代繁荣兴盛首都文化的意见》（以下简称《意见》）和《北京市推进全国文化中心建设中长期规划（2019—2035年）》（以下简称《规划》）以姊妹篇的方式，对中央对社会主义文化建设的新要求，十二届市委对全国文化中心建设的总体谋划、实践成果、规律性认识予以系统表述，是未来一个时期中首都文化的顶层设计。《意见》按照"四个文化"（古都文化、红色文化、京味文化、创新文化）基本格局来展开，提出新时代繁荣兴盛"四个文化"的基本思路和主要举措；《规划》按照"一核一城三带两区"（一核是指以社会主义核心价值观为引领，建设社会主义先进文化之都，一城是指北京老城，三带是指大运河文化带、长城文化带、西山永定河文化带，两区是指建设公共文化服务体系示范区和文化产业发展引领区）总体框架谋篇布局，细化了工作重点和政策措施，安排部署了一批重大项目和重要文化民生工程，比如，北京大运河国家文化公园和长城国家文化公园建设，大运河游船通航工程，三山五园地区重点文物腾退保护修缮工程，琉璃河西周燕都遗址保护工程，南海子文化遗产保护提升工程，城市副中心剧院、图书馆、博物馆及环球影城主题公园建设等。

《意见》中涉及产业的要求是要汇聚文化创新的强大力量，实施"文化+"融合发展战略，推动文化与科技、旅游、体育、金融等深度融合发展，发挥国家文化和科技融合示范基地、国家文化产业创新实验区以及各类文化产业园区作用，健全完善文化产业投融资服务体系，建设首都文化金融生态圈，同时，要深化文化领域供给侧结构性改革，提升北京在设计、版权、影视、演艺、音乐、网络游戏、网络视听、图书、旅游、会展、艺术品交易等领域的国际竞争力，提升文化产业对首都经济社会发展的贡献度，培育新型文化业态，促进文化消费，整体提升城市文化软实力，坚持以企业为主体的市场化运营方式,促进优秀文化产品和服务进入国际市场,推进国家文化出口基地、国家对外文化贸易基地等建设,支持版权交易平台和版权代理机构发展。

首个全国文化中心建设五年规划是 2016 年发布的《"十三五"时期加强全国文化中心建设规划》,发展目标定位在 2020 年。随着中央对文化建设的部署、人民对文化建设的需求、文化建设自身的形势和任务发生变化,首都文化迎来难得的发展机遇。此次发布的《规划》是"四个中心"规划体系的重要组成,要求落实新版城市总规要求,立足首都城市战略定位,注重做好与政治中心、国际交往中心和科技创新中心相关规划的衔接。此前,《北京市长城文化带保护发展规划(2018—2035 年)》《北京市西山永定河文化带保护发展规划(2018—2035 年)》《北京市大运河文化带保护传承实施规划》《北京市公共文化服务体系示范区建设中长期规划(2019—2035 年)》和《北京市文化产业发展引领区建设中长期规划(2019—2035 年)》已印发实施,形成了同步推进、一体谋划的全国文化中心建设规划体系。

(三) 文化创意产业实现增长

北京规模以上文化企业营业收入统计数据显示,2020 年,营业收入合计 14209.3 亿元,同比增长 0.9%。新闻信息服务、内容创作生产、文化投资运营是仅有的三个实现正增长的子行业,同时从业人员整体负增长 3.0%,子行业中仅有内容创作生产和文化投资运营实现了从业人员的正增长;文化装备生产是负增长最明显的子行业,达到 -20.5%,也是唯一出现两位数负增长的子行业。2020 年第一季度文化企业营业收入 2609.8 亿元,同比下降 8.0%;上半年结束时降幅收窄至 5.0%,营业收入 5851.4 亿元;到第三季度末实现 0.7% 的增长,达到 9593.1 亿元;全年较上年增长 0.9%,达到 14209.3 亿元,行业形势持续好转。

其中,文化核心领域第一季度营业收入 2384.1 亿元,同比下降 4.2%,上半年 5353.5 亿元,同比下降 1.2%,到第三季度末转正,达到 8792.8 亿元,同比增长 4.2%,全年实现营业收入 12986.2 亿元,同比增长 3.6%。文化相关领域受疫情影响较大,第一季度营业收入 225.7 亿元,同比下降 34.9%,上半年结束时 497.9 亿元,降幅收窄 32.6%,到第三季度末达到 800.2 亿元,降幅进一步收窄 26.5%,全年录得 1223.1 亿元及 20.9% 的下降。

内容创作生产一路领跑，凸显疫情期间优质文化内容需求旺盛，营业收入在第一季度为461.5亿元，同比增长16.5%，上半年结束时达到1100.2亿元，同比增长27.9%，到第三季度末达到1938.6亿元，同比增长39.4%，全年实现营业收入2898.8亿元，同比增长26.0%，是全年收入增长最大的子行业，同时录得全部子行业中最大的从业人员增长率，为2.7%。

疫情同样使得新闻信息服务需求增加，新闻信息服务第一季度、上半年、第三季度末营业收入分别为761.0亿元、1758.5亿元和2829.6亿元，同比增长从第一季度的5.6%、上半年的5.9%，一路攀升至第三季度末的10.0%，全年营业收入达到4149.5亿元，较上年增加12.9%。

另一个实现正增长的子行业是文化投资运营，其营业收入第一季度4.9亿元，同比下降10.3%，上半年11.2亿元，同比下降7.4%，此后逐渐回暖，到第三季度末其营业收入达到17.0亿元，同比增长1.4%，全年录得24.1亿元的营业收入及0.2%的增长。文化投资运营从业人员实现正增长（1.5%），是除内容创作生产以外另一个实现正增长的子行业。

受疫情冲击最大、下降最显著的子行业是文化娱乐休闲服务，其第一季度、上半年、第三季度末及全年营业收入分别为19.8亿元、39.3亿元、58.5亿元及79.9亿元，同比分别下降32.7%、36.4%、36.4%及31.8%。文化传播渠道也受到较大影响，其第一季度、上半年、第三季度末及全年营业收入分别为446.5亿元、981.8亿元、1617.7亿元及2459.0亿元，同比分别下降29.1%、25.3%、19.4%及18.8%。创意设计服务表现较为稳定，虽然没有实现增长，但下降较少，其第一季度、上半年、第三季度末及全年营业收入分别是690.3亿元、1462.5亿元、2331.4亿元及3374.9亿元，同比分别下降2.4%、3.1%、1.1%及0.6%，可见，即使受疫情冲击，市场对创意设计的需求依然坚挺。

文化相关领域受疫情影响较大，三个子行业均表现为两位数负增长。文化辅助生产和中介服务第一季度、上半年、第三季度末及全年营业收入分别为124.4亿元、263.5亿元、408.9亿元及624.2亿元，同比分别下降29.8%、35.2%、29.3%及24.0%。文化装备生产第一季度、上半年、第三季度末及全年营业收入分别为14.4亿元、37.9亿元、62.4亿元及108.2亿元，同比分别下降54.1%、40.7%、34.0%及23.0%。文化消费终端生产第一季度、上半年、第三季度末及全年营业收入分别为86.9亿元、196.6亿元、

328.9亿元及490.7亿元,同比分别下降37.1%、26.6%、20.9%及16.2%。

北京市2020年国民经济和社会发展统计公报统计显示,全年接待旅游总人数1.84亿人次,比上年下降42.9%;实现旅游总收入2914亿元,下降53.2%。其中,接待国内游客1.84亿人次,下降42.3%;国内旅游总收入2880.9亿元,下降50.9%。接待入境游客34.1万人次,下降91.0%;国际旅游收入4.8亿美元,下降90.7%。全年经旅行社组织的出境游人数47.2万人次,下降90.3%。

2020年末北京共有公共图书馆24个,总藏量7208万册;档案馆18个,馆藏案卷977.3万卷件;博物馆197个,其中免费开放90个;群众艺术馆、文化馆20个。北京地区登记在册的报刊总量3512种;出版社544家;出版物发行单位9744家;全年引进出版物版权8212件,版权(著作权)登记100.3万件。年末有线电视实际用户为605万户,其中高清实际用户395.3万户,超高清(4K)实际用户166.3万户。全年制作电视剧43部1802集,电视动画片26部5548分钟,网络剧82部,网络动画片15部,网络电影215部。全年生产电影185部,北京地区29条院线266家影院,共放映电影146万场,观众2117.1万人次,票房收入10.3亿元。

二、北京文化与城市更新

(一)北京城市更新概况

北京人口和城市规模快速增长的同时,"大城市病"已经凸显。中央提出京津冀协同发展战略,疏解非首都功能,减量提质。党中央、国务院相继批复了《北京城市总体规划(2016—2035年)》《北京城市副中心控制性详细规划(街区层面)(2016—2035年)》《首都功能核心区控制性详细规划(街区层面)(2018—2035年)》,构建起首都规划的"四梁八柱",为首都高质量发展、高水平治理提供了规划引领,也确立了北京"控增量、促减量、优存量"的城市更新思路。北京的城市更新行动,是贯彻党的十九届五中全会精神、落实市委全会部署的重要任务,也是"十四五"时期拉动投资、促进消费、改善民生、优化完善城市功能的重要举措。

北京是千年古都,其城市更新在应对目前城市发展需求的同时,还需要注重历史文化的传承。2019年3月，《北京历史文化街区风貌保护与更新设计导则》出台，从技术上规范了北京历史文化街区的风貌保护与更新，使街区在具体规划、设计及建设时有规可依、有章可循。北京的城市更新既有整体的旧城改造，也有精细的街区更新，力求提升人居环境和城市品质，实现老城复兴、文化传承发展，彰显文化自信。在此过程中，责任规划师发挥了独特的作用。责任规划师通过经常性互动了解居民诉求，对规划成果进行长期维护，对街道公共空间建设项目提供技术支持。责任规划师的设立参考了起源于20世纪50年代西方国家的社区规划师，其核心职责是从社区利益出发，组织协调社区更新。2019年5月，北京市规划和自然资源委员会发布《北京市责任规划师制度实施办法（试行）》，在全市街道、乡镇推行责任规划师制度，北京成为全国首个将责任规划师制度写入城乡规划条例的城市。截至目前，北京的责任规划师制度渐成体系，超过300个责任规划师团队活跃在街道、乡镇和片区，以专业力量助力基层开展城市更新工作。

2021年5月，《北京市城市更新实施意见》正式印发，明确了北京的城市更新是"小规模、渐进式、可持续的更新"，应坚持"规划引领，民生优先""政府推动，市场运作""公众参与，共建共享""试点先行，有序推进"的原则。

（二）北京城市更新中涉及文化的议题

党的十八大以来，以习近平同志为核心的党中央坚持中国特色社会主义文化发展道路，文化建设成为城市建设的重要部分。习近平总书记就社会主义文化建设发表的一系列重要论述，从实现中华民族伟大复兴的历史高度和建设社会主义文化强国的现实高度，深化了对社会主义文化建设规律的认识，为推进全国文化中心建设指明了方向。习近平总书记指出，城市是一个民族文化和情感记忆的载体，历史文化是城市魅力之关键。

2020年正式印发的《关于新时代繁荣兴盛首都文化的意见》提出，新时代传承发展古都文化，要坚持城市保护和有机更新相衔接、内涵挖掘和活化利用相统一、保护传统和融入时代相协调，不断强化"首都风范、古都风韵、时代风貌"的城市特色，擦亮北京历史文化金名片。同时，《北京市推进全国文化中心建设中长期规划（2019—2035年）》（以下简称《规划》）提出大力推动北京中轴线申报世界文化遗产，强化独特壮美的空间秩序，打造国家文化遗产保护的标杆，并依托大运河文化带、长城文化带、西山永定河文化带建设构建历史文脉和生态环境交融的整体空间结构。

目前，围绕"一核一城三带两区"总体框架，相关专项规划和行动计划已经基本编制完成。《规划》提出建立文化融入机制，强化文化在城市规划建设运行管理中的作用，加强重要功能区、重要城市空间、街区空间改造中的文化设计，逐步提升公共基础设施、城市环境的艺术品位，切实提高城市文化品质。在全市推进的城市公共空间改造提升试点项目中，文化品质是一项重要标准，是城市更新中人文关怀的重要体现。

1. 老城更新传承城市历史文脉

老城更新是古都北京城市更新中的重要议题。"新生于旧""有机更新、整体保护"代替"老城拆改"，成为老城发展的方向。推进老城保护与有机更新，留住美丽的古都历史风貌，同时激发城市活力，实现传统文化和现代文明相互交融、历史文脉与时代新风交相辉映。近年来，北京通过保护性修缮、恢复性修建、申请式退租等举措，创新历史文化街区保护更新，"老城不能再拆"，生活也在改善。《关于新时代繁荣兴盛首都文化的意见》中指出，新时代传承发展古都文化，要坚持城市保护和有机更新相衔接、内涵挖掘和活化利用相统一、保护传统和融入时代相协调，要处理好历史文化和现实生活、保护和利用的关系。

2020年，东城区各街道选取试点平房区院落进行"微整治"，按照一院一策、分步推进的原则，保护与更新并重，打造了一批风貌古朴、环境宜居的"美丽院落"。草厂头条3号院便是其中之一。草厂头条3号院采用的是传统建筑门廊结构，入口走廊处使用了完整的"堆灰掸浆"老工艺，具有保护价值。在对草厂头条3号院进行改造时，"堆灰掸浆"老工艺得到保留和沿袭，同时院内的基础设施也得到了改造，使居住条件得到显著改善。

2. 存量空间改造激发文化创新

近年来，城市更新的目标被置于城市经济高质量发展的整体目标之中，以产业升级转型为目的在存量空间改造中引入文化元素也成为备受关注的议题。2018年，为了支持工业用地转型升级，北京市出台了《关于保护利用老旧厂房拓展文化空间的指导意见》，提出保护利用好老旧厂房，充分挖掘其文化内涵和再生价值，兴办公共文化设施，发展文化创意产业，在工业遗产保护和城市功能转型方面发挥了重要导向作用。通过引入公共文化设施、发展文化创意产业、打造新型城市文化空间，老旧工业建筑纷纷实现了"华丽转身"。2019年底北京正式出台《保护利用老旧厂房拓展文化空间项目管理办法（试行）》，明确符合条件的国有建设用地上的老旧厂房转型为文化产业园区或兴办图书馆、文化馆、美术馆、博物馆等非营利性公共文化设施，可按照一整套流程规范办理改造建设及登记注册等相关手续，在破解老旧厂房转型改造"审批难"问题上率先给出系统解决方案，打通政策落地"最后一公里"。各项政策的实施和落地，为北京市文化创意产业园区的稳健发展提供了助力与保障。

三、城市更新中推动文化创意产业发展的实践探索

（一）城市更新为创意产业提供了更充裕的发展空间

北京拥有丰富的老旧厂房资源，自798艺术园区从2001年起自我更新转变成创意产业集聚区后，城市更新中自下而上与自上而下的合力推动老旧厂房资源进一步腾退释放，一方面城市文化的重要记忆得到更好的保护与传承，另一方面文化创意产业也获得更丰富的空间资源。

据有关统计，全市利用老旧厂房改造产业园区达百余个。众多此类实践中，以嘉诚胡同创意工场及77文创园为例。

1. 嘉诚胡同创意工场

嘉诚胡同创意工场起步于2007年，东城区将第一批闲置的胡同工厂空间转型为"胡同创意工场"。嘉诚在发展过程中建立了一套独特的文创园区运营模式，对散落在老城胡同里的空间进行有效的整合，盘活嘉诚印象创意园、嘉诚有树新媒体文化产业园等十余个主题不同且各具特色的胡同创意空间，连点成网，发展成包括5大板块（青龙板块、南锣板块、安定门板块、中演板块和龙潭板块）的开放式文化创意产业园区，2020年入选北京市市级文化产业示范园区。

2. 77文创园

77文创园于2014年正式开园，是以影视和戏剧为核心内容的主题性文化

产业园区。其前身是有着63年历史的北京胶印厂，一街之隔有中国美术馆、三联书店，往西有北大红楼旧址，往南有北京人民艺术剧院，往北有中央戏剧学院，周边戏剧资源丰富。北京胶印厂厂区被改造为77文创园后，老厂房被改造成排练厅，成为质优价廉的排练场地，使得观众能以更低廉的价格欣赏戏剧艺术；同时，厂区内的老烟囱、烫金模切机等工业遗迹被很好地保留了下来，成就了工业文化与戏剧文化交相辉映的文创园区，2020年成为北京市市级文化产业园区之一。

（二）历史文化遗产提升城市经济活力

北京是世界著名的历史文化古都，拥有800余年建都史，历史文化资源十分丰富。有关数据显示，北京市有不可移动文物3840处，可移动文物501万件（套）。其中包括世界文化遗产7处，全国重点文物保护单位126处，市级文物保护单位216处；地下文物埋藏区68处，历史文化保护区43处，中国历史文化街区3处，中国历史文化名镇1处，中国历史文化名村5处。这些丰富的历史文化资源不仅吸引了来自五湖四海的文化消费者，同时也为城市文化创意产业提供历久弥新的文化滋养。

1. 中轴线申遗带动老城更新

2012年，"北京中轴线"被成功列入《中国世界遗产预备名单》后，《北京中轴线保护规划》《北京中轴线申遗综合整治规划实施计划》《北京中轴线风貌管控城市设计导则》陆续出台，2017年底，北京市推进全国文化中心建设领导小组批准成立了中轴线申遗保护专项工作组，由市文物局和市规划国土委牵头，全面启动北京中轴线申遗保护工作。后续实施推进中轴线文物保护修缮计划，取得了腾退与修缮景山寿皇殿建筑群等重要成果，同时逐步改善中轴线遗产风貌，恢复中轴线南段御道景观，扩大公共文化场所，提升人居环境，使老城更具活力与魅力。

北京中轴线，是指北京自元大都、明清以来北京城东西对称布局建筑物的对称轴，明清北京城的中轴线南起永定门，北至钟鼓楼，直线距离长约7.8公里。20世纪90年代，北京为连接城市中心和亚运村，在二环路钟鼓楼桥引出鼓楼外大街，向北至三环后为北辰路，这条路成为北京中轴线的延伸，中华民族园和国家奥林匹克体育中心分列两侧。北京申奥成功后，中轴线再次向北延长，作为奥林匹克公园的轴线，国家体育场（鸟巢）和国家游泳中心

（水立方）一东一西，向北穿过奥林匹克公园到达奥林匹克森林公园后，仰山、奥海均在中轴线上。2018年北京中轴线申遗已确定天安门等14处遗产点。

以中轴线申遗保护为抓手，东城区和西城区大力推进老城整体保护和复兴。为探索创新老城保护更新工作模式，2019年东城区在北京市率先出台《东城区老城房屋修缮中老材料、老构件收集及使用管理暂行办法》，首次提出，柁、檩、柱、椽、板、枋、连檐、瓦口、瓦条、老城砖及具有艺术价值的石雕（刻）、砖雕、木雕等有价值、有鲜明时代特征的各类建筑构件，都要通过认定登记、保护性拆除、保存建档等程序予以收集和再利用，实现修旧如旧，探索恢复性修建实施路径。东城区还制定了《东城区街区更新实施意见》，积极探索街区更新工作路径。街区是指被城市道路所包围的、具备相对完整城市功能的区域，是城市结构的基本组成单位，也是城市更新精细化实施的基本单元。街区更新工作将注重保护传统风貌，保护胡同、四合院的肌理，改善居住条件，改善市政基础设施和便民设施。如位于东城区建国门街道北极阁的陆宗舆故居，变身"缘庆书苑"向市民免费开放，可开展读书会、传统京味曲艺鉴赏、戏剧普及传承、社区公共文化等系列活动。《东城区2020年街区更新工作方案》明确以中轴线沿线、故宫周边、崇雍大街沿线为重点区域，在8个重点街区和15个试点街区，全面推动街区更新工作进入实施阶段。

"鼓楼西大街整理与复兴计划"是《首都功能核心区控制性详细规划（街区层面）（2018—2035年）》批复后，西城区首个重点推进完成的历史街区保护更新项目。该项目于2017年6月正式启动，包括违建拆除、建筑立面提升、公共空间整治、口袋公园和小微绿地建设、夜景照明、交通停车综合治理、多杆合一等举措，以恢复老城风貌，形成了"探访一处元代码头、漫步两段古迹高墙、体验四个口袋公园、了解多个历史典故"的景观结构。其中两段古迹高墙，包括"埔墙疏影"和"红墙映翠"。"埔墙疏影"指醇亲王府北墙外长约320米的人行空间，青砖灰瓦，"红墙映翠"指广化寺外长约150米的人行道，红墙灰瓦，均极具传统古建筑风貌。围绕鼓楼西大街沿线挖掘出的德胜祈雪、糖花糖市、元代码头、醇亲王府、关岳庙、广化寺、胡同水井、明清马圈、明代铸钟、谯楼更鼓等多个文化景点，也将被打造成为文化景区，助力中轴线申遗保护。

2020年8月,《北京中轴线申遗保护三年行动计划》由北京市推进全国文化中心建设领导小组正式印发,从价值阐释、保护管理、环境整治、公众参与、保障机制五大方面进行部署,力争通过三年时间,提升北京中轴线遗产保护管理状况与环境风貌品质,助推北京中轴线申遗成功。

2. 工业遗产融入城市新貌

工业遗产是新中国工业发展的历史记忆,是建设社会主义文化强国的重要组成部分。老工业厂区中,工业建筑、设备等具有鲜明的工业特色,是城市发展的见证。工业遗产的更新应结合历史,对工业建筑、设备、空间格局、色彩与风貌等进行整体保护,使之成为城市更新的有机组成部分。

西什库31号文化创意产业园的前身是1956年建立的北京低压电器厂,随着时代的发展,园区按照首都城市功能定位和西城区发展规划建设高端文创园。园区既拥有独具一格的哥特式建筑、花窗玻璃白瓦灰墙,也拥有极具工业风格的半米宽铁皮通风管道,改造后工业气息、古典元素与文化创意完美结合,成为首都核心区域难得的花园式文创产业园。

2019年,京张铁路遗址公园改造工程启动,规划连通原9公里铁路沿线的"边角地""畸零地",把分割城市生活的"城市灰色地带"打造为服务周边居民的"绿色公共空间"。由于京张高速铁路的建设,京张铁路北京市区段从起点北京北站出站后,由地上钻入地下,地面上的京张铁路旧线从学院南路到北五环段停用。将原先被铁路所割裂的两侧城市空间借助遗址公园重新"缝合",不仅有跑步道和步行道贯通的城市慢行廊道,还设自行车专用道,保留下来的原铁轨和沿线文物古迹将继续讲述京张铁路的故事,将中国人自主勘测、设计、施工的第一条铁路的历史与城市新发展融为一体。

(三) 文化体育活动为城市带来更新效益

2015年中国成功申办2022年冬奥会,北京市政府确定2022京张冬奥办公园区落户于首钢旧址,这座因为奥运搬迁的厂区将借助冬奥会重现活力,两次奥运会将首钢园从大规模旧工业厂区变成带动北京城市西部发展的城市复兴新地标,是北京城市更新进程中极具特色的部分。

2001年北京获得2008年奥运会主办权,而彼时的首钢承载着2008年北京奥运会的多项奥运工程建设任务:将45吨重的火炬塔吊装安装到50多米高的"鸟巢"顶部,为新建体育场馆提供1.58万吨优质钢材,为国家体育馆工程完成总建筑面积80976平方米、安装量达3347吨的主体钢结构制作等。除了工程任务，首钢还于2005年启动整体大搬迁，以配合改善北京大气状况工作的推进。2008年北京奥运会的成功申办并非首钢搬迁的唯一原因，另一个原因是为了适应中国钢铁产业结构调整、京津冀协同发展以及首都战略布局的新要求。搬迁后留下的8.63平方公里首钢园是当时北京市最大规模的旧工业厂区。

2015年，首钢园区借助冬奥会再次加入城市更新当中，利用冬奥组委入驻带来的后续效应，建设国家体育产业示范区，推动国家级体育资源向园区集聚，集工业遗存地与奥运遗产地于一身，探索体育产业创新发展的方向。首钢园的改造既区别于国外常见的工业遗址公园式的静态保护，也不同于北京既有的798艺术园区、751时尚设计秀场等单一功能园区，将成为传承北京工业发展集体记忆、带动北京城市西部发展的复合型区域。

首钢园区北区改造已全速推进。2016年5月，首批冬奥组委工作人员入驻由西十筒仓改造的北京冬奥组委办公楼。2017年2月，国家体育总局与首钢总公司签署《关于备战2022年冬季奥运会和建设国家体育产业示范区合作框架协议》，精煤车间及周边地区用于改造和新建国家体育总局冬运中心的训练馆，四个场馆被称为"首钢四块冰"，分别承接花样滑冰、短道速滑、冰壶和冰球项目的训练和比赛。2022年冬奥会北京城区内唯一的雪上比赛场地单板大跳台则是利用首钢原有的四座冷却塔和制氧厂等工业遗存升级改造而成。北京冬奥会后，首钢滑雪大跳台成为世界首例永久性保留和使用的滑雪大跳台场地，继续用于单板、双板大跳台的比赛和训练，也将成为向公众开放的北京冬奥会标志性景观地点和休闲健身活动场地。

2017年12月，工业和信息化部公布了第一批国家工业遗产名录，首钢园区作为国内目前保存最完整、面积最大的钢铁工业生产厂区入围。在弘扬工业文化方面，园区内建设了工业遗址公园、博物馆等文化设施。园内的三高炉是冶炼体系中最典型的一条生产线，是首钢第一座炉容超过2500立方米的现代化大型高炉，被改造为一座浸入式体验博物馆，高炉本身作为集体记忆的物质载体，将向人们展现其工艺价值及社会价值。此外，冬奥会的举办带动一批高新技术企业项目入驻首钢园，进一步推动了科技文化的融合发展。

四、城市更新中促进文化创意产业发展的经验与思考

（一）规划先行

和世界上很多城市不一样，北京的老城从一开始就是规划建造起来的，这成为北京城市更新坚实的理论基础。老城珍藏历史，城市文化则随着城市的发展而创新发展。《北京市推进全国文化中心建设中长期规划（2019—2035年）》（以下简称《规划》）按照"一核一城三带两区"（一核是指以社会主义核心价值观为引领，建设社会主义先进文化之都；一城是指北京老城；三带是指大运河文化带、长城文化带、西山永定河文化带；两区是指建设公共文化服务体系示范区和文化产业发展引领区）总体框架进行布局及工作部署，其中对文化产业的要求是加快推动文化产业高质量发展，构建具有国际影响力的现代文化产业体系和文化市场体系，建设具有国际竞争力的创新创意城市。《规划》在《北京城市总体规划（2016—2035年）》中得到空间和资源的支撑，以规划指导发展，创意产业的发展将推动城市产业结构的优化，进而促进城市获得更新与发展。

（二）加强保护

文化创意产业的源泉是文化资源，城市更新的起点是城市的历史资源，因此，加强对城市历史文化资源的保护将有助于文化创意产业对其的开发、利用与发展。《中共北京市委关于制定北京市国民经济和社会发展第十四个五年规划和二〇三五年远景目标的建议》明确要注重老城整体保护与复兴，并加快推进中轴线申遗保护工作。《北京历史文化名城保护条例》于2021年3月1日起施行，将为加强北京历史文化名城保护、传承历史文脉、改善人居环境、统筹协调历史文化保护利用与城乡建设发展提供保障。世界遗产，文物，历史建筑和革命史迹，历史文化街区、特色地区和地下文物埋藏区，历史文化名镇、名村和传统村落，历史河湖水系和水文化遗产，山水格局和城址遗存，传统胡同、历史街巷和传统地名，风景名胜、历史名园和古树名木，非物质文化遗产，法律、法规规定的其他保护对象等都在保护之列。其中历史建筑包括优秀近现代建筑、工业遗产、挂牌保护院落、名人旧（故）居等。

(三)创新路径

随着城市的不断发展,城市更新的范式也在发生变化,创意产业也成为推动因素之一。以北京市东城区雨儿胡同和西城区菜市口西片区为代表的"共生院"模式已经纳入了党中央、国务院批复的首都功能核心区控规,是推动多元化城市更新的实施样板。菜市口西片区是保留着明清时期胡同院落肌理的"胡同—四合院"平房区,属于"宣西—法源寺文化精华区",是北京城市总体规划确定的13片文化精华区之一。2019年,北京市西城区启动菜市口西片区平房院落申请式退租工作,在"共生院"模式基础上,引入企业共同参与老城保护与更新,创新性地授予企业"管理权和经营权",着力培育城市更新服务运营商,实现了"企业有收益,社区有改善"。2021年6月印发的《北京市人民政府关于实施城市更新行动的指导意见》明确要充分发挥市场作用,鼓励和引导市场主体参与城市更新,形成多元化更新模式,同时要充分调动公众和社会组织参与城市更新的积极性、主动性,建立平等协商机制,共同推进城市更新,实现决策共谋、发展共建、建设共管、成果共享。

(许玥姮,北京市科学技术研究院,北京市科学技术情报研究所,助理研究员;杨洋,北京文投华彩文化咨询有限公司,总经理)

第三章
天津：城市更新助力创意产业融入京津冀协同发展

一、2020 年天津市创意产业发展概况及分析

二、天津市推动城市更新改造过程中的典型做法及效果

三、天津市创意产业发展展望

2020年是极不平凡的一年,既是新冠肺炎疫情来袭天津遭受重创之年,也是天津市全面建成高质量小康社会和"十三五"规划的收官之年。天津一方面做好疫情防控,积极推动文化创意产业复工复产,另一方面主动谋划、主动作为,全市文化创意产业在高质量发展中迈出新步伐,取得新成效。

一、2020年天津市创意产业发展概况及分析

（一）狠抓复工复产推动创意产业发展

2020年上半年,受到新冠肺炎疫情影响,天津市防控指挥部要求全市各景点景区、文化场所等暂停开放营业,取消所有聚集性文旅活动,创意产业受到较大影响。

发挥文旅优势凝聚防控合力。2020年,天津市举办"人民至上——天津市抗击新冠肺炎疫情纪实展",接待观众58万余人次。天津市各博物馆积极推出"线上约会博物馆"等线上服务。组织局属院团创作抗击疫情题材艺术作品约100个,打造"线上剧场"等全新观演模式,为抗击疫情提供精神动力。

以旅彰文复工复产精准有序。组织各级文化和旅游部门深入全市文旅企业宣介国家及天津市惠企政策,出台天津市进一步优化文旅市场营商环境六条措施,全力推动天津市文旅业复苏发展。与天津工商银行、天津农业银行达成战略合作协议,累计为天津市文旅企业授信100亿元;与天津农业银行合作推广"农家乐e贷"等金融产品,累计放款1.74亿元;协调市通信管理局和江泰保险公司为天津市网吧经营者与旅行社减免各类费用超过600万元。"十一"黄金周,全市累计接待游客979.5万人次,实现旅游收入58.73亿元,同比分别恢复93.9%和92%。古文化街人头攒动,坐落其间的天津旅游

商品（天津礼物）店于 9 月 30 日开门纳客，销售上千种天津旅游商品，为市民、游客提供体现天津文化特色的优质伴手礼。政府发放消费券，配合商家景点消费满减、现金折扣等优惠措施，吸引了众多市民游客到 4A 级景区和平区金街、五大道逛街赏景、休闲消费。

（二）推动天津创意产业深度融入京津冀协同发展

召开京津冀文化和旅游协同发展工作会和京津冀全域旅游示范区推介会，发布 4 条京津冀旅游精品线路，举办 2020 京津冀房车巡游暨文化旅游精准扶贫交流、京津冀冰雪文旅体验、京津冀交响乐团 2020 崇礼森林音乐会、京津冀图书馆阅读推广、京津冀主题展览等系列活动，促进京津冀文化和旅游资源共建共享。落实《京津冀文化和旅游协同发展战略合作框架协议》和《京津冀地区旅游信用协同监管合作备忘录》，实施京津冀文旅市场联合检查。签署《京津冀新视听战略合作协议》，与北京、河北共建"中国（京津冀）广播电视媒体融合发展创新中心"。天津博物馆与国家博物馆、首都博物馆、河北博物院共同举办的《舟楫千里——大运河文化展》首站在国家博物馆展出。武清区与北京市通州区、廊坊市共同举办了 2020 "通武廊"（廊坊）文化和旅游产业发展大会。

（三）成功举办中国旅游产业博览会，拉动创意经济

天津坚持市场化运作模式，强化与行业龙头企业合作，做好招商招展，采取线上线下结合的展会新模式，中国旅游产业博览会已经逐渐成为高品质、专业化、体现天津特色的国内知名展会品牌。2020 年旅博会期间，线上总浏览量达 116.3 万人次，旅博会官网展示交易平台的交易额达 4260 万元，依托美团点评平台的"天津旅游商品展卖专场"交易额达 6600 万元。本届旅博会主要呈现以下特点：

一是提升了天津市场人气。2020 年线上举办的旅博会，充分借助与天津市文化和旅游局有战略合作协议的头部互联网企业人气流量和资源优势，吸引了全国线上消费者的关注参与。相比上年线下举办，本届旅博会参与人数增长 506%；"天津旅游商品展卖专场"仅直播销售就有 81.1 万人次在线浏览、41.5 万人次参与消费，促进了天津市场活力的提升。

二是拉动了文旅市场消费。旅博会期间搭建的两个展示交易平台的交易

总额，相比上年线下旅博会（6300 万元）增长 72.4%。美团大数据显示，"天津旅游商品展卖专场" 6600 万元的交易额全部来自 1500 家天津企业。其中仅乐游天津、非遗天津、美食天津、旅博会看天津四个直播间 48 小时的直播销售就直接收入 1800 万元，助推了天津市文旅企业复苏和文旅市场消费。

三是推介了津味传统文化。72 家本市非遗文旅企业进驻美团"天津旅游商品展卖专场"，利用免费使用的互联网专业销售平台，不仅线上收获了广泛关注，同时也取得了实实在在的经济效益。市级非遗项目"二嫂子煎饼果子"两天内热卖 3000 套。旅博会前夕，天津市文旅局还专题培训了天津市非遗企业，促其了解运用网络购物、线上线下融合等新业态新模式，拓展传统经营空间。邀请本市相声演员和曲艺节目主持人为非遗项目直播带货，在助力消费的同时，彰显天津曲艺之乡的文化特色。许多非遗企业和传承人表示，旅博会很好地宣传了天津的传统文化。

四是强化了文旅企业市场意识。为引导天津市文旅企业提高市场营销意识和能力，市文旅局又积极联手携程集团，通过搭建文旅企业与线上旅游企业合作平台、推出"天津旅游通票 2.0"等方式，指导天津市文旅企业掌握市场规律，灵活运用多种打折优惠营销手段，有效激发了线上消费者的购买热情。旅博会期间，天津景区、酒店、美食、文创等旅游商品和服务线上购销两旺，文旅企业信心进一步增强。

（四）文化和旅游活动品牌逐步形成

高标准办好每年的中国旅游产业博览会，坚持"政府支持+市场化运作"模式，打造国内、业内知名品牌，提升了城市美誉度，扩大了天津影响力。双节期间，天津市旅游景区和文化场所以"诗"和"远方"的碰撞，彰显津城魅力。

推动旅游商品工作取得新成效。组织举办首届"天津礼物"旅游商品大赛。共收到来自 200 多家企业报送的千余种商品参赛，汇集了工艺美术、民俗艺术、旅游装备等十大类独具天津特色的旅游商品。评选出 94 件"天津礼物"。组织参加 2020 中国特色旅游商品大赛等活动。天津博物馆的"玉壶春系列"获得金奖，"平津味道""九州传承系列""逗你玩教你说相声手绘扑克""京津明珠音乐盒"分别获得铜奖，共取得了 1 金 4 铜奖项。组织相关企业及近 50 件套旅游商品，参加全国文化和旅游创意产品开发机构及展示产品活动，进一步提升天津市旅游商品的知名度和吸引力。推进建立线下实体店和线上售卖平台。协调桂发祥集团古文化街专卖店引入部分天津礼物。与驴妈妈、携程网、美团网达成合作意向，开展天津礼物文创设计。

借助成功举办中国旅游产业博览会、夏季达沃斯论坛、世界智能大会、第十三届全运会、全国非遗曲艺周等大型活动、展会和体育赛事的契机，加强文化和旅游宣传，行业影响力越来越大。举办中国·天津五大道国际文化旅游节、中国·天津妈祖文化旅游节、黄崖关长城国际马拉松旅游活动、梨园情旅游文化节、天津旅游嘉年华、天津霍元甲国际武术旅游节、运河桃花文化商贸旅游节、海河文化旅游节、中国汽车（房车）露营大会、中国·天津体育旅游大会等系列特色文化和旅游节庆活动，广受好评，促进了文化和旅游市场繁荣兴旺。"十三五"时期，平均每年主办或协办节事活动100多场。其中，中国旅游产业博览会、中国·天津五大道国际文化旅游节、黄崖关长城国际马拉松旅游活动、梨园情旅游文化节等已连续举办多年，形成了天津旅游节事品牌。

突出文旅融合，津味津韵文化吸引各方来客。双节期间，天津交响乐团亮相国家海洋博物馆，奏响"庆国庆·国家海洋博物馆系列活动音乐会"，让市民游客在参观期间收获来自艺术的惊喜。市杂技团在河西区恒基广场举办"我们的节日·中秋"戏法曲艺非遗专场公益演出。5A级景区古文化街内的戏楼每天上演曲艺、京剧、相声等文艺节目，杨柳青年画、泥人张彩塑等传统非遗手工艺术让游客体验到津门故里独有的文化魅力。鼓楼广场的游客赏民俗、听堂会、淘古董，让游客亲身体会到了津沽特色的文化旅游项目。同时，天津市各博物馆、文艺团体通过多种形式展现独特的津味文化，吸引八方游客到天津开启一场文化之旅。天津博物馆深入挖掘馆藏文物资源，精心推出"深心托豪素——馆藏明清书法精品展"等，弘扬中华优秀传统文化。鼓楼博物馆"秋澄万景清——中秋文化展"以中秋为主题，在用藏品诉说拜月传统与习俗的同时，讴歌了祖国伟大的航天事业。文庙博物馆为60名崇化中学学生举行了"成人礼"，弘扬责任、仁义、孝道等中华传统美德，传播正能量。天津京剧院、市青年京剧团安排了《望江亭》《穆桂英挂帅》等观众耳熟能详的经典剧目，用传统文化传递家国情怀。"2020天津相声节"也于假日期间在十余家小剧场为百姓奉献近300个相声专场，让外地游客品味到原汁原味的津味曲艺。

（五）假日经济拉动创意产业发展

"春节、国庆、五一、端午、中秋"等重点小长假的旅游活动，取得显著经济和社会效益。国庆节、中秋节假日期间，贯彻落实文化和旅游部及市委市政府工作部署，按照常态化疫情防控要求，在确保文化和旅游市场总体安全平稳有序的同时，积极推出系列文旅活动，丰富和活跃假日市场，拉动全市文旅消费，营造欢乐祥和的节日氛围。"大狮子胡同美食坊"于"十一"期间正式开街，集聚传统非遗产品、文创产品、津味美食等，市民及游客在此体验到了"舌尖上的天津"，成为夜间经济的又一新热点。调查统计显示，2020年10月1—8日全市累计接待游客979.5万人次，同比恢复93.9%（可比口径恢复82.1%）；实现旅游综合收入58.73亿元，同比恢复92%（可比口径恢复80.5%）。其中，本市游客590.7万人次，同比恢复106%；外地游客388.8万人次，同比恢复80%。

开展多渠道宣传，营造浓厚节日氛围。为丰富市民假日出游选择，活跃全市假日文化旅游市场，双节前夕，市文化和旅游局精心遴选策划推出了以"双节同庆祝福祖国　品文赏秋乐游天津"为主题的百项活动。在新媒体及天津市主流媒体刊发天津市双节百项活动"大菜单"。制定假日旅游宣传报道方案，召开专场新闻发布会，有节奏、有重点地通过电视、广播、报纸、互联网等全市各大媒体和新媒体渠道，全面展示天津特色文化和旅游资源、广泛宣传丰富多彩的假日文化和旅游活动，为天津聚人气、汇财气。安排局相关负责同志走进市电台、电视台直播间，介绍假日文化旅游新产品，进行旅游安全提示，解答热点问题。在抖音App上开设的"乐游天津"号累计刊发天津市景区和文旅活动视频数十个，其中一个介绍天津民俗、洋楼的短视频点击量达到了177万余次。经初步统计，双节假期人民网、新华网等央媒，天津市主流媒体以及新浪、凤凰等新媒体播报、刊发、转载天津市文旅信息近100条，宣传报道天津。同时，市、区两级文旅部门及旅游景区通过网站、第三方平台、提示牌、电子显示屏、宣传画等多渠道多方式，发布开放管理措施、疫情防控指南、旅游安全制度、游客文明须知等，宣传文明旅游。

（六）聚焦红色文创，传承红色文化

积极开发红色文化资源。一是开展"红色旅游发展典型案例征集活动"。认真梳理红色旅游工作经验做法和工作成效，起草完成《天津市红色旅游发展情况的报告》典型案例材料。开展天津市红色旅游发展评估工作，完成《天津市红色旅游发展评估报告（2015—2020）》。协助做好《献礼建党100周年——全国重点红色旅游景区数据分析报告》。二是组织开展全国红色旅游五好讲解员培养项目人选推荐工作。评选三名讲解员入选全国红色旅游五好讲解员培养项目，发挥示范带动作用，推动天津市红色旅游服务质量和水平不断提升。三是开展天津红色旅游景区（点）的评定工作。完成公开征集、专家评审等环节，并向相关部门征求意见，初步拟定了首批天津红色旅游景区（点）名单。四是推动红色旅游景区开展智慧旅游。推动平津战役纪念馆、周恩来邓颖超纪念馆、大沽口炮台遗址博物馆等红色景区开展网上主题活动，丰富线上产品供给，将展馆搬上"云端"，让游客足不出户就能畅游红色景区。五是组织红色旅游讲解员培训活动。组织参加文化和旅游部组织的红色旅游讲解员培训班3批次，有效促进红色旅游讲解员业务能力不断提升。六是推动红色旅游商品创新发展。深挖红色内涵，创新研发新产品，其中平津战役纪念馆的红色旅游商品"平津味道"荣获2020中国特色旅游商品大赛铜奖，取得良好效果。

开展爱国主题展览活动。双节期间，各文化场馆、旅游景区注重红色精神文化挖掘，走进博物馆、剧院，使观看"爱国"主题的展览和演出成为流行的假期打卡方式。天津美术馆推出了"国家荣誉——中国女排精神展"，让观众了解中国女排从辉煌五连冠到新时代女排的历史和感人的故事，观看展览的市民游客约3.3万人次。天津博物馆"人民至上——抗击新冠肺炎疫情纪实展"一个多月来累计接待参观人数达17万人次，双节期间依然火爆。天津人民艺术剧院推出原创话剧《上甘岭》，受到广大观众追捧。轨道交通集团与周恩来邓颖超纪念馆合作，将地铁周邓纪念馆站打造成"家国情怀·党风楷模"主题车站，传播伟人精神。平津战役纪念馆推出《把青春献给党》特色展览，引领新时代青年人不忘初心、牢记使命。天津图书馆和滨海新区"网红"图书馆在线上举办"家国同庆 壮美河山——中国最美自然与人文景观展"，通过生动质朴的图文，展现祖国山河的雄奇秀美。红色成为泰达航母主题公园的主色调,"爱我中华"巨型花篮、千余盏大红灯笼矩阵排列;数万面手持国旗免费发放,摩肩接踵的人潮中涌动着红色符号。方特欢乐世界每天晚间举行大型无人机表演主题活动,上百架无人机在夜空中唯美变阵,呈现出"我爱中国""致敬逆行者"等主题造型,以视觉盛宴激发了市民游客的爱国情怀。

(七) 以新技术推动文创活动深入民心

在线上举行2020中国旅游产业博览会。2020年,天津市将展会、论坛、推介和签约洽谈等项目移至线上,通过3D构建虚拟展示场景的方式,充分展现旅游装备等重点内容,同时融入"直播带货"等互动项目,进一步丰富线上活动内核,提升展会实效性。

在云上举办天津市第五届市民文化艺术节。作为2020年天津市20项民心工程之一的天津市第五届市民文化艺术节以线上形式"云开幕"。2020年市民文化艺术节以"文化扮靓美好生活"为主题,设置"品牌示范强引领""扎根基层惠民生""区域交流增影响""阅读推广有书香""文旅融合新面貌"五大板块,整合54项有代表性、有影响力的群众文化活动,涵盖品牌活动、文艺赛事、惠民演出、艺术沙龙、艺术普及、书画摄影、全民阅读、文旅融合等内容,为津门百姓奉献出一整年丰富多彩的群众文化活动。

(八) 艺术创作活力显著增强

创作水平显著提高。2020年,天津市文旅局组织创排现代京剧《楝树花》《血染的报告》、新编历史剧《珠帘秀》、歌舞剧《达玛花开》、舞蹈《云想霓裳》等一批优秀剧(节)目。京剧《秦香莲》等6部作品入选"庆祝中国共产党成立100周年舞台艺术精品创作工程",3个项目入选"中华优秀传统艺术传承发展计划"2020年度名家传戏工程,《在希望的田野上》入围第十三届全国舞蹈展演。完成中国戏曲像音像试录制剧目1部,中国京剧像音像集萃工程20部。

艺术展演丰富多彩。圆满完成"2020年天津市名家经典惠民演出季""天津市2020年春节军民联欢晚会"等重大演出任务。惠民演出季共举办演出472场次,其中线上演出272场,线下演出200场,精品剧目30台。推出大型音乐史诗《东方红》保利巡演、《梦满津华》音乐会、《我爱你中国》大型交响音乐会、"天津交响乐团2020—2021音乐季"系列演出，进一步提升了天津艺术的影响力和吸引力。

艺术科研成果突出。国家社科基金艺术学项目"民国时期华北城市戏曲消费和戏曲受众研究（1912—1937）"和"近代京津地区京剧人才培养模式探究（1900—1949）"等4项省部级科研项目顺利结项。强化文艺评论引领和带动作用，组织撰写深度观察、评论文章等54篇。天津市第八届艺术科学规划项目立项课题达80个。

完成2020年天津市扶持重点出版项目。根据《天津市重点出版项目扶持暂行办法》和《2020年度天津市重点出版项目扶持专项经费申报指南》的规定，天津市重点出版项目扶持领导小组办公室组织开展了天津市重点出版项目扶持评审工作。2020年天津市扶持重点出版项目完成公示，共计31个项目入选，涵盖期刊、图书、电子出版物、网络出版物以及音像制品多个类别。此次入选的重点出版项目分为出版前补助和出版后绩效资助两大类。其中，天津人民出版社的"领航：中国共产党百年建设"丛书等4个项目、百花文艺出版社的"向人民报告——中国脱贫攻坚报告文学丛书"、新蕾出版社的"浴火童心"系列以及天津北洋音像出版社的纪录片DVD"美的溯游——运河上的年画故事"等共计15个图书、音像制品项目获得"出版前项目补助类"扶持。

（九）以文旅融合为依托保护传承文化遗产

天津市深入挖掘本土非遗文化、历史文化等文化和资源，以文化资源保护为底线，以文化资源的发扬和传承为目的，积极开展天津城市历史文脉的传承，抢救、保护和开发传统优势文化旅游资源。

发布实施《天津市非物质文化遗产传承发展工程实施方案》，完善非遗保护工作体系。为贯彻落实中宣部、文化和旅游部、财政部印发的《非物质文化遗产传承发展工程实施方案》的部署要求，深入推进天津市非物质文化遗产系统性保护，天津市文旅局联合市委宣传部、市财政局制定出台了《天津市非物质文化遗产传承发展工程实施方案》（以下简称《方案》）。《方案》明确天津市非遗传承发展遵循的基本原则是，坚持守正创新，坚持融合发展，秉持见人见物见生活的理念，促进非遗融入当代生产生活。坚持文化特色，深入挖掘地域文化的精神内涵，讲好非遗故事、讲好天津故事，传承城市文脉。坚持多元协同，坚持政府主导、社会参与、多元投入、协同发展，促进全市上下形成参与守护、传播、弘扬非遗的自觉行动和环境氛围。2020年1月，天津市文化和旅游局印发《天津市非物质文化遗产保护专项资金管理办法》，为天津市非物质文化遗产保护专项资金使用提供明确意见。2020年4月，印发《天津市市级非物质文化遗产代表性传承人认定与管理办法》，进一步健全了非遗保护工作制度体系。

实施《天津市曲艺传承发展计划》。2020年12月，天津市出台《天津市曲艺传承发展计划》（以下简称《计划》），提出天津市曲艺传承发展的总体目标是：到2025年，曲艺类国家级、市级非遗代表性项目数据库档案建设和国家级代表性传承人口述史记录工作基本完成；扩大曲艺类非遗传承人群研修研习培训覆盖范围，曲艺类非遗传承人群文化自信和可持续发展能力进一步提高。曲艺演出场所数量和演出实践频次持续增长，形成一批驻场演出场所和专题品牌活动。通过《计划》的实施，天津曲艺的文化生态持续好转，整体活力显著增强，传承队伍有效扩大，受众群体明显增加，曲种特色更加鲜明，不断增强曲艺类非遗的生命力和传承能力。

文物保护成效明显。提请市政府核定公布第五批市级文物保护单位15处。开展全市革命文物名录编制工作。启动千像寺造像遗址保护工程，组织开展全市摩崖造像资源调查。天津西站主楼、文庙等修缮项目获得国家文物保护专项资金支持，实施北洋大学堂旧址、广东会馆、桑志华旧居等文物修缮工程，全市不可移动文物保存状况进一步改善。全年完成考古项目74项，调查勘探面积290万平方米。积极推进考古成果保护与展示利用，与轨道交通集团探索实施"博物馆+地铁站"模式。组织实施2020年度文化和自然遗产日宣传展示，指导河北区建立文物保护志愿者制度，并在全市推广蓟州区长城保护员、静海区村级保护员和河北区文物志愿者三种社会力量参与文物工作的做法。

博物馆发展提质增效。修订《天津市博物馆运行考评办法》，组织天津市博物馆参加第四批博物馆定级评估，平津战役纪念馆被评为国家一级博物馆，大沽口炮台遗址博物馆等3家博物馆被评为国家二级博物馆。积极推进李叔同故居纪念馆、北疆博物院展陈提升项目。联合市教委举办全市博物馆青少年教育示范案例推介活动，为各博物馆与大中小学校开展合作搭建平台。举办了"中国女排精神展"等一系列特色临展，推出天津市博物馆公共服务平台和天津市博物馆文化旅游发展联盟线上项目,进一步提升天津市博物馆公共文化服务水平。国家海洋博物馆基本陈列荣获全国博物馆十大陈列展览精品推介优胜奖。周恩来邓颖超纪念馆《周恩来题词手迹展》等3个展览入选全国培育社会主义核心价值观主题展览推介项目,平津战役纪念馆"红色寻宝之旅"入选全国革命文物保护利用优秀案例。加大文创产品开发力度,天津博物馆"玉壶春"等6个系列(产品)获国家级奖项。

深入推动非遗保护工作。天津市联合申报项目"太极拳"被列入联合国教科文组织人类非物质文化遗产代表作名录。天津市14个项目入选第五批国家级非遗代表性项目名录。实施传统工艺振兴计划,支持杨柳青木版年画、风筝魏风筝项目94万元和国家级、市级非遗代表性传承人经费279万元。

成功举办首届"天津非遗购物节"。2020年6月13日,举办"天津非遗购物节",这是天津首届"非遗购物节"。购物节以"穿得有范、玩得尽兴、听得有趣、吉时已到"四个主题串联起40余个非遗项目的500多件产品,京东平台同步线上直播,观看量达24万人次,点赞量达27万人次,拓宽了非遗产品的销售平台。多位非遗传承人前来"赶大集",展示并销售传统手工技艺、传统美食类非遗项目及地方文创产品。组织参加第六届京津冀非遗联展、第六届全国非遗博览会等,扩大天津非遗影响力。东丽区编辑完成《东丽非遗——剪纸》基础教程,录制东丽非遗故事25个。

(十)做好"店小二"扶持创意企业发展

为了补齐创意产业"融资难""融资贵"的短板,天津充分利用与工商银行、农业银行、天津农商银行等金融机构合作的契机,大力推进金融服务创意企业,为创意产业实现新发展做好金融服务。

创新创意金融产品。为受疫情影响中小微企业解决融资"难、贵、慢"问题,尽可能帮助创意企业解决资金周转困难,天津市文旅局与工商银行天津市分行主动对接,结合文化和旅游部与中国工商银行签订的战略协议的内容,确定了《天津市文化和旅游局 中国工商银行天津市分行助力文旅企业纾困 推动产业高质量发展战略合作协议》,工商银行将为文旅企业提供授信总额达50亿元的金融支持,加大信贷支持力度,开展精准帮扶,加强项目合作,提供一揽子金融服务,助力天津市文旅企业复工复产,进而实现高质量发展。2020年6月10日,天津市文化和旅游局与工商银行天津市分行举行了签约仪式，开启了金融服务文旅产业发展的新局面。天津市文化和旅游局已向天津市分行提供了六批超过200家有融资需求的文旅企业名单，总融资意向额超过30亿元；工商银行已向包括天津旅游集团、天津凯撒国际旅行社在内的多家企业提供了超过5000万元的贷款，为企业解了燃眉之急。2020年9月1日，天津市文化和旅游局分别与中国农业银行天津市分行、浪潮集团、伊犁乡伴旅游发展有限公司签署了战略合作协议，共同推动金融助力文化和旅游产业发展，推进智慧旅游发展和乡村旅游高质量发展。截至2020年9月，借助签订战略合作协议，市文化和旅游局与农业银行天津市分行进一步深化合作，将为全市文旅企业提供50亿元的信贷额度，借助纳税e贷、惠农e贷等金融产品支持文旅企业发展，助力全市文化和旅游产业实现高质量发展；浪潮集团拟投入5亿元用于投资天津旅游项目，助推全市智慧旅游的发展，推动民宿行业的规范化、信息化发展，促进乡村旅游提质升级；伊犁乡伴旅游发展有限公司将在天津市投资设立北方总部，改造村域或文旅项目面积不低于1000亩，项目总投资强度不低于20亿元，助力落实乡村振兴战略，促进乡村旅游高质量发展，打造具有示范引领作用的标杆项目。

加强动漫企业的服务。动漫企业认定工作是天津市动漫产业发展的重要抓手。2020年，天津市从服务认定动漫企业入手，推动动漫产业发展。一是高标准完成认定动漫企业统计工作；二是按时完成动漫认定企业年审盖章工作；三是积极深入动漫企业调研、服务。2020年，天津市共有认定动漫企业13家。

二、天津市推动城市更新改造过程中的典型做法及效果

（一）提升城市公共文化基础设施服务水平

加大公共文化基础设施建设力度。加快推进天津大运河文化博物馆筹建工作，启动实施平津战役纪念馆、周恩来邓颖超纪念馆改陈和配套提升工程。宝坻博物馆、津南区文化中心项目进展顺利。天津文化中心重点区域实现5G网络全覆盖。天津博物馆"5G智能活动体验展"获得工业和信息化部5G应用征集大赛优秀奖。自然博物馆开发使用AR导览服务系统，受到市民欢迎，央视新闻进行了专题报道。完成天津市4A级以上景区监控系统建设工作。超

额完成旅游厕所新三年行动计划建设任务，累计建成旅游厕所269座，完成率达105.49%，全市A级旅游景区厕所全部实现电子地图标注。

天津市推进综合性文旅服务中心建设，优化服务效能，加强文化供给。在服务当地居民的同时，创造条件面向游客开展文化服务，同时依托文化中心、旅游服务中心、图书馆、剧院等旅游公共设施，组织开展文化惠民服务，增加阅读推广、文化演艺、非遗展示、创意产品销售等公共文化服务，开展文明旅游宣传、文化和旅游推介及文旅节庆活动，让更多游客感受天津风土人情、分享独特地域文化。

公共文化产品深接地气。圆满完成第五届市民文化艺术节，五大板块54项活动贯穿全年，线上线下参与人数达2425.77万人次。支持天津大剧院创新演出方式，推出亲水平台剧场演出，受到市民游客好评和中央电视台、人民日报等主流媒体关注，取得了良好的社会效益和经济效益。开展老年人免费观看大剧院演出活动，受益群众达8000余人。河西区建成天塔西岸书斋，为读者提供集阅读、观景、休闲于一体的综合性空间。

公共服务质量显著提高。完成第二批基层综合性文化服务中心达标验收，85个街镇和2363个村居综合性文化服务中心全面达标。促进基层综合性文化服务中心提质增效，全市建成图书馆分馆237个、文化馆分馆244个。开展第三轮全市公共文化服务考核，评定4个区为优秀，12个区为合格。组织第五次全国文化馆评估定级工作，推荐申报一级馆13个、二级馆1个、三级馆3个。制定《天津市公共文化设施管理单位年报工作细则》，强化公共文化服务制度保障。北辰区瑞景街道瑞益园社区综合性文化服务中心等5家单位荣获第八届全国服务农民、服务基层文化建设先进集体。滨海新区、河东区通过第四批创建国家公共文化服务体系示范区（项目）验收。

（二）加强创意产业园区管理和服务

加强文化产业示范园区和示范基地管理。2020年3月，天津市文旅局印发了《市文化和旅游局关于表彰2019年评估考核优秀的文化产业示范园区和示范基地的决定》和《天津市文化和旅游局关于撤销部分文化产业示范园区和示范基地命名的通知》。2020年，天津市现有国家级文化产业示范园区1家（国家动漫产业综合示范园），市级示范园区14家；国家级文化产业示范基地9家（实际仍在运营的为6家），市级示范基地45家（国家级和市级的总数为

49 家，不重叠的 4 家）。通过评估考核，进一步加强了对文化产业示范园区和基地运营情况的了解，提高了示范园区和基地的总体质量，激励了示范园区和基地干事创业的热情，撤销了一批不具备示范性的企业命名，促进了示范园区和示范基地更好地发挥带动引领作用。

组织评选第六批天津市文化产业示范基地。为了进一步推动文化产业示范基地的建设和发展，发挥示范基地的示范引领作用，激发文化企业创新发展的活力，印发了《市文化和旅游局关于开展第六批天津市文化产业示范基地申报的通知》（津文旅产〔2020〕6号），组织开展第六批示范基地评审。以《天津市文化产业示范基地管理办法》（津文广产〔2015〕9号）为依据，严格把握评审标准，认真履行前期发动、各区推荐、实地考察、专家打分、公开公示、命名公布等程序，从各区推荐申报的 13 家企业中评选出 4 家具有示范性、代表性、引领性，导向积极正面、主营业务较为清晰、经营管理较为规范、发展趋势较为明显的企业命名为第六批天津市文化产业示范基地。

申报创建第二批国家级文化产业示范园区。对照通知要求和国家级文化产业示范园区创建验收标准，天津市文旅局从园区空间体量布局、产业结构特色、服务体系完善程度、示范引领作用、规范运营管理等方面对各申报主体和申报单位进行了审查和评价。综合天津市滨海新区人民政府重视程度、产业基础、发展规划和创建措施，天津市滨海新区智慧山文化创意产业园把握正确导向，空间载体功能布局合理，产业特点鲜明，服务体系健全，运营管理规范等情况，推荐滨海新区人民政府作为创建主体、滨海新区智慧山文化创意产业园为创建单位。经文化和旅游部评审，滨海新区智慧山文化创意产业园成功入选第二批国家文化产业示范园区创建名单。

（三）大运河长城保护利用机制扎实推进

编制完成《天津市明长城保护规划》和《长城国家文化公园（天津段）建设保护规划（报审稿）》，蓟州黄崖关长城入选第一批国家级长城重要点段。启动天津市大运河文化和旅游融合发展规划编制，协同推进大运河国家文化公园规划编制。《天津市大运河文化保护传承利用实施规划》《大运河天津段核心监控区国土空间管控细则》颁布实施，大运河文化保护传承利用机制更加完善。杨柳青大运河国家文化公园考古取得重要成果，发现宋代至明清时期古墓葬 845 处，为研究天津运河文化和早期城市形成发展提供了重要考古实证。组织召开京津冀区域大运河工作对接会，推出运河印象游主题线路并加大宣传力度。北辰区完成大运河北辰段运河文脉整理。红桥区积极推进文化文物资源数字化管理云平台等大运河国家文化公园重点项目建设。

（四）优化营商环境，推动城市更新

以金融助力提升乡村旅游基础设施水平。一是金融助力文化旅游村创建。积极搭建地方政府与文旅企业对接平台、文旅企业与金融机构对接平台、文旅企业与上下游企业之间的对接平台，取得了伊犁乡伴旅游文化发展有限公司落地天津、农业银行通过农家乐 e 贷等金融手段发放贷款 1.73 亿元、浪潮集团与天津乡伴文化发展有限公司合作开发乡村旅游等系列成果。2020 年创建村庄规划设计经费 250 万元（50 万元/村）已经拨付到位，规划设计初稿已完成，正在进一步优化细化。建立了文化旅游村创建情况信息月报制度，明确了信息员、报送时间点，为推动文化旅游村建设、跟进建设进度奠定了基础。二是指导蓟州区文化和旅游局利用好民宿发展专项资金，发挥财政资金支持助力蓟州民宿产业发展的作用。指导蓟州区文化和旅游局出台了民宿发展的指导性意见和实施文件，使用 1000 万元专项资金，以奖补的形式对农家院提升改造的农户给予资金补贴，2020 年以来共有 105 户符合提升标准，每户补助资金 8 万元，验收合格后将直接发放到农户手中。通过财政资金的撬动，蓟州的民宿产业取得了新的发展，市场主体空前活跃。

当好服务企业"店小二"，促进城市更新。为形成优势互补、协作发展的文旅产业发展格局，天津市文旅局加大协调力度，积极为企业间谋求合作搭建桥梁。在文化旅游村建设过程中，为融创天津公司、浪潮集团天津公司、乡伴文旅集团京津冀公司等搭建沟通桥梁，促进各企业结合自身特点及优势达成合作意向，探索通过产业分工、上下游协作联动等方式，构建新型乡村旅游发展模式。针对威特集团在现有天津项目上深挖文旅属性、增加文旅项目、扩大旅游市场方面的实际需求，协调凤凰数字科技、凤凰网天津、携程集团与其对接交流，并实地考察具体项目，达成深入共识和合作意向。与北京清控人居集团、北京万润投资控股集团等对接，考察天津市文旅资源和产品，其中北京清控人居集团有意向在天津市成立文化创意中心，选址已基本确定。

(五) 以重点项目建设扩大城市影响力

做好工业旅游、乡村旅游相关工作。一是完成天津市工业旅游示范基地2020年评定工作，根据《国家工业旅游示范基地规范与评价LBT+067－2017》标准，做好发放申报指南、接受企业咨询、指导申报等相关工作，并做好2020年天津市工业旅游示范基地的评定。二是完成天津市乡村旅游区（点）评定工作，并做好2020年天津市乡村旅游区（点）的评定。三是做好第二批全国乡村旅游重点村相关工作，做好前期组织、中期申报、后期系列宣传报道等。四是做好国家乡村旅游观测点相关工作，做好全国乡村旅游精品线路报送、乡村旅游宣传资料报送等相关工作。

打造典型示范项目。做好国家文化和旅游消费示范城市和试点城市申报工作。《文化和旅游部 国家发展改革委 财政部关于开展文化和旅游消费试点示范工作的通知》（文旅产业发〔2020〕71号）文件下达后，天津市文旅局与市发改委和市财政局通力合作、紧密配合，共同推动国家文化和旅游消费试点示范申报工作的开展与落实。经努力推动创建，滨海新区、西青区、和平区入选第一批国家文化和旅游消费试点城市。

成功举办"鼓楼津声"系列活动。借助节庆活动、重大赛事、焦点新闻、影视作品等公共营销手段，扩大天津文化和旅游影响力。为庆祝天津建城616岁生日、喜迎2021年的到来，经天津市委、市政府同意，天津市文化和旅游局在南开区鼓楼商业街举办了"鼓楼津声"系列活动，以满载仪式感的活动内容讲述了616年的天津城市发展史，展示了美丽宜居的现代化大都市风貌，为"十四五"天津经济进一步复苏发展首开新局，激发民众"爱天津、游天津"的自豪感和幸福感。本次活动设置了616周年"天津建城日"专场，在铺陈古往今来天津城市发展成果之外，由天津市副市长曹小红、冯骥才先生、美团集团代表共同切开生日蛋糕，在童声生日歌中将庆生氛围烘托到高潮。现场观众和网民纷纷评价"为身为天津人而自豪，祝家乡生日快乐，愿天津越来越好"，"寒冬中看到这样高水平的节目，让心中的激情燃烧起来，可谓驱寒神器"，"绚丽的灯光秀与宏伟的古建筑完美结合，真是创意满满，一定要到天津打卡，亲身感受天津的魅力"。与抖音、携程集团等13家国内互联网领军企业及新媒体单位签署战略合作协议，运用"互联网+"思维打造城市形象。2020年12月26日人民网舆情数据中心发布的《2020年中国城市国际形象传播影响力研究报告》显示，天津城市影响力位居武汉、北京、上海、深圳、广州、杭州、成都、南京、重庆之后，在全国排名第十。

三、天津市创意产业发展展望

2020年是"十三五"收官之年，标志着"十三五"规划圆满收官，全面建成小康社会胜利在望。面对人民日益增长的美好生活需要和不平衡不充分的发展之间的矛盾，"十四五"时期，创意产业对经济社会高质量发展的带动价值和重要作用将更加凸显，天津创意产业若要高质量发展，需要在体制机制、企业竞争力、要素与配套建设、"文旅+"战略、特色创意产品、营销体系等方面展现出更大视野。

（一）完善创意产业发展体制机制

积极稳妥推进体制机制创新。建立"政府主导，市场运作，企业投资参与"的投资融资模式，采取政府导向性投入和社会资金多元化投入相结合的文旅投融资体制，鼓励社会资本成为经营性文化和旅游项目投资与开发主体，形成文化和旅游产业发展多元投资和经营格局。在市场准入、行政审批、公平待遇、服务体系等方面营造良好环境，鼓励社会资本参与公共基础设施投资。强化政府的领导责任，明确各相关部门的监管责任，规范文创市场秩序。建立健全突发事件应对处置机制。加大知识产权公共服务工作，增强创意企业知识产权保护意识，提高创意企业知识产权创造、运用、保护和管理等工作的业务素质和能力。

建立健全推动规划落实的协调配合机制。建立健全协调配合机制，加强组织领导，各相关部门分工负责、协同推进，推动重点任务、重大项目落实落地。发挥市旅游发展委员会的统筹协调作用，协调推进制约发展的重大事项。各区定期对本区内重点项目的规划建设和完善提升情况进行督促检查。市旅游发展委员会各市级成员单位按照各自职责推动文化旅游业和有关产业的融合发展。大力推动文化和旅游公共服务体系建设。定期对游客满意度进行调查，依托市便民服务专线88908890和网络媒体对旅游咨询、服务、投诉、网络舆情等进行跟踪监测，关注游客需求，提高游客满意度。

（二）提升创意企业竞争力

推动创意企业建立健全现代企业制度。发挥龙头引领和行业支撑作用，培育以融合发展为特色、具有较强竞争力和影响力的创意重点企业，支持企业通过资源整合、技术创新等方式不断发展壮大。持续改善营商环境，吸引国内外有实力的创意企业和大型旅游集团落户天津，形成创新活跃的创意企业集群。鼓励企业向专业、特色、精品方向发展，有效提升天津创意品质和区域影响力，释放创意产业发展潜力，培育发展新动能。

积极开展文旅企业招商引资工作。突出天津的区位优势、资源特色，加强项目谋划，创新招商引资方式，积极开展以商招商，形成完整产业链条，助力天津创意产业做大做强。加大全市文化创意产业"双招双引"力度，着力吸引大型的文化创意项目入驻，丰富全市文化创意资源、资本、技术等市场要素，激发文化创意市场活力；深入北京、上海等地，考察取经学经验，在学习先进中进一步找准优势，查找短板，校准方向，打开开发思路，积极谋划天津文旅产业发展的创新路径。重点推动大型文化创意园区、文化旅游项目落地建设，更加注重大型文化创意园区、文化旅游项目的管理运营，积极扶持大型创意项目培育，引入优秀的项目投资团队、项目管理运营团队，激发项目活力，逐步形成重点项目品牌，进一步塑造和提升文化创意产业品牌。持续推进争取首都央企工作，与主要对接央企二级企业深度对接，增强人员、资源、信息的交流沟通，强化跟进服务，争取1~2家三级企业落户，1~2个项目达成初步意向。

（三）加强创意产业发展支撑要素建设与配套工作

进一步加强天津市文化设施建设，提高公共文化服务覆盖面。提升公共文化服务设施建设水平，逐步建立覆盖全市的三级旅游集散中心，完善旅游集散服务。打造"快旅慢游"的旅游交通体系，完善航空、铁路、公路、绿道等交通网络和景区交通接驳。加强景区停车场建设，完善高速路、城市主要道路旅游标识牌系统建设，推进旅游厕所改造和提升，强化现有公共厕所精细化管理。

缩小城乡公共文化服务差距，实现城乡公共文化设施均等化配置。加大乡村公共文化服务项目投入，围绕重点村镇、重点景点周边的改造提升等统筹城乡发展，集中投入，整体建设，健全服务网络，提高服务水平和管理规范，切实推进公共服务城乡均等化。

强化文化和旅游人力资源体系建设。坚持人才强文、科教兴旅，优化人才发展的体制机制。构建"政府+专业机构+协会+企业"四位一体的综合人才培养和培训体系。支持有关院校加强文化和旅游学科建设，加强职业教育培训，开展国际交流合作，建设一批文化和旅游专业人才培训基地，构建文化和旅游人才高地。发挥文化和旅游行业协会作用，健全职业资格认证标准，搭建信息交流平台，完善人才资源交流与共享机制。发挥文化和旅游企业作用，加大对文化和旅游企业，特别是一线人员培训力度，通过举办服务技能大赛提高从业人员的业务能力和综合素质。

（四）以"文旅+"战略推动创意产业融合发展

全面推进"文旅+"战略，加快文化和旅游产业与其他产业的融合发展，创新发展模式，形成"文+旅""文旅+农业""文旅+工业""文旅+教育""文旅+康养""文旅+体育""文旅+信息技术"等产业层面的全域旅游新业态。

文旅+农业。深入实施乡村振兴战略，持续推进"一核两带三片区"的乡村旅游空间结构规划，以乡村文化体验和山水休闲为核心，发展乡村特色文化和旅游产业，提高游客游览频率；以旅游形式推广农业农事文化，提升农业附加值，建立农产品销售长效机制，促进城乡区域协调发展。通过乡村旅游提质增效建设推动乡村文化和旅游融合发展。

文旅+工业。立足于工业旅游示范点，深入挖掘天津工业旅游资源，评定工业旅游示范基地，拓展工业旅游产品文化内涵；高效利用工业园区、工业展示区、工业历史遗迹等发展旅游，持续打造航空、船舶、汽车、电子、纺织、手表、酿酒、医药等天津特色工业旅游产品。做大做强应大皮衣博物馆、海鸥手表厂、荣钢时代记忆纪念馆、天津天士力集团等标杆性工业旅游示范点，推出一批工业旅游精品线路，拓展工业旅游产品文化内涵，带动天津特色工业产品消费。

（五）打造特色化创意产品

挖掘历史文化内涵，打造文化精品。深入挖掘天津蕴含的近代历史文化内涵，依托五大道旅游风情区、意式风情区、大沽口炮台、小站练兵园、望海楼教堂、利顺德大饭店等历史文化资源，围绕"近代文化"打造系列旅游产品。保护传承利用大运河文化，依托杨柳青古镇、陈官屯古镇及南北运河沿线文化旅游资源，打造运河文化旅游产品。科学保护和开发利用长城文化，依托黄崖关长城、前甘涧段古长城等开发长城文化旅游产品。深入挖掘革命先烈前辈事迹，依托周恩来邓颖超纪念馆、平津战役纪念馆，打造红色文化旅游产品。以冬奥会和重大体育赛事为契机，举办大众冰雪体育活动，发展体育旅游产品。发展自然生态科普旅游，依托山、海、河、湖、湿地、绿色生态屏障等自然生态资源，发展生态科普旅游产品。依托夜间经济示范街区建设，提升曲艺相声表演质量，打造夜间旅游产品。

打造精品文旅线路。推出文化博览游、名人故居游、亲水休闲游、山野名胜游、津夜荟萃游、红色记忆游、津城工业游、网红打卡游、冬趣风情游、京津冀主题游十大主题，打造50条旅游精品线路，串联起天津知名旅游景区、文博院馆、人气夜市与城市时尚打卡地。通过精品线路设计和推广，激发旅游业活力，提升旅游品质。

创新研发创意产品。依托五大道、小白楼、和平路商业步行街等现代都市商业集聚区，鼓楼、古文化街、食品街等特色商业街，打造"泥人张""风筝魏""杨柳青年画"等老字号文化创意企业和产品品牌，通过文创大赛、文博联盟等形式，培育一批具有市场竞争力的文创设计、文创开发、文创销售集团企业，鼓励"互联网+文化产业"发展。鼓励企业、高等院校、文博院馆、非物质文化遗产传承人等研发生产旅游商品。

（六）拓展完善文化创意产品营销体系

整合营销传播资源，提升营销传播效果。从分散到整合，从粗放到精准，从平常到精彩，实施整合营销。以创建全域旅游示范区为契机，全面整合食、住、行、游、购、娱的文旅全产业链；构建市场经营主体整合、产业整合、区域整合、系统整合的立体化营销整合传播体系。通过从服务营销到内容营销再到品牌营销的层层递进，构建天津文化和旅游营销的金字塔结构。以服务营销为基础，以内容营销为媒介，以品牌营销为目标，塑造个性鲜明的天津城市形象，培育文化旅游名城品牌。

加大城市旅游国际化营销，提升国际知名度。充分借助世界智能大会、夏季达沃斯论坛、亚布力天津峰会等重大国际会议活动的聚集效应，全面展示天津城市的良好形象。积极融入国家旅游推广总体体系，强化天津城市名片开发和形象塑造，在开展对外文化交流的同时，大力宣传天津文化和旅游形象，提升天津的国际知名度。深入挖掘和整合兼具中华优秀传统文化特质和天津地域特色的文化资源，打造更多具有天津特色和文化底蕴的外事活动品牌，建立优秀文化资源项目库，培育文化项目交流基地，注重国际表达，讲好"天津故事"。加强对外及对港澳台地区交流合作，深入开展对港澳台地区青少年的文化交流活动，进一步增强中华优秀文化的影响力。以"一带一路"沿线港口城市为重点推进与"一带一路"沿线国家的交流合作，充分借助海外文化中心、驻外旅游机构等平台，推出文化展演、交流体验和旅游推介相结合的"组合拳"，进一步丰富对外文化交流形式，扩大交流规模，加大文化"走出去"和"引进来"力度。

持续发挥传统媒体的营销宣传主阵地作用。将电视、广播、杂志、广告牌、旅游博览会等传统媒介与天津文化和旅游资源相匹配，规划"目标客群—文化和旅游资源—营销传播媒介"的营销组合模式。与热播综艺类节目和影视剧合作，植入天津场景和元素。加大天津旅游宣传短片在主要客源市场省级卫视的投播力度。以高铁旅游、航空旅游和邮轮旅游为突破，加强对高铁、航线直达城市的旅游宣传推介，抓好高铁线路冠名宣传，增加高铁广告投入，同步开发高铁沿线市场。

广泛利用新媒体进行范围广、程度深的碎片化营销。将电子商务平台、微博、微信、小视频、网络直播等新媒体与天津文化和旅游资源相匹配。综合运用微博、微信、微视频、游戏、动漫等新兴媒体和社交网络，借力腾讯、携程、飞猪、去哪儿和马蜂窝等旅游电商平台，腾讯、优酷、爱奇艺、哔哩哔哩等网络视频平台，抖音、快手等小视频网络社交平台以及斗鱼、虎牙等各种网络直播平台，策划线上旅游营销活动，强化线上营销和在线旅游产品销售，推出有看头、有玩头的天津文化和旅游"网红打卡"项目。

（成文，天津社会科学院产业发展研究所研究员；许爱萍，天津社会科学院产业发展研究所副研究员）

第四章
石家庄：推进智慧城市建设，提升城市文化品质

一、石家庄市文化创意产业发展概况

二、石家庄城市更新的典型案例

三、石家庄城市更新与创意产业融合的有效途径

石家庄市坚持以习近平新时代中国特色社会主义思想为指导，深入落实习近平总书记对河北工作重要指示批示和中央经济工作会议精神，按照河北省委要求，坚持稳中求进工作总基调，立足新发展阶段，贯彻新发展理念，构建新发展格局，以深化供给侧结构性改革为主线，以改革创新为根本动力，以满足人民日益增长的美好生活需要为根本目的，坚持系统观念，巩固拓展疫情防控和经济社会发展成果，以"4+4"现代产业统领实体经济高质量发展，以"四种类型经济"统筹区域城乡协调发展，以自贸区正定片区引领省会高水平开放发展，以石保廊全面创新改革试验引领省会高水平创新发展，着力推进治理体系和治理能力现代化，实现经济行稳致远、社会安定和谐，不断增强人民群众获得感、幸福感、安全感，推动现代省会、经济强市建设迈出坚实步伐。石家庄作为一个发展中城市，面临传统产业转型升级、县域经济做大做强、资源环境约束和生态环境压力，以及战略性新兴产业的培育和发展等问题。在这种背景下，石家庄市提出建设新型智慧城市，以云计算、大数据、移动互联网、人工智能、5G、物联网为基础的新一代信息技术赋能城市建设和经济增长，重塑城市核心竞争力，通过推进新型城镇化和建设现代化省会城市，加快融入京津冀世界级智慧城市群。

五年来，石家庄市生产总值、居民人均可支配收入年均增速分别为6.4%、8.3%，一般公共预算收入年均增速达到10.8%，固定资产投资总量、社会消费品零售总额连续多年位居河北省第一。"4+4"现代产业增加值达到2275.3亿元，占GDP比重达到41.3%；现代服务业迅猛发展，现代商贸物流中心城市建设加速推进，华润万象城、京东物流园等重点项目建成投用；高质量举办河北省旅发大会和石家庄市旅发大会，全域旅游格局初步形成。圆满完成脱贫攻坚任务，4个国定贫困县全部摘帽，20.7万贫困人口稳定脱贫，贫困发生率由2016年的5.4%降为0。创新体系更加完善，高新技术企业由458家增加到2499家，科技型中小企业由3850家增加到13567家；建立诺贝尔奖工作站 7 家，省级以上创新平台达到 340 家；创新成果更趋前沿，20 项科技成果获得国家级奖励，其中，国家科技进步一等奖 3 项，取得了历史性突破；协同创新更加高效，全面推进石保廊创新改革试验和高新区河北·京南国家科技成果转移转化示范区建设，吸纳京津科技成果 5130 项，技术合同成交额达到 259 亿元，石家庄市技术合同年成交总额突破百亿元；创新生态更加优化，在全国省会城市中率先出台《人才发展促进条例》，发放人才绿卡 8869 张，吸引 3.1 万名各类人才"智汇"石家庄。①

一、石家庄市文化创意产业发展概况

"十三五"以来，石家庄市坚持以习近平新时代中国特色社会主义思想为指导，一心一意谋发展、全心全意为民生，综合实力显著增强，产业结构持续优化，城市功能日臻完善，污染防治力度空前，民生保障持续加强，成功实现了"三城同创"，绝对贫困问题得到了历史性解决，交出了一份可以载入石家庄史册的优异答卷。

（一）经济运行总体平稳，发展新动能不断增强

2020 年，石家庄市面对严峻复杂的国内外环境尤其是新冠肺炎疫情的严重冲击，市委市政府不断统筹推进疫情防控和经济社会发展，全市经济运行稳步复苏向好，发展质量持续提升。全年生产总值达到 5935.1 亿元，同比增长 3.9%；居民人均可支配收入达到 30955 元，同比增长 5.5%，成功实现全面建成小康社会的"两个翻番"目标；城市经济引领带动作用不断增强，总体规模达到 3709.4 亿元，占石家庄市 GDP 比重达到 67.3%；区域经济五大功能区集聚效应显现，形成特色产业集群 26 个，其中营业收入超百亿元的达到 6 个；围绕"4+4"现代产业，打出"线上+线下"招商引资组合拳，举办京石创新产业合作对接会、石家庄市（深圳）数字产业合作对接会等专业特色招商活动，2020 年新增签约项目 850 项；新增高新技术企业 699 家、科技型中小企业 1596 家；新建省级各类创新平台 88 家、市级技术创新中心 31

---

① 全力以赴推进高质量发展——马宇骏在市第十四届人民代表大会第六次会议上的政府工作报告（摘登）[EB/OL]. http://www.sjz.gov.cn, 2021-02-27.

家、市级众创空间11家，新认定市级科技企业孵化器6家；完成"双代"改造任务12.09万户，基本实现平原地区冬季取暖散煤清零；中央商务区金融北区全面开工建设，规划展示中心建成使用；实施重点区域景观整治工程，创建美丽街区27个、精品街道23个，排查整修42条道路30万平方米，建成停车位14.8万个；成功创建国家级人力资源服务产业园，有力促进创业就业，城镇新增就业12.84万人；京津30家优质医疗机构纳入石家庄市医保定点范围；新改扩建主城区中小学幼儿园23所，省级示范高中达到50所。①

（二）加快推进数字经济发展，打造"中国数字新城"

近年来，石家庄市深入贯彻落实党中央、国务院和河北省委、省政府关于加快发展数字经济的决策部署和工作要求，突出数字化、网络化、智能化发展方向，出台了一系列支持性政策，数字经济生态圈加速形成，信息基础设施建设稳步推进，数字产业化步伐明显加快，产业数字化规模持续扩大，社会治理数字化水平逐步提升，为石家庄市加快发展数字经济奠定了坚实基础。交通枢纽优势突出、多元国家战略机遇叠加、中国国际数字经济博览会永久落户、中国（河北）自贸区正定片区成立等诸多优势，为石家庄市加快发展数字经济打开了机遇之窗。

1. 出台《石家庄市数字经济发展规划（2020—2025）》

2020年，石家庄市十四届人大五次会议审议通过了《石家庄市数字经济发展规划（2020—2025）》（以下简称《规划》）。《规划》分两个阶段提出了石家庄市今后五年的发展目标：第一个阶段，到2022年，数字经济快速壮大，信息基础设施支撑能力和服务水平显著提升，新一代信息技术产业规模壮大，信息技术与实体经济深度融合，惠民公共服务能力明显提高，政务服务更加高效协同，社会治理更加精细智能。第二个阶段，到2025年，数字经济基础设施全面普及，自主创新能力显著增强，政府数字化转型取得明显成效，网络安全保障能力大幅提升，数字经济生态系统日渐成熟，数字经济综合实力达到全国先进水平。《规划》提出，围绕实现上述目标，重点实施"1383"战略构想，即"一条主线、三个定位、八项任务、三个园区"。"一条主线"，就

---

① 全力以赴推进高质量发展——马宇骏在市第十四届人民代表大会第六次会议上的政府工作报告（摘登）[EB/OL]. http://www.sjz.gov.cn, 2021-02-27.

是坚持通过"数字产业化、产业数字化、数字化治理",将石家庄打造为"中国数字新城";"三个定位",就是建设京津冀数字产业化新高地、全国产业数字化转型示范区、国家数字化治理试验区;"八项任务",就是抓好建设数字经济基础设施体系、加快推动新一代信息技术产业发展、加快制造业数字化转型、深入推进智慧农业建设、推动服务业数字化升级、提升政府治理和公共服务数字化水平、推进新型智慧城市运行管理体系建设、统筹数字经济发展载体布局;"三个园区",就是打造正定数字经济产业园、鹿泉区国际数字经济产业园和高新区数字产业园。

2. 河北数字旅游体验展免费开放

2020年12月26日,"河北数字旅游体验展"在河北省图书馆一层向公众免费开放。河北数字旅游体验是全国文旅系统的首创,荣获了2020年度中国旅游产业影响力风云榜数字文旅创新发展案例。体验展通过数字创意设计与艺术空间的完美结合,将河北省悠久的历史文化、秀美的湖光山色、浓郁的民俗风情用数字场景展现出来,还有种类丰富、形式多样的体验活动。体验展分为印象河北(序厅)、遇见河北(旅游资源导览区)、趣玩河北(旅游场景打卡体验区)、梦幻河北(数字交互沉浸体验区)、河北游礼(文创产品综合展示区)、数说河北(河北旅游"冀忆橱窗")六个篇章。在旅游资源导览区,通过多媒体艺术展墙对河北旅游的自然资源及人文历史提供导览的同时,也让数字展成为链接河北旅游线上线下资源的数据库;在旅游信息导览板块,象征河北山川的连续三角形折面墙空间,展示出世界遗产、红色华章、太行/坝上天然氧吧、潮流畅玩、趣味乐享等旅游资源,另一面墙上波浪起伏的水纹设计、"与鸟同行"的意象重点凸显了河北省特有的生态之美。其中,主视觉区域以四屏联动的形式展示出河北省历届旅发大会及文旅融合的成果项目。整个导览区通过二维码进行串联,将线下展示和线上旅游资源全部链接起来,将有限的资源无限延伸。

3. 石家庄经开区将建5G智慧示范园区

石家庄经济技术开发区成立于1992年,2005年被国家发展改革委确定为"国家生物产业基地",2012年10月升级为国家级开发区,2019年被国家工信部认定为国家新型工业化产业示范基地,被河北省商务厅认定为河北省国际合作产业园,近年来围绕打造"产业高端化、环境生态化、园区城市化、人口人才化"现代产业新城目标，着力构建"4+4"现代产业发展格局。2020年4月，河北联通与石家庄经济技术开发区管委会举行战略合作协议签约仪式，双方将在5G工业互联网领域进一步深化合作，共同打造5G智慧示范园区。此次合作以共享资源、共赢合作、优势互补为目标，双方将建立5G战略合作伙伴关系，在基础通信、5G+工业互联网、5G智慧社区、5G车联网等领域进行深度探索，联合打造智慧化新业态产业园区。

（三）文创产业蓬勃发展，全力打造文创之都

1. 政策引领加快文创产业提质增效

为进一步加快河北省文创产业提质增效，推动2020年河北省文创工作迈上新台阶，结合河北省实际，河北省文化和旅游厅等七部门印发了《2020年全省文创产业发展重点工作方案》，着力实施重点领域文创开发、文创市场主体培育、文创质量标准提升和文创产品消费促进4大工程，抓好14项重点任务，加快构建完善文创产业链条，提高文创产业综合竞争力，激发文创市场消费潜力，把文创产业培育成为文化和旅游产业重要支撑和新的增长点，为河北省文化和旅游产业高质量发展赋能。2020年，河北省培育20家以上文化文物单位文创开发示范基地、20家以上非遗文创产品开发示范基地、10家以上生活消费类文创产品开发基地，重点发展30家文创设计中心、50家文创产品生产龙头企业，评定20家以上旅游特色商品购物店和10家旅游休闲购物街区，培育和引进一批高水平的文创设计人才和机构，基本构建形式多样、特色鲜明、富有创意、竞争力强的文创产品体系，形成一批具有较强影响力、较高知名度的文创品牌。

2. 文艺创作精品迭出，彰显城市特色

"十三五"时期，河北省艺术创作呈现出拼搏奋进、精品迭出的发展态势，河北省共创排完成新剧目151部，资助原创剧本创作33部，举办大型展演活动13项，138个项目获得国家艺术基金资助；河北梆子《李保国》荣获"文华大奖"，取得了近17年来的重大历史性突破；评剧小戏《月缺月圆》、丝弦小戏《村官三把手》荣获全国"群星奖"；河北梆子《李保国》、话剧《塞罕长歌》入选中宣部精神文明建设"五个一工程"；评剧《安娥》等6部剧目入选国家舞台艺术精品创作扶持工程；中国吴桥国际杂技艺术节、全国

梆子声腔优秀剧目展演、评剧艺术节、河北省戏剧节、"走进太行"美术创作等品牌活动,"小剧场演出季"、河北省现实题材优秀剧目展演、戏曲文化进校园活动、"七进"文化惠民演出等主题性惠民演出活动影响深远,极大地丰富、活跃了群众文化生活。河北省已成功组织了一系列全国性艺术活动,将紧紧围绕庆祝中国共产党成立100周年、北京2022年冬奥会等重要时间节点和重大主题,突出抓好重点创作,推出话剧《青松岭的好日子》《多瑙河之波》、河北梆子《歌唱祖国》《保定红二师》、晋剧《雪如意》、杂技剧《冬奥进行时》、交响乐《冬奥交响曲》等一批重点选题;突出抓好重大品牌活动,组织河北省优秀院团和艺术作品参加全国性重大文艺活动,组织筹备好全国民族器乐展演、中国吴桥国际杂技艺术节、评剧艺术节、全国梆子声腔优秀剧目展演、河北省戏剧节等一系列品牌演出活动,发挥引领示范作用;突出抓好人才队伍建设,建立河北省中青年专业艺术人才库和艺术专家库,加强对中青年艺术人才的培训培养;突出抓好艺术规划编制,以艺术创作项目、文艺活动、人才培养为重点,科学编制艺术工作规划和年度计划……通过各层面的奋发作为,努力推出异彩纷呈的文艺精品,推动河北省艺术创作向更高水平迈进。

3. 展会相继落地,助力打造会展名城

随着"2019年中国会展业十大新闻"评选结束,"首个数字经济博览落户石家庄",石家庄以12192的最高票数斩获第一,石家庄国际会展中心向世界递出"数字经济"城市名片。2019年,石家庄国际会展中心先后承办中国数字经济博览会、全国汽车配件交易会、正定国际小商品博览会、第六届中国国际物流发展大会等各类活动,累计举办展会活动100余场,接待展商8602家,客流总量289万人次,为石家庄经济、文化、社会的发展注入了强劲动力。2019年,石家庄国际会展中心筹备了"中国产业会展合作高峰论坛""第十五届中国国际会展文化节""2019会展产业展洽会"等权威行业活动开展推介交流活动,并分别荣膺"2019年度金五星优秀会展场馆""壮丽70年·中国会展标志性展馆奖""2019年度中国会展最佳形象场馆大奖"在内的多个奖项。

4. 文化场馆有序恢复开放

5月18日,在经历数月的闭馆之后,河北博物院、河北省图书馆、河北省群众艺术馆等省级文化场馆，以及唐山博物馆、正定博物馆等市县级文化场馆纷纷开馆。河北博物院举办了精彩的社教活动、汉服表演、文物赏析、国宝欣赏、《博物馆颂》朗诵、《梦回中山》表演等活动，弘扬了优秀传统文化，还打通和拓展线上线下渠道，通过官方新浪微博、抖音平台等，对活动进行全程线上直播。当日，正值"5·18国际博物馆日"，正定博物馆现场发售了本馆"5·18国际博物馆日"首日封，并举行"古城古韵 自在正定"特展，推出瓷器、佛像等珍品展示，通过线上线下融合传播，展现正定名城文化的独特魅力。

5. 文化惠民系列演出暨小剧场演出季启帷

8月7日晚，2020年河北省省会文艺场馆文化惠民系列演出暨小剧场演出季在河北梆子剧场拉开帷幕。当晚，河北省歌舞剧院城市民族乐团《闪闪的红星》民族音乐会、河北省心连心艺术团常山书会曲艺《莲池情韵》、河北省京剧艺术研究院京剧传统剧目《金龟记》等也分别在河北省歌舞剧院城市音乐厅、正定常山书会、裴艳玲大戏院同步启动。为了给市民放心、舒心的观剧体验，根据文化和旅游部、河北省文化和旅游厅有关通知要求，各剧院积极做好常态化疫情防控工作，严格执行人员预约、限流等措施，定期进行清洁消毒、通风换气、场地巡查，确保安全观演。所有入场观众均需出示健康码，体温测量正常后，佩戴口罩方可观剧。据了解，此次惠民活动共近150场演出，包括歌舞、京剧、河北梆子、话剧、杂技、曲艺等多种舞台艺术形式。购票观演也更便捷，观众可通过"河北演艺网""河北演艺票务通"微信公众号购票或在线下售票点购票。

6. 弘扬优秀传统文化，大力发展动漫产业

近年来，石家庄市以挖掘与弘扬中华民族优秀文化为基础，大力发展动漫产业，鼓励和扶持本土动漫企业，以开发原创作品为重点，加强科技研发，加大政策扶持，加快市场培育，形成了"以会展为引领、以园区为支撑、以原创为根本、以衍生品为突破"的动漫发展模式，现已形成一定的产业规模和聚集效应，动漫产业实现了从无到有、由弱到强的快速发展。文化和旅游部、财政部、税务总局公布的《2019年通过认定动漫企业名单》中，河北省4家动漫企业通过认定，石家庄市3家企业位列其中，分别是河北昀昭文化传播有限公司、河北铸梦文化传播有限公司和河北数字光元影视制作有限公司。

7. 国际动漫博览交易会云展会开幕

2020中国·石家庄第十五届国际动漫博览交易会云展会（以下简称"动博会"）于11月13日至16日在线上举行。本届动博会以云展会的形式，以"动漫+文创，打破次元壁"为主题，通过在线直播、云上漫游等技术手段，突出"5G+动漫"产业发展、人工智能、VR等科技元素，在线展示和传播石家庄"文化之城，动漫之城"的美好形象，展示石家庄动漫企业发展成就，让数字经济成为推动河北省会动漫产业发展的重要力量。本届动博会在继续办好品牌活动的同时，也将推出京津冀协同发展动漫展、抗疫动漫作品展、国际动漫企业IP展、动漫+文创商城、互动游戏平台等丰富多彩的项目载体，并举办"魅力京津冀"2020京津冀文化产业协同发展合作研讨暨项目推介、线上专家论坛、参展企业直播等多种活动，努力搭建一个集展览展示、在线交流、邀约洽谈、直播互动等于一体的综合性线上服务平台，打造永不落幕的动博会。十四年来，通过动博会的有效引领和带动，石家庄市动漫产业实现了跨越式发展。目前，石家庄市共有经文旅部等国家部委认定的动漫企业20家（河北省共24家），重点动漫企业44家，设有动漫专业的大中专院校27所。动漫产业门类齐全，涵盖了漫画、插画、动画片制作、网络游戏、手机游戏、动漫衍生产品等领域，石家庄市动漫产业综合实力位居全国省会城市第一方阵，实现了经济效益和社会效益双丰收。

8. 河北非遗购物节

为进一步增强人民群众非物质文化遗产保护意识，传承、弘扬中华优秀传统文化，以"非遗传承健康生活"为主题，结合河北省实际，组织开展了"河北非遗购物节""河北云游非遗·影像展"等系列专题活动。本届"非遗购物节"以"非遗传承　健康生活"为主题，通过线上、线下对非遗产品进行展示、销售等，让民众在非遗购物体验中，共同参与非遗保护、共享非遗保护成果，营造传承和弘扬中华优秀传统文化的良好社会氛围。据不完全统计，文化和自然遗产日当天河北省参与非遗购物节的非遗项目共429项，涉及非遗产品4810种，线上店铺销售127.84万元，线下店铺销售522.24万元，总计650.08万元。其中，河北省17家非遗扶贫就业工坊全部参与线上活动，提供产品共260余种；河北省46个国家级贫困县全部参与非遗购物节活动，覆盖率100%。

（四）努力推进区域协同发展，科技创新成果丰硕

1. 吸纳京津科技成果，推进区域协调发展

近年来，石家庄市利用区域优质科技资源，积极拓展与京津的科技合作新渠道，通过在市科技计划中设立京津冀协同创新专项，积极支持石家庄市相关单位与京津高校和科研院所开展产学研科技合作，联合进行关键技术攻关，促进科技成果转移转化。2020年重点支持了16项与京津开展科技合作的科技成果转化项目，支持经费394万元，促进了石家庄市京津科技成果的转化。下一步，石家庄市将继续加强与京津的科技合作，包括与北京市科委"一站一台"、北方技术交易市场等合作，进一步引进京津优质科技资源，更好地帮助石家庄市企业与京津有效对接。"十三五"以来，石家庄市吸纳京津科技成果940项，与京、津技术合同交易成交额分别达到40.78亿元、1.83亿元。

2. 科技创新成果硕果累累

"十三五"以来，石家庄市科技创新成果丰硕，获得国家级科技奖励19项，获得河北省级科技奖励332项、技术发明奖15项、科学技术进步奖281项。在获得的国家级19项科技奖励中，国家科学技术特等奖1项，国家科技进步奖一等奖3项、二等奖9项，国家技术发明奖二等奖3项，自然科学奖二等奖2项，国家科学技术进步企业技术创新工程奖1项。在众多成果中，石药集团的高血压专利药"玄宁"（马来酸左旋氨氯地平）获美国食品药品监督管理局（FDA）审评通过，拿到了在全球销售的通行证，成为中国本土企业第一个获得美国完全批准的创新药。

（五）深入推进文旅融合，构建全域旅游发展战略新格局

石家庄市以全域统筹发展为总体方向，以"多规合一"和"旅游+"为核心指导理念，全面整合"生态、文化、产业、社会、乡村"五大方面资源，印发了《石家庄市全域旅游发展规划（2018—2035年）》，提出分近、中、远三个阶段构建"两带串三区、双核带多点、三网全覆盖"的全域旅游发展战略新格局。石家庄市将以特色文化为灵魂，以休闲体验为导向，以山水生态、田园乡村和现代城市为阵地，强化资源整合、业态创新、氛围营造、精品建

设,把石家庄打造成为以红色旅游为龙头,集文化体验、生态观光、休闲度假、康体养生、旅游集散等功能于一体的文化体验与山水风光并重的全域休闲体验旅游目的地;将以全域旅游为抓手,新创建5个5A级旅游景区,创建两个国家级旅游度假区,培育3A级以上旅游景区达到40家;打造两个知名的大型演出、一批新业态旅游景区、一批田园旅游综合体,以及一批特色旅游小镇,努力把石家庄打造成为产品特色突出、全域风景秀美、公共服务完善的旅游强市。针对品牌塑造,石家庄市将以西柏坡、正定古城、嶂石岩、赵州桥、太行古村聚落、苍岩山悬空寺等为主,通过加大资源整合开发、强化精品标准化升级、优化业态服务、创新产品体验、加强市场营销、做好公共服务等措施,打造西柏坡红色旅游融合示范区、正定古城文化旅游区、嶂石岩国家公园、井陉太行古村旅游区、赵州石桥文化旅游区、苍岩山旅游区,增强石家庄核心吸引力。推动旅游发展由点状向线状和面状延展,实现全域联动,通过与西部山区、东部田园、中部城市、北部滹沱河等区域的互动发展,实现全域旅游发展联动;通过提升全域道路质量,构建全域自驾体系,提供全域智慧服务、全域信息服务、全域安全保障,实现全域公共服务设施优化;通过对山、水、路、田、城镇、乡村等进行美化、亮化,实现全域景观化建设。自2017年以来,石家庄先后在正定、鹿泉、平山、灵寿、井陉矿区、元氏、赞皇举办了七届旅发大会,推出一系列各具特色的旅游品牌。12月26日,正定县作为"2020年中国文旅融合发展名县(区)"受邀参加第八届中国旅游产业发展年会。

二、石家庄城市更新的典型案例

京津冀协同发展深入推进,中国(河北)自贸试验区正定片区、国家跨境电商综合试验区建设加快推进,中欧班列实现图定化运营,中国国际数字经济博览会永久落户;石济客专通车运行,石雄高铁开工在即,地铁1、2、3号线相继开通,累计通车里程61.6公里;国际会展中心、城市馆、图书馆等标志性建筑建成投用;城市管理更加精细,主街主路水洗机扫率实现100%,"八区一县"实现生活垃圾分类全覆盖,垃圾无害化处理率达到100%,主城区集中供热和清洁取暖率达到100%;正定古城风貌全面恢复,滹沱河修复工程顺利推进,习近平总书记描绘的滹沱河生态蓝图正在成为现实;改造老旧小区1187个，完成棚户区改造10万套，"红色物业"惠及1951个老旧小区；石家庄大剧院、丝弦剧院、市滑冰馆等文化体育设施相继投用等。①

（一）正定古城风貌有效恢复，城市功能日臻完善

24项古城保护重点工程全部高质量完工，"千年古郡、北方雄镇"历史风貌有效恢复，"登得上城楼、望得见古塔、记得住乡愁"成为现实，古城保护建设受到国家住建部、国家文物局通报表彰；《石家庄市正定古城保护条例》正式实施，古城保护有法可依。推进县城建设三年攻坚，完成18条主路、609条小街巷、223个老旧小区改造提升，河北大道穿越京广铁路、城东街北延、成德街拓通等一批重点道路建设工程全部完成；高标准建成河北大道、滹沱河景观大道，完成107国道改建；动迁24个片区、2942户居民、30个机关单位、13家企业，拆迁27.1万平方米；建成莲池公园等38个公园，县城绿化覆盖率40.9%，绿地率37.8%；强化环境卫生、占道经营、交通秩序、广告牌匾整治，城区主街主路全部机洗机扫；通信、电力线路入地435公里；建设、改造高标准公厕83座，全部免费使用；县域免费停车，建成22个停车场，设免费停车位4.48万个，城市停车设施建设列入河北省试点。县城建设综合排名连续三年居石家庄市第一。2018年获"河北省洁净城市"称号。投入3.2亿元完成299个薄弱学校基础设施建设工程，新改建3所小学和3所幼儿园。文化馆、图书馆、乡镇综合文化站和基层综合文化中心全部免费开放，完成城区15分钟健身圈建设。成功举办国际马拉松赛、冰雪运动会等系列文体活动，荣获河北省首批冰雪运动示范县。②

2020年1月，石家庄市委、市政府印发了《关于支持中国（河北）自由贸易试验区正定片区高水平开放高质量建设的若干意见（试行）》（以下简称《意见》），从创新激励支持方式、行政监管制度、贸易便利化措施、产业发展模式等方面提出40条支持措施，解放思想、大胆创新，努力把正定片区建设成为新时代改革开放的新高地。《意见》明确，正定片区将以制度创新为核心，以可复制可推广为基本要求，全面落实京津冀协同发展战略，积极承接

---

① 全力以赴推进高质量发展——马宇骏在市第十四届人民代表大会第六次会议上的政府工作报告（摘登）[EB/OL]. http://www.sjz.gov.cn, 2021-02-27.

② 正定县人民政府2021年政府工作报告[EB/OL]. http://www.zd.gov.cn, 2021-03-22.

北京非首都功能疏解和京津科技成果转化,重点发展临空产业、生物医药、国际物流、高端装备制造等产业,建设航空产业开放发展集聚区、生物医药产业开放创新引领区和综合物流枢纽。经过3~5年的改革探索,正定片区对标国际先进规则,形成更多有国际竞争力的制度创新成果,推动经济发展质量变革、效率变革、动力变革,努力建成贸易投资自由便利、高端高新产业集聚、金融服务开放创新、政府治理包容审慎、区域发展高度协同的高标准高质量自由贸易园区。

(二)石家庄4处入选中国工业遗产保护名录(第二批)

由中国科协调宣部主办,中国科协创新战略研究院、中国城市规划学会共同承办的"中国工业遗产保护名录(第二批)"发布会公布了全国100家工业遗产名单,其中河北有10处入选,石家庄市华北制药厂、井陉矿务局、正太铁路、京汉铁路均列其中。始建于1953年的华北制药厂,位于石家庄市长安区和平东路217号,主要遗存为办公楼和淀粉塔。该厂曾是亚洲最大的抗生素生产厂,它的建成结束了我国青霉素、链霉素依赖进口的历史。这里的办公楼是石家庄市区内保存规模最大、最完好的俄式建筑;淀粉塔76米,曾是石家庄甚至河北省最高的现代化建筑,在全国首次使用升模法建造。始建于1912年的井陉矿务局(含井陉矿、正丰矿)位于石家庄市井陉矿区,主要遗存有:段家楼群(7座德式风格建筑)、正丰矿(老井架、皇冠水塔等)以及地道、北斜井巷道等。井陉矿是我国最早兴建的近代煤矿之一,石家庄地区第一口机械化开采矿井,有"北方最良之煤田""百年煤都""开国第一矿"的美誉;井陉煤矿在石门建立的石门炼焦厂是中国第一家炼焦厂,也是当时石家庄唯一一家重工业企业、第一个掌握利用煤矿瓦斯制造化肥技术的企业;老井架是国内仅存的机械化开采木质井架,皇冠水塔是河北省内唯一一处具有整体德式风格、使用了德国进口建材的大型工业建筑;段家楼群是石家庄地区保存完好、规模最大的欧式建筑群。此次公布的工业遗产保护名录中,还有正太铁路和京汉铁路。正太铁路始建于1904年,所在地为河北、山西,河北主要遗存有:正太铁路竣工通车碑、路章碑、懋华亭(路权收回纪念亭)、石家庄大石桥、正太饭店,日军碉堡以及正太铁路全图、档案等。该铁路是穿越太行山的第一条铁路、新中国第一条双线电气化铁路,是近代石家庄城市肇兴的象征。大石桥是石家庄第一座跨线桥(立交桥),是近代石家庄的标志性建筑之一,是石家庄百年城市史的重要见证。京汉铁路始建于1898年,所在地为北京、河北、河南、湖北,河北主要遗存是原石家庄车辆厂法式建筑,是中国早期建成的第一条南北铁路大动脉。

(三)延续城市文脉,首批"历史建筑"授牌

石家庄市历史建筑,是指经石家庄市政府公布的具有一定保护价值,能够反映城乡历史风貌、地方和民族特色,或具有较高的科学技术、建筑艺术价值,且未公布为文物保护单位,也未登记为不可移动文物的建(构)筑物。此次首批获得石家庄市"历史建筑"称号的建筑共11处,分别为石家庄老火车站、石家庄解放纪念碑、京汉铁路售票厅旧址、华北制药厂储粮塔、石家庄铁道大学开元楼、燕春饭店、长安公园三亭桥、长安公园工农兵塑像、张营梁氏宅院1、张营梁氏宅院2、河北装潢机械厂车间和办公楼。历史建筑承载着不可再生的历史信息和宝贵的文化资源,反映了地方的风貌和特色,这对进一步加强石家庄市历史文化名城、历史文化街区和历史建筑保护,延续城市文脉,推进新型城镇化具有重要意义。

(四)提升城市"颜值",让城市靓起来

"十三五"期间,石家庄城市发展实现了精彩转型——市容环境水平不断提升,绿化新格局逐渐成形,城市功能日趋完善,城市面貌显著改观。通过完善公共服务和基础设施,全面提升建设水平,高质量建设学校、医院、博物馆、美术馆、综合场馆等一大批重大民生工程;建设或改造提升迎宾大道、标志性街道、主街主路共138条,构建了县城发展框架;启动改造城中村19个,大力引进"红色物业",整治老旧小区80个,221万平方米的既有居住建筑节能三年改造任务已超额完成;结合自身优势资源,持续打造山水生态景观,建设了总长106公里的滹沱河生态廊道,打造了灵寿松阳河、行唐颍水河、平山冶河、井陉金良河、元氏潴龙河、赞皇槐河、鹿泉太平河等一大批风光秀丽的沿河景观带。为进一步提升深度保洁效果,积极探索"精益环卫"新模式,2016年1月起,石家庄市环卫作业正式推行"以克论净"考核法,对道路、便道上1平方米范围内的尘土进行称重,以此作为评价清扫保洁质量的依据;2019年起,石家庄市内四区增加清扫作业经费1.72亿元,加大机械设备投入,为使主城区机械化清扫率稳定在90%,要求各区根据机械装备

的技术性能，科学制定了定人、定车、定面积的"三定"方案，实现人机最佳结合，进一步把新装备的技术优势转化为最佳作业效能。以创建文明城、卫生城为契机，多次开展市容市貌综合整治工作，城区上百条路段全部达到了16小时或12小时保洁；开展以共享单车治理、占道经营清理、广告牌匾规范等为重点的市容环境专项整治行动，提升城市档次。随着数字城管的推行，哪里有问题第一时间就能反馈到相关职能部门，进而得到及时有效处理，数字城管还将每个问题都做了时间限制，损坏部件从上报到结案规定时间为3小时，占道经营、乱堆放物料、非机动车乱停放等规定时间为1小时，零散垃圾停留时间不能超过15分钟……经过五年"精雕细琢"，城区主次干道变得平坦宽阔、整洁清爽，"以克论净"已然成为环卫保洁新标准、新常态，新三区清扫保洁质量已接近或达到主城区标准，环卫设施管护标准实现提档升级，主城区机械化清扫率保持在90％以上，主街主路达到100％，清扫标准大幅提高，城市功能品质显著提升。

近五年来，按照石家庄市委、市政府安排部署，扎实推进"三创四建"活动，建设河北省会"多彩化、艺术化、特色化"园林景观，以打造"北方花城"、营造"四季有彩、季季飞花"的省会园林景观为目标，在主城区大规模开展花城建设工作。每年，石家庄市都会在裕华路、和平路和中山路等主要街道的重要节点，以道路地栽、立体花坛、桥体挂花、花箱花墙、花球花柱等形式，在"五一""七一""十一"三个时间段，种植孔雀草、非洲凤仙和大丽花等40多种上千万株时令花卉，为城市增添了一道道姹紫嫣红的风景。2016年以来，石家庄市在增加公园面积、提升公园档次的同时，利用有限的城市空间，不断建设新的公园。体育公园的建成，实现了石家庄市体育类主题公园"零"的突破，满足不同年龄段市民的健身需求；铁路文化公园从时光倒流的角度找到现代文明，体现工业文明的历史感，以"铁路文化"为主题，实现了河北省会老化工区华丽变身；西兆通公园展现了"青春洋溢、时尚现代"的风格，三只蝴蝶造型将全园分为三大功能区，集现代、时尚、服务于一体……特别是随着民心河的通水和环城水系的建设，沿线增加了一批又一批的新公园。石家庄市园林局提供的数据显示，2016年以来，石家庄市共计完成新建、提升改造公园35座，增加绿地面积47.1439万平方米。

（五）围绕"绿""利"双赢，提升生态环境与经济发展的契合度

石家庄市依托山、水、林、田、湖、草生态资源优势，创新经营生态方式，提升经营生态效益，坚持立体化、叠加化、链条化发展模式，着力发展都市农业、林下经济等生态产业，真正把良好的生态资源转化为优质的生态产品和服务，让绿水青山变成金山银山。"十三五"期间，石家庄市着力实施乡村振兴战略，贯彻落实农业农村优先发展战略，培育壮大乡村产业，深化重点领域改革，统筹推进环境治理，乡村振兴步伐显著加快，农业产业发展的"成绩单"越来越亮眼。农业农村改革不断深化，圆满完成了国家农村集体产权制度改革整市试点改革任务，完成清产核资村4151个、改制村4065个；2019年，河北省省级"农民教育培训基地"达到32家，"农民教育培训实训基地"达到14家，举办农业实用技术培训35期，累计培训达1.35万人；2019年，石家庄市规模以上农产品加工企业600余家，休闲农业接待游客达到700万人次，营业收入超过7.1亿元；国家级农业产业化重点龙头企业6家、河北省省级75家；石家庄市先后制定了《关于开展"农村人居环境大整治"活动的通知》《开展创建村庄清洁示范县乡村的指导意见》等文件，印发了《人居环境整治从我家做起倡议书》，农村生活垃圾、畜禽养殖粪污、残垣断壁得到有效治理，打造了村庄清洁行动示范线、示范片和示范村500个，农村厕所革命超额完成改造任务，石家庄市改厕经验在全国、河北省推广，正定县荣获2019年全国农村人居环境整治成果明显激励县；面对新冠肺炎疫情带来的影响，石家庄市以统筹推进疫情防控和"三农"发展双战双赢为目标，集中开展农村人居环境整治行动，推进美丽乡村建设，完成村庄清洁行动村3942个，农村亮化水平显著提升。

（六）完善综合交通体系，建立高效便捷交通网络

"十三五"期间，石家庄市交通基础设施建设逐年发力，城市交通路网不断完善。市城投集团提供的数据显示，"十三五"期间，石家庄市完成了南二环东西延、和平路高架西延、槐安路高架友谊大街匝道、中华大街南延、联石丰、解放大街等6项重点工程，拓展了城市发展空间，带动了沿线经济发展；打通了明珠街、天山大街、仓裕路、汇华路等33条城区道路，有效改善

了市民出行环境。太行山高速公路作为全国重点项目，全长652公里，纵贯太行山区，在石家庄市由34公里的西阜高速及82公里的平赞高速两段组成，与京昆、青银、西柏坡、南绕城高速公路连接成网；它的通车有效提高了区域路网的通行能力和服务水平，石家庄市到张家口减少高速公路里程130公里，到阜平减少60公里，分别节约通行时间60分钟、40分钟以上。这对促进沿线地区经济社会发展、旅游资源开发，加快太行山集中连片贫困地区、革命老区的脱贫致富也具有重要意义。与此同时，南绕城高速已经具备通车条件，津石高速建设正在全力推进。

市交通运输局提供的数据显示，截至2019年年底，石家庄市公路通车总里程达到19594.91公里，路网密度达到132.86公里/百平方公里。其中，高速公路9条752.058公里，国道9条968.111公里，省道33条890.779公里，县道43条1542.197公里，乡道4887.502公里，专用公路269.235公里，村道10285.027公里。地铁从无到有，从"十字"线路30.3公里到"双十字"线路61.6公里，"环线换乘圈"勾勒成形，构筑起省会石家庄"半小时"交通圈。按照规划，石家庄城市轨道交通总体规划线网包括"三主三辅"6条线路，构成了"大放射、小方格"的互通格局，全长241.7公里，设站160座。其中，1号线是沿市区主轴布置的东西向骨干线路，串联了主城区、高新区和正定新区，衔接主要对外交通枢纽和城市重要功能节点；2号线是沿市区南北向发展轴布置的骨干线路，3号线是沿市区东西向发展轴布置的骨干线路；4、5、6号线为辅助线。目前，石家庄市地铁开通线路为1、2、3号线，总里程61.6公里。截至2020年9月30日，地铁安全运营1193天，14项指标均符合国家要求，列车正点率99.97%，运行图兑现率99.98%，累计安全运送乘客超过2.66亿人次，日均客运量22.32万人次。

"十三五"期间，省会石家庄公交共新增线路50条，优化调整公交线路164条，取消公交线路33条。目前，石家庄市常规公交运营线路达到247条，其中主城区114条，总线路长度达到4273.4公里，主城区公共交通站点500米覆盖率达到100%。省会石家庄公交已与"掌上公交"等多个App实现后台数据对接，乘客可以通过手机查询线路、车辆位置，并实现了公交车手机扫码支付全覆盖。2020年，第二季度石家庄市地面公交出行幸福指数全国第一，并正式迈入"国家公交都市建设示范城市"行列。

（七）现代服务业频频升级，为创新发展增活力

"十三五"期间，石家庄市现代服务业频频升级，不断引入新业态、新模式，满足了多样化和层次化的消费需求，生活品质大幅提升，石家庄市服务业连续多年领跑GDP，是国民经济中增长最快的产业，特别是进入"十三五"时期，围绕构建"4+4"现代产业发展格局、发展"四种类型经济"，石家庄市连续出台《关于加快发展生活性服务业促进消费结构升级的实施意见》《关于促进现代服务业发展的若干政策》等政策文件，着力构建业态丰富、优质高效、充满活力、竞争力强的现代服务业体系。2019年石家庄市服务业占生产总值比重达到60.7%，较2015年提高14.9个百分点，服务业在国民经济中的地位和作用与日俱增，成为拉动经济增长的主要动力之一。近年来，石家庄服务业领域新涌现的城市名片也越来越多。2020年7月，民族路商业步行街成功跻身全国示范性步行街创建行列后，正朝着有品位、有颜值、有内涵的方向高标准、高品质谋划推进。作为全面深化改革和扩大开放的试验田，河北自贸试验区正定片区自2019年8月31日挂牌成立以来，更是在服务业创新和开放中大展拳脚。通过"制度创新+营商环境优化"，正定片区招引了中国银行等6家金融机构入驻，初步形成了具有正定片区特色的金融创新清单；宝能石家庄智慧供应链中心等一大批优质服务业项目加快落地建设。

三、石家庄城市更新与创意产业融合的有效途径

《石家庄新型智慧城市总体规划（2019—2021年）》的出台，标志着石家庄城市发展进入一个新的阶段。石家庄作为一个发展中城市，面临传统产业转型升级、县域经济做大做强、资源环境约束和生态环境压力，以及战略性新兴产业的培育和发展等问题。立足石家庄智慧城市建设的现状，总体规划秉承"统一架构、统一管理、统一标准"的设计思想，坚持统筹规划、统筹布局、集约部署，提出自上而下搭建体系优化、资源共享、功能强大、应用丰富、管理高效的智慧城市总体架构。其中包含基础设施、"城市大脑"、支撑保障体系和各领域智慧应用。

一是提升新一代智能化基础设施水平。建设统一云平台，整合石家庄市云服务资源，统一提供计算、存储、管理、安全等服务，支撑各部门政务信

息系统部署，形成统筹、共享、互联的服务体系。通过建设统一支付中心、统一物流中心、统一通知中心、统一身份认证中心等，构建石家庄市统一标准的能力开放平台。完善统一电子政务外网，建设升级互联无线网络和移动物联网络，打造融合泛在的基础网络体系。统筹部署物联感知设施，形成以"云、网、端"为核心的新一代智能化基础设施，为智慧城市建设运行提供计算存储、网络传输和感知监测等基础支撑。

二是构建以"城市大脑"为核心的运行管理体系。构建完善政务数据资源共享体系和政务数据资源开放体系，建设人口库、法人库、自然资源和空间地理库、电子证照库等基础数据库，汇聚成数据资源体系，提供石家庄市统一数据资源开放、共享标准和服务。以城市全量数据资源、时空地理信息、共性支撑平台、运行指挥中心、综合智能门户为基本要素，构建智慧石家庄"城市大脑"，形成以数据驱动为特征的城市综合运营管理指挥中枢，支撑城市日常运行、管理、决策和应急指挥。

三是打造智能化公共服务和便捷智慧生活。基于城市信息基础设施智能化建设，全面实现政务服务和政务运行管理创新，进一步优化完善"互联网+政务服务"体系。加快社会公共服务资源向基层延伸，逐步形成城乡一体的普惠民生服务体系，围绕医疗、医保、教育、扶贫、养老、社保、就业、社区等民生服务领域开展智能化应用建设，形成公平普惠、优质高效的信息惠民服务体系，增强人民群众获得感、幸福感。

四是完善城市智能化管理功能。深化新一代信息技术在城市治理领域创新应用，统筹推进智慧城管、智慧交通、智慧安防、智慧应急、智慧市场监管、智慧国土、智慧环保和智慧法制等应用体系建设，形成以数据驱动的城市综合治理新模式，全面提升城市治理精细化、决策智能化水平。

五是推动产业融合创新和数字经济发展。推动新一代信息技术与石家庄产业发展深度融合，加快产业数字化进程。推动企业上云，重点打造智慧农业、智慧旅游等平台，完善商贸、物流、科技等信息服务系统，促进石家庄数字经济发展。

六是建立安全保障、标准规范和运营维护支撑体系。围绕各类智慧应用的协同、高效和稳定运行需求，石家庄市一体化构建网络安全、标准规范和运营维护体系，为石家庄新型智慧城市健康发展提供基础保障。

新型智慧城市建设以云计算、大数据、移动互联网、人工智能、5G、物联网为基础的新一代信息技术赋能城市建设和经济增长，重塑城市核心竞争力，通过推进新型城镇化和建设现代化省会城市，加快融入京津冀世界级智慧城市群。[①]

2021年，石家庄市在文创产业发展、科技创新、深化改革开放、提升城市品质等方面的预期目标为：高标准建设正定数字经济产业园，年内入驻企业达到50家以上；实施数字"千项智改、千企提质"工程和企业上云计划，抓好5个以上数字产业化重点项目，年内力争1000家以上企业上云；充分发挥数博会永久举办地优势，建设全国数字应用先进城市。持续发挥石家庄高新区、经开区带头示范作用，把好"亩均效益"关，提升园区发展质量；加大新型基础设施建设力度，增强园区发展能级，力争更多园区进入千亿级行列。积极实施"人才绿卡"升级版，引进一批"高精尖缺"创新团队和国际一流人才；举办"石家庄人才日"系列活动，健全人才住房保障制度，打造最优人才生态。加快构建京津冀协同创新共同体，促进创新链、产业链、政策链深度融合。完善提升石家庄科技大市场功能，加快科技成果转化落地速度，石家庄市技术合同成交总额达到120亿元。围绕"两新一重"，加快5G网络、人工智能等新型基础设施建设步伐，提升新型基础设施承载力，筑牢城市数字底座。深度融入"一带一路"，实现中欧、中亚和海铁联运班列常态化运营。推进自贸区正定片区建设，年内推出2项以上全国性的制度创新成果。牢牢把握省会功能定位，高质量完成石家庄市国土空间总体规划编制工作，着力解决城市缺乏天际线、基本功能配套不完善等规划历史欠账；优化主城区功能分区和空间格局，统筹市域城镇体系建设，着力构建布局科学、产业协同、服务均衡的省会城市核心圈。加快石雄、石衡沧港城际铁路建设，推进石衡（衡昔）、石忻高速公路前期工作，抓好津石高速、南绕城高速收尾工程，全力推动地铁工程建设，确保3号线一期东段、二期工程上半年开通运营，谋划市域（郊）铁路建设，逐步完善轨道交通网络。大力推进中央商务区项目建设，打造城市客厅，加快创建石家庄城市名片、城市品牌；高标准加快城市更新步伐，完成老旧小区整治任务645个，改造老旧管网120公里以上；加强"城市双修"工作，推进绿色建筑发展；加快滹沱河生态修复

[①]《石家庄新型智慧城市总体规划（2019—2021年）》正式发布［EB/OL］. http://www.sjz.gov.cn,2019－10－12.

三期工程建设，完善配套设施，4月底前主体完工。巩固国家森林城市、全国文明城市、国家卫生城市创建成果，做好城市主干线的改造提升，年内完成美丽街区、精品街道创建20个以上，新增停车位3万个，新建街旁游园10万平方米；妥善解决房地产历史遗留问题，做好住房租赁市场试点和住房保障工作；树立经营城市理念，有效整合城市生产要素资源，向市场要效益。持续提升县城建设品质，统筹推进旧县城更新和新城区建设；分类推进中心镇特色化发展，年内每县重点培育至少1个特色小镇。深入开展文化惠民活动，加快石家庄市博物馆新馆等文化场馆建设；办好石家庄市第三届冰雪运动会，完成全民健身场地设施100处。①

（王晓云，河北经贸大学经济管理学院研究员；索秉，河北经贸大学经济管理学院经济师；张程明，河北经贸大学经济管理学院讲师；刘静怡，中国华能集团有限公司经济师）

---

① 全力以赴推进高质量发展——马宇骏在市第十四届人民代表大会第六次会议上的政府工作报告（摘登）[EB/OL]. http://www.sjz.gov.cn, 2021-02-27.

第五章
哈尔滨：在城市更新过程中注重文化创意产业发展

一、2020年哈尔滨市文化创意产业发展现状及概况分析

二、哈尔滨城市更新案例介绍及深度分析

三、城市更新中文化创意产业发展的经验总结

四、哈尔滨市文化产业未来趋势研判及文化创意产业发展展望

城市更新是为了保存城市历史文化,延续城市文脉,更深层次上是为了改善城市风貌。哈尔滨市在城市更新过程中,记录了城市个性的发展和演进,注重和文化创意产业的融合发展,不断提升城市影响力和吸引力。在目前特殊的时期,哈尔滨市受到新冠肺炎疫情持续影响,复工复产面临重大挑战,恢复正常生产生活秩序,恢复城市正常生活气息需要寻找突破口,城市更新升级改造承担了重要使命,契合城市文化塑造,助推城市文化创意产业发展。

一、2020年哈尔滨市文化创意产业发展现状及概况分析

（一）哈尔滨市文化产业发展概况

2020年,受新冠肺炎疫情影响,哈尔滨市文化产业企业受到极大冲击。随着疫情的逐步缓解,2020年下半年复工复产复商复市不断推进,哈尔滨市规模以上文化及相关产业企业运营状况趋于好转,文化产业逐步复苏。

1. 从规模以上文化及相关产业法人单位发展基本情况看,经营形势有所好转

从统计数据看,2020年1—6月,全市147家规模以上文化及相关产业企业实现营业收入42.3亿元,同比下降22.2%,降幅较第一季度收窄4.7个百分点。其中,营业收入增长的企业28家,较第一季度增加9家;营业收入下降的企业117家,比第一季度减少7家。

2. 从产业类型看,文化制造业降幅收窄明显

从统计数据看,2020年1—6月,文化制造业营业收入8.6亿元,同比下降7.1%,降幅较第一季度收窄19.5个百分点。降幅收窄的主要原因是文化制造业部分包装公司的食品、粮食包装加工订单增多,营业收入有所增加。文化服务业营业收入22.9亿元,同比下降24.9%,降幅较第一季度收窄9.2个百分点。文化批

发和零售业营业收入10.8亿元,同比下降25.9%,降幅较第一季度扩大21.6个百分点(见表5-1)。2020年1—6月,哈尔滨市规模以上文化及相关产业企业营业利润亏损3.8亿元,亏损额是上年同期的近3倍,是第一季度的2.4倍。其中,文化制造业亏损企业20家,亏损面达55.6%;文化服务业亏损企业53家,亏损面达62.4%,主要集中在影院、景区、游乐园、出版行业。

表5-1 2020年上半年规模以上文化及相关产业(按产业类型分)经济指标情况

单位:万元

项目	资产总计			营业收入		
	2020年1—6月	上年同期	增长(%)	2020年1—6月	上年同期	增长(%)
总计	2570548.3	2417232.1	6.3	422566	542825.2	-22.2
文化制造业	287328.3	281181.9	2.2	85635.1	92207.9	-7.1
文化批发和零售业	400001.4	293570.6	36.3	108275.4	146120.6	-25.9
文化服务业	1883218.6	1842479.6	2.2	228655.5	304496.7	-24.9

3. 从发展领域看,占比较大的文化核心领域是负向拉动文化产业的主要因素

从统计数据看,2020年上半年,文化核心领域实现营业收入32.5亿元,同比下降25.3%,负向拉动规模以上文化及相关产业20个百分点。文化相关领域实现营业收入9.8亿元,同比下降9.5%,负向拉动规模以上文化及相关产业1.9个百分点。哈尔滨市文化产业九大行业营业收入全部下降。营业收入增速下降位列前四位的行业为文化投资运营、文化娱乐休闲服务、文化装备生产、内容创作生产,同比分别下降93.4%、69.9%、41.9%、25.9%。营业收入总量下降较大的文化娱乐休闲服务行业,同比减少2.9亿元,负向拉动规模以上文化及相关产业5.4个百分点。营业收入占比最大的文化传播渠道行业营业收入同比下降24.7%,负向拉动规模以上文化及相关产业10.2个百分点(见表5-2)。

表5-2 哈尔滨市2020年上半年全市规模以上文化产业企业主要经济指标情况

单位:万元

项目	资产总计			营业收入		
	1—6月	上年同期	增长(%)	1—6月	上年同期	增长(%)
总计	2570548.3	2417232.1	6.3	422566	542825.2	-22.2
文化核心领域	2270714.6	2124646.6	6.9	324583.6	434500.3	-25.3

续表

项目	资产总计			营业收入		
	1—6月	上年同期	增长（%）	1—6月	上年同期	增长（%）
新闻信息服务	248443.6	242324	2.5	62416.8	69532.1	-10.2
内容创作生产	90172.7	89547.7	0.7	10692.6	14426.4	-25.9
创意设计服务	144686.3	136171.1	6.3	69485.7	81681.8	-14.9
文化传播渠道	1301294.6	1184560.2	9.9	169246.5	224717.8	-24.7
文化投资运营	95088.3	100925.8	-5.8	152.8	2325.2	-93.4
文化娱乐休闲服务	391029.1	371115.8	5.4	12589.2	41817	-69.9
文化相关领域	299833.7	292585.5	2.5	97982.4	108324.9	-9.5
文化辅助生产和中介服务	255677.5	254146.8	0.6	83880.6	89693.7	-6.5
文化装备生产	9143.4	9016.5	1.4	3398.5	5050.8	-41.9
文化消费终端生产	35012.8	29422.2	19	10703.3	12780.4	-16.3

4. 从城区与县域文化产业情况看，文化产业发展仍不均衡

哈尔滨市规模以上文化及相关产业企业主要集中在主城区，县域分布较少。从统计数据看，2020年上半年，九区规模以上文化及相关产业企业实现营业收入38.5亿元，占全市91%，同比下降23.2%，负向拉动全市规模以上文化及相关产业21.5个百分点。营业收入排在前三位的分别是南岗区21.3亿元、道里区8.9亿元、香坊区3.5亿元。九县（市）规模以上文化及相关产业企业实现营业收入3.8亿元，占全市9%，同比下降8.8%，负向拉动全市规模以上文化及相关产业0.7个百分点。仅有宾县营业收入超亿元，达到1.5亿元；其余8个县（市）规模以上文化及相关产业营业收入均不足亿元，仍有较大发展空间。

（二）促进哈尔滨市文化产业发展的措施

1. 出台相应的政策、方案，助推文化产业复苏

一是通过促进哈尔滨市繁荣夜间经济，带动文化产业复苏。出台《哈尔滨市繁荣夜间经济实施方案（2020—2022年)》，大力培育发展五大场景：大力发展"夜购"场景、大力发展"夜游"场景、大力发展"夜品"场景、大力发展"夜娱"场景、大力发展"夜赏"场景；积极搭建文化产业发展平台，助推文化产业复苏。二是行业主管部门出台针对性较强的政策，助推文化产业复苏。哈尔滨市文化广电和旅游局出台《关于有效应对疫情影响稳企稳岗稳就业促进经济稳增长若干措施实施细则》。截至7月末，帮助47家文旅企业融资贷款，总额1.55亿元；为12家景区和滑雪场补助490万元；为38家旅行社补助260万元；为249家旅行社暂退质保金3141.4万元；推出市属国有A级景区门票优惠、旅行社组团引客入哈补助、大型旅游节庆活动补助、10处特色夜间文化娱乐场所补贴、小微文旅企业新增贷款贴息等政策实施细则，帮助涉旅企业尽可能解决问题。

2. 大力惠民助企，促进文旅消费提升

哈尔滨市以财政资金补贴市场消费为支点，切实发挥财政资金的杠杆作用和乘数效应，形成促进文旅消费的强大合力，以点带面，有效推动哈尔滨文旅市场人气复苏、消费提升。发放文旅消费券：在景区、影院、网吧、游艺厅、文艺演出娱乐等场所，首轮发放25.8万张。发售"哈尔滨48小时惠游卡"：依托携程旅游网，面向全国游客推广销售"哈尔滨48小时惠游卡"。"双节"期间，众多消费者享受政府惠民红利，景区、影院、酒店、文化演出娱乐场所等2100余家涉旅企业享受优惠，哈尔滨极地馆、波塞冬旅游度假区、北方森林动物园、融创乐园、松峰山景区、东北虎林园、金龙山国家森林公园、亚布力森林温泉、伏尔加庄园等景区人数增长较多，入园游客大部分使用消费券和惠游卡，同时也给企业带来较大经济效益。

据移动、银联、携程旅游网大数据统计，2020年国庆节、中秋节8天假期，哈尔滨市累计到访游客679.9万人次，其中市外游客307.4万人次（含省外游客115.6万人次），实现旅游收入53.8亿元，与上年同期基本持平。携程旅游网显示，哈尔滨整体门票数据同比增长299%，酒店入住同比增长6.9%。哈尔滨机场"双节"期间旅客吞吐量基本恢复上年同期水平，哈尔滨文旅产业全面进入复苏发展快车道。

哈尔滨市电影市场复苏回暖强劲，国庆档电影较好满足了消费者压抑半年多的观影需求，观影人次82万，票房2766万元，同比恢复90%。根据携程大数据平台分析，截至10月8日，"哈尔滨48小时惠游卡"承兑9.03万张权益券，实现酒店客房、景区门票交易额3051万元，带动4.23倍的直接消费。

假期文艺演出市场日趋活跃。哈尔滨大剧院、哈尔滨音乐厅及哈尔滨演艺集团所属各专业院团上演了精彩的节目，包括哈尔滨芭蕾舞团中型芭蕾舞剧《为你插上翅膀》、哈尔滨交响乐团《国庆暨中秋音乐会》、哈尔滨歌剧院《周末音乐会》、市儿童艺术剧院儿童剧《梦境奇缘》和木偶剧《小红帽》、皮影戏《古诗所见》等30余场演出。

3. 开展文化创意节庆活动，拓展文化产业发展领域

一是开展2020哈尔滨"啤酒狂欢季"。推出"迷人的哈尔滨之夏"城市微游百佳玩法旅游线路，包括新夜幕下的哈尔滨、网红打卡游、户外康养游、房车自驾游等百余个旅游线路，为旅游企业复工复产提供产品线路上的指引。组织全市文旅企业参加"滨滨有礼""惠民畅选""冰城夏都文旅超市"等联合促销活动，帮助涉旅企业抓住暑期旅游市场波峰开发团队旅游市场。二是开展2020中国·哈尔滨第十届街头音乐节。2008年，由市委宣传部提议，博纳文化艺术发展交流中心与市吉他协会承办的"音乐之街"开幕。此后，每年5月至10月中旬，在中央大街持续演出。2011年"音乐之街"正式更名为"中国·哈尔滨街头音乐节"。街头音乐节演出水准年年提升、演艺规模年年扩大，截至第九届闭幕，共举办8000余场常态演出，为数以万计的市民及游客带来美好的音乐体验。本届音乐节汇集了来自15个城市的顶尖乐队，在3天时间里与冰城乐迷近距离接触，用风格迥异的音乐为城市夜晚增添一抹绚丽色彩。街头音乐节坚持融合世界各民族的优秀音乐元素，让每一位游客都感受到城市浓郁的音乐文化氛围，更彰显了哈尔滨的大气、洋气、朝气与活力。历经10余年发展，"中国·哈尔滨街头音乐节"已经成为中外音乐文化交流平台，成为哈尔滨这座"音乐之城"的亮丽名片。三是开展2020哈尔滨文化旅游创意集市。"2020哈尔滨文化旅游创意集市"由市委宣传部主办，哈尔滨文旅集团、道里区委宣传部、哈尔滨旅游行业协会承办，在中央大街和斯大林公园举行文化旅游产品集中展销，围绕着文化消费、旅游振兴，集中展示了200余家文旅企业、万余种文创产品。本次活动囊括了来自兴安岭的桦树皮画、阿城的版画、木兰的根雕，来自老道外的剪纸、呼兰河的沙雕作品等民俗工艺品、非物质文化产品、文创产品、文化旅游纪念品、艺术衍生品。活动囊括了特色旅游景区、旅游纪念品公司、旅游社近百家，带来旅游线路产品、景区特惠专供，以及富有特色的旅游产品。

4. 做好城市文旅推介，挖掘文化产业发展新动能

一是实现线上与线下相结合特色文化和旅游产品营销新模式。通过线上的集中宣传，尤其是通过《哈尔滨日报》、哈尔滨广播电视台及旗下融媒体，以 H5、微动漫、微视频等多种形式融媒体产品为重点，广泛运用新媒体助力企业恢复生产经营。依托 ZAKER、头条、微信、微博、百家、企鹅、大风等自媒体平台和携程、马蜂窝、飞猪等在线旅游平台及抖音、快手短视频平台，宣传推介夏季旅游产品线路，组织 KOL 意见领袖到哈尔滨实地体验，向北上广等主要客源地推广精准旅游攻略等，开展多种形式和内容的线上推广营销。二是借助行业顶尖平台推介。哈尔滨市文旅部门把与国内知名涉旅企业、电商平台强强联合作为恢复文旅市场的突破口之一，"搭大船出海"。市政府与携程集团签署战略合作协议，建立战略合作关系，携程集团将发挥其在旅游行业的产品、技术、服务、大数据等突出优势，在推动和加快哈尔滨市旅游市场复苏、联合推动旅游产业发展、驱动旅游产品研发、促进旅游服务升级、共建城市营销宣传体系等方面开展合作，为哈尔滨市恢复文旅市场注入新动能。三是为文旅产业复苏搭建平台。举办"迷人哈夏 滨滨有礼"直播推介、"冰城夏都文旅超市"等服务企业的对接活动，为景区、酒店、旅行社、航空公司、文创企业、租车公司、旅游特色餐馆等涉旅企业提供信息交流、营销推介、政策咨询、行业互助等平台。150 余家涉旅企业报名参加对接洽谈，9 家景区、7 家酒店联合推出"迷人哈夏打卡迹"景区、酒店联名卡，面向市民联合让利。"冰城夏都文旅超市"所售文旅产品超过 500 种，包括景区门票、景区纪念品、哈尔滨周边游线路、国内旅游线路、精美零食、非遗工艺品、文艺花卉、机票、酒店、本地特色产品、经典食品等，为企业复工复产搭建全新平台，市民和游客在线下了解暑期旅游产品线路和优惠信息，更是助力旅行社、景区、航空公司等涉旅企业之间互通信息、创新产品、形成合力的桥梁。

二、哈尔滨城市更新案例介绍及深度分析

（一）中央大街历史文化街区升级改造

中央大街旧称中国大街，是哈尔滨欧陆风情文化的集中体现。这条大街的形成，要追溯到1898年，哈尔滨开始大规模地修筑铁路和开展城市建设，

运送铁路器材的马车在泥泞中开出一条土道,至1900年即形成"中国大街",意为中国人住的大街。1928年7月,中国大街正式改称"中央大街"。中央大街全街建有欧式及仿欧式建筑65栋,汇集了欧洲15—16世纪的文艺复兴风格、17世纪的巴洛克风格、18世纪的折中主义风格和19世纪的新艺术运动风格等在西方建筑史上最具影响力的建筑流派,这些流派集中涵盖了西方建筑艺术的百年精华,是中国国内罕见的一条建筑艺术长廊。1986年,哈尔滨市人民政府将中央大街确定为保护街路,1997年6月1日将其改造成全国第一条商业步行街。其于2009年被认定为首届中国历史文化名街之一,2012年被评为国家AAAA级旅游景区。自1997年以来,分别在1997年、2003年、2005年进行了三次大规模的改造。2019年至今,中央大街历史文化街区集中实施第四次改造。

1. 以《中央大街历史文化街区保护规划》为统领

为加强哈尔滨市历史文化街区保护管理,哈尔滨市制定《中央大街历史文化街区保护规划》,全面保护和提升中央大街历史文化街区整体风貌和艺术品位,充分展现哈尔滨特色建筑艺术和欧陆风情,将其打造成为充满活力的欧陆文化休闲区、度假体验区、国家高品质步行街、中国最知名的文化旅游目的地。

2. 保持历史文化街区风貌

中央大街核心保护范围内不得新建扩建。核心保护范围主要为中央大街两侧区域,不得进行新建、扩建活动,但新建、扩建必要的基础设施和公共服务设施除外。新建、扩建必要的基础设施和公共服务设施应严格控制新建建筑物、构筑物的高度、体量、强度,减少对历史文化街区风貌的影响。中央大街建设控制地带为经纬街—西十六道街—江畔路—防洪纪念塔广场—通江街—尚志胡同—尚志大街围合区域,除去核心保护范围以外的用地为建筑控制地带。建筑控制地带内新建、改建、扩建建筑物、构筑物的高度、体量、色彩和风格,应当与历史文化街区保护风貌相适应。对建筑进行更新改造时,应保持原有院落式格局及街区肌理,在体量上尊重周边地区的各级文物保护单位、不可移动文物及历史建筑,建筑风格需体现街区风貌特点。

3. 加强特色文化品牌培育

对历史文化街区重点文化内容进行开发培育,整合文化资源,注重发挥品牌效应和街区特色。积极打造历史文化街区自身的文化品牌。为深度挖掘中央大街的欧陆文化、红色文化、音乐文化、冰雪文化等历史文化内涵，突出国际化和时尚化特色，哈尔滨市在中央大街举办哈尔滨之夏音乐会、老街音乐汇、西餐文化节、圣诞嘉年华、冰雪艺术节等一系列文化旅游活动，提高中央大街城市名片效应和品牌影响力，展示了哈尔滨厚重的城市底蕴，树立了哈尔滨国际化的城市形象。以中央大街"老街音乐汇"为例，自2013年打造首届"老街音乐汇"以来，已经成功举办了十届。每年在"哈尔滨之夏音乐会"举办期间，在中央大街进行一系列常态文化演出活动。中央大街"老街音乐汇"依托哈尔滨市"音乐之都"美誉，成为中央大街的特色品牌活动。

4. 与哈尔滨已有的品牌节庆活动相呼应

"中国·哈尔滨国际冰雪节""哈尔滨之夏音乐会""迷人的哈尔滨之夏旅游文化节""哈尔滨国际时装周""哈尔滨啤酒节""哈尔滨民间民俗艺术博览会""哈尔滨国际马拉松""中俄博览会（哈洽会）"在国内外影响力较大。哈尔滨充分利用重大节庆活动形成的国内外人流聚集的有利时机，推出不同季节、针对不同人群特征、满足不同需求的系列活动，把中央大街历史文化街区打造成重要载体，提高注意力、吸引力和影响力，提升历史文化街区整体实力。

5. 打造业态多元化

2020年7月，经商务部确定，中央大街步行街正式成为全国第二批步行街改造提升试点之一。从2018年底起，商务部在11个城市开展首批步行街改造提升试点工作，按照创建"全国高品位的商业步行街"要求，在完成中央大街区域初步业态规划的基础上，聘请国内顶尖设计团队对中央大街区域业态规划进行深化。全面落实《中央大街业态升级改造扶持政策》，从品牌提升、消费升级、商业增长、营销活动4个方面制定了12条业态升级改造扶持政策，引导业态发展。重点发展体验消费、新兴消费、品质消费、特色消费和放心消费。顺应消费趋势，注重商业创新，改造传统业态，发展新兴业态，大力发展首店经济、网红经济、夜间经济，满足个性化、多元化消费需求。

（二）哈尔滨市红博·西城红场时尚创意商业综合体

哈尔滨市红博·西城红场时尚创意商业综合体是创新型商业生态平台，

距离哈尔滨西客站 800 米,总占地面积 12.8 万平方米,总建筑面积 40 万平方米,是集"产、学、商、艺、康、旅"六大业态于一体的城市文化传播中心,是以时尚创意为核心的美丽生活产业园、艺术创作及艺术生活孵化平台。西城红场以艺术文化为引领,以创新商业为平台,以时尚产业为延伸,以老厂房特色建筑为载体,放大哈尔滨商圈半径,打造了东北亚新锐时尚策源地和当代艺术文化高地。

1. 工业文化遗产改造升级典范

红博·西城红场的原址为哈尔滨机联机械厂。原工业遗址留存的 4 幢包豪斯风格的老厂房代表着哈尔滨在新中国成立后工业发展的历史,其不仅是哈尔滨市城市工业文化的传承,作为城市记忆更是意义重大;同时,也为红博·西城红场时尚创意商业综合体带来其他项目无法复制的核心优势。城市转型升级必然面临老工业遗址改造的问题,借鉴国内外工业遗址改造的成功经验,把工业遗址与城市升级改造完美结合,形成风格各异的文化创意产业基地,哈尔滨西城红场成为工业遗址改造的又一个典范。目前,西城红场已获得中国工业遗产联盟理事单位、中国服装新锐时尚发布基地、中国服装秋冬产业推动联盟、黑龙江省重点推进文化产业项目、黑龙江省文化创意产业重点项目、黑龙江省女大学生创业基地、团中央东北地区首个青创社区、哈尔滨市文化产业示范基地、哈尔滨国际时装周举办地等多项荣誉称号和产业成果,哈尔滨时装周已成功举办 9 届,成为哈尔滨的又一时尚名片。

2. 以艺术和时尚为创意文化定位

西城红场以艺术为主线,突出"大师艺术、大众艺术、生活艺术"的主题,并在艺术文化的主线下将多元业态相通互融,实现了商业、艺术、文化、教育、音乐、康体、婚庆、旅游等相关产业在西城红场融合发展,形成了节庆 IP、圈子 IP、品牌 IP 等 IP 价值和核心竞争力。西城红场运营以来,已经开展了包括"法国 E 时代摄影展""俄罗斯现当代艺术展""中国画双年展"等 400 多场在国内外颇具影响力、形式多样的艺术文化展览和活动,极大地提高了城市艺术文化水准,彰显城市艺术张力,成为城市文化推广中心。

3. 以"生活港、创意港、0451、大数据中心和约美 APP"为创意展示平台

生活港是集文化、艺术、餐饮、娱乐、购物、旅游为一体的全新生活方

式空间，成为艺术生活转换平台、艺术生活服务配套平台、艺术衍生品和创意产品的营销窗口、产商结合的汇聚地。创意港构筑新兴产业孵化和转换平台，催生产业裂变，带动产业升级：音乐产业、时尚产业、婚庆产业等新兴产业在这里集聚孵化，包括设计师品牌店、买手集合店、服装高级定制店、O2O体验店、大学生创客空间、国际设计师工作站、儿童教育机构、艺术主题酒店等多个板块，各种产业及关联要素在这里集聚、衍生、孵化，并最终实现产业与商业的转换。0451保留了老工业厂房的历史风貌，装点当代艺术的时尚元素，构建时代、文化、时尚相结合的特色艺术港湾。0451通过其独有的产业链条与商业优势实现艺术与商业转换，并与城市生活联动，打造城际生活、体验、展示的艺术文化空间集群。约美APP是红博商业自主研发的APP应用程序，是智慧城市中服务场景的移动互联网载体。大数据中心是商业智能脑库，应用大数据分析预测消费需求，关联消费行为，助推企业实现精准营销。

4. 以"哈尔滨时装周"为载体

由西城红场承办的哈尔滨时装周已连续成功举办9届，有来自世界70多个国家和地区的1300多位设计师相聚在这里，形成了产业化、国际化、市场化和艺术化的鲜明特色，是中国国际化程度最高、专业水准最强的时装周之一，强势带动了哈尔滨时尚产业发展和市民时尚体验，成为名副其实的全球时尚秀场和联结世界友谊、共享全球资源、引领国际时尚、实现合作共赢的平台，打造了独具魅力的国际时尚IP，推动哈尔滨成为"一带一路"上的时尚高地。

以"2019哈尔滨时装周"为例，通过"2019哈尔滨时装周"独具创意的跨界演绎，哈尔滨时装周已经充分展现了在国际时尚领域的影响力和话语权，大力推动了中外时尚产业与相关联产业的深层次发展与全方位融合，真正成为推动服装产业转型发展、带动时尚创意产业优化升级的助推器。"中国服装新锐时尚发布基地"实至名归。一是世界顶级设计师的品牌展示。不仅有国际巨星Lady Gaga的御用设计师Ezra Santos的设计品牌、中国香港品牌BLKH带来的惊艳全球的首发时尚大秀，而且荟萃了中国传统文化元素的刀马旦也亮相本届时装周，由27国联合设计师为哈尔滨时装周专门设计的"红服大展"更是把时装周推上了一个时尚新高度。二是传播影响力广泛。"2019哈尔滨时装周"别出心裁地将大秀T台直接搬上地铁。这是国内时装周的第一次创意地铁走秀。微信、微博话题"2019哈尔滨时装周"阅读量高达2137.8万+，话题"哈尔滨地铁秀"阅读量471.7万；芭莎单条微博38.2万+。在抖音上，话题"2019哈尔滨时装周"播放量达470.8万,地铁秀单条播放245万+,点赞14.5万+。三是艺术创作在时尚领域实现价值最大化。在本届时装周期间,俄罗斯现当代艺术展同步开启,40多位艺术家的116件作品现场展出。同时,还举办了"艺术与时尚产业跨界融合交流会"。

(三)香坊区老工业区搬迁案例分析

香坊区曾为金国内地的"皇室禁苑",是哈尔滨开埠之区,开埠文化突出,伴随着1898年中东铁路建设,哈尔滨市第一个火车站、第一家教堂、第一家银行、中国第一家啤酒厂相继在香坊区落成。现今香坊火车站、霍尔瓦特将军府、哈尔滨铁路印刷厂等中东铁路遗迹保存完好。全国最大的城市森林植物园地处核心区域,集中体现俄罗斯文化的伏尔加庄园、汇集中国亭文化的中国亭园、洋溢法式风情的普罗旺斯薰衣草庄园以及寒温带植物园、松江生态园等46个公园错落分布。

1. 工业遗存文化厚重

哈尔滨香坊区是依托国家"一五""二五"建设时期重点项目形成的区域,工业企业较为集中,尤其是以哈尔滨电机厂有限责任公司、哈尔滨汽轮机厂有限责任公司和哈尔滨锅炉厂有限责任公司这"三大动力"为龙头的企业,长期以来为我国建立独立完整的工业体系、为老工业城市的形成发展、为改革开放和国民经济长期稳定发展做出了历史性重大贡献,也在区域经济发展中起到了并正在发挥着重要的基础性、支撑性作用。目前已规划建设近代工业遗址公园、中国轴承博物馆、哈尔滨工运史展馆等项目。

2. 香坊区老工业区搬迁改造实践

香坊区认真贯彻落实《国务院办公厅关于推进城区老工业区搬迁改造指导意见》和《国务院关于近期支持东北振兴若干重大政策举措的意见》等文件精神,按照《哈尔滨市香坊老工业区搬迁改造区总体规划》,加快老工业区搬迁改造步伐。香坊区作为全国21个老工业区搬迁改造试点区之一,借此促进优化产业布局、加快实现产业转型升级,将搬迁改造后的香坊老工业区,积极建设成为城市综合休闲区、文化创意产业园区、生态居住区、博览展示区、主题公园区和都市工业区等相融合的时尚之地,并在老厂搬迁后筹建相应创意产业园区、主题展览馆、主题公园等景观,促进文化创意产业发展。

三、城市更新中文化创意产业发展的经验总结

"文化城市"作为 21 世纪全球城市发展的一种全新理念,在城市更新过程中,实施一系列调整城市发展战略的举措,突出以文化为中心的发展之路。突出城市文化功能,增强城市文化驱动力,与哈尔滨市正在实施的城市发展战略,即实现全面振兴全方位振兴是一致的。

(一) 制定城市更新规划和保护办法、条例,确保城市更新的文化价值和实用价值协调统一

为确保城市更新进程中城市文化的传承与保护,哈尔滨市先后制定相应的规划和保护办法、条例和方案。2017 年《哈尔滨市城区老工业区搬迁改造实施方案 (2013—2020 年)》获得黑龙江省政府审定批复。根据该方案,中心城区老工业区搬迁改造后,哈尔滨产业结构将显著优化,到 2020 年,城区老工业区服务业增加值占比将提高到 70% 左右。搬迁改造完成的城市功能新区将立足于哈尔滨中心城区服务功能需要,形成科研服务、现代商贸、工业旅游、金融保险、文化创意、娱乐休闲和居住一体化的现代服务业产业体系。出台《哈尔滨市生态修复城市修补试点工作实施方案 (2017—2020 年)》,明确"保护历史文化"和"塑造城市时代风貌"的重点任务。2019 年,中共哈尔滨市委办公厅、哈尔滨市人民政府办公厅印发《哈尔滨市关于推进中华优秀传统文化传承发展工程的实施意见》,明确提出"加强历史建筑文物保护利用"。

《哈尔滨市历史文化名城保护条例》经黑龙江省人民代表大会常务委员会正式批准,自 2020 年 6 月 1 日起正式实施。该条例共七章七十一条,主要从保护名录、保护规划、保护措施、合理利用、法律责任等角度进行了规定。进一步规范历史文化名城保护对象(以下简称保护对象)包括历史城区、历史文化街区、历史文化风貌区、历史院落、历史建筑等。明确历史文化名城保护规划应当纳入城市总体规划要求。

(二) 鼓励开发旅游和文化产业项目,促进文化创意产业发展

哈尔滨市积极鼓励和支持利用历史文化街区、历史文化风貌区、历史院落、历史建筑等开发旅游和文化产业项目。鼓励和支持利用使馆建筑、铁路建筑、

教堂建筑等历史建筑，在不破坏建筑保护价值的条件下，根据建筑的历史价值、结构特点、保存状况，开设文化中心，开发特色历史建筑游览线路，展示城市历史文化。先后对中央大街、博物馆地区、道外传统商市（中华巴洛克）、花园街、文庙、极乐寺、太阳岛、萧红故居、道外滨江道署历史文化公园等18个历史文化街区和红军街、侵华日军第七三一部队罪证遗址、哈尔滨医科大学、圣·索菲亚教堂、哈尔滨工程大学、铁路局等6个历史风貌区进行升级改造，传承城市历史文脉、彰显城市文化特色、巩固哈尔滨的历史文化名城地位。例如哈尔滨市老道外中华巴洛克历史文化街区，主要采取保护手段对历史文化街区和历史风貌区进行保护和修缮，同时拆除部分质量较差的住房，加强基础设施建设，基于老城风貌进行新建和改建。中央大街升级改造积极打造新的文化场景和文化景观，充分体现文化与旅游的深度融合，不仅有体现城市历史记忆的特色业态，而且融入了现代时尚的文化创意产业，充分体现文化与旅游的深度融合，满足不同人群的需求，成为城市历史文化地标。

（三）基于传统文化打造特色文化品牌，彰显哈尔滨市人文风貌特色

传统文化是城市更新的文化传承重点，应当尽可能保护传统文化。这就要求城市更新设计深入研究传统文化生态，并在城市更新的过程中制定和实践与之相匹配的模式，尽量在推动城市更新发展的同时减少对传统文化的破坏。一是保护历史文化。加大哈尔滨国家历史文化名城保护工作，建立覆盖历史城区、历史文化街区、名村、历史建筑工业遗产和非物质文化遗产的保护体系，彰显哈尔滨建筑文化特色。加强历史文化建筑保护，加快对历史文化街区和历史建筑的普查认定。加大对金上京会宁府遗址、侵华日军第七三一部队罪证遗址、萧红故居、第四野战军前线指挥部旧址等大型遗址保护利用力度，大力抢救保护濒危文物。加强对外国使领馆建筑、中华巴洛克建筑、中东铁路建筑、著名寺庙教堂建筑等历史建筑的保护利用工作。2020年，哈尔滨市发布《关于调整哈尔滨市历史建筑名单的通告》，确定红霞幼儿园、马迭尔宾馆、中央大街教育书店、道里秋林商店（东楼）等308处建筑为不可移动文物。二是塑造城市时代风貌。积极修订总体城市设计，对重点区域的城市空间形态、景观视廊、公共空间、建筑高度和风貌等进行全面控制和引导。推进城市雕塑、街头小品、夜景照明等公共设施艺术化，凸显"冰城夏

都""欧陆风情""音乐之城"等人文风貌特色。

(四) 实施城区老工业区搬迁改造工程，助推完善优化城市功能

哈尔滨市以城区老工业区产业重构、城市功能完善、生态环境修复和民生改善为着力点，以《哈尔滨市城区老工业区搬迁改造实施方案（2013—2020年）》为总纲，通过实施"4+4"城区老工业区企业搬迁改造、腾迁区域新产业培育、基础设施和公共服务设施改扩建、生态环境修复治理、棚户区改造、"三老"设施改造和工业遗产保护再利用等重点工程，力争把香坊、道外、平房和阿城四个城区老工业区建设成为经济繁荣、功能完善、生态宜居的现代化城区。老工业区搬迁改造过程中，一些老厂区、老厂房、老设施作为工业遗产，将被改造为博物馆、展览馆、创意城，助力哈尔滨市文化创意产业发展。哈尔滨市红博·西城红场时尚创意商业综合体，以哈尔滨机联机械厂原工业遗址留存的4幢包豪斯风格的老厂房为基础，借鉴国内外工业遗址改造的成功经验，把工业遗址与城市升级改造完美结合，形成风格迥异的文化创意产业基地，主要采取产业推进手段，通过旅游业、文化创意产业及零售商业等推动区域更新发展，建设兼顾现代商业氛围和传统文化风貌的新区。

四、哈尔滨市文化产业未来趋势研判及文化创意产业发展展望

(一) 明晰文化创意产业发展走向，把握文化创意产业发展机遇

《中华人民共和国国民经济和社会发展第十四个五年规划和2035年远景目标纲要》提出"健全现代文化产业体系"，为"十四五"时期文化产业发展明确了方向和任务。2020年文化和旅游部、中宣部、科技部、财政部等国家部委重新启动了国家级文化产业品牌创建工作，包括国家级文化产业示范园区、国家级旅游度假区、国家文化和旅游消费示范城市、国家级文化与金融合作示范区、国家文化产业示范基地、国家文化和科技融合示范基地等多项国家级文化产业品牌。按照国家级文化产业品牌建设标准，推动哈尔滨市文化创意产业发展。同时，区域协调发展战略的实施、乡村振兴和新型城镇化的持续推进，有利于形成文化创意产业集聚发展和协同发展格局。推动哈尔

滨市建设东北亚地区具有重要影响的现代化城市和哈长城市群核心城市，进一步优化城镇和区域发展空间，不断增强文化圈、文化带资源整合和配置能力，激发区域文化产业协同发展潜力。

（二）完善文化产业规划和政策，扩大优质文化产品供给

2021年是"十四五"规划开局之年，全面贯彻落实国家、黑龙江省及哈尔滨市《关于制定国民经济和社会发展第十四个五年规划和二〇三五年远景目标的建议》精神，做好《哈尔滨市文化产业发展规划（2021—2025年）》（以下简称《规划》），为完成"十四五"时期文化产业发展目标和任务打下坚实的基础。哈尔滨将着眼于构筑特色鲜明的城市文化发展定位，深入挖掘冰雪文化、音乐文化、欧陆风情、东北抗联、金源文化等历史传统文化与自然生态文化资源，大力发展文化产业，将哈尔滨打造成为现代文化名城。在文化产业集群、文化产业发展路径、重点文化行业等方面寻找突破口，逐步形成相互支撑、相互促进的产业链和具有较高增值效应的价值链。谋划文化产业空间布局，传承城市特色文化，与城市总体空间布局相协调，打造文化产业总体空间发展格局。《规划》将为哈尔滨"十四五"时期文化产业发展指出发展目标、重点任务、空间布局，进一步明确一系列保障措施，极大地促进哈尔滨市文化产业的发展。

（三）实施文化产业数字化战略，加快发展新型文化企业、文化业态

2020年至今，在应对新冠肺炎疫情冲击过程中，我国数字经济发挥了经济"稳定器"的作用，云音乐会、云录制、云展览、云观影等文化生产与消费新场景、新模式、新业态推动线上经济保持较快增长，优质内容覆盖更广泛的消费群体，推动居民文化消费的均等化和文化消费选择的多元化。新冠肺炎疫情的影响还将持续一个阶段，数字经济引领作用将进一步增强。2020年11月18日，文化和旅游部研究制定了《文化和旅游部关于推动数字文化产业高质量发展的意见》（以下简称《意见》），支持以网络为依托，以文化资源为关键资产，以网络化、数字化、智能化为发展方向的新兴数字文化产业高质量发展。《意见》指出，"促进文化产业与数字经济、实体经济深度融合"，"扩大优质数字文化产品供给，促进消费升级，积极融入以国内大循环

为主体、国内国际双循环相互促进的新发展格局"。《意见》提出的重点任务是"培育数字文化产业新型业态",部署互联网、超高清、VR/AR、大数据、云计算、人工智能等数字技术在文化产业领域的创新应用,明确培育、壮大云演艺、云展览、数字艺术、沉浸式体验等新型业态的具体路径,引导激发产业创新潜力,形成更多新增长点、增长极,增强发展新动能。《中共哈尔滨市委关于制定国民经济和社会发展第十四个五年规划和二〇三五年远景目标的建议》提出"坚持数字赋能,打造数字经济创新发展示范城市",通过推动数字技术和实体经济、文化产业等各领域深度融合,提升数字文化经济竞争力;通过加快建设大数据中心硬件基础设施,实施"双千兆"工程,工业园区5G网络全覆盖,为数字文化产业发展构建数字服务平台。

(四）推动文化与体育融合发展,为文化创意产业发展赋能

"十三五"期间,从顶层设计到具体实践,文化产业与其他产业深度融合,"文化+旅游""文化+科技""文化+金融""文化+康养"等多种融合业态规模不断扩大。2022年北京冬季奥运会即第24届冬季奥林匹克运动会极大地促进了"文化+体育"的融合发展,随着冬奥会的成功举办,"十四五"时期"文化+体育"融合发展的积极效应会进一步放大。2019年,国家体育总局、国家发展改革委印发的《进一步促进体育消费的行动计划（2019—2020年）》和国务院办公厅印发的《关于促进全民健身和体育消费推动体育产业高质量发展的意见》等重要文件,再次强调了文化体育产业发展的推进措施和重点任务。哈尔滨市具有得天独厚的冰雪体育旅游资源,在冰雪体育旅游品牌、冰雪体育人才、冰雪体育项目、冰雪体育赛事等方面都居于全国领先地位,曾经成功举办过世界大学生冬季运动会。目前横跨欧亚大陆8个国家的大陆冰球联盟（KHL）旗下的次级职业冰球联盟VHL,中国有两支俱乐部参加,即黑龙江昆仑鸿星冰球俱乐部和吉林市城投冰球俱乐部,赛事活动多次在哈尔滨市冰雪体育场馆举行。哈尔滨市有近1000万常住人口,城市化进程还在加快,人口集聚、消费规模、多元文化理念、产业机构调整都为体育产业的快速发展提供了前所未有的良机。把职业体育的发展融入城市发展之中,充分发挥职业体育在提升城市形象、营销城市品牌、活化城市功能、提高城市生活品质、提升市民凝聚力和自豪感等方面的独特作用。力争到2025年,构建与哈尔滨市城市定位相符合的,符合竞技体育发展趋势、满足哈尔滨市民

精神文化生活需求、获得哈尔滨市民广泛认可、符合职业体育发展规律的职业体育体系。打造1支具有国际影响力,1~2支具有国内影响力的职业俱乐部;培育1~2名具有国际影响力的本土职业体育明星;尝试培育1项具有哈尔滨传统优势的竞技体育项目,开展区域内职业联赛。

(五)丰富人民群众文化消费选择,拓展文化产业发展空间

随着居民人均可支配收入的持续增长,在实现全面建成小康社会目标的基础上,恩格尔系数降到30%以下,民众对文化体育休闲和健身的需求会显著增加,民众对文化体育休闲和健身消费的热衷度会显著增加。若民众把对文化体育休闲和健身的消费作为提升生活品质的需要,必然极大地推动文化创业产业的发展。一是全面落实"激发文化和旅游消费潜力"的各项政策。2019年国务院办公厅发布《关于进一步激发文化和旅游消费潜力的意见》(国办发〔2019〕41号)。2020年7月,国家发展改革委等13个部门公布《关于支持新业态新模式健康发展激活消费市场带动扩大就业的意见》,提出支持15种新业态、新模式发展,包括激活文化消费市场。2020年10月,文化和旅游部、国家发展改革委、财政部公布《关于开展文化和旅游消费试点示范工作的通知》,旨在通过开展文化和旅游消费试点示范工作,确定一批试点城市、示范城市,推动形成若干促进文化和旅游消费的经验模式,探索激发文化和旅游消费潜力的长效机制,培育壮大文化和旅游消费新业态新模式,促进文化和旅游消费高质量发展,助力形成强大国内市场。二是打造东北亚区域消费中心城市。《中共哈尔滨市委关于制定国民经济和社会发展第十四个五年规划和二〇三五年远景目标的建议》提出:"发挥区位优势,彰显城市特色,以融合发展、品质提升为主线,创新消费供给,集聚消费资源,深度融入国内国际双循环,建设东北亚区域消费中心城市。"重点发展以文促旅、以旅带商、多业融合,彰显音乐之城、时尚之城等特色,加快推进重点商圈改造升级,培育特色商业街和精品景区,构建多层级消费平台,打造多元融合的消费新场景。创新消费模式和业态,发展无接触交易服务,扩大节假日消费、体育消费。

(刘轶梅,哈尔滨市社会科学院社会学所所长,研究员;王惠燕,哈尔滨市社会科学院社会学所助理研究员)

第六章
常州：红色IP引领，助力城市更新和创意产业升级

一、常州文化创意产业发展概况

二、常州红色文化IP资源现状分析与主要特征

三、以城市更新战略统筹红色文化体验区的品牌布局

四、创建红色文化体验区，赋能文化创意产业升级

常州地处苏南地区,是国家历史文化名城,既有深厚的文化底蕴,也有丰富的红色文化资源。长期以来,中国共产党领导人民群众在常州地区进行革命和建设实践中,孕育形成了数量丰富且极具地方特色的红色文化资源。如何更好地开发和利用常州红色文化资源,更加有效地呈现常州红色文化资源的功能和价值,从而为推动常州高质量发展提供文化支撑,是一个具有重大现实意义的命题,也是本课题研究的动因所在。从现状和问题出发,新时代要深入推进常州红色文化资源的开发和利用,亟须系统盘整红色文化资源,全力推进红色 IP 建设,推动红色文化与其他文化深度融合,努力将常州打造成在全省乃至全国有影响力的红色文化体验区,助力城市更新和文化创意产业升级。

一、常州文化创意产业发展概况

2020 年以来,常州市紧紧围绕出台产业政策、打造特色品牌、强化政策抓手、建设文化创意产业联盟等重点工作,高质量推进文化创意产业发展。

(一)出台新政策,全省首创"抗疫贷"专项金融产品

市委宣传部会同相关金融机构在全省首创"抗疫贷"金融产品,专项解决文化企业现金流问题,全力支持企业复工复产。"抗疫贷"是特殊时期针对特殊情况的专项解决方案,和传统融资模式相比,"抗疫贷"在融资成本、抵押方式、融资效率等方面优势明显。利率最低降至 4.05%,担保费降至 2.4%。对于疫情前生产经营正常的优质企业提供最高达 100 万元的纯信用额度。产品种类包括抵押类、信用类、担保类、大额类等,开通绿色通道,提高审核效率。金融机构主动对接需要融资的企业主体,随到随审,共为 20 余家文化企业提供了专项贷款服务。

（二）加强新抓手，完成年度文化产业引导专项资金申报工作

2020年4月初，常州出台《2020年度常州市市级文化产业发展引导专项资金项目申报指南》，坚持"一业一策"，倾斜扶持一批受疫情影响严重并具有积极有效创新应对举措的项目和企业，重点扶持一批推进文化供给侧结构性改革、提高文化供给质量、推动文化产业转型升级、提质增效的优秀产业园区、平台、项目、品牌等。确定2020年市级文化产业发展引导专项资金扶持的重点方向为疫情应对类、品牌提升类和业态创新类三大类，覆盖金坛、武进、新北、天宁、钟楼、经开六个辖市区。经过初审部门评选推荐、实地走访考察、专家复评等环节，最终确定媒体融合·区域突破·内涵扩展——"产业链+N"延伸体系等31个拟支持产业项目和11个贴息项目。

（三）持续树品牌，顺利举办第十七届中国常州国际动漫艺术周

动漫周于2020年10月27日在常州东方盐湖城举办，以中共江苏省委宣传部、江苏省电影局、江苏省文化和旅游厅、江苏省广播电视局、江苏省文联为指导单位，中国电影家协会、中国动漫集团为支持单位，中共常州市委宣传部、常州市高新区管委会、常州市文化创意产业联盟为主办单位。中共江苏省委常委、宣传部部长张爱军出席活动并宣布活动开幕，中国电影家协会副主席、上海电影集团公司原董事长任仲伦，中国音像与数字出版协会常务副理事长兼秘书长敖然，中国动漫集团董事长庹祖海等300余位领导嘉宾出席开幕式。动画电影创投峰会、动漫影视行业线上线下交流会、动漫音乐节等一系列活动相继展开。动画电影项目《抱朴》《恐龙飞车》现场签约并落地常州。

（四）汇聚新合力，加快市文化创意产业联盟建设

召开文化创意产业联盟重点企业座谈会，谋划联盟年度工作思路和重点工作，商议应对疫情举措，助力常州市文化企业健康平稳发展。组织参展第三届长三角国际文化产业博览会。常州恐龙园文化科技有限公司、吟飞科技（江苏）有限公司、常州市江南古建筑工艺传习所有限公司、嬉戏族集团有限公司等四家文化企业代表亮相江苏展区。主办2020中国（常州）直播达人大赛，推动形成电商消费新业态。

（五）推出新举措，扎实推进文化产业统计工作

赴各辖市区召开统计工作专题会议，通过市、区联动，摸排梳理全市文化企业，确保应统尽统、"颗粒归仓"。推进常州市地方特色文化产业统计工作，形成常州地方特色文化产业（竹刻、刺绣）统计报表制度，真实、及时地掌握常州市地方特色文化产业（竹刻、刺绣）的规模、结构和经营情况，为文化产业增加值核算工作提供数据支持，促使地方特色文化产业（竹刻、刺绣）统计工作逐步步入正常统计制度的轨道。[①]

二、常州红色文化 IP 资源现状分析与主要特征

红色文化是城市文化的重要组成部分，也是文化创意产业特征鲜明的构成要素。从时间范围来说，红色文化资源涵盖了从建党时期到改革开放时期的较长时段，涉及革命与建设两个阶段。

（一）类型全面、节点分散、相对集中

常州红色文化资源节点分散，在各辖市区都有分布，各个红色文化遗址的内容又与所处的地理区位有关。大致来说，外围辖市区的红色文化遗址大多与抗日战争时期新四军的活动有关，例如武进和溧阳的红色遗址遗迹中，绝大部分都与新四军的活动有关，新北区和金坛区的红色遗址中，也有一部分与新四军活动有关。城区的红色文化遗址则主要与党的早期领导人、工人革命运动和爱国民主人士有关。既有党的早期领导人故居和纪念馆，又有党内和党外高级知识分子的故居和纪念馆；既有新四军江南指挥部旧址等军事机构遗存，也有以南杨桥地下交通站为代表的地下工作遗址；既有党领导工农运动的历史印记，又有党团结带领民主人士共同奋斗的历史遗迹。这使得常州红色文化资源呈现出类型全面、内涵丰富的特点，为红色文化资源的旅游开发创造了条件。

（二）体现本土文化特色与区位特点

常州红色文化资源中，不论是以"常州三杰"为代表的党的早期领导人，还

---

① 常州市委宣传部。

是以李公朴、史良为代表的爱国民主人士，无不出身于知识分子，深受江南文化传统的浸润。新四军留下的大量红色文化遗迹则体现了常州的区位特点：常州地处江南，位于沪宁线上，西接皖南、南临浙北、东近上海，在近代革命斗争史上占有重要地位，这使常州具有了悠久的革命斗争史和丰富的红色文化资源。

（三）"红色+"文化资源丰富

常州作为历史文化名城，文脉连绵不绝。包括苏东坡、唐荆川、洪亮吉、赵翼、瞿秋白、赵元任、洪深、周有光等著名人士在内，常州保存着大量的名人故居和丰富的历史文物古迹资源。从历史分期来看，这些历史名人涵盖了从宋代到新中国的各历史阶段，涉及政治、经济、军事、文化各个方面。作为近代重要的工商业城市，常州保留着以刘国钧纺织企业旧址为代表的20处近代工业遗存，生动反映了常州近代以来辉煌的工业建设成就和中国近代工业化的进程。作为制造业明星城市，众多的现代企业反映了改革开放以来常州现代经济在区域布局上的特点。此外，常州在基层党建工作方面也有诸多亮点，经过初步梳理，约有50处可以作为对外展示的党建工作窗口，这些亮点窗口比较均匀地散布于各区、市，生动体现了经济发展过程中党建工作对各区经济发展的引领和保障作用。

这些资源充分表明，常州不仅有源远流长的人文传统，更有丰富的红色文化资源；不仅是红色革命之城，也是绿色发展之城。红色传承与绿色发展相互促进、相得益彰，使常州的红色文化资源开发具有了更丰厚的底蕴。

目前常州市利用红色文化资源进行宣传教育，主要是由各机关、企事业单位自主组织职工赴红色景点参观学习。高校和中小学也会有意识地把红色知识与课堂教学结合，但是都是分散进行的，而且一般都是挑选就近或著名的红色景点。这一方面使得各红色景点的利用率冷热不均，另一方面也无法充分发挥常州各类型红色资源的整体效用，无法充分发挥红色文化资源与传统历史文化资源、工业遗存、现代产业经济和先进党建资源的联动效用。在党中央提出要广泛开展党史、国史、改革开放史、社会主义史教育的今天，常州红色文化资源和各类型资源迎来了发挥更大作用的契机。因此，可以联系党政有关部门有系统地安排干部培训、参观，充分发挥各类型红色文化资源和相关资源的作用，根据各自特点，有针对性地设计课程内容，更好地发挥红色传统育人的效果。

三、以城市更新战略统筹红色文化体验区的品牌布局

当前,常州以大运河文化带建设战略和"五大明星城"建设战略推进城市更新和产业升级。面对新形势、新要求,常州应着力于传承中华优秀传统文化,弘扬红色革命文化,发展社会主义先进文化,充分挖掘常州红色文化资源的独特性和唯一性,探索出一条具有本土特色且行之有效的红色文化品牌建设之路。

必须要围绕红色文化资源的保护和利用,以红色 IP 品牌体系为牵引,延承大运河文脉,并联革命遗址遗迹、历史文化、工业遗产和美丽乡村资源,全方面展示常州人文历史、工商发展、居民生活等独特魅力,建设品牌鲜明、体系完善、功能协调的常州红色文化体验示范区。

红色文化体验区空间范围涵盖常州全域,旨在整合全市红色文化资源,挖掘多样化红色文化主题,串点成线、以线带面、块面结合,打造综合性、复合型、全面化的红色文化体验区。

常州红色文化体验区的空间范围见图 6-1。

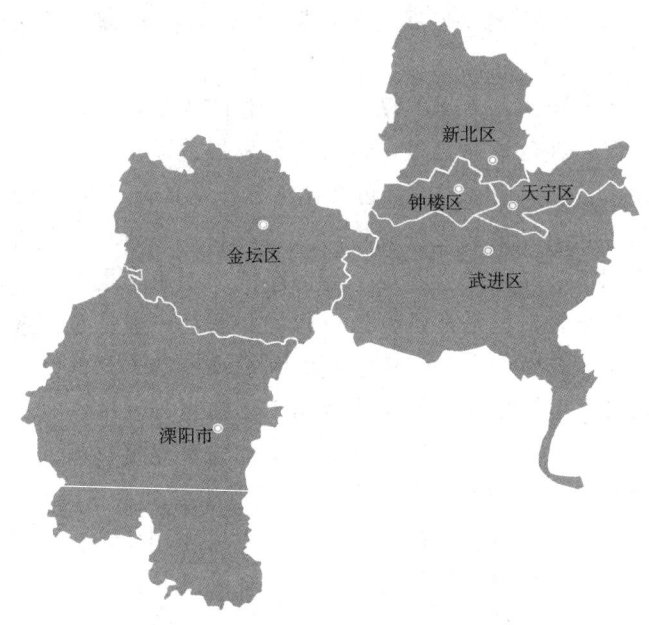

图 6-1 常州红色文化体验区的空间范围

（一）常州红色文化体验区的功能布局

坚持保护与利用并举，整合资源、多元化开发，突出特色、差异化发展三大原则，紧密结合红色文化IP体系构建，推进大运河红色文化品牌工程建设，不断提升党建发展能级，推动红色文化与旅游结合、与重大项目结合，系统谋划常州红色文化体验区功能布局。综合考量资源组合方式、空间结构特征和功能布局差异，以常州红色文化体验区建设为终极目标，科学规划四个红色文化功能区（带）。

1. 大运河红色文化核心示范区

利用大运河城区段+老城厢空间载体，以大运河文化景观为主体，以三杰纪念馆、红色青果党建文化示范街、前后北岸、南市河、篦箕巷、常州红馆等为核心节点，围绕常州丰富的红色文化、历史和旅游资源，用大运河串联红色文脉，打造系列"宜休闲、可体验、有温度"的红色文旅项目。发挥红色文化和党建文化的统领作用，融合大运河沿线的建筑文化、名士文化和民俗文化等，熏染、涵养常州城区文化品格，垫实城市高质量发展、居民高品质生活的文化根基。

2. 工商业红色基因展示带

红色工商精神是把革命优良传统和时代风貌有机结合的集中体现。常州具有丰富的工商业遗产资源，包括新中国成立前民族工商业企业建筑及构筑物遗存、新中国成立初期的工商业企业建筑及构筑物遗存，以及20世纪80年代在常州工业发展史上具有代表意义的工商业企业遗存。依托常州工商业文化遗产资源，以纺织博览园、运河五号、戚机厂、常柴厂等工业遗存为核心节点，嵌入式展示工商业发展中蕴藏的红色基因，更好地继承和弘扬革命优良传统，进而推动常州经济社会事业的健康快速发展。

3. 革命老区红色印记追寻带

时光流转，红色记忆永不褪色。充满历史印记的红色旅游胜地，凝结着先辈们的血泪和汗水，使人们回顾革命历史、了解革命历史，牢记先烈们当年为了国家与人民的解放不怕牺牲、勇往直前的革命精神，进而增强社会荣辱感和使命感，是常州红色文化示范区建设的宗旨所在。紧扣红色革命精神主题，以溧阳水西村新四军江南指挥部旧址、金坛中共苏皖区一大会址等革命遗址遗迹为核心，规划建设红色精神传承和红色印记追寻的组团式布局。

4. 社区基层红色沃土厚植带

城乡面貌焕然一新、民生福祉大幅改善、产业发展兴旺繁荣、基础设施日益完备，是地区社会经济发展的目标指向，也是常州大运河文化示范区建设的最终落脚点。借助常州市党员教育"3211工程"，充分发挥党建品牌效应，依托金坛仙姑村、新北梅林村等美丽乡村以及新时代乡风文明实践站建设，推动红色文化全方位融入乡村振兴、基层党建、社区治理过程，规划建设社区基层红色沃土块面布局。

（二）常州红色IP品牌体系的打造

红色IP品牌，是指具有独特而丰富的红色文化内涵、鲜明而准确的品牌定位，以及较高的知名度、美誉度、认同度和忠诚度的红色文化产品/项目。红色文化品牌的塑造，需要在梳理红色文化资源的基础上，结合本地区、本部门的实际情况，深入挖掘其内涵并以多种表达形式去弘扬、发展，进而形成由"三杰故里·红色名城"主品牌和四个子品牌组成的品牌IP体系（见表6-1）。

1. "三杰故里·红色名城"红色IP主品牌

常州红色文化资源总量丰富、层次较高，其中，"常州三杰"是常州优秀红色文化的代表，也是常州人民的骄傲。"常州三杰"即指瞿秋白、张太雷、恽代英三位中国共产党早期领导人。在祖国危难之际、人民需要之时，他们为国家复兴、为人民利益、为党和国家的事业做出了卓越的贡献。他们的事迹在中国共产党乃至中国革命史上留下浓墨重彩的一笔。现在，在常州市内有多处纪念地可以领略先士的风采，其中就有常州市首家被中宣部命名的全国爱国主义教育示范基地"常州三杰"纪念地，包括"常州三杰"纪念馆、瞿秋白故居、张太雷故居等多处具有教育意义的地方。此外，常州革命烈士陵园专设三杰广场、三杰纪念堂，常州高级中学校园内竖立着瞿秋白、张太雷的雕像，觅渡桥小学内秋白读书处修复如初，新北区小河兴建了恽代英纪念广场，市区最大的公园——红梅公园内设有瞿秋白、张太雷读书池，"三杰"元素已全面融入常州文化、教育、生活的方方面面。

三杰精神是常州红色文化的核心要义所在。它是众多常州革命英烈身上所具有的理论素养、思想涵养、道德修养的集中体现,是"天下兴亡、匹夫有责"的爱国情怀,是视死如归、宁死不屈的民族气节,是不畏强暴、血战到底的英雄气概,是百折不挠、坚韧不拔的必胜信念。三杰精神不仅仅是革命斗争年代常州人民在保家卫国中形成的爱国主义品质,更应该是跨越了时间的当下,常州人民在时代的指引下实现常州的复兴与崛起中展现出来的英勇面貌,是促进常州经济社会发展的一大推动力。

从红色文化品牌创建的导向性来看,红色文化对一个区域的多种文化具有整合作用,对一地文化的宣传有着旗帜性的作用。红色文化品牌不仅体现在对现有资源的通盘考虑,也体现在其凝聚而成的强大合力,能够吸引其他文化成果和挖掘新的文化资源,使该地域形成以红色文化品牌为核心的强力文化产品。因此,提炼常州红色文化品牌,进而打造常州红色文化示范区,应以"常州三杰"作为常州红色文化核心IP,弘扬三杰精神、发扬红色传统、传承红色基因,通过整合红色文化资源,将三杰精神内化为城市文化品格,最终将常州打造成特色鲜明、辨识度高的红色文化名城。

2. 红色IP子品牌

常州拥有为数众多的红色遗产、红色资源,盘点具有亮点和特色的红色名片并加以品牌打造,进而全面发展红色文化产业,是推动常州经济社会高质量发展不可或缺的一环。常州红色IP品牌体系围绕"三杰故里·红色名城"主品牌,涵盖"江南一燕·红色名人""百年传奇·红色工商""初心不忘·红色印记""使命传承·红色沃土"四个红色文化子品牌。

表6-1 常州红色IP品牌体系

品牌名称	品牌内涵
三杰故里·红色名城	以"常州三杰"为红色文化核心IP,整合红色文化资源,协调各功能区布局,打造特色鲜明、辨识度高的红色文化名城
江南一燕·红色名人	依托名人故居等红色文化资源,挖掘和讲好红色故事、伟人记忆
百年传奇·红色工商	通过"工商文明+红色旅游"的嵌入式发展,挖掘民族工商业的红色基因
初心不忘·红色印记	以"初心不忘"为主题,通过"教育培训+文化旅游"方式追寻红色印记
使命传承·红色沃土	以"使命传承"为主题,通过"党建工作+乡村旅游"厚植红色文化沃土

(1)"江南一燕·红色名人"子品牌

常州红色名人较多、影响较大,有以"常州三杰"为代表的党的早期领导人群体,有以史良、李公朴等为代表的民主爱国人士。原国家电子工业部部长王铮(毛泽东称其为我军通信工作的开山鼻祖),中华人民共和国司法部首任部长史良,东北抗日联军第六军政治部主任、第三路军政委冯仲云,都是常州拿得出、叫得响的红色典型和红色名片。通过全面盘点红色名人清单,依托名人故居等红色文化资源,挖掘和讲好红色故事、伟人记忆,以整合提升常州红色文化影响力,进而打造常州红色名人文化子品牌。

(2)"百年传奇·红色工商"子品牌

大运河千年流淌,推动常州从农耕文明一路流向工业文明,形成了具有鲜明地方特色的运河经济,赋予了常州深厚悠久的文化内涵。近代,大运河成为常州民族工商业的摇篮,戚机厂、恒源畅厂等一批民族工业如雨后春笋般崛起于运河两岸。常州的工商业遗产资源记录了工业化进程不同阶段的重要信息,承载着行业和城市的历史记忆和文化积淀,成为常州大运河文化带建设的重要资源。通过系统梳理常州工商业遗产资源,以"工商文明+红色旅游"的嵌入式路径,打造常州红色工商文化子品牌,开发传承常州工商业发展中蕴藏的红色基因。

(3)"初心不忘·红色印记"子品牌

常州红色文化资源数量在省内排名具有明显优势。其中,以溧阳水西村新四军江南指挥部、金坛中共苏皖区一大会址为代表的革命历史遗迹共47处,另有主要历史文物古迹资源61处。2018年以来,常州还全面启动党员教育"3211工程",以充分挖掘优秀红色教育文化资源。坚持不忘初心,坚定理想信念,依托革命遗址遗迹红色文化资源开展党性教育,通过"教育培训+文化旅游"的方式,有效打造常州红色文化印记子品牌。

(4)"使命传承·红色沃土"子品牌

近年来,常州经济社会快速发展,美丽乡村建设取得显著成效。茅山全面启动国家级旅游度假区创建,溧阳1号公路成为全国知名的网红打卡地。溧阳李家园村和金坛仙姑村成功入选国家乡村旅游重点村名录。秉承使命责任,将红色文化融入美丽乡村和社区治理之中,以"党建工作+乡村旅游"引领和厚植红色文化沃土,理应成为常州红色文化品牌IP打造的重要延伸内容。

四、创建红色文化体验区，赋能文化创意产业升级

常州红色文化传承体验区的建设，应依托资源密集、特色鲜明、基础良好的条件，优先、重点选择重大工程和重大项目，以红色文化体验区的创建，赋能文化创意产业升级。

（一）依托主品牌，构建大运河红色文化核心示范区

常州大运河作为中国大运河的有机组成部分，全长45.8公里，其中城区段长约23.4公里，西起连江桥，东至东方大桥，属大运河世界遗产。常州大运河党建文化示范带建设特点鲜明，集中体现在三个方面。一是以大运河水系为主轴，辐射面宽。常州大运河横跨新北、钟楼、天宁、经开和武进五个区，辐射金坛区和溧阳市，实现党建文化示范带的全域化建设。二是党建资源总量丰富、分布密集。除了党自身的组织资源外，党建文化示范带建设还集聚了红色、历史、名士、乡土、运河遗产等不同类型的文化资源。据统计，仅常州城区段的运河遗产资源就有世界遗产1处、历史文化街区3处、历史地段4处、文物保护单位91处、一般不可移动文物124处，以及类型众多的非物质文化遗产。三是与城市发展联系紧密，有机融入。对比其他运河城市，常州是大运河唯一完整穿城的城市，拥有春秋运河、明运河、新运河"三河并流"的独特地理景观。常州大运河红色文化核心示范区建设有机融入城市发展之中，与人们的生产、生活、文化和生态建设息息相关。

1. 突出一个内核——"常州三杰"

以瞿秋白、恽代英、张太雷为代表的"常州三杰"是常州红色文化的典型代表。打响"常州三杰"品牌，是推动红色文化示范区建设的重要抓手和关键举措，也是决定常州红色文化示范区建设质量和成效的主导因素。应进一步统一思想、提高认识，"常州三杰"品牌塑造要与新时代先进文化建设相结合，构建"常州三杰"红色文化品牌建设的长效机制，努力扩大"常州三杰"红色文化的引领力、传播力和影响力。

2. 建立一个平台——常州大运河红色联盟

依托常州"3211工程"党性教育基地"常州红色青果"党建文化示范街，

联合沿线各级党组织，建立首家以运河为纽带的红色联盟，成员单位涵盖政府机关、企事业单位、经济组织、社会组织。大运河红色联盟的建立，可以在红色文化示范区发展中服务于核心 IP 的打造、红色培训和红色旅游的开展，在红色文化示范区中起到整合各方资源，协调街道、企业、项目的中枢作用。

首先，以品牌为核心，强化党建引领。常州市晋陵投资集团有限公司按照常州市委、市政府统一部署，以塑造红色文化 IP 为战略目标，按照品牌化、体系化、项目化的标准，推动党建工作与文化结合、与旅游结合、与重大战略结合，逐步打造了在全市有影响的"红色青果""中吴驿"等党建文化品牌，不断提升党建工作发展能级，形成了以党建引领产业高质量发展的示范效应。2018年至2019年，位于青果巷的史良故居、刘国钧故居、周有光图书馆、红色青果馆、常州盟史馆、唐荆川纪念馆、赵元任艺术中心先后被市委统战部命名为"常州市爱国统一战线教育基地"。2020年2月，市委组织部将"红色青果"党建文化示范街（简称"红街"）命名为常州市党员教育"3211 工程"党性教育基地，青果巷成为全国首家以历史文化街区为载体的红色文化基地。2021年4月，"红色青果"党建文化示范街入选市委组织部表彰的"全市基层党建样板项目"。

其次，以载体为依托，打造"红色青果"展馆群落。江苏晋陵文化旅游发展有限公司以"传承红色基因，融合文旅业态"为基本思路，提炼"红色 IP+文化 IP"创意工作法，以红色文化名人为主线，以红色文化展馆为节点，讲红色故事，展红色文化，树红色品牌，构建了以"红色青果"为品牌的"1+7+N"的红色文化博物馆群落，包括红色青果馆、瞿秋白出生地、史良故居、赵元任艺术中心、周有光图书馆、贞和堂（包括唐荆川纪念馆、张志让故居和张太雷读书处）和常州盟史馆 7 大展馆，以及遍布街区的红色青果书屋、红色青果电台等系列服务点。在保护和传承传统文化的基础上与现代生活相融合，以红色文化名人为主线，以红色展馆为节点，讲红色故事，展红色文化，扬红色品牌，建成全国首家以历史文化街区为依托的党性教育基地。

最后，以联盟为平台，放大溢出效应。联合街道、社区、企事业单位、党员商户以及乡村等党组织，吸纳更多成员单位，为提升党建引领企业发展和基层社会治理能力、共同提高基层党建工作水平搭建共享共建平台，打造以大运河为纽带、以红色文化为品牌、与文化旅游有机融合的平台载体与活动机制，推动红色文化与红色旅游深度融合，建设与城市经营、生活、工作、教育有机融合的宜休闲、可体验、有温度的红色文化核心体验区。

3. 构建一个示范区——常州大运河红色文化核心示范区

近年来，常州大运河沿线的基层党组织坚持以党建工作创新推动高质量发展，党建示范点不断涌现，并实现以点串线、连线成带，常州大运河党建文化示范带成为基层党建工作集成创新的平台。当前，为更加深入地加强新时代基层党建工作，推进常州大运河文化带建设，实施常州老城厢复兴发展规划，需要在更高层次和更高水平上建设好常州大运河党建文化示范带，打造大运河红色文化名片。

（1）特点和案例

大运河红色文化体验核心区是在沿大运河地域范围内生成、培育和践行党建文化的平台。常州大运河党建文化示范带是基层党建工作创新发展的先进示范平台，其工作与现状可以概括为三点。第一，加强阵地建设。各级党组织都在加强阵地建设，形成了历史文化街区、创意文化街区、非公企业园区、高新科技园区、众创空间、社区治理、乡村振兴七类主要阵地，党建引领涉及多个层面与领域。第二，重视品牌开发。其特点鲜明。各区（市）都高度重视凝练党建工作特色，创设特色党建品牌。比如，新北区奔牛镇以"弘扬运河精神，重塑运河文化"为目标，通过建红河驿站、扬古韵新风，创立"融·美"品牌；天宁区重视以"红运常流展长卷，千载一水育龙城"为主题，打造"运河记忆+年份"品牌。第三，推进方式创新。既依托各类资源新建党建载体，又在日常活动中嵌入党建元素；既坚持传统学习教育，又融入文脉保护、志愿服务、论坛讲堂、网格化服务等；既发挥党员的先锋示范作用，又强调群众的有效参与。

江苏晋陵文化旅游发展有限公司在晋陵投资集团党委的指导下，秉持"共建共享、民生幸福"的发展理念，依托青果巷丰富的红色文化资源，站在大文化的视角，运用"文旅+"思维，不断探索国企党建新模式。一是坚持融合导向，借助市场张力。晋陵文旅坚守初心，秉持匠心，围绕"十四五"期间青果巷"全国知名历史文化街区、红色旅游集聚区、全国示范步行街"的发展定位，结合"省级夜间文旅消费集聚区""省级高品位步行街培育街区"和"省书旅融合先行区"的项目创建工作，开辟展馆体验、文创休闲、红色旅游、餐饮住宿、娱乐演艺和民俗节庆等多业态融合的新路径，在红色经济、夜经济、微度假经济、演艺经济等方面持续发力，在传承与发展中加速文旅深度融合。二是坚持创意表达，输出品牌张力。立足于千年文脉传承，持续培育与输出有影响的文化品牌，如以红色文化体验为理念的"中吴驿"系列红色文化主题驿站、以大师课为核心的常州专属文化下午茶"青果思享会"、以青少年研学为主要内容的"青果知旅"、以名士文化为内涵的"有光拼音文化节"和"赵元任音乐艺术节"等。2021年4月，全省第一家地级市共建"书旅融合先行区"在青果巷挂牌，在文化和旅游深度融合的基础上，实现阅读和旅游的更进一步融合发展，为常州市开展全民阅读、共建书香常州，争创全国文明城市又增一道亮丽的风景线。文旅融合产生的市场和品牌溢出效应，让历史文化街区和红色文化街区华丽转身为自带流量的文旅融合IP，让内在的"灵魂"审美变为外在的"颜值"魅力。

（2）目标与思路

大运河党建文化示范带是常州基层党建工作创新以及引领高质量发展的新平台。建设常州大运河党建文化示范带要从现状和问题出发，以新时代基层党建创新的新要求为依据，合理确定目标定位，系统谋划总体思路。常州大运河党建文化示范带建设的总目标是将党建工作与大运河文化带建设有机结合，使之成为常州乃至全省基层党建工作创新的优秀示范平台，为打造常州红色文化示范区提供重要支撑。

具体来说，依据常州大运河党建文化示范带所发挥的功能，构建四个维度的建设目标。一是党建品牌创新标杆区。立足于党建示范，以"带"促"面"，推动大运河基层党建工作"百花齐放"，不断汇集党建优秀成果，彰显党建工作创新的"窗口"示范效应，进一步发挥引领作用。二是党建文化资源集聚区。立足于资源集聚，有效挖掘、整合区域资源，培育发展新优势，加强基层党组织对大运河沿线党建文化资源的"整合性"领导。三是党建引领发展示范区。立足于引领发展，优化"党建+"推动高质量发展这一做法，将党建优势转化为运河沿线经济社会发展的强劲动力，促进经济社会各项事业蓬勃发展。四是党群交流互动展示区。立足于促进互动，强化各党建工作载体的服务功能，不断加强党群之间的联系和沟通，集中展示党群交流互动的新样态，优化党建文化示范带建设的社会环境。

从发展问题和目标定位来看，常州大运河党建文化示范带建设的总体思路体现为推进"四核"建设。一是明确核心主体。大运河党建文化带建设首先要明确"谁来组织""谁来管理""谁来协调""谁来建设"的问题。根据现实状况来看,大运河党建文化示范带建设的组织主体应该是在市委组织部领导和指导下新设的办公室或领导小组,管理主体应是党的各级组织部门,协调主体应是大运河党建联络小组,建设主体应是各基层党组织。各不同层面的核心主体的职责功能要科学界定、权责要清晰明确,活动范围和准则要以有关制度政策来规范。二是打造核心 IP。常州大运河沿线各区(市)的各基层党组织已经创设许多不同层面的党建 IP 以展现自身特色,当前亟须打造能统领整个大运河党建文化示范带建设的核心 IP。我们建议,就以"常州大运河党建文化示范带"作为核心 IP,将党建文化主题提炼为"千年运河·时代先锋"。各区(市)提炼具有其区域特色的党建 IP 来支撑这一核心 IP,各基层党组织提炼具有自身特色的党建 IP 来支撑其所在区(市)的党建 IP。这样一来,就形成了系统规范、相互支撑的 IP 体系。三是谋划核心战略。当前,常州大运河文化带建设、老城厢复兴建设和文旅休闲明星城建设三大工程叠加推进。从空间上看,大运河城区段是三大工程的高度重合区,基层党建的基础条件好,可集聚的党建资源多,能产生较大社会影响,是党建文化示范带建设的"天然"核心区。党的组织部门应从整体上系统谋划与"三大工程"紧密衔接的核心战略,科学设计总体性和阶段性的战略方案并加以实施。四是强化核心支撑。示范带由示范点构成,大运河党建文化示范带建设的核心支撑就是要强化示范点、优化示范线,确保"点—线—带"效应的系统发挥。从"点"上来说,要挖掘拓展、做精做细主要党建文化示范点;从"线"上来说,要合理确定党建主题,做好党建文化线路布局,比如,要展示"党建+工业遗存",可以串联戚墅堰机车厂旧址—天虹大明 1921 创意园—南港码头—大成一厂刘国钧办公楼—第二无线电厂旧址—恒源畅厂旧址这一线路。

(3) 实施路径

第一,加强顶层设计,统筹党建文化示范带建设。一是加强规划引领,以"河"为"统",实现与"三大工程"有机对接,合理规划大运河党建文化示范带建设,做到整体规划、有序推进;二是深化基层党建引领,以"+"为"道",实现党建工作与经济社会发展的高度融合,打造大运河党建文化示范带的常州"样板"与"效应";三是立足长远,以"规"为"界",加强政策制度设计,制定《常州大运河红色文化核心体验区建设方案》等,不断提升大运河党建文化示范带的制度支撑水平。

第二，重点打造核心 IP，优化党建载体建设。一是集中打造"大运河红色文化核心体验区"，通过深度提炼品牌内涵、设计党建品牌形象标识、打造基层党建文化体验项目、创造党建文化艺术作品等方式进行 IP 塑造；二是积极拓展运河沿线优质党建资源，为 IP 建设提供现实支撑，再与周边城市党建示范带建设进行比较，对标找差、补齐短板，不断提升党建载体的建设水平；三是做好载体一体化建设，深挖和培育党建文化示范点，深耕基层党建工作的内涵建设，科学架构"点—线—带"的整体布局。

第三，丰富党建文化内涵，创新传播方式。一是聚焦大运河党建文化示范带的"党建"内核，在思想理念上保持统一，加强各区（市）之间的相互协作，辅之以高效的推动力；二是解码党建文化，将基层党建工作的传播内嵌于大运河文化传播体系中，借助中外媒体如世界运河城市论坛提升影响力；三是打造大运河党建文化产品，积极培育先进文化人才，做活党建文化创意产品和文艺作品，重点打造党建文化精品力作。

第四，优化资源配置，构建建设大格局。一是构建主体格局，注重整合政府、市场和公众的力量，优化资源配置，积极引导各方从党建文化示范带建设的理解者、认同者向支持者、实践者转变，建立新的沟通交流和决策咨询制度，以多种形式促进公众参与建设实践，不断提升参与的有效性；二是构建志愿者体系，注重借助志愿者来提升党建文化示范带建设的效果和影响力，党建文化示范带的互动、传播等活动要有相应的志愿者的力量支撑，各基层党组织既可以盘活用好基层治理的志愿者队伍，也可以在社会范围内临时招募，构建多层次的志愿者队伍体系；三是构建党建文化示范带建设中的人才智库，借助党校、高校、党建研究中心等组织机构的力量，吸纳国内外大运河党建的研究力量，为大运河党建文化示范带建设建言献策，提供智力支撑。

（二）建设红色教育培训平台，强化定向引流功能

推动红色文化培训事业发展，发挥红色教育功能，是以红色文化 IP 引领红色文化示范区建设研究的又一重要举措。立足"常州三杰"核心品牌是发挥红色教育功能的必要举措。面向党员干部，做大做强党建文化品牌，打造全省乃至全国一流的红色教育标杆。推出一批具有强烈感染力、重要影响力

的红色教学专题，打造一批经典红课。创新教育教学方式，专题课、体验课、红色故事会、红色生活体验等灵活设计。开展红色培训离不开培训机构、培训基地、培训课程和培训人才等硬件和软件，打造红色培训标杆更需要在这几个方面不断发力、开花结果。

1. 建设红色培训机构

红色培训基地/机构是发挥红色教育功能的主要载体，也是传承红色文化精神、传播红色文化价值的重要阵地。在资源组织方面，借助常州市委组织部/宣传部、国有企业、高校（常州工学院、江苏理工大学、常州大学）、研究院（大运河文化带建设研究院常州分院）等多方力量，整合"政产学研"优势资源，发挥资源的放大组合效应，充分利用好江南铁军教育学院、张太雷干部学院、常州三杰红色教育培训中心等红色教育基地，适时筹建"三杰干部学院"（瞿秋白干部学院）。在服务对象上，以服务广大党员和干部为主，既包括政府部门的党员或干部、企事业党员或干部、基层党员或干部，也包括其他民主党派和社会人士。根据服务对象属性和需求的不同，分门别类设计相应红色教育培训活动。在服务机制上，借助常州红色文化资源和研究力量，搭建共享式的学习平台，提供集理论培训、实地参观、研学观摩、讨论互动为一体的一站式培训服务，满足不同对象的多样化体验需求。

2. 做大党性培训基地

党性培训基地是广大党员干部锤炼党性、不忘初心的重要载体，是红色培训实践教学的重要支撑。围绕理论教学和实践教学相结合的理念，常州红色培训要依托当地丰富的党建文化资源，以重要的红色资源为支撑，串点成链、以点带面、块面结合，组建内容丰富、体系完善、类型多元的党性培训基地。在红色资源方面，树立"全域"发展的大格局意识，整合市区、金坛、溧阳、茅山等地资源，实现多节点资源联动发展。一方面，以大运河文化带为主轴线，依托"红色青果""3211工程"资源，将常州市的历史文化遗存、党建文化资源、革命遗址遗迹资源、工业遗存资源相串联，打造重点突出、亮点鲜明的党性培训基地。另一方面，整合"123"红色文化资源，即金坛中共苏皖区一大会址、溧阳水西新四军江南指挥部旧址、茅山新四军纪念馆、常州三杰纪念馆，将市区红色资源与周边红色资源相嫁接，打造多点联动、共建共享的体验式党性培训基地。与此同时，将红色教育融入美丽乡村、基层党建、社区治理等新时代社会治理当中。

3. 开发红色培训课程

红色培训课程建立和开发是办好红色教育、实施红色培训的重要抓手，课程质量高低直接影响红色培训成效。发挥常州红色教育功能，打造红色培训标杆，需要建立体系丰富、内容完善、形式多元的红色培训课程。在课程资源上，充分发挥"常州三杰"党员革命先驱及史良、张志坚、刘国钧、赵元任、周有光等民主人士资源优势，围绕历史人物的生平、故事和情节，挖掘优秀红色文化基因，编撰常州红色名人系列传记或读本。此外，将人文常州、工业常州融合到红色培训内容之中，将蕴含红色文化元素的常州历史遗存、工业遗存、革命遗址遗迹等资源整理成册，分主题、分类型、分对象构建红色培训课程。在课程形式上，将课本教学和案例教学、线上教学和线下教学、课堂教学和实践教学相结合，在编撰红色培训课程、讲好精品红色文化故事基础上，采用灵活多元的教学方式，将课程内容以通俗易懂、寓教于乐的形式呈现出来，将理论讲解、案例讨论和启发思考等教学方法相融合，将线上专家讲授、课堂理论教学和课外实践教学相结合，提升课程内容的趣味性和丰富性。通过课程资源组织和课程形式设计，分主题、分对象形成红色培训特色课程，提供订单式的红色教育培训服务。

4. 会聚红色培训人才

红色培训人才培养和任用是红色培训重要的抓手和支撑力量，也是实施红色教育的关键所在。在人才结构方面，常州培养红色培训人才需要重点培育理论型和应用型两大类人才。理论型人才包括红色教育的授课专家、专业技师、讲师团队和客座人员等在红色教育和培训方面有扎实的理论功底、丰富的教学经验和理论研究能力的专业人才。应用型人才是在培训活动中从事实践教学、现场讲解、管理协调、会务组织、后勤保障等工作的专业人才。这两类人才都不可或缺，是红色培训人才的"两翼"。在人才培养机制上，采取"内部培育""外部引流"两种方式会聚红色培训优秀人才。一方面，充分利用常州本地高校师资、研究机构专业人员力量，建立红色培训人才专家库，为红色培训提供人才储备和坚实的保障。另一方面，通过学术研讨会、主题论坛、圆桌会议、讲座培训等方式邀请国内权威专家进行授课，通过举办高水平的学术论坛和主旨讲座，定期开展红色培训主题活动。此外，在人才激励方面，制定相应的激励机制和配套政策，采用柔性人才引进措施，制定合理的人才奖励和人才晋升机制，让真正的人才有用武之地，为他们的发展提供坚实的保障，解决他们的后顾之忧。在人才选拔和任用方面，制定完善的人才能力评价和考核体系，重点发展培训人才的"带头人""领头雁"，发挥关键核心人物的辐射带动作用。

（三）盘活红色资源，建成红色文旅重要目的地

推动常州红色文化体验区建设，除了打响红色品牌、打造红色文化地标、发挥红色教育功能外，还需要在红色文化旅游方面发力。

第一，红色传承、现代转化。立足于大众旅游市场，用大众的旅游消费心理来重新认识和发掘红色旅游资源的市场价值，在坚持正确政治方向的基础上，注重红色经典的现代表达，将红色旅游资源所蕴含的普遍价值点与现代旅游消费热点进行碰撞对接，开发兼具怀旧元素与时代元素、具有广泛市场吸引力的旅游产品。

第二，寓教于乐、寓教于游。坚持社会效益优先，深挖红色文化内涵，讲深、讲透、讲好红色故事，推进红色旅游内容形式、方法手段创新，在强化红色旅游教育功能的同时增强红色旅游产品的互动体验性，做到动静结合、导和游结合、参观和活动结合，提升红色旅游的吸引力、感染力和影响力。

第三，区域联动、融合发展。建立健全区域合作机制，在资源保护、产品开发、线路规划、宣传促销、智慧旅游等方面开展深度合作，促进红色旅游与研学旅游、生态旅游、乡村旅游、康养度假、文化创意等相融合，创新发展模式，延伸红色旅游产业链和价值链。

第四，改革创新、共建共享。积极转变红色旅游发展方式，从以政府为主导向政府引导与市场运作相结合转变，充分调动各类市场主体、社会组织参与共建，探索创新红色旅游投融资、红色文化教育培训、红色旅游创新发展机制，共享红色旅游发展红利。盘活常州红色文化资源，分对象、分主题大力发展红色文化旅游，将对常州红色文化示范区建设产生深远持久的影响。在红色旅游功能上，基于红色旅游产品功能的多元组合和系统设计，提供观光、休闲、研学、体验等多种功能模式。加大红色文化示范区的整合力度，通过发展红色旅游，将现有旅游资源内容、文化故事进行有机集合，形成系列化、体系化的故事内容，将旅游景点进行有机串联。

结合上述思路，可以选择以下路径。

第一，开展青少年红色研学旅游。常州红色资源丰富、类型多样，盘活红色资源，针对青少年群体开展红色研学旅游，对于其重温红色记忆、增加对红色文化和革命历史的认知具有重要意义，对于发挥理想信念教育功能、加强爱国主义和革命传统教育、培育和践行社会主义核心价值观作用重大。

首先，整合常州红色资源，设计青少年红色研学旅游线路。依托大运河红色文化主题馆、红色青果博物馆群落、三杰纪念馆、红色革命遗址遗迹等资源，辅以文化广场、博物馆、规划馆、图书馆、美术馆以及主题公园、山水景区、网红打卡点等，设计青少年红色研学旅游线路。通过这些线路的设计，将红色基因融入人文常州、历史常州和自然常州之中，传承红色文化和革命精神，普及人文历史、自然科技知识，使其了解常州、熟悉常州、热爱常州。

若干青少年研学旅游线路设计如下：［线路1］大运河红色文化主题馆—红色青果博物馆群落—瞿秋白纪念馆—觅度桥小学瞿秋白读书处—常州党建和运河文化主题教育馆（红馆）—常州市革命烈士陵园。［线路2］大运河红色文化主题馆—红色青果博物馆群落—瞿秋白纪念馆—常州文化广场、博物馆、规划馆、图书馆、美术馆。［线路3］大运河红色文化主题馆—红色青果博物馆群落—红梅公园—中华恐龙园。［线路4］大运河红色文化主题馆—红色青果博物馆群落—中共苏皖区一大会址—花谷奇缘—东方盐湖城。［线路5］大运河红色文化主题馆—红色青果博物馆群落—新四军江南指挥部纪念馆—溧阳1号公路—南山竹海/天目湖。

其次，创新青少年研学旅游方式，提高参与互动性。采用线上线下研学旅游相结合的方式，设计一些青少年喜闻乐见、寓教于乐的旅游产品和体验项目，调动青少年红色研学的激情和热情。一方面，需要在常州传统红色资源基础上融入时尚元素，设计基于互联网的沉浸式深度游产品。根据常州红色名人的生平和生活轨迹，借助红色地标、红色名人纪念馆、博物馆等场馆设置一些任务闯关，根据不同人物的故事、情节设计多线路体验"红色路线"，用脚步丈量红色名人在常州的足迹。新增红色研学旅游体验项目，利用常州红色名人故居、纪念馆、街巷等城市角落，借助互联网平台发布"红色经典""人文底蕴"微线路，青少年参与者到达相应地标后，使用微信"扫一扫"即可参与体验，并能及时在线分享活动参与实况。另一方面，设置红色研学旅游公益挑战赛，通过情景再现和角色扮演提升趣味性。例如，在常州市区各处红色地标举办一些与红色名人相关的革命事业活动，合理设置游戏比赛环节和规则，让青少年扮演红色名人参与问题讨论，切身感受革命年代的"腥风血雨"和艰苦工作，同时让他们将活动照片上传至朋友圈，集赞得分。

最后，利用寒暑假时间开展青少年红色研学夏令营活动，以理实交融方式丰富红色研学内容。依托红色培训机构和红色培训基地，对青少年开展丰富多彩的红色研学夏令营活动，采取理论讲解和实践教学相结合的方式，让青少年全面体验常州红色文化。与此同时，在夏令营团队中筛选出出色的"青少年讲解员"，以体验式教学方式增进学生之间的互动性和参与性。

第二，开展大众"红色+"多彩旅游。"红色+"多彩旅游是红色旅游经济的扩散、延伸、辐射和带动，让红色资源在要素的配置中发挥组合优化和系统集成的作用，将红色文化元素融入社会各个行业领域之中，提升红色旅游整体创新能力和生产力。面向社会公众，以开展红色旅游为主线，串联优质景点资源，加大红色精品旅游线路挖掘，丰富红色旅游产业体系，举办红色旅游作品展活动，开展红色旅游专栏宣传活动，尝试举办一些高规格、有一定影响力的全国性、全省性重大红色旅游文化节。常州红色旅游资源丰富，知名旅游景点包括红色青果博物馆群落、溧阳水西村新四军江南指挥部旧址、金坛中共苏皖区一大会址、红色名人纪念馆（故居）等，形成了特色的红色文化品牌效应，红色故事内容丰富。常州开展"红色+"多彩旅游，采取红色旅游与他色旅游组合模式，包括红色旅游+绿色旅游、红色旅游+古色旅游、红色旅游+彩色旅游。

一是红色+绿色。"红绿"组合的红色旅游模式，是由红色旅游资源与绿色旅游资源结合而成，将红色旅游与江河湖海等水有关的旅游资源组合，实现红色旅游与自然生态环境的协同发展、共生发展。可以依托大运河红色文化主题馆、红色青果博物馆群落、大运河党建文化示范带、红色革命遗址遗迹、山水景区等资源，开展自然生态红色之旅，让游客在感受红色主题教育的同时，领略常州自然风光魅力。将红色旅游资源与常州的溧阳1号公路、溧阳市南渡镇庆丰村/溧阳市溧城镇礼诗圩村、天目湖/南山竹海、花谷奇缘、仙姑村、东方盐湖城等资源进行串联，推出红色+绿色多样化的旅游组合模式。

旅游线路如下：[线路1]大运河红色文化主题馆—红色青果博物馆群

落—溧阳水西村新四军江南指挥部旧址—溧阳1号公路—溧阳市南渡镇庆丰村/溧阳市溧城镇礼诗圩村—天目湖/南山竹海。［线路2］大运河红色文化主题馆—红色青果博物馆群落—金坛中共苏皖区一大会址—花谷奇缘—仙姑村—东方盐湖城。［线路3］大运河红色文化主题馆—红色青果博物馆群落—溧阳1号公路—东方盐湖城。

二是红色+古色。"红古"组合，就是红色资源+文物古迹和历史文化，把红色旅游的主题融合进地域文化之中，展现地域文化的独特性，从而形成丰富多彩的产品组合，以适应游客日益个性化、专业化的旅游需求。深入挖掘常州市红色资源思想内涵，通过原创红色文艺作品欣赏、红色革命遗址遗迹、工业智能制造参观体验等，开展历史文化和工业遗存红色之旅。将红色青果博物馆群落、常州大剧院、大运河党建文化示范带、常柴股份、天合光能、新能源汽车产业园等资源进行有机串联。

旅游线路：大运河红色文化主题馆—红色青果博物馆群落—常州大剧院（红色节目）—大运河党建文化示范带（运河1号、运河3号、运河5号、运河7号、运河9号、运河记忆1936）—常柴股份—常州市国有企业党建展示中心—天合光能—新能源汽车产业园。

三是红色+彩色。在红色资源比较富集的革命老区和乡镇基层，一般民风淳朴、风土人情如故、民俗事项丰富，在红色旅游的基调上，用民俗风情、美丽乡村特色作为亮点丰富红色旅游活动和业态，带动区域经济发展。通过深入了解常州市在现代社会治理、民俗风情、美丽乡村建设上的特色做法，使红色教育入脑入心、见行见效，开展民俗风情和美丽乡村红色之旅。将红色青果博物馆群落、常州大剧院、溧阳1号公路、天目湖/南山竹海、"运河五号"党建文化园、焦溪古镇、梅林村党群服务中心等资源进行有机组合式串联，将红色旅游融入生活、生产和基层社会治理当中，充分展示各旅游资源特色，建立全域旅游的大格局。

旅游线路如下：［线路1］大运河红色文化主题馆—红色青果博物馆群落—常州大剧院（红色节目）—溧阳1号公路—天目湖/南山竹海—水西村新四军江南指挥部旧址—美丽乡村建设参观。［线路2］大运河红色文化主题馆—红色青果博物馆群落—常州大剧院（红色节目）—"运河五号"党建文化园—焦溪古镇—梅林村党群服务中心。

(四)聚力 IP 品牌优势,形成跨界创意产业链

1. 设计红色文化旅游形象标识

设计形象标识是指使用统一的象征符号系统塑造、保持文化形象,采用的象征符号一般是具有特色的视觉图案。设计红色文化形象是提升红色文化品牌力和影响力的重要手段。一方面,确保"常州三杰"品牌形象标识的一致性,规范化建立视觉识别系统。具体而言:深度挖掘"常州三杰"红色文化的精神内核和内在价值,提炼能够彰显"常州三杰"红色文化的宣传口号、主题标语、象征图案和吉祥物件等,形成统一的形象标识系统。在这些形象标识系统设计过程中,突出"常州三杰"的红色精神提炼和价值阐扬,凝聚红色文化核心品质,传承发扬红色文化精神。另一方面,要加强"常州三杰"品牌形象标识的衍生设计、生活融入和立体传播。将"常州三杰"形象标识融入文化创意和生活设计当中,使其品牌形象达到洗心入脑、润物无声之效果。第一,设计"常州三杰"红色文化创意产品、工艺品和旅游纪念品。将"常州三杰"品牌形象融入文创产品和旅游纪念品设计当中,如创作生产带有"常州三杰"品牌元素的背包、挂件、手机壳、杯子、玩偶等。同时加强"常州三杰"与文化创意、影视娱乐、舞台戏剧的衍生产品和服务设计,以群众喜闻乐见、通俗易懂、寓教于乐的方式将"常州三杰"红色文化潜移默化地融入百姓日常生活之中。第二,挖掘与"常州三杰"紧密相关的历史、人物和故事,通过艺术化创作和故事化演绎方式,制作系列"常州三杰"红色文化品牌宣传片,塑造"常州三杰"的精神品质、民族气节和家国情怀,向社会广泛传播"常州三杰"所代表的红色文化精神。第三,顺应媒介融合发展趋势,采用多媒体手段全方位推广"常州三杰"品牌,广泛利用楼宇电梯、"两微一端"、城市公交站牌、Wi-Fi 站点、户外广告牌等循环播放"常州三杰"红色文化宣传片,构建"常州三杰"品牌传播的媒体矩阵。

2. 强化红色文化"年轻态"体验

围绕"常州三杰"核心 IP,进行红色文化资源的深度挖掘、创意设计和合理延伸,运用短视频等新兴媒介,开展线上+线下城市多渠道体验活动,挖掘红色文化和幸福城市生活的结合点,以年轻态思维开发丰富且有趣的红色文化体验项目。例如,利用现代声光电技术打造红色文化旅游实景演出节目,

开发如《追忆"常州三杰"》《革命年代的"常州三杰"》等舞台剧、话剧，以故事化、可视化形式展现"常州三杰"红色精神；利用常州运河1号、运河5号、青果巷、"常州三杰"故居等党建文化资源，打造出可体验、宜休闲、有温度的红色文化精品体验项目，如建立红色文化主题公园、红色文化主题长廊，旨在传承常州红色文脉。基于"常州三杰"的品牌形象定位，以文化创意和科技创新赋能红色文化开发利用，打造系列特色鲜明、模式新颖、极具体验性的红色文化精品。利用微信二维码、HTML5小游戏、小程序设计互动式红色文化产品，以寓教于乐的方式传承红色文化；利用VR/AR、全息技术打造沉浸式红色文化项目，推出红色文化深度体验游；推行线上红色"阅读吧""朗读亭"，集朗读练习、录制、演讲等功能于一体，结合线下"红色书屋""红色书柜"，让红色文化融入教育之中。

3. 推出红色文化艺术作品

第一，传承红色基因，讲好红色故事。立足红色名人、红色资源，挖掘红色精神、红色传统、红色故事，出版发行与红色文化、主题教育、党性锤炼相关的系列书籍，阐述红色文化的当代价值，使其融入当代社会主义核心价值体系之中。第二，利用线上渠道，开发衍生产品。把握共享经济、知识付费和网络直播的时代趋势，利用互联网平台创作常州红色文化主题有声读物，借助知识付费经济推出线上红色文化知识精品库，利用抖音、快手、vlog短视频平台创作和发布红色文化宣传视频。第三，发展文创经济，进行IP授权运营。进行优质红色IP内容的文化授权，推动IP版权的跨界融合和创意衍生。针对"常州三杰"红色文化IP，改编创作主题影视、歌剧、动漫、游戏等，形成上游内容开发、中游创意设计、下游营销推广的IP文创产业链。在上游内容开发上，重视红色文化优质IP的开发和打造，根据常州红色文化特色、受众市场需求、用户内容生产几个层面系统构建IP体系，树立精品IP库。在中游创意设计上，注重IP的生产设计和创意再造，将IP与生产、生活相结合，与文化产业相结合，实现优质IP的产品化和项目化。在下游营销推广上，采取4C、4R等新型营销模式创新产品推广形式，建立集设计者、生产者、使用者于一体的整合营销生态环境。

4. 延伸红色文化衍生业态

以游客市场需求为导向，设计红色文化旅游商品。要树立正确的红色文化旅游商品发展理念,首先,树立红色文化融入生活的理念。结合常州红色旅游地的特点、内涵、物产等,开发出为人们的美好生活服务的红色文化旅游商品。对此,要了解旅游者的生活需求,了解红色文化的特点和内涵,了解常州的物产和制造业的优势,创意设计出旅游者需要、旅游者喜爱的红色旅游商品。其次,树立红色文化精品理念。要重视红色品牌的使用和授权,树立正确的品牌意识,打造有品质的红色文化品牌,逐步让社会形成常州红色文化旅游商品的品牌是有品质的、讲诚信的这一共识。最后,树立为大众开发红色旅游商品的理念。红色文化的传播对象不是小众、少数人,而是广大党员干部和普通群众。肩负着传播红色文化功能的红色文化旅游商品,其销售对象同样也不应是小众、少数人。需要根据不同旅游人群创意设计不同的红色文化旅游商品,细分红色文化旅游商品的相关市场需求,坚守红色文化旅游商品品牌价值,发挥红色传播功能和市场功能,实现红色文化旅游商品社会效益和经济效益同步发展。具体而言,一方面,要突出特色、展示创意,设计能够体现本土红色文化特色的旅游商品和纪念品。推出红色文化创意衍生商品,如主题文具、挂件、手机壳、箱包,"常州三杰"卡通形象、漫画、故事书等。另一方面,要注重体验、体现亮点,开发益智类旅游产品。设计嵌入智能终端的可体验、可互动的旅游产品,如红色文化小游戏、红色文化VR掌上游、裸眼3D幻影成像微话剧、"常州三杰"社交表情包等,让游客能在互动中感受常州红色文化魅力。

(王伟明、苏刚,晋陵投资集团有限公司;汤正华、刘松,常州工学院)

第七章
扬州：打造特色创意街区，助力古城文创产业发展

一、扬州市文创产业发展现状分析

二、扬州市老城区文化创意板块情况

三、扬州城市更新发展文创产业的主要经验

四、当前城市更新与创意产业发展存在的瓶颈

五、城市更新助力创意产业发展的路径探析

"扬州是个好地方，依水而建、缘水而兴、因水而美，是国家重要历史文化名城。"2020年11月，习近平总书记视察江苏时对扬州的肯定，让扬州人民备受鼓舞、深感振奋。扬州市文化旅游资源丰富，在全国乃至世界范围内都有较高的知名度，产业融合发展具有得天独厚的优势。在当前文旅融合发展的新时代背景下，扬州市委市政府高度重视文旅产业融合发展，形成了政府主导模式、集群带动模式、价值链延伸模式、资源依托模式等一系列具有扬州特色的文旅融合发展模式，取得了显著成效。扬州切实发挥文化资源禀赋优势，因地制宜打造特色文创街区，取得了一系列有特色的、可推广的实践经验。

一、扬州市文创产业发展现状分析

（一）文化及相关产业增加值持续稳定增长

2020年扬州市实现文化产业增加值287.90亿元，占GDP的比重为4.76%，离支柱产业虽有一定的距离，但发展态势良好。2015—2020年的文化产业增加值年均增幅为12.01%，同期扬州GDP（现价）平均增幅为8.53%，文化产业增加值平均增幅比GDP（现价）增幅高出3.48个百分点，占比位次（省内）连续上升，由2015年的第八位上升至2020年的第六位，上升了2个位次。规模以上文化企业数量由2015年的261家，增长到2020年的533家，增长了1.04倍。文化及相关产业增加值的不断上涨表明扬州市近年来文化产业的发展呈现持续稳定增长的良好态势（见图7-1）。

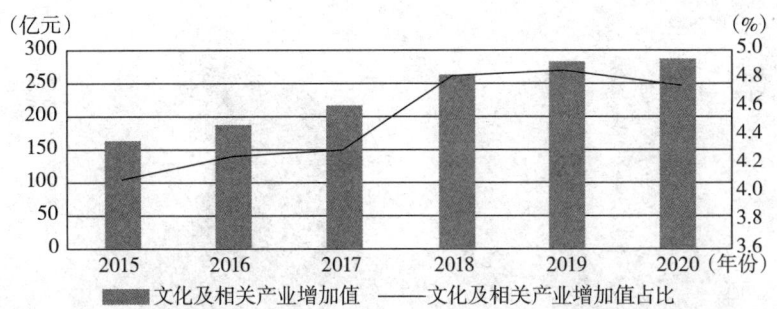

图7-1　2015—2020年扬州市文化及相关产业增加值增长情况

（二）文化产业结构持续优化

从规模以上文化产业法人单位企业数构成来看，2020年扬州规模以上文化制造业企业204家，营业收入达155.42亿元，制造业企业占全部规模以上文化产业单位数的比重为38.27%，营业收入占总营业收入的60.49%；规模以上文化批零企业111家，占比20.83%，营业收入达25.53亿元，占比9.94%；规模以上文化服务业企业218家，占比40.90%，营业收入达75.99亿元，占比29.57%。三次产业企业数比重由五年前的58∶10∶32变为五年后的38∶21∶41，营业收入比重由五年前的92∶3∶5变为五年后的60∶10∶30，表明扬州市传统的制造业比重正在不断下降，代表文化核心内容的服务业比重在快速提升（见图7-2和图7-3）。

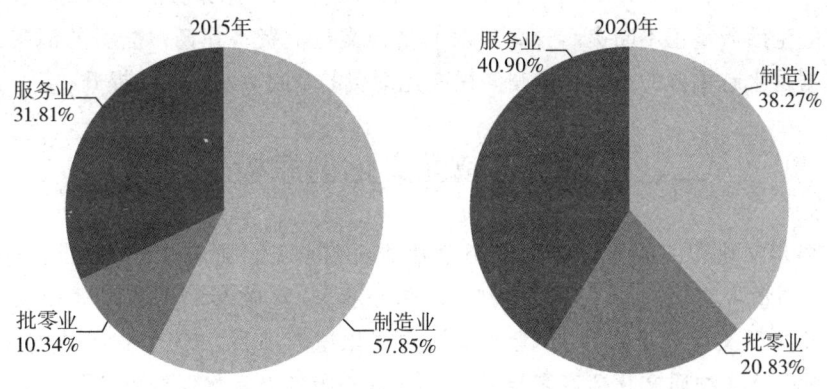

图7-2　扬州市文化产业三次产业企业数占比变化情况

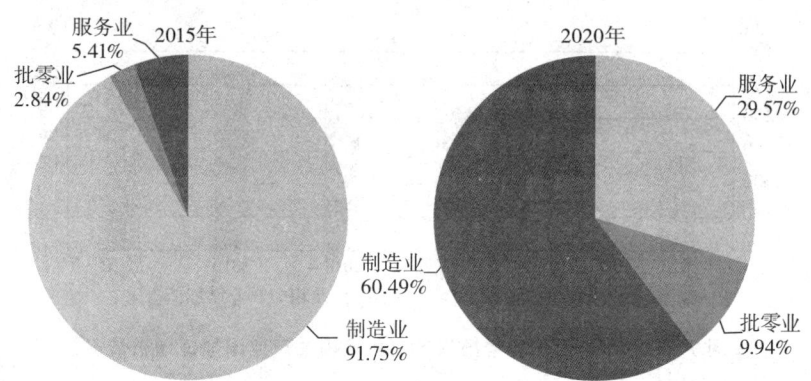

图 7-3　扬州文化产业三次产业营业收入占比变化情况

(三) 文化消费需求愈加强烈

随着扬州居民收入水平的不断提高，文化消费的日益攀升正成为当前居民消费的热点。2020 年扬州市居民人均可支配收入达 38843 元，比 2015 年增长 47.96%；居民人均消费支出 22060 元，比 2015 年增长 31.94%，其中人均教育文化娱乐消费支出 3160 元，比 2015 年增长 20.47%。2020 年扬州居民人均教育文化娱乐消费支出占总消费支出的 14.32%，已经逐步向国家制定的小康生活消费标准 16% 迈进。2020 年扬州市城乡居民恩格尔系数为 29.14%，比 2019 年下降 0.3 个百分点，比 2015 年下降 2.18 个百分点。恩格尔系数的下降表明扬州市居民的生活质量正不断提高，高层次的精神文化消费将在扬州居民的消费需求中占据越来越重要的地位，扬州居民文化消费的空间和水平持续提升。

二、扬州市老城区文化创意板块情况

扬州文化积淀厚重，各类资源总数居全省前三。拥有中国大运河（扬州段）1 项世界文化遗产，雕版印刷（牵头申报）、广陵琴派和剪纸 3 项联合国人类非物质文化遗产，19 个国家非物质文化遗产项目，61 个省级非遗项目，202 项市级非物质文化遗产名录项目。拥有各级各类文物保护单位 500 处，其中全国重点文保单位 21 处（含大运河），省级文保单位 53 处，市级文保单位

426处。扬州是运河沿线城市中入选世界遗产最多的城市,坐落在面积达5.09平方公里的明清古城里的东关街是中国十大历史文化名街之一。

(一)扬州老城区明清古城整体情况介绍

扬州市明清古城东至唐子城东护城河、黄金坝路、古运河一线,南至古运河、二道沟、荷花池、宝带河一线,西至宝带河、保障河、唐子城西护城河一线,北至唐子城北护城河、上方寺路一线,总面积约18.25平方公里。其中,东至古运河、南至古运河、西至二道河、北至北城河的围合区域为明清历史城区,总面积约5.09平方公里;扬州古城的其他区域为古城遗址区。2016年《扬州古城保护条例》由江苏省第十二届人民代表大会常务委员会第二十七次会议于12月2日批准,扬州市委市政府高度重视古城保护,使得扬州市明清古城成为保存较为完整的稀缺历史文化资源。2020年广陵古城保护利用工作领导小组和广陵古城党工委、管委会揭牌成立,致力于将明清古城整体打造成为5A级景区,以大运河为轴、明清古城为核心打造扬州文化示范点。

(二)三把刀集聚区发展情况

以餐饮、沐浴足浴、美容美发为代表的"三把刀"行业是扬州特色传统商贸服务业。2013年,扬州获批"全国三把刀服务创新基地示范城市"。为提升"三把刀"产业品质、完善"三把刀"服务标准、打造"三把刀"集中展示窗口,2017年以来,扬州瘦西湖景区在现有基础上提升打造虹桥坊—长春路"三把刀"特色商业街区,全长3000米,主要组成为:虹桥坊街区—迎宾馆趣园街区—傍花村街区—1757美食街坊。

虹桥坊街区位于大虹桥路北侧,瘦西湖路西侧,坐拥瘦西湖自然风光,距文昌商圈仅900米。拥有得天独厚的景观和人文资源,是集品牌特色餐饮、休闲娱乐、创意零售、文化体验为一体的"商、旅、文"综合体。总建筑面积近10万平方米,2018年营业收入突破2亿元,现有商户73家,其中餐饮业占街区商铺的78%以上,街区内的虹桥坊温泉集餐饮、理发、沐浴等"三把刀"服务为一体。迎宾馆—趣园街区沿虹桥坊温泉至1757美食街坊,全长1500米左右,现有商户23家,2018年营业收入突破2.5亿元。2019年5月,初步完成对长春路沿线"三把刀"主题化改造:淮扬菜品鉴店趣园茶社、扬州宴、扬州厨师协会、扬州理发术博物馆、扬州传统修脚术博物馆、扬州淮扬菜大讲堂文博馆等相继对外开放。

长春路北侧的傍花村街区，建筑面积近 5000 平方米，目前已进入方案设计阶段，将利用集群区域优势，拉伸"三把刀"文化产业链，陆续引进扬州的老字号，比如德胜桥三把刀经营店，经营厨刀的胡顺兴、唐正兴，美发的紫罗兰等，同时还将制定相关优惠措施吸引"扬州三把刀"上游制造加工企业的入驻，为经营和制造"扬州三把刀"的老字号、老品牌的商户搭建更好的推广平台。同时加大招引其他业态的商户入驻，实现街区真正的商业化价值。

1757 美食街坊南邻五亭桥、北望万花园，是以景区老北门至东门外围廊道为基础扩建改造而成的，整体建筑以清代风格为主，总长度约 300 米，占地面积 2300 平方米左右，经营面积约 1400 平方米。其中，一期工程的 32 个门店已于 2018 年 4 月 28 日完成建设、装修、商家入驻，并于 5 月 1 日正式营业，设有扬州老味道中心排档区、维扬书场、手工制作美食区、非遗展示区等。通过一系列景观特色、建筑风格、产品类型、演艺活动，烘托出"清代扬州市井文化"整体氛围，让瘦西湖美景与美食、历史与文化共存，力争打造成具有全国引领示范效果的美食创业基地。二期工程将以长廊为核心，整体设计方案从经营业态、街区景观、绿化景观、水系设计、游客互动等全方面考虑，以扬州炒饭、鸭血粉丝、阳春面等为主打产品，并拓展引进更多的文创休闲业态。届时，游客不仅可饱尝扬州本地美食，还可畅享国内特色小吃，在享受美味的同时，体验层次更加丰富的人文特色。

2020 年，为进一步优化步行街街区环境，扬州不断加强规划布局，提高商业质量，打造智慧街区，增强文化底蕴，规范运营管理。科学合理规划街区建设，完善迎宾馆—趣园街区，将步行街文化街区和迎宾馆—趣园街区有效串联整合，优化街区环境，对长春路东延进行了提升改造，完成了兰圃茶楼改造、茶楼周边水系和绿化提升、8 号楼东侧木平台的铺装等提升工程，以及 8 号楼装修改造工程和地下停车场及功能完善提升工程。把握高端商务市场，做好迎宾馆新 8 号楼的运营。以新康体中心为契机，抢占高端康养休闲市场；国际会议中心全面投入使用，打造扬州乃至全省会务高地；推进世界美食之都展示馆建设，多形式展现世界美食；着手打造"黑珍珠"餐厅一条街，串联黑珍珠二钻餐厅（扬州宴瘦西湖店）和黑珍珠一钻餐厅（趣园茶社），树立省内美食新标杆。2020 年街区实现各项酒店及餐饮经营收入 3.27

亿元，经营毛利 5434.86 万元。

（三）东关街老字号集聚区发展情况

2006 年以来，扬州按照"保护一批、抢救一批、引进一批"的要求，打造东关街老字号特色街区，促进老字号品牌集聚发展。2018 年 12 月，东关街荣获江苏省首批老字号集聚区。东关街位于扬州古城的核心区域，全长 1122 米。2006 年以来，市名城公司累计投入约 60 亿元用于集聚街区打造，目前，街区内共有商铺 352 家，经营面积达 8 万平方米，景区周边配套停车场 5 个，停车位 500 余个，已形成"吃、住、行、游、购、娱"的全产业链集聚区，并先后荣获首批"中国十大历史文化名街"、国家 4A 级旅游景区、江苏省老字号品牌集聚区等称号。

保护一批。围绕打造"明清历史文化风情街"，近年来名城公司对东关街区开展街面整治工程，先后修复重建了沿街全部门面房屋和汪氏小苑、逸圃等一批文保单位，并挖掘和保护街区内的传统商业、手工业，使得街区设施建设水平有了较大提升。名城公司通过给予老字号入驻租金优惠等方式，陆续引进了以谢馥春、三和四美为核心的老字号店铺共 61 家，其中中华老字号 12 家。街区积极推动老字号企业将陈列馆、博物馆等植入街区，丰富街区老字号文化元素。2012 年，谢馥春传习所打造完成，总面积 200 多平方米，为前店后所的格局，整个传习所按照清末及民国时期的风格进行设计和打造，除进行产品的展示与销售之外，还通过实物展陈、图文介绍等形式，展示了谢馥春的非遗制作工艺和历史渊源，成为街区展示扬州老字号风采的一个窗口。

抢救一批。名城公司积极挖掘、抢救了一批停业和即将失传的老字号品牌，保护其历史和文化价值。戴春林是扬州历史上第一家香粉店，出于各种原因，戴春林香粉铺在清代末年停业。为恢复戴春林的传承，2013 年，名城公司帮助戴春林第一家加盟店在东关街开业，经过几年的发展，戴春林的加盟店已遍布北京、上海、浙江等几十个省市。

引进一批。除三和四美、谢馥春、富春、漆器厂等扬州本土中华老字号外，名城公司还引进了恒顺香醋、龙泉宝剑、老鼎丰等外地老字号，进一步推动街区业态的提档升级，促进老字号集聚。

扬州东关街现在已经成为一块金字招牌，成为扬州古城保护的面子。东关街并没有大拆大建,而是通过政府行政资源,强力推动老城居民大换血的模式,把老城区的居民房换成了商户和民宿等,集中力量打造商业街,让沉睡的历史文化焕发新生机,在保护的基础上谋发展。经过多年精心打造,使其成为扬州最具特色的老城街区,截至目前,共有商铺352家,其中吸引老字号店铺61家。东关街上的"老字号"商家就有开业于1817年的四美酱园、1830年的谢馥春香粉店、1862年的潘广和五金店、1901年的夏广盛豆腐店、1909年的陈同兴鞋子店、1912年的乾大昌纸店、1923年的震泰昌香粉店、1936年的张洪兴当铺、1938年的庆丰茶食店、1940年的四流春茶社、1941年的协丰南货店、1945年的凌大兴茶食店、1946年的富记当铺,此外,还有周广兴帽子店、恒茂油麻店、顺泰南货店、恒泰祥颜色店、朱德记面粉店等。东关街是扬州手工业的集中地,前店后坊的连家店遍及全街,如樊顺兴伞店、曹顺兴箩匾老铺、孙铸臣漆器作坊、源泰祥糖坊、孙记玉器作坊、董厚和袜厂等。东关街以商业为特色,将文化作为锦上添花的装饰。

(四)皮市街小资文化集聚区发展情况

皮市街源于富庶繁荣古扬州的皮货生意。在元代,这里被称为马军营,要装备马军,自然少不了皮制品。皮市街因皮货众多而得名,在明清年间规模不断拓展,那时的皮市街,南接蒋家桥、广陵路,北接湾子街、罗湾街、紫气东来巷和观巷,并汇聚了佛、道、儒和基督教的元素,佛教有万寿寺和兴教寺,道教有琼花观和东岳庙,基督教有育婴堂,儒家有梅花书院,还兴办了扬州市第一中学,它是全市第一所新式教育学堂,朱自清先生曾在此教过书。2006年经政府改造拓宽后,云集了各色小店,如民宿、小吃、书店等,浮生记和边城书店都在这条街上。自开发以来,这条街属于水到渠成的状态,政府没有过多干涉,任由文化在市场中融合发展。因为文化的底蕴吸引了一批有情怀有文化的人在这里扎根,他们不纯粹追求商业,以副业滋养文化情怀,于是形成了边城和浮生记这样的网红地标。

(五)仁丰里大师集聚区发展情况

仁丰里街区南北长700米,东西15条小巷与之错位对接,保留唐代里坊制格局特征。十多处隋唐至明清的文博遗址,数十家人文民宿、文创工作室、艺术空间,与原住民市井生活相互交融,成为古街巷文化旅游的典型代表。2012

年以来，接待"古巷游"游客70多万人次。如果说东关街是古城的面子，仁丰里就是扬州的里子。仁丰里的"仁"指仁德，"丰"指多和盛，"里"指巷子的门。隋唐至民国，仁丰里都是书香门第、贤人名士的聚集之地。说到仁丰里的由来，巷子里的老年人会如数家珍：梁昭明太子萧统，天台宗智顗，"文选学"奠基人曹宪、李善，抗金英雄岳飞，乾嘉经学泰斗阮元，民国史学大师黎东方等，汇集了十几处隋唐至明清的文博遗址，堪称一个袖珍版的文博城。为了防止开发变成破坏，也为了避免发展为千篇一律的商业街，仁丰里统一规划，政府完善公共基础设施，收储老房资源，引进专业人士开发经营，老房子嫁接新理念，既保留原有文化，又与现代设计经营理念结合。2018年，汶河街道已投入1000多万元，收储仁丰里沿街房屋35处，总面积2500多平方米，每年为仁丰里居民增加直接收益300多万元。通过老技艺和新项目，将盘扣大师卞秀芳嵌入知名禅服项目，实现传承与效益并举。清代三朝阁老阮元的后人阮衍云和阮锡安，已经搬离仁丰里多年，如今也被吸引回到街区，创办了阮元文化工作室，致力于阮元文创产品、书法和阮元文化研究。扬州本土著名女作家汤成难，在仁丰里52号开了一爿名为"格桑花"的西藏民俗风情店，通过各类文化沙龙、读书分享会、周五老电影分享等活动，打造了一个网红店。仁丰里的经验在于提前规划，坚持文化为底色，嫁接市场元素，引进专业人才和社会资本，在保护和传承的基础上，创新思路谋发展。

（六）南河下的"民宿集聚区"模式

南河下是中国首批30个历史文化街区之一，总用地面积达42.03公顷，区内现存花园巷、南河下、丁家湾等老街古巷近30条，拥有市级以上文物保护单位32家，历史建筑109个。其中除了晚清第一名园何园，还散落着湖南会馆、小盘谷、贾氏庭园、二分明月楼、岭南会馆等众多保存完好的盐商宅第、会馆和私家园林，花园巷、南河下、丁家湾等老街古巷近30条，拥有市级以上文物保护单位32家，历史建筑109个。2016年政府启动南河下历史街区修复工程，曾有人说"南河下，最扬州"。政府在这里收储民房，打造民宿集聚区，虽已经过几年的摸索，但因为缺少专业运营人才，南河下民宿还没有形成大规模的集群效应。政府当起了二房东，转租民房，导致南河下民宿集群发展陷入瓶颈期。这一带有资源有市场，但缺乏人才整合资源。

(七)大运河文化博物馆建设情况

在运河沿线的 35 个城市中,扬州的遗产点最多,遗产面积最大,遗产要素类型也最为丰富,包括水工设施、配套设施、湖泊、园林以及相关古建筑群。扬州不仅是大运河的源点城市,南水北调东线源头城市,而且是大运河申遗牵头城市和江淮生态大走廊建设的首倡城市。在大运河文化带建设战略中,扬州致力于打造"扬州样本",以大运河文化带建设为契机,不断放大历史文化名城和世界运河之都的优势,强化中国运河第一城的地位,打造世界运河的展示门户项目。扬州以"运河"为轴,构建大运河博物馆、大运河非遗文化集聚区、大运河文化旅游度假区等,实现多点联动。秉承大保护不搞大开发的理念,形成大运河文化保护传承利用的新模式。在三湾片区内,原来垃圾成堆的地方,现在已成为运河三湾生态文化公园,占地面积 13.32 万平方米,建筑面积 8 万平方米,由大运塔和博物馆主体两部分组成,博物馆主体部分设置多个主题展厅和考古研究所、文创展示区、文化剧场、儿童体验区等多个功能区,是集文物保护、科研展陈、休闲体验为一体的现代化综合性博物馆。南京博物院完成了扬州中国大运河博物馆 11 个展览和 2 个临展厅共计 1.1 万平方米空间的布展招标,完成了相关展品的征集与修复,完成了文物库房、文保及考古实验室、安全保卫、后勤保障等开办运营所需的建设与配置。

三、扬州城市更新发展文创产业的主要经验

(一)坚持古城保护与商业复兴相结合,着力优化街区规划布局

一是科学布局"四大步行街"。按照"护其貌、美其颜、扬其韵、铸其魂"的思路,对 5.09 平方公里明清古城实行整体保护,在 500 多条街巷中选取东关街、仁丰里、南河下 3 条步行街作为历史文化商业街区予以重点打造,并在蜀冈—瘦西湖片区邻近古城区域重点打造虹桥坊—长春路"三把刀"特色街区,促进"公园+街区""园林+技艺"融合。二是修缮维护古城街巷肌理。选择东关街和东圈门"双东"历史街区作为试点,按照"原址保护、修旧如旧"的原则,保护修缮各类建筑近 17 万平方米。同时,对古城区道路两侧建筑进行整治,使老城区新旧建筑、街景风貌协调一致。其他历史街区也

按照不大拆大建、不破坏街巷体系、不破坏居民生态、不破坏历史文脉、不破坏建筑风貌的原则,在完整保存坊制格局的基础上,实现原住民+商户+创客空间+民宿有机统一。三是打造宜居宜商宜游环境。按照宜居的思路,对古城 500 多处危旧房屋进行修缮,迁出 100 多家企业、7 万多居民,帮助留下来的 6 万多居民完善生活配套设施,既延续了历史文脉,又改善了居民的生活环境。按照宜商宜游的思路,在对东关街、仁丰里、南河下 60 多处重要历史遗存进行系统性保护的同时,对部分老宅进行承租权拍卖,汇聚了 200 多家百年老店及手工艺、特色小吃等商户,增强了发展活力。

(二)坚持政府引导与市场运作相结合,着力优化街区管理机制

政府层面,把培育步行街、特色商业街区纳入《扬州市"十三五"商贸流通业发展规划》,作为重点商贸流通项目进行打造;以获批国家"小微企业创业创新基地城市示范"为契机,把东关街—国庆路老字号集聚街区、瘦西湖景区"三把刀"集聚区列入市级商贸集聚区"双创"示范点,分别给予 700 万元、1000 万元资金扶持;与德国、美国咨询机构合作,为街区治理提供一整套方案;出台《古城区房屋修缮技术规范》《扬州市诚信示范街区测评体系(试行)》等制度文件,规范和指导街区建设;设立古城街区保护建设基金,先后投入 170 亿元修缮街区建筑和进行配套设施建设。运营公司层面,实施专业公司运作,成立扬州名城公司、旅投集团、运和公司等专业化公司,分别负责东关街、瘦西湖景区和南河下等街区规划、居民搬迁和招商运营。名城公司累计投入约 60 亿元用于东关街街区打造,并通过张贴"诚信红黑榜",发放"老字号"和"诚信商户"荣誉牌,大力营造诚信经营商业氛围。街道层面,积极发挥社会治理和政企、政民纽带作用,广泛发动企业、居民参与街区治理。仁丰里街区以公信力为担保,开创了租赁老百姓闲置房屋,打造创客空间的"惠民租赁"模式。虹桥坊街区设立双创服务中心,定期举办创业沙龙、青客分享会等创新创业活动。

(三)坚持传统文化底蕴与现代商业元素相结合,着力优化街区业态结构

一方面,突出商旅文联动发展,让街区"古得经典"。凸显历史文化厚重和旅游资源丰富两大优势,实现以商承文、以文促旅、以旅兴商。采取提升

改造紫罗兰等 10 家老字号店面、开设谢馥春技艺传习所和扬州书场等措施，推动东关街—国庆路街区历史传承展示和品牌经营互动，2018 年接待游客 1800 万人次。在瘦西湖景区内长春路沿线开设淮扬菜大讲堂，向游客现场演示经典菜肴制作技艺；建设"展示馆+体验店"式的理发术和传统修脚术博物馆，向游客展陈"三把刀"老物件、老照片。此外，在各街区内适时开展漆器玉器工艺展示、扬剧清曲票友汇演、盐商文化博览等非遗体验活动，彰显城市底蕴和民俗民风。另一方面，突出现代商业理念、商业模式运用，让街区"今得现代"。开展"互联网+商贸"双创示范，引导街区内企业实现由传统销售向"线上+线下""商品+体验"转变。东关街中华老字号谢馥春 2018 年 6306 万元销售额中，电商销售占 35%。虹桥坊—长春路街区趣园茶社、扬州宴荣膺黑珍珠二钻餐厅，成为远近知名的网红店。东关街、仁丰里、南河下等街区恢复或打造长乐客栈、重构、梵心等高端民宿，满足外地游客人文体验需求。目前，扬州主要商业街区大都涵盖了购物、餐饮、文化、民宿、酒店、娱乐等业态，满足了不同层次、不同年龄、不同群体的消费需求。

（四）坚持园林化设计、标准化改造与智能化提升相结合，着力优化街区功能设施

一是打造园林化街区。"扬州以园亭胜"。虹桥坊—长春路"三把刀"特色街区两侧分别为"中国湖上园林的代表"瘦西湖和占地面积 38.7 公顷的宋夹城体育休闲公园，街区风景秀美、如诗如画。东关街背靠中国四大名园个园，沿街全部门面房屋和汪氏小苑、逸圃等一批文保单位也得到了修复或重建，实现了游客从景区到街区的无缝连接。仁丰里用藤本植物和花草绿化街巷，"彩色街区"初具规模。"街在园中，人在景中"已成为扬州最显著的特征、最亮丽的名片。二是打造标准化街区。以创建全国旅游标准化示范城市和与法国奥尔良旅游标准化合作为契机，在景区、街区及周边的城市路牌、公交场站、停车场等公共设施设立了中外文旅游标识。在东关街、瘦西湖景区等主要景区之间开通免费直达公交，节假日开放周边机关事业单位停车场。东关街周边配套 5 个停车场 500 多个停车位，禁止一切外来机动车和非机动车进入，沿线居民非机动车实行统一标识管理。实施厕所革命，对街区环线厕所按照 A 级以上标准进行提升改造，打造步行"十分钟如厕圈"。三是打造智能化街区。实施"智慧旅游""智慧街区"等项目，推广"我的扬州"App、扬州旅游微信服务号、"一码游扬

州"微信小程序平台等，为市民和游客"吃、住、行、游、购、娱"提供精准的智慧服务。

四、当前城市更新与创意产业发展存在的瓶颈

（一）缺少整体规划

2017年起，扬州实施《古城保护条例》，基本上涵盖了老巷子集中的老城区。主要以古城保护为内容，取得了显著的保护成效，最大程度保留了扬州本土民俗文化，是一座活着的历史博物城区，但截至目前，还没有出台专门的古城发展规划，从而在保护和传承基础上实现古城的复兴发展。而巷子经济的专题规划挖掘能有效推动古城复兴，成为老城区经济发展的一个全新载体平台。

（二）受限于古城资源要素

扬州古城范围为：东至唐子城东护城河、黄金坝路、古运河一线，南至古运河、二道沟、荷花池、宝带河一线，西至宝带河、保障河、唐子城西护城河一线，北至唐子城北护城河、上方寺路一线，总面积约18.25平方公里。其中，东至古运河、南至古运河、西至二道河、北至北城河的围合区域为明清历史城区，总面积约5.09平方公里；其他区域为古城遗址区。扬州十几平方公里的老城区内，有明清时期遗留下来的500多条巷道，可利用的公共土地资源非常有限，而且多以老破小的独立产权民房为主，制约了整体打造和规模发展。老城区人员老龄化程度高，2018年人口数据显示，老城巷子集中的汶河和东关街道户籍人口中，60岁以上人口分别占23.94%和33.52%，人口老龄化程度远高于市区其他地方。没有充分调动民资积极性。老城区公房平房多，房屋修缮和改建有严格的规定，受古城保护条款约束，民资参与困难重重，除东关街外，目前还没有形成良好的民资投资氛围。有情怀的企业家少。在古城区不仅仅单纯考虑商业属性，还必须加持文化保护和传承。只有有情怀的企业家，才能将文化和市场结合起来，有情怀的企业家是稀缺的生产要素。

（三）"文化+"特色不明显

以老城区民宿为例，能够充分实现扬州"文化+"市场的民宿少。文化消

费的兴起也让"文化瑰宝"与民宿有着天然的契合点,例如老城区的盐商文化+民宿,能很好地满足游客深度游的需求。但从现有民宿房源看,仍然以经济型的公寓为主,根据采集的数据,2460 套民宿中,共有 1601 套公寓类型的民宿,超过一半,占 65.08%,以 2.0 民宿为主体,没有很好地融入扬州文化元素,仅在瘦西湖、东关和南河下有少量的文化消费型民宿。具有扬州特色的"民宿文化"以及相关产业集群并没有形成。

(四)文化资源市场挖掘不够

扬州作为历史文化名城,有着 2500 年的历史,拥有丰富的历史文化宝藏,其主要构成具体可分为历史文化、民俗文化、工艺文化、宗教文化、饮食文化等。这些文化背后蕴藏着有待挖掘的经济价值。目前扬州古城区有 500 多条小巷,古街深巷多且密,狭且长,巷连巷、巷通巷、大巷套小巷,特别是东圈门、东关街一带的小巷串起了古典住宅园林、寺庙等古建筑,浓缩了扬州民俗风情、人文建筑的精髓,但可看、可尝、可买、可体验等消费元素并不多,而且文化创意产品也不够丰富。

(五)文创产品产业链不完备

文创产品在设计环节,缺人才缺创新。扬州现有的四小花旦项目,漆器、玉器、刺绣和剪纸,更多注重非遗传承,但传承人年龄结构限制了其创新能力,更多地停留于技艺保护传承阶段,没有和市场需求结合起来。如剪纸作品停留于 20 世纪 80 年代的内容,不再符合现在年轻人的消费观念。486 集聚区中以独立大师工作室为单元,产品不接地气,难以转化为大众旅游消费。产品只能停留于窗格展示,而走不上市场。在生产环节,目前除了漆器厂实现产业化,其余三项设计成果的产业化转化机制不健全,有作品但没有生产厂商。在销售环节,缺少销售平台和载体。扬州整体旅游产品市场主要依赖"瘦大个",在旅游文创产品销售渠道上处于相对集中垄断状态,文创设计者产品难以进入这个渠道。在调研中发现,存在有产品但没有渠道销售的现象。486 集聚区中独立店铺式销售,因为高额租金挤占产品利润和市场,难以形成文旅融合互促的集聚效应。

五、城市更新助力创意产业发展的路径探析

（一）挖掘资源，实现一巷一特

500多条老巷子，其实各有特色。全面梳理各条老街特色资源，规划打造特色小巷，培育扬州"古巷管家团队"，实行一巷一特计划，实现老城区文旅融合发展。例如紧邻东关街的彩衣街，以明清时代建筑风貌为特色，是老城区传统风貌保持完好的历史地段之一，东接"中国历史文化名街"东关街，西邻现代商业中心文昌商圈，南临扬州城市主干道文昌中路，北至盐阜路，是老城区居民出行的东西向交通要道之一。目前商户集聚初具规模，但与东关街的区别是，彩衣街保留的居民生活气息要浓得多，要引导更多本土特色的小吃集聚于此，打造本土特色小吃街。紧邻彩衣街的龙背北柳巷保留着董子祠、真道堂、同仁医院等历史文物，紧邻小秦淮河和珍园商圈，与彩衣街有着显著区别，更显静谧，文化气息更加浓厚，可以发挥四喜小院民宿模范效益，引导民宿有序发展，重点打造扬州民宿文化集聚巷。湾子街是湾子街历史文化街区的一部分，整个街区位于扬州老城的中部，南至广陵路，北至文昌路，东接皮市街，西接国庆路，以手工业、商业命名的传统街巷众多，数量名列扬州各街区之首，可以规划传统手工业互动体验街区。刀剪铺林立的得胜桥老巷子，可以整合成"三把刀"销售街区。老城区的街巷有数不尽的故事和可以挖掘的资源，需要好好梳理和规划发展。

（二）规划整合，实现点线相连

古巷串起名人、名居、名迹、名园，也串起淮扬美食、淮扬工艺、扬州茶道，将扬州的历史文化、民俗文化、工艺文化、宗教文化、饮食文化等体现得淋漓尽致。应全面梳理巷子里的文化资源。以汶河街道为例，汶河街道有100多处文博遗址，7条水系，28座桥梁，36家文保单位，其中国家级2处、省级6处、市级28处，65棵古树名木，48眼古井，5座古寺庙。先从全国有影响、家喻户晓的经典文化点做文章，做好保护的同时，做好"巷子文化"系列产品开发和创作，说好扬州故事。例如驼岭巷深处南柯一梦的千年古树唐槐，可以结合扬州的剪纸和漆器技术，创新开发出特色古槐文旅系列

产品。开发设计深度巷子游路线,将古城区以水为轴,以巷为线,以文博遗址为点,以桥为连接,设计可以闭环游的线路,沿线贯穿互动体验、文化讲解、观光旅居等元素,打造扬州古巷品牌线路。

(三)创新思路,打造特色载体——建设"扬州慢"分散式古巷综合体,将巷子文化与文创集聚相结合

学习分散式酒店模式,结合国家"慢"文化背景,打造古城区分散式综合体。借鉴意大利以分散式酒店拯救古镇促其重生的模式,将文创综合体项目本土化和网络化,鼓励老城区居民参与后期管理,这样一方面为消费者提供最直接的本土文化接触,另一方面为老城区居民提供就业机会。注重培养说好扬州文化的"故事人",例如扬州传统手工艺继承人、传播人,小餐馆的老板、民宿老板等。在分散式古巷综合体的设计上,秉承"真"和"慢",最大程度保持原汁原味的老建筑,并让大家切实感受到"扬州慢生活"。

(四)把握时机,创建文创高地,成为运河文化带建设上的亮点和示范点

一是搭建扬州文创产品的整合平台,即集设计、生产、销售、展示于一体的综合平台,链接至文旅推广平台解决有文化无设计、有设计无产品、有产品无销售渠道的问题。二是打造老城古巷全域旅游基地,以水为轴,串联文化遗产,以文旅产业为依托,打造"东方威尼斯",让老城古巷街区成为扬州文化内核,使其在东西南北现代都市气息包围下依旧有一颗沉下来的文化内核。借运河文化带建设战略契机,说好扬州故事,亮好扬州文化,形成扬州特色。提到运河首先想到扬州,提到扬州首先想到我们的老城,提到扬州的老城古巷,有我们说不完的扬州故事。

(扬州市统计局课题组,课题负责人:赵振东,扬州市统计局局长。课题组成员:石火培,扬州市统计局社科处处长、高级统计师;刘怀玉,扬州大学教授;王敏,扬州市统计局社科处副处长)

(执笔人:石火培)

第八章
宁波：城市更新中的宁波想象

一、2020年宁波市文化产业发展的基本态势

二、宁波市文化产业发展与城市更新的样本经验

三、宁波市文化产业发展的未来趋势研判

城市更新是一座城市持续焕发生命力的保证，它凝聚了城市对"让生活更美好"这一目标的不懈追求与烂漫想象。《"十四五"规划纲要》（以下简称《纲要》）中明确提出"实施城市更新行动"，使得这一城市建设方式上升到国家战略层面，成为进一步提升城市发展品质、扎实推动共同富裕的重要路径，符合人民对于美好生活的期盼。《纲要》中特别提出了"支持浙江高质量发展，建设共同富裕示范区"这一指示，对浙江省在下一阶段的工作中着力推进示范建设、探索共同富裕的体制机制、形成可复制推广的浙江经验提出了要求。

宁波作为浙江的副省级城市和省内唯一的计划单列市，近年来发展势头迅猛，诸多领域走在浙江省各地市的前列。在美丽中国与诗画浙江的建设要求下，宁波不断推进名城名都建设，提升城市影响力和美誉度；在城乡融合与县乡一体的整体治理格局下，宁波着力探索乡村振兴实践，推动区域协调发展；在融入长三角一体化、协同加快大湾区建设的过程中，宁波以城市更新承接经济社会和空间结构的一体化发展，使得城市更新成为宁波迈向高质量发展的新动能，而文化创意产业则成为这一过程的中心环节。

城市更新作为一种温和的、渐进式的新陈代谢过程，强调盘活存量而非仅依靠增量来获得城市经济和社会发展空间，这其中既应有文化的传承，又需体现生活的接续。当前，宁波市的城市更新与创意产业发展作为一项综合性、系统性的实践，已积累了一定的经验，全体市民更以共同的"宁波想象"参与了这一体验式、互动式的城市更新历程，使得城市更新的"宁波样本"具有重要的借鉴意义。

一、2020年宁波市文化产业发展的基本态势

（一）立足当下：坚持"文化宁波"，推进品牌建设

2020年，宁波市文化产业围绕"文化宁波2020"主轴，以建设"独具魅力的文化强市"为目标有力推进，在提升"影视宁波"品牌竞争力、扩大"书香宁波"品牌影响力、培育"音乐宁波"品牌知名度、提高"创意宁波"品牌辨识度四个方向上发力。总体来说，2020年宁波市文化产业的发展路径更为明晰，品牌效应渐成。

"影视宁波"逆势突围。2020年上半年，疫情冲击给影视行业整体带来了不同程度的影响。而在这样的大环境下，"影视宁波"的建设却取得了重要的成果。2020年2月10日，象山影视城第一时间出台《象山影视城应对疫情支持影视企业共渡难关八项措施》并联合各单位签署发布倡议书，从线上服务、政策优惠、金融支持等方面精准帮扶，受到中央媒体的轮番报道。随着国内疫情的逐步好转，2020年全年来甬拍摄剧组达250多个，其中象山影视城落地拍摄剧组187个，同比增长37%。《月上重火》《大江大河2》等在宁波取景制作的剧目广受好评，《一枝一叶总关情》《小巷大总理》等本土题材作品相继落地拍摄。2020年4月，宁波微电影节成功通过国际短片联盟（SFC）资质审核，并于5月1日起正式成为国际短片联盟会员，成为亚洲第7个、中国内地首个加入国际短片联盟的短片节组织。宁波微电影节自2017年举办首届活动以来，始终立足宁波，服务于影视之城的建设，稳步提升宁波微电影节的产业价值和品牌影响力。10月20日，第五届宁波微电影节在南塘老街城南书院如期开展并面向全球征片选片。

"书香宁波"初见成效。"书藏古今"是宁波著名的城市标签，作为全省第一个、走在全国前列的以立法形式促进全民阅读的城市，自《宁波市全民阅读促进条例》（以下简称《条例》）正式颁布以来，宁波市组织开展了内容丰富、形式多样的全民阅读活动，推动全民阅读进农村、进社区、进校园，全力打造崇文尚读、书香浓厚的社会风尚。2020年4月1日，《条例》正式施行，"阅读·品质生活2020宁波读书月活动"随之开启，这是《条例》出台后举办的首个宁波读书月活动。宁波首先在鄞州试点布局了10个"甬·书循

环"阅读驿站,随着活动的开展,300余个"甬·书循环"流通箱被逐步投放到全市阅读驿站。各区县市、各单位也同步设计开展百余项富有特色的读书活动。宁波新华书店集团开展"以读攻读"、畅想"月"读活动;宁波图书馆推出书香战"疫"30项阅读活动,包括开展2020"城市书单"阅读活动,推出全新品牌"天一听书"、2020宁波阅读马拉松、"天一约书"等品牌活动;市教育局征集"阅读日记",评选"阅读领雁",分享疫情期间阅读带来的收获与感想……诸多富有特色的读书活动提升了市民对于阅读的关注度和参与度,使得更多的市民群众参与到阅读活动中来,全民阅读逐步成为市民们的精神自觉。

"音乐宁波"有序推进。2019年3月,由省委宣传部和市委宣传部联合发起的中国新乡村音乐计划在宁波江北达人村正式启动,以宁波为支点辐射浙江省并推广到全国。中国新乡村音乐计划通过音乐有力挖掘了传统文化元素,激发了乡村文化活力,通过音乐索寻乡村振兴的根脉。2020年9月,在宁波首届文旅博览期间,中国新乡村音乐发展计划之2020中国歌词大会正式启动,围绕"美丽家乡""绿水青山"等主题展开,歌词征集历时2个月,吸引到了全国20多个省、自治区、直辖市的音乐人积极参与,共收到音乐人创作的音乐作品3700余件。本次活动还拓展了网易云音乐的平台渠道,共同打造"中国新乡村音乐榜"。另外,音乐宁波的推进离不开对于全民的艺术普及,宁波交响乐团自2015年成立后每个月举办一场公益交响音乐会,并经常请观众走进排练厅,一边讲解乐曲,一边介绍乐器,做了大量的音乐艺术普及工作。另外,乐团还通过送活动到基层的方式,培养起一批交响乐的爱好者。宁波交响乐团还前往青岛、厦门、西安、长沙、广州、深圳等国内各大城市巡演,把演出与宁波文化旅游推广进行深度结合,进一步塑造宁波的文旅品牌,推广宁波城市形象。

"创意宁波"常态运转。为助力"文化宁波2020",孵化于宁波文博会的文创企业平台——"蚂蚁文创"开拓培育了"蚂蚁文创生活艺术节"这一文创品牌,自2019年举办以来,打造了诸多富有宁波特色的原创IP。2020年的蚂蚁文创生活艺术节于6月19日启幕,连续三个月为宁波市民呈现一系列文化创意特色活动。本季活动集结蚂蚁文创平台独家合作商户、长三角地区独立设计师品牌、宁波本土文创品牌,携手"甬创之家"挖掘全市优质文创资源,策划开展6期主体文创快闪系列展,并在活动期间的每个周末举办

"蚂蚁拾物夜市",同时开展夏夜音乐会、青年露天电影巡展等多项丰富多彩的现场活动,并创作了专属主题曲《蚂蚁之歌》。"知+ plus"创意宁波暨文旅博览会常年展厅在南塘老街D区揭幕开馆以来,吸引了众多来访者前来参观。该展厅围绕"博览会+云平台+孵化器+创业园+文创地标"的功能定位,通过线上线下联动,以"知·展""知·礼""知·播"和"知·享"等系列活动,加快海丝之路文旅博览会积累的产业资源转化落地,助力提升宁波城市创意设计水平。未来蚂蚁文创还将继续吸纳更多优质的文创企业及资源,并通过举办、参与各类文化创意活动,以多元的方式展示宁波文创实力。2020年10月,宁波馆还以"创意宁波"主题亮相杭州文博会,入驻2020ADM生活创意展览,展现宁波文创产业良好的发展态势。

(二)坚守根基:保护历史遗存,延续城市文脉

城市更新应注重城市内在的文化肌理,重视城市的环境品质和人文内涵。习近平总书记曾强调,"要妥善处理好保护和发展的关系,注重延续城市历史文脉,像对待'老人'一样尊重和善待城市中的老建筑,保留城市历史文化记忆,让人们记得住历史、记得住乡愁,坚定文化自信,增强家国情怀"。宁波市在城市更新的过程中重历史文化保护,更重视场景场所记忆的延续,并通过多样的艺术活动营造城市整体的文化氛围。

在对于历史记忆的保护上,宁波强调"守"。这里的"守"并不意味着守旧,而是妥善对待历史记忆的物质载体和有形见证,使之成为一座城市在更新过程中的坚实根基。就此,宁波主要在以下方面有所行动:

一是对城隍庙的整修、完善与提升。城隍庙作为现存国内最完整、浙东地区规模最大的郡庙,其历史可以追溯到五代后梁时期。为深入挖掘城隍庙的历史文化内涵,重现老庙的昔日辉煌,伴随着近年来社会各界对于城隍庙修缮提升呼声的高涨,海曙区委、区政府经过专家论证和群众公开投票后将整修方案定为将城隍庙恢复至清朝最后一次大修时即1884年的历史风貌。本次修缮工作从2018年10月开始,历经两年时间,修缮面积达6000平方米。2020年6月27日,宁波府城隍庙揭匾开庙仪式举行,正式向市民开放,由照壁、门厅、前戏台、大殿等组成的"四进四天井二戏台左右厢殿"雄伟建筑重新展现在市民眼前。

二是对天一阁的研究、管理与指导。天一阁是我国现存历史最悠久的私

家藏书楼，也是世界上最古老的三大家族图书馆之一。在对天一阁的保护规划过程中，宁波市严格按照"保护为主，抢救第一，合理利用，加强管理"的文物方针制定保护措施，并坚决遵守"不改变文物原状"的原则。2020年9月2日，由宁波市天一阁博物馆与宁波市保国寺古建筑博物馆整合组建的宁波市天一阁博物院，以及由原宁波市文物保护管理所和原宁波市文物考古研究所整合组建的宁波市文化遗产管理研究院同时举行了挂牌仪式。天一阁博物院将承担天一阁、保国寺、浙海关旧址等文化遗产的保护管理。宁波市文化遗产管理研究院则承担文化遗产资源调查研究、全市文物保护管理、全市文物考古等工作。

三是对大运河的保护、规划与传承。宁波作为大运河的终点、海上丝绸之路的起点，一头连接运河文明，一头通往海洋文化。在2014年6月召开的第38届世界遗产大会上，中国大运河项目成功入选世界文化遗产名录，成为中国第46个世界遗产项目，这也意味着宁波就此跻身世界文化遗产城市行列。早在2017年，宁波就颁布《宁波大运河遗产保护条例》，成立大运河（宁波段）遗产管理委员会，实施"一馆二带三公园"工程，坚持保护优先，注重生态修复，同时推进活态传承，合理开发利用，逐步建成河海博物馆、西塘河运河风情带以及压赛堰运河遗址生态公园等，进一步加强大运河（宁波段）遗产展示利用工作。

在对于场所记忆的延续上，宁波强调"承"。城市空间留给人们的记忆并不仅是外在的实体建筑和公共空间，还有场所与人的交集所赋予的特定情境记忆。它以人们共同的社会实践与情感认同为基础，触发人们对一座城市的认同感和归属感。宁波市通过举办节庆活动来强化城市的场所记忆，构筑城市的精神和灵魂：

一是象山开渔节。开渔节是中国许多沿海地区尤其是中国东海渔民自古以来就有的一种节日庆典活动，以搭台唱戏、开渔祭海为主要表现形式。宁波象山将这种自发性的仪式通过官方组织、统一策划上升为一个集文化、旅游、经贸活动于一体的海洋文化的盛大典礼，并赋予其丰富的文化内涵和鲜明的渔乡特色。当前，象山开渔节已成为联结中华渔文化的纽带之一、民间交流合作的重要平台。2020年9月16日，第二十三届中国（象山）开渔节在象山石浦港举行。受疫情影响，本次开渔节只保留了两大主题活动——祭海仪式和开船仪式。其中，祭海仪式作为中国（象山）开渔节最具特色的活动之一,不仅是对古老文化的传承,更有着保护海洋、感恩海洋的深远意义。

二是徐霞客开游节。作为《徐霞客游记》中的开篇地,宁波宁海创办了"徐霞客开游节"这一节庆活动,擎起"中国旅游日发祥地"的大旗,以期提升宁海的知名度和影响力。2002年5月18日至20日,首届中国(宁海)徐霞客开游节在宁海举行,经过近20年的发展,开游节已成为宁海经济社会发展的重要支点。

宁海前童古镇力求打造"活的古镇",通过保留原始建筑、文化,以徐霞客古道为纽带,策划推出精品游线,串联沿线文旅资源。另外,值得注意的是,由宁海县政府推动,多个单位联合发起的"徐霞客游线标志地的寻找和论证行动"也正在进行中,项目开展以来有力唤起了沿线地方政府和人民的参与热忱,极大地增强了其文物保护意识,为推动徐霞客游线申遗奠定了基础。

三是阳明文化周。王阳明,浙江余姚人,是明代著名的思想家、文学家,创立了"心学",其中"知行合一""致良知""格物致知"等观念成为阳明心学重要的文化精髓,对后世的宁波人产生了重要影响。当前,宁波通过加强对阳明心学的学术研究,追溯宁波精神的源头。2020年10月30日至11月5日,以"阳明故里·良知善治"为主题的宁波(余姚)阳明文化周活动在余姚举行。今年文化周的内容包括礼贤仪典、主题峰会论坛、阳明古镇开街、"姚江书院"重建研讨会等十余项活动。本次文化周还发布了五集纪录片《王阳明》,该片于2019年11月开始筹备创作,辗转北京、浙江、江西、贵州等地摄制。宁波以阳明文化周为契机,努力把阳明文化打造成为宁波、浙江乃至全国的重要文化标识。

在对于文化氛围的营造上,宁波强调"融"。在城市更新的过程中,宁波市重视对整体文化氛围的营造,这其中既有加深场景空间的情感延伸,又能促进居民文化素养的稳步提升,使得文化元素融入城市的各个角落,具体表现如下:

一是创意点亮城市。具有城市特色的文化元素能够作为历史记忆的文化地标,展现城市的命运走向和脉搏跳动。由此,宁波市组织实施"创意点亮城市角落"的行动,在宏观上打造城市的"客厅",在微观上关注城市的"角落",同时引导全民积极参与,激发人民群众的主人翁精神。2020年6月5日,宁波市正式启动首批"席地而坐城市客厅示范区域项目",即市民在这些示范区域里可随时随地就座而不弄脏衣服。宁波在2020年内完成了全市重要商圈、广场公园、交通枢纽、迎宾道路、旅游景区等20个城市客厅可席地而坐示范区域的创建,并计划至2022年创建100个此类高品质示范区域。这一举措体现了政府的公共服务水平,也是城市精细化管理的具体表现,更是城市更新过程中推进文明城市创建的有形抓手。另外,宁波还通过"微创意"对城市进行"微改造",以艺术激发创造,真正践行城市美学,绣出锦绣画卷。在北仑区月季社区北极星村,坑坑洼洼的小区路面不见了,取而代之的是画满琴键的"钢琴路";老外滩、三江口的闹市区,200多块户外LED大屏上,都有公益广告的身影;以前色彩单一的隔离装置如今都写上社会主义核心价值观、"绿水青山"和"大美宁波"等内容,成为城市宣传的新阵地。

二是艺术提升素养。当艺术与城市发展融合后,城市便受到了艺术的引领,艺术也拥有了更广泛的受众。宁波市众多的艺术活动为普通民众的艺术素养提升注入了活力,也为形成积极向上的城市艺术文化氛围贡献了力量。《2019年演出行业洞察报告》显示,2019年中国演出票房迈入200亿元大关,而演出行业中宁波多项票房在全国位列前茅,演唱会、话剧、儿童剧的票房更是位列全国第一;根据宁波共产党员、第一部党章的守护人张人亚等普通群众为共产党守护珍贵文物的真实故事改编而成的话剧《张人亚》赴全市各县区巡演,电影版也于2020年在宁波等地取景拍摄;由宁波市演艺集团与中央歌剧院、武汉市黄陂区人民政府合作打造的舞剧《花木兰》于2020年11月16日在国家大剧院上演,该剧荣获中国舞蹈最高奖——"荷花奖",是宁波近年来推出的又一精品力作;2020年10月9日至14日,以"融入现代生活 弘扬时代价值"为主题的2020全国非遗曲艺周在宁波举办,首次汇聚127个国家级非遗曲艺代表性项目258个,并在线上平台集中展播。这是全国非遗曲艺周首次在长三角城市举办,对于进一步推动全国各地特别是南北曲艺的沟通与交流发挥了积极作用;宁波市还在浙江民间文艺映山红奖上收获颇丰,9件艺术作品光荣上榜,占获奖作品总数的近1/3,居全省第一。

(三)展望未来:探索数字路径,挖掘多样业态

在新冠肺炎疫情期间,宁波市启动了一级响应的防控措施,这不可避免地对宁波当地的文化产业造成了短期压力和持续影响。但疫情的暴发也倒逼着生产生活方式朝着智能化、线上化发展。疫情防控所造成的长时间物理隔

离，使得相关传统文化企业加速了与互联网技术的融合，兼并重组有所增多、产业结构优化升级、多样业态逐步显现，宁波市文化产业在风险中酝酿着新的机遇。

云技术适时助力。新冠肺炎疫情暴发以来，线上线下的联动加速了文化产业提档升级和结构优化调整，数字技术以云技术为先导适时介入生产生活。2020海丝之路文旅博览会引入云签约的方式，英国中部引擎地区、上海宝库文化、中国台湾孟小冬京剧文化基金会等企业在海内外各地以视频连线的方式与宁波签约合作。本次活动中还上线了"文旅云展"直播活动，这一"云上展厅"是对习近平总书记提出的"创新展会模式"的具体落实。广大厂商可通过视频直播的方式展示自己的产品和创作过程，观众也可以足不出户了解各类文旅产品、文创作品及其相关制作工艺，并与主播实时互动交流，获得新的文旅体验；疫情期间，在宁波市文改办的指导下，宁波市文化产业促进会和授权联盟共同主办了"云直播"网络讲堂，即"甬创云课堂"，以"抗疫情、化危机、促发展"为主题，邀请市内外打卡聚焦疫情之下的文化产业交流分享、共话发展；随着浙江文旅消费季的全面启动，"百县千网"云上游也同步上线，涵盖了目前省内各类优质文旅资源，这些大量被"赶上云端"的文化活动使得习惯于线下看演出、观展览的观众，获得了全新的审美体验。

数字化改革深化。在经济新常态与疫情防控常态化的双重背景下，数字化对文化产业发展的重要意义得以充分彰显。文化产业发展需要立足数字经济时代，更好融入我国经济社会发展大局，实现文化产业双效统一。当前，宁波正围绕习近平总书记关于全面深化改革和数字中国建设的重大部署，在数字浙江的引领下不断加快数字化建设。当前，宁波已培育了一批较有核心竞争力的大型数字文化企业，形成特色鲜明、技术先进、布局合理、链条完善的数字文化产业发展格局。得力集团有限公司、浙江大丰实业股份有限公司、贝发集团股份有限公司、宁波甬派传媒股份有限公司、浙江字节跳动科技有限公司5家企业入围了"2019—2020年度浙江省数字文化示范企业"。2020年6月28日上午，宁波市政府与阿里巴巴集团举行揭牌仪式，数字宁波有限公司和阿里云新制造创新中心一同揭牌，围绕工业互联网平台和推进国际消费城市的协议同时落地。宁波阿里中心将充分发挥数字经济优势，加快推进宁波数字产业化、产业数字化，做大数字经济核心产业规模，通过深度参与宁波的数字化建设，助力宁波的数字化转型。

文化新业态上扬。国家发展改革委、中央网信办、文化和旅游部等13部门联合印发的《关于支持新业态新模式健康发展激活消费市场带动扩大就业的意见》提出，鼓励文化旅游等其他领域产品智能化升级和商业模式的创新。宁波在新业态的构筑方面也多有探索。携程发布的数据显示，宁波居2020年旅游过年十大国内黑马城市第六位（前五位分别为九寨沟、丽水、福州、汕头、腾冲）。2019年以来，随着宁波文化与旅游的深度融合，以"海丝古港·微笑宁波"为主题的旅游形象逐渐深入人心，越来越多的游客来宁波领略海丝文化、海天佛国、海湾风情；疫情期间，以数字内容为核心的数字文旅产业异军突起，云娱乐、云直播、云看展等新业态的用户高涨。为进一步优化宁波的直播电商产业发展环境，推动电商新经济、新业态创新发展，打造业态丰富、人才集聚、创新驱动的直播电商产业生态，宁波（前洋）直播中心应运而生，成为带动消费升级和内循环的引领力量；宁波利用建设国家保险创新综合试验区优势，推动保险创新政策在文旅领域落地，先后推出"文创+保险""旅游+保险""文保+保险"服务，积极探索文化和旅游金融合作，创建国家文化金融合作示范区。

二、宁波市文化产业发展与城市更新的样本经验

（一）从"锈带"到"秀场"：宁波文创港的新生

宁波文创港位于甬江北岸，南向面江，东接北高教园区，西连老外滩，盘踞宁波市域的核心区块，是甬江科创大走廊的重要组成部分。文创港于2019年6月底正式开建，短短两年内，甬江北岸便发生了翻天覆地的变化，逐步实现"工业锈带"向"活力秀场"的蜕变。文创港的建设对于宁波城市更新的意义在于其集历史文化展示、高新产业发展与市民休闲娱乐于一体，"港、产、城"建设齐头并进，充分落实工业遗存保护与活化利用，对于提升宁波城市建设品质与发展能级具有重要意义。

工业锈带的重生。宁波文创港地块是宁波近代工业的发祥地之一，拥有鲜明的港口工业特征和港口文化记忆，火车北站、宁波海洋渔业公司、港埠三区、白沙粮库、宁波粮油食品加工公司等工业遗存，都见证了宁波近代工业和海渔产业的发展历程。作为宁波市重要的工业文化遗产，文创港在建设

过程中较为完整地保存了本市最早的港区（码头）遗存痕迹，并与城市更新建设有机融合。如曾经的老北站月台，在保留站台元素的基础上，变身为宁波人才之家，集路演厅、咖啡厅、茶室等多个功能厅于一体，筑巢引凤。正在建设的文创港核心区滨江水岸样板段项目（一期）工程对标世界级滨江水岸进行建设，保留了码头、烟囱、铁轨等工业遗存，同时布局了休闲游憩类、生态教育类、文化体验类等多样的活动空间，还配建了社会停车场、体育健身场地、游客中心等设施。规划中的公园内的景观平台将创新性地上跨下白沙路，使北侧地块与滨江绿地无缝衔接，与江岸的建筑共同形成层次丰富的立体水岸空间，未来将成为宁波亮丽的城市名片。

高新产业的引进。在2020年的最后一天，宁波文创港核心区启动区块一期项目主体顺利结项，这标志着项目全部建筑主体结构施工全面完成。核心区以规划运河区块为界，形成了不同的开发建设思路。其中位于宁波文创港核心启动区（规划运河区块）的文创港客厅最先完工，总建筑面积约3万平方米，当前已基本完成招商并进行全面运营。文创港客厅按照"政府引导、企业主体、市场运作"的思路，打造文创港招商展示区和产业先导区。2020年全年，文创港客厅举办各类活动近300场次、接待客商200余批次，更有阿里云宁波市工业互联网中心、字节跳动、滴滴出行、故宫文创等一批平台项目、产业项目成功落户。规划运河以西区块，采用"筑巢引凤"模式，由国有企业联合拿地开发。规划运河以东区块，采用"引凤筑巢"模式，拟引进知名产业集团投资建设运营，打造国内外知名企业的总部经济集聚区和高端产业汇集地，当前该区块已达成储备意向项目80余个。其中，阿里云宁波市工业互联网中心于2020年7月正式挂牌。

2020年6月9日，国家发展改革委发布了《推动老工业城市工业遗产保护利用实施方案》的通知，明确了推动老工业城市工业遗产保护利用的指导思想，提出了开展资源认定管理、推进重点保护展示、完善工业博物馆体系、繁荣新业态新模式、拓展文化生活新空间、塑造城市文明新形象等6项任务。工业老城和工业遗产承载着我国百年工业文明的发展历史，是一座城市工业文化和集体记忆的重要载体，而对其保护利用则是一项系统性工程。宁波文创港将老城更新与文旅发展有机结合，从尊重历史文化的思路出发对这一蕴含了城市丰富历史发展信息的滨水区进行改造，实现了对工业遗产的有效利用、对集体记忆的巧妙留存，同时也为城市的未来发展蓄能。当前，宁波正积极将甬江两岸打造成面向世界的会客厅、城市建设的新地标、创新研发的新平台、都市经济的新引擎、百姓生活的新社区。

(二) 从"地标"到"网红": 海曙老街区的更新

1986年国务院公布第二批国家历史文化名城时提出了历史街区的概念。2002年10月修订后的《中华人民共和国文物保护法》正式将历史街区列入不可移动文物范畴。1997年,宁波市城市规划和文物行政管理部门联合制定了《宁波历史文化名城保护规划》,将越来越多的历史街区纳入保护。截至目前,宁波市海曙区共有7个省级历史文化街区,在历史街区的传承中形成了具有海曙特色的老城保护经验。

一是以多个主体的合作行动取代单一主体的单边行动。宁波海曙区提出"政府主导+企业投入+公众参与"的模式,由政府负责历史街区的规划制定、业态定位等工作,企业承担街区重建、业态重组、招商等工作,同时引导公众参与历史街区保护开发的全过程。在这一模式下,最大程度传承保留历史街区的真实性、完整性和延续性,为其建设提供了可持续发展的动力和强大的文化支撑。同时又依托文商旅融合,加大发掘、开发力度,使分散的、隐性的历史文化资源集聚化、显现化,使得历史文化核心区域变"地标"为"网红"。

二是以具有特色的区域定位和模式活化保护历史街区。为突破建设性破坏和保护性衰败的困境,海曙区从保护与延续历史原真性、生活真实性等方面进行有机更新。例如毗邻月湖的郁家巷历史街区作为宁波现存面积最大、历史遗存最丰富的街区,官衙、官宅、别墅较为集中,书院、藏书楼、诗社星罗棋布。在保护和开发的过程中,综合利用了原地保护、空间转换等手法,保留了古老的建筑结构和风格,并以宁波商帮文化为核心打造"月湖盛园"文商旅综合体,成为国内首个以江南院落为蓝本的历史文化商业街区。

三是以复兴公共空间唤醒场所记忆挖掘老街精神风貌。公共空间的活力是人们对于这一城市区域的第一感知,而城市更新为唤醒公共空间的场所记忆创造了更多机会。对于南塘老街的历史街区保护与建设便是这一城市更新思路的重要印证。据民国《鄞县通志·文献志》记载:"南门有三市,西门有八市……船舶争集,人民杂逻,夹道商铺,鳞次栉比,一如江东。"如今南塘老街既完整保留了江南传统水乡街巷的风貌特色,又将旧宁波商韵与新宁波商业模式成功结合,重现往年南门三市的繁盛情景。如今的老街遍布了赵大有、缸鸭狗等诸多宁波老字号商铺,随着商业活力的注入,一条集旅游观光、文化休闲、民俗特色于一体的体验式主题商业街区被打造出来。新修建的南塘老街二期不仅实现免费无线信号覆盖,还增加了书店、民宿、服装定制等新兴业态,加深与市民的互动。

四是逐步修订明确的工作标准,不断提高街区管理水平。历史街区改造是一个集保护、修复、发展于一体的系统性工程,需要"自上而下"的规划控制和"自下而上"的改造实施相结合。随着一个个成功案例的诞生,海曙区尝试从街区保护、街区街貌、街区服务和街区管理等方面制定更高的工作标准,并且通过规范硬件设施、文物保护、民俗活动等,提高街区规划合理性和服务管理水平。经过数易其稿,海曙区发布了《历史文化街区建设活动和服务管理指南》,从多个细微之处着手,提出了很多明确要求。例如对街区内的基础设施、公共设施等进行具体规定,要求各类建筑布局合理,体量、高度、色彩、造型相协调,公共设施设计融入街区特色元素;要求街区街貌标志标识的设计融入历史文化元素;要突出植物造景,形成美化环境的休闲景观、四季景观等。

城市文化应当是流动而包容的。作为保护历史文化遗产的重要一环,一方面,历史街区打造应顺应城市肌理,让历史街区保留一定的传统物质建筑和生活方式,而不是以简单的商业开发进行功能置换。另一方面,要改"摧旧出新"为"倚旧出新",即以渐进式的整治,保留历代建筑的叠加,实现小规模、连续性、渐变性的有机更新,继承历史街区在发展过程中留下来的有形的物质遗产和无形的人文财富。同时,历史街区的更新还应将居民的利益和需求置于重要位置,不断改善环境质量和基础设施条件,鼓励居民参与街区的改造,实现民众更具参与感的城市更新。

(三)从"探索"到"引领":象山影视城的崛起

2021年1月26日,浙江省十三届人大五次会议提出"十四五"期间要"加快发展文化旅游产业",并明确要求"支持象山影视城建设,打造具有国际影响力的影视文化创新中心"。2020年7月7日,省文化和旅游厅公布首批10家未来景区改革试点名单,象山影视城成为宁波唯一入选景区。作为"中国十大影视基地"之一的象山影视城,一以贯之地按照"围绕影视、回归影视"的发展思路，打造场景制作、服装道具加工、群众演员管理、游客购物消费等影旅融合发展的全产业链。同时积极带动宁波东部新城、老外滩、北仑港等周边区域进入影视领域，并结合海岛、海岸线、码头等地理优势，推动打造宁波"影视新城"。

象山影视城坚持全产业链的健康发展，并在疫情期间发挥了重要作用。对于剧组运转困难的问题，象山影视城主动提供支持，租金半价甚或免费等扶持政策相继出台；面对招商受阻、推介暂停等不利因素，象山影视城采取"网络推介+云端签约"形式，搭建宁波影视文化产业大数据服务平台；随着疫情加速行业洗牌，象山影视城变下游被动承接服务为主动对接上游头部影视公司，与工夫影业建立5～10年长期战略合作，以建景入股方式介入影视投资与制作板块。2020年，象山影视城新引进落户企业和明星工作室1197家，同比增长19.3%，累计落户企业和明星工作室3191家，产业区营业收入实现50.21亿元，同比增长34.9%，实现税收2.53亿元，同比增长18.2%；接待拍摄剧组195个，同比增长30%。2020年"宁波品牌百强榜"发布，象山影视城品牌价值实现102.6亿元，位列宁波市文旅品牌第一名。总体来说，经过几年的发展，具有如下一些值得借鉴的经验：

一是围绕影视，回归影视。目前，象山影视城已形成了唐城、民国城等六大功能区，同时，象山影视城还积极开辟现代戏外景地，打造军事、法制题材影视拍摄基地，使得拍摄场景能够承接不同时代、不同题材的风格需求。当前，影视城摄影棚面积35万平方米，位居全国各影视基地第一，拥有国内首个高科技数字摄影棚、首个专业LED摄影棚、全亚洲最标准的水下特效摄影棚，以及世界最大摄影棚。此外，影视城还引进了全国数一数二的服化道、影视器材等公司。除此之外，象山影视城还积极对接影视专业协会和电影节主办方，着手举办编剧论坛、5G产业发展高峰论坛等行业峰会，筹备电影节庆活动及电影音乐节；不断加大剧组引进力度，采取"一事一议、一组一议"的合作模式；打造上盘编剧村、灵岙演员村、高塘道具村等产业特色村，加强产业要素集聚和管理。

二是以文促旅，以产促城。一方面，象山影视城管委会不遗余力地激活影视城的旅游属性。通过结合影视经典场景，探索"景点+游乐+演艺+互动"沉浸式实景体验项目，布置少林功夫、影视梦工厂、非遗绝活绝技、婚俗表演、戏曲快闪、非遗文化大巡演等演艺节目，打造独具特色的大型文旅IP，如推出《穿越上海滩》影视拍摄体验秀等。另一方面，象山影视城不断完善产业链，为高质量发展注入"底气"。当前象山影视城已建成经济型宾馆、贵宾楼等诸多配套设施，带动周边村庄建设影视客栈 302 家，为周边村镇提供了 5000 余个就业机会，已逐步形成场景制作、服装道具、群众演员、吃住服务、购物消费等影视与旅游的产业链。

三是加快合作，走向国际。2019 年以来，象山影视城优化投资开发模式，综合运用土地入股和专项资金奖励方式，鼓励民间资本合作参与影视场景建设。先后引进投资 6500 万元建设《长安十二时辰》唐城场景、《鹤唳华亭》剧组御花园、《青簪行》剧组王府和府院等场景；同时，影视城发挥品牌效应，加快推进影视合作联盟建设，引进北京海天蛟龙影视传媒，合作建设占地 1000 亩军事题材拍摄基地和沉浸式军事主题乐园；成功对接公安部和金盾影视文化中心合作开发贵州省黔西南州法制影视拍摄基地；签署吉林省延边州老白山影视基地深度帮扶合作框架性协议，努力实现影视旅游产业资源共享、产品互补、合作共赢。

2020 年 8 月，长三角影视拍摄基地合作联盟在上海国际电影节宣告成立，首批成员包括 17 家长三角地区的影视拍摄基地，象山影视城也位列其中。未来，这一联盟将协同沪苏浙皖主要影视拍摄基地加大资源整合力度，推动长三角地区影视产业的共同繁荣发展。另外，影视城还主动对接美中企业家商会、新加坡浙江总商会和中国电影合作制片公司等机构，建立国际影视互访机制，邀请国际知名影视公司和导演来象山考察，力争突破古装剧及年代剧等拍摄题材限制，探索开展科幻片等新型题材拍摄，加快象山影视产业国际化进程。

当前，象山不断加快建设覆盖影视拍摄、制作、出品、交易等全环节影视产业体系，以创建全省唯一影视类特色小镇为契机，坚持"围绕影视、回归影视"的发展理念，采取以文促旅、以产促城的全产业链建构模式，促使影视产业链不断从低端向高端拓展，做精做强影视文化产业，全力打造中国影视基地新龙头。

三、宁波市文化产业发展的未来趋势研判

2020 年 12 月 28 日，首届中国城市数字经济论坛上发布的《中国区域与城市数字经济发展报告》对中国重点区域、典型城市的数字经济发展潜力进

行了定量分析，在对数字经济发展现状、特征、规律等研究的基础上，编制了数字经济竞争力指数（DECI）。从技术、人才、产业、应用、需求等多个维度综合反映各省份和城市数字经济发展潜力，宁波位居第十（前九位分别为北京、上海、深圳、广州、南京、杭州、天津、成都、重庆）。这一排名既有对宁波当前数字化建设成果的肯定，也意味着宁波在数字经济发展方面存在着诸多不足，有待向其他城市看齐，数字化改革将是下一阶段宁波市文化产业发展的重要特征。与此同时，在数字技术的助力与城乡一体化发展的背景下，乡村与城市都在差异化的赛道上迈向更新之路。

（一）信息化建设推动新兴业态涌现

在工信部公布的 2020 年信息消费示范城市中，宁波成功入选综合型信息消费示范城市。自 2014 年成为首批信息消费试点城市以来，宁波紧紧围绕数字经济"一号工程"，以新型智慧城市建设为主线，推动信息消费取得了新发展，其中网络设施建设是宁波入选的关键优势之一。宁波市具有城市网络基础设施"全"、通信和网络消费规模"大"、信息消费有效供给能力"强"、新业态新模式涌现"快"和消费环境"优"五大鲜明特点。宁波市的 5G 网络已经实现主要城区和重点港区、园区连片覆盖，成功斩获全国 5G 网络十大优秀城市（综合排名全国第四）；全市视联网络视频监控接入数量居全省第一，实现全市重点区域全覆盖；窄带物联网城区及重点园区全覆盖，率先建成物联网城市开放平台。与此同时，宁波的新业态、新模式加速涌现，集成电路、光学电子、工业软件等特色基础产业快速培育；5G、人工智能、区块链等未来产业超前布局；培育出工业互联网平台 23 个，"5G+工业互联网"的试点模式在全国百余个城市推广。逐渐培育出宁波云医院、海上鲜、啾啾云等一批新型信息消费业态。

（二）数字化经营推动企业转型升级

数字化经营推动企业转型升级。疫情冲击之下，在企业的各个经营环节中，数字化应对手段的积极作用得到充分彰显，加快数字化转型越来越成为企业的共识。2020 年 9 月 11 日，世界数字经济大会暨第十届智慧城市与智能经济博览会在宁波启幕。本次大会围绕"数字驱动、智能发展"的主题，聚焦数字经济发展新趋势、新热点。包括阿里巴巴、网易、海康威视等百余位企事业单位高管代表出席，共探发展新路径。当前，宁波正积极推进高新区国家文化和科技融合示范基地建设，以做强现代数字影视为重点，加快推动象山影视城和博地现代影视基地的数字化建设。2020年11月15日，首届5G产业峰会——象山影视城5G+数字影视高峰论坛在浙江象山星光影视小镇召开。本次论坛上成立了"象山影视城5G+影视制作示范基地""象山影视城国家新媒体联合实验室""华为—象山5G数字影视科技创新中心"，引进"加拿大LED电影特效团队及技术"以及光大控股特斯联科技公司共同建设AI Studios人工智能影视基地。这些成果将助力象山影视城充分利用5G、大数据等高新技术打造数字影视全产业链体系，为数字科技拍摄制作、数字影视IP开发以及电影衍生产业开发提供国内领先的全产业链服务体系。

（三）艺术与创意助力乡村实现振兴

推动城乡区域协调发展是解决发展不平衡问题的内在要求，而乡村振兴通过实现与城市的差异化竞争，在保留乡村样态的基础上，逐步缩小与城市的发展差距。2019年4月，中国人民大学艺术学院副教授丛志强携"设计推动乡村内生发展"这一课题来到宁海，选择葛家村作为实践基地。经过半年多的努力，丛志强团队将葛家村从一个"三无村"变为了富有艺术想象力的"网红村"。如今，全国各地参观学习者络绎不绝，葛家村已成为艺术振兴乡村的"宁波范本"。2020年，丛志强再次携团队来到东钱湖的城杨村，筹备用创意点亮乡村，用艺术振兴乡村。城杨村位于东钱湖旅游度假区和大梅山旅游板块的交接点，附近有宁波画院、中国摄影家协会宁波艺术中心、南宋石刻公园等文化艺术机构，整体艺术氛围浓厚。此外，村里拥有4200亩原生态森林、千年古寺、千年银杏树、永安桥、亭溪岭孤岛及裴君庙等众多自然和人文资源，文化底蕴深厚，环境优美。创意改造团队的初步方案是沿村里的亭溪布点，在村口建一个"孝"主体公园和儿童研学场所，再将沿溪的古树、古寺、桥等资源利用起来，建设一个具有验血和疗休养功能的旅游目的地。从葛家村和城杨村的成功案例来看，用创意点亮乡村，就是以村民为本，尊重村民的意愿和需求，以"微改造""巧更新""陪伴式发展"为特色，用创意提升生活空间、改善生产环境。未来，宁波将会有更多的乡村进行立足于自身特色的创新发展，艺术助力乡村振兴走在路上。

(四)都市区协同发展共享更新成果

城市发展进入更新阶段,城市间不再互相争抢资源,而是结合自身特点差异化发展,真正实现"抱团取暖、协同发展"。都市圈的协同发展、城市间的合作更新建设,将有利于解决城市更新发展的空间约束难题。2021年的浙江省政府工作报告在部署"十四五"开局工作时,提出"高水平建设宁波、杭州、金义新片区","推动甬绍、甬舟、甬台等一体化合作先行区建设"。

由此,宁波都市区的建设对于应对城市问题的复杂性、维护建成环境的高品质、保障城市再开发的公共性、提高城市更新的善治性具有重要意义。宁波都市区是全省四大都市区的重要组成部分,宁波都市圈也是长三角城市群五大都市圈之一。当前,宁波都市区明确实施范围包括宁波市域、舟山市域和台州市域,延伸至绍兴市新昌县、嵊州市等周边区域,将努力构建"一主一副四片两带"空间结构。在推进新型城镇化、构建对外开放新格局和长三角一体化发展方面发挥示范引领作用。未来,宁波都市区将通过构建一体化旅游网络,推动文化产业联动发展,共同打造文旅金名片。通过中心城市赋能与多城市协同管理,共同建设智慧城市,合作共享公共服务,共筑舒适生活环境,建设现代化城市品质体系。

(本文是浙江大学马克思主义理论和中国特色社会主义研究与建设工程专项课题"马克思主义城市化理论的中国实践"的成果之一,获中央高校基本科研业务费专项资金资助)

[林玮,浙江大学传媒与国际文化学院院长助理,浙江大学中国特色社会主义研究中心研究员、博士生导师;蒋蝉羽(主笔),浙江大学传媒与国际文化学院硕士研究生;陈莹磊,宁波市鄞州区委宣传部网络宣传管理科科长]

第九章
南昌：城市改造迭代创新，推动文化创意产业振兴发展

一、南昌市城市改造更新与文化创意产业振兴发展概况

二、南昌市城市改造更新"样板"项目与文化创意产业发展

三、南昌市城市改造更新与文化创意产业振兴发展的经验阐析

2020年是不平凡的一年,我国刚刚圆满完成了"十三五"规划,向着"十四五"昂首进发。南昌市统筹推进新冠肺炎疫情防控和经济社会发展,城市改造积极推进、迭代创新,文化产业生产持续恢复、振兴发展,城市面貌、产业态势不断向好。

一、南昌市城市改造更新与文化创意产业振兴发展概况

近年来,作为江西省省会城市的南昌市在城市发展和迭代革新中,不断探索实践、积极创新,取得了一定的成绩,起到了标杆和引领作用。在老旧厂房基础上创意建设的699文化创意园、红谷滩区的"红谷十景"、绳金塔历史文化街区、万寿宫历史文化街区、磨盘山公园景区升级、滕王阁文化旅游景区升级、南昌市博物馆改建升级、南昌汉代海昏侯国遗址博物馆建设、形形色色的文旅特色小镇打造等,都是其中的典型范例,内在的优秀经验值得发掘和总结。

(一)南昌市城市改造更新概况

南昌,"物华天宝,人杰地灵"。传诵千古的王勃《滕王阁序》,让这座城市声名鹊起,格外令人神往。现代以来,南昌与中国共产党、人民军队命运相连、休戚与共。它是"军旗升起的地方",素有"英雄之城"的美誉,共同见证了革命芳华、建设伟业、改革风云及新时代的奋发崛起。

改革开放之前,南昌老城区践行"重生产、轻生活"政策,住宅建设各行其是、见缝插针,违章建筑林立、遍布各处,存在着安全隐患,生活中的各种不便问题一直没有推进解决。21世纪以来,南昌市经济发展总体趋于缓慢,财政总收入不高,滞后于城市改造发展、开发建设需要。对南昌而言,目前仍存在一定的增量空间,用地资源还不趋紧,但在国家自上而下的资源

紧缩政策引领下,南昌市也面临着城市的转型发展,旧城更新成为南昌城市升级发展的一种重要方式。从地理形态和生活圈层来说,南昌的城区以赣江为隔,一侧是老城区,一侧是新城区——红谷滩区。老城区居住人口多,道路狭窄,交通主干道以连通南昌大桥与八一大桥的洪城路与阳明路为主,车流量大,交通拥堵。许多居民居住在狭窄的老旧建筑之中,许多城中村或老旧的社区常出现乱搭乱盖的情况。针对此情况,2013年始,南昌市政府积极响应国家提出的加大棚户区改造号召,启动了旧城改造计划,以"改善环境、提升功能、疏散人口、畅通交通"为目标,对旧城区采取了大量的棚户改造和旧区重建工作,涉及东湖、西湖、青山湖、青云谱等4个中心城区的161个地块项目、7.2万住户,占地总面积约1867万平方米,房屋建筑面积1439万平方米,投资1300亿元。此外,还实施了阳明路、胜利路、中山路、叠山路、孺子路等临街危旧房和墩子塘、滕王阁、珠宝街等区域老旧住宅的重点改造工程。从南昌市旧城改造实践及结果来看,与发达地区大型城市的"三旧"改造有着较大的差别。南昌市的旧城改造更多的是在政府主导下,以拆迁收储土地为目的,被拆迁人的角色较为弱化,通过一定规模的拆迁,有力地改变了旧城面貌。[①]

在"十三五"期间,江西省将棚户区改造放在了重要地位,改造各类棚户区166.6万套,改善了约450万居民的居住环境,整体达成了稳固增长、促进发展、惠及民众、优化环境的改造目标。南昌市也协同出台了《关于进一步加快城市旧城(棚户区)改造工作的意见》,整合各方面资源,启动和实施了多轮棚户区改造,有力完成了中心城区3000多万平方米旧城改造工作,通过将新城发展与老城改造相结合的方式,极大地改善了人民群众的居住和生活环境,并且在旧城改造的过程中探索创新出了"1+6+X"资金筹措及运行模式。

"1+6+X"的运作模式是由南昌市土地储备中心主导的城市改造项目,将土地改造所产生的收益归拢用于棚户区改造。坚持"市级统筹、封闭运行、分区分户、综合平衡"的原则,在各个市区下建立对应的专户储备改造地块产生的土地净收益,封闭运行支撑棚户改造项目以保证各区自主平衡。"1"

---

① 石清,王骏,梁燕.南昌市"大规模拆迁"旧城改造模式的成因剖析与转型思考[J].城市建筑,2018(35):7-11.

指的是整体上由市级土地储备中心掌控,保证项目整体顺畅运行。"6"指的是南昌市政控股集团、南昌市城投公司、轨道公司、旅游集团、昌工控股公司、市水投公司等六家市属国有平台进行棚改项目的资金筹措工作,结合自身的功能优势参与项目。"X"指的是优秀社会资本的参与。南昌市出台了《南昌市旧城(棚户区)改造资金使用和监督管理暂行办法》和《南昌市旧城(棚户区)改造地块六项专项资金提取办法》,针对参与旧城改造的社会资本的条件和要求提出了明确指示,同时明确了项目改造资金的构成与使用范围。坚持选用有实力、有信誉、有经验的房地产商或大型企业,坚持做到"为民棚改",即在2020年基本完成城镇棚户、城中村与危房的改造,同时尊重群众意愿,保证公平公正的"和谐棚改",并且着力监管和把握工程质量与进度,推动"品质棚改",在资金上通过多方筹资,严格把控风险,进行"稳妥棚改",在省政府和各级政府的重视和支持下,积极推进、攻坚克难拿下"棚改任务",保质保量地大力完成。①

2020年,南昌市全市一盘棋,整体大行动,在旧城改造方面积极完成习近平总书记提出的"努力在加快革命老区高质量发展上做示范、在推动中部地区崛起上勇争先"指示。2020年,南昌市GDP总量5745.51亿元,增量149.33亿元,占全省比重为22.36%,位列江西省第一。从对老旧小区的改造来说,2020年,南昌市经过调研,规范有序地大力改造了247个老旧小区,惠及市民32万余人。从道路的优化改造和美化、亮化来说,南昌市通过统一规划、一体行动,对洪都大道、象山路、叠山路、英雄大道、渊明北路、昌东西路、长旺路等78条道路实施了"白改黑"工程,推进多要素、大方面综合改造与提升。通过实施城市道路、建筑立面提升改造,进一步美化了城区街景街貌,提升了内在品质和治理效能,打造了一道道亮丽的城市风景线。

特别值得一提的是,南昌市还革新理念,探索实践,在全国率先推行了"1+5+X"社区邻里中心建设。立足社区邻里中心建设发展1项任务,完善配套和着力解决商业、教育、文体、医疗、助老等5类服务及X方面衍生服务,真正地急老百姓之所急,想老百姓之所想,切实解决了市民社区生活的痛点难点问题。在试点建成42个"1+5+X"社区邻里中心的基础上,2020年全市大力加强和持续推进了150个社区邻里中心的建设。预计到2021年

---

① http://www.fcwlwz.gov.cn/e/action/ShowInfo.php?classid=33&id=105762.

底,全面建成200个左右社区邻里中心,实现中心城区全覆盖。①

2021年1月31日,江西省第十三届人民代表大会第五次会议政府工作报告指出,南昌市着力于提升城市功能与品质,在用水问题上,南昌市大力推进城市体检和直饮水试点,调整完善排水防涝体系,加快旧城改造进度。2020年计划完成的1506个小区改造全面竣工。2021年计划完成的1277个小区全面开工,增加城市公共停车位17.8万个。16座城市生活垃圾处理设施投入使用,进一步深化城市垃圾分类,原生生活垃圾实现"零填埋",推进城市建设和运行"一网统管"。②

随着人民日常生活水平的逐步提升,城市开发、迭代、更新势在必行。为了进一步满足人民对于美好幸福生活的需求,绿化、美化、亮化、优化、智能化等"一体化"城市升级行动在南昌正大力推行。旧城改造、环境改善、城市美丽健康富有活力地发展,需要城市经济繁荣作动力支持和财力保障。南昌秉持可持续发展理念,妥善处理好经济发展与城市开发之间的矛盾,保护物质空间,进行旧城改造,较好地实现了经济发展与社会发展协同共进的目标。

(二) 南昌市文化创意产业振兴发展概况

党的十八大以来,国家、省、市陆续出台了针对文化产业的振兴激励政策,2019年国家正式发布《中华人民共和国文化产业促进法(草案送审稿)》,针对国内文化产业的振兴发展提出了明确的指导意见。2012年,江西省印发了《江西省人民政府关于全力支持南昌发展打造核心增长极的若干意见》,文件中提出:南昌市的文化创意发展要依托各类文化产业基地的建设,促进文化与科技的融合,建立文化创意园区。南昌市持续推进《南昌市文化产业发展规划(2011—2020)》中的项目实践落地,形成了文化产业发展"一轴、三圈、多点"的基本格局,即以赣江黄金水道为中心轴,发展内圈、中圈和外圈,联合激活特色文化炸弹,并在县区、新区和开发区开展42个文化产业项目建设。南昌提出了"文化大市""文化强市"的战略,制定了《南昌市扶持

---

① https://www.sohu.com/a/391700513_120121400.
② 江西省第十三届人民代表大会第五次会议政府工作报告(2021年1月26日)[N].江西日报,2021-02-08.

动漫产业发展的实施细则》《关于促进文化产业大发展的实施意见》《南昌市关于鼓励社会资本进入文化领域的实施办法》《关于推动南昌市文化产业与金融融合发展的行动方案》《南昌市人民政府关于加快 VR/AR 产业发展的若干政策》等政策、措施与意见。在此基础上提出了"一镇三园"（文旅小镇，数字产业园、建筑产业园、金融产业园）的文化产业发展结构，持之以恒地强创新、促转型，文化产业优化升级步伐加快，一定程度上推动着南昌市城市更新赋能和文化创意产业振兴发展，提速明显、势头强劲。逐渐形成一批具有品牌塑造、集群效应的文化创意产业典型项目，如南昌有 699 文化创意园、791 艺术街区、慧谷文化创意产业园、樟树林文化产业园、大唐西市文化产业园、文港华夏笔都文化产业园、南昌古玩城、豫章 1 号文化科技创意园等。[①]南昌市城市更新和文化产业发展，也拉动着文化消费，推动着文化消费质量的演进及进入高质量消费阶段。2016 年起，南昌市投入 1040 万元开展文化消费试点工作，2017 年，在政府的引导下，南昌市文化消费质量评分达到了 10 年来的最高水平。之后的三年，文化消费进一步趋向优质高效发展。

为了进一步把握南昌市文化产业发展的概况，下面采用 SWOT 分析法，对南昌市城市更新、迭代升级引领下的文化创意产业发展态势及主要问题、挑战等予以阐析。

优势，主要体现在以下方面：①政策优势。南昌市政府在政策支持上一直保持积极态度，对于文化产业的经济、土地、行政审批和融资等方面给予了诸多便利，不断完善绿色通道，在要素保障和协调完善上确保各项文化产业项目又好又快发展。②区位交通优势。南昌作为江西省省会，是全省的政治、文化、经济和资源中心，毗邻长三角、珠三角和闽三角，是国家"一带一路"发展愿景的节点城市，还拥有昌北机场联通国内外，四通八达的区位优势让南昌的文化产业发展拥有广阔的空间。③产业基础优势。南昌具有完善的媒体传播和文化创意产业的发展基础，坐拥国家级文化与科技融合示范基地、国家级数字出版示范基地。④市场辐射优势。随着昌九、昌抚一体化的推进，南昌大城市圈正在快速扩大，南昌市文化产业的影响力进一步向周边城市扩大，为文化创意产业的大力发展提供了市场基础。⑤人力资源优势。南昌建设了 40 余家高等院校，在校本科生、研究生超过 80 万人，市级以上

---

① 邹锦良，何川．江西文化创意产业集群发展现状及对策研究[J]．老区建设，2020(8)：44－49．

的科研院所达 69 家。目前全市高素质、专业化人才总量已超过 53 万人，整体人才竞争力进一步增强，在全国同类城市中排名前列，为南昌市的未来专业化、科技化、创意化发展提供了坚实有效的支持。

不足，主要体现在以下方面：宏观方面有：①文化产业体量较小；②文化产业多样性不足；③文化产业结构不平衡，核心竞争力不足；④文化产业专业人才还需大力培养；⑤投融资方面存在不足，投资主体尤其是年轻投资人在资金、人脉等方面较为欠缺。微观方面有：①园区硬件方面的不足。在基础设施方面投入不足，导致产业园区布局不合理、创新创业氛围不浓厚，内外环境出现偏差。譬如装饰风格差距大、路标装置物少，外观不显眼、不符合大众需求、主题不明确等。②品牌凝聚打造方面的不足。存在文化品牌方零售产品少、商家品牌塑造意识弱等问题。③文化氛围聚集方面的不足。宣传推广未能借力"互联网+"，文化"诱导"不足，特色活动少，项目不集中，声誉不够响，人流难集聚。

机遇，主要体现在以下方面：城市更新发展带来的战略机遇。随着中国城市化的不断发展，城镇化率逐年提高，至 2020 年，我国城镇化率已经跃升到 60% 以上，较新中国成立初期提升了 600%，随着时代的发展和人民对美好生活需要的不断提升，城市的更新具有相当重大的发展意义。时至今日，城市更新的发展已经步入新动态，从整体的内容来看，城市更新的内涵在当今的时代条件下已经逐渐深入细致。因此，把握其中的脉络，可以为城市整体文化发展带来新的机遇。另外，通过对文化体系与能力现代化的制度完善，将城市更新政策进一步系统完善，也会为文化产业发展带来积极影响。

挑战，主要体现在以下方面：江西省具有众多的优秀传统历史文化资源，南昌市作为江西省的省会，在许多的资源上都具有得天独厚的优势。把握好机遇，坚持强规划，抓重点，抓基础，以助推南昌市文化创意产业创新性、高质量发展。一方面，加强规划和组织保障，研究如何保障针对文化产业工作治理高效。另一方面，不断更新传统文化产业，使其变为具有新时代气息的新型文化产业，针对当前互联网与文化传播的特征，研究如何提升整体的文化产业吸引力和竞争力。同时，南昌的城市历史悠久，如何在城市更新和文化产业赋能及文化资源保护上把握平衡是当前亟须处理的问题。

二、南昌市城市改造更新"样板"项目与文化创意产业发展

南昌市城市改造更新,需要把握南昌市作为历史文化名城的基础和特点。根据《南昌历史文化名城保护规划》可知,南昌市历史文化城区的保护框架可以概括为"一城、三街、七片"。其中,"一城":强调要保护好南昌古城的格局、风貌、形态和特色,规划建设好南昌古城的地标建筑、人文景观、历史古迹、民俗街巷。划入南昌市规划范围内的历史城区,即为旧城区范围,西起赣江、抚河,东至八一大道,北起阳明路,南至洪城路,面积为8.28平方公里。"三街":是位于南昌历史城区内的三大历史文化街区,分别是万寿宫历史文化街区、绳金塔历史文化街区、进贤仓历史文化街区,体现了南昌悠久的历史文化,见证了南昌的发展变化,积淀着深厚人文底蕴。旧城老城的更新改造,同样需要保护和延续好街区的历史格局与人文风貌,历史文化街区强调以保护和整治的方式分类处置街区内的建筑,对市政基础设施予以大力改善。"七片":为基于南昌所特有的景观风貌格局,以及城区内具有一定历史风貌地区的现状,包括规划的3个历史文化风貌区和4个内湖环境风貌区。南昌市城市改造更新,是基于《南昌历史文化名城保护规划》的一次科学行动、创意行动和更新行动,也是把握好"一城、三街、七片"的顶层设计和格局规划之后,开展的一场文化创意产业升级发展的大行动。因为,这些规划的践行和样板项目的实现,本身也属于南昌市文化创意产业大发展的范畴,是有力改善南昌市民公共文化生活、极大地拉动南昌市文化旅游消费的大工程。

(一)城市改造更新重点项目与文化创意产业发展品牌

要建设历史文化名城,首先需要强调是有着久远历史文化的核心城市、中心城市、老城市,需要加强顶层规划和设计,有力地保护好这些历史文化名城中的整体历史格局与文化风貌,规划建设好具有独特民俗文化内涵和人文风情的历史文化街区,着力挖掘并结合周边地理环境禀赋来创意设计好历史与环境风貌地区,积极传承和弘扬优秀传统文化、革命文化、爱国文化的革命史迹与历史建筑。

根据历史文化城区的资源禀赋、品格特色，南昌市旧城区形成了三大文化主题的展示体系。其一是围绕"豫章古郡"的府城文化和历史街区的体系，以滕王阁、万寿宫街区等明清时期的历史文化建筑为主。其二是"红色"文化展示体系，主要是以八一起义指挥部以及八一起义纪念碑为代表的中国代表性历史建筑。其三是南昌民国历史遗存展示体系，以民国十大乡贤路、民国三大建筑为主。① 其中，具有典型意义和代表性的街区及建筑遗迹有：万寿宫历史文化街区、绳金塔历史文化街区、进贤仓历史文化街区、青云谱区的洪都苏式老建筑、梅汝璈故居、青云谱道院、湾里区工业文明的遗迹，新建区的生米老街、小平小道旧居与劳动车间、朱权墓与乐安王墓、紫金城城址与铁河古墓群等②。下面选择南昌市城市改造更新重点项目与文化创意产业发展品牌予以举例阐析。

1. 让江右文化融入生活：西湖区万寿宫历史文化街区

万寿宫历史文化街区的建设，是南昌市"十三五"期间立项的十大文化重点工程之一，2015年，它被列入江西省第一批历史文化街区。

万寿宫历史文化街区规划的范围相对较广，其范围东至珠宝街，西至船山路，南至棉花街，北至中山路。就历史上的万寿宫历史文化街区来看，它的前身是南昌的交通要道广润门及南浦驿，其地理位置位于南昌市旧城西南部，同时也是南昌市传统的商业中心——万寿宫商城与江西大旅社。

万寿宫，在历史上是江西"道教文化"的重要体现，同时也是江西"商帮文化"的主要载体。万寿宫，原为纪念魏晋时期为民除害、根治水患的许逊（许真君、福主）而建造。历经时代发展，纪念许真君成为一些老百姓的信仰，万寿宫一直香火不断。宋真宗年间，皇帝赐名和亲笔书写了"玉隆万寿宫"。之后，江西人在全国各地兴建了万寿宫，尤其是在明清时期，出外经商的江西人生意越做越大，形成了赫赫有名的十大商帮之一——"江右商帮"，江右商帮将万寿宫作为他们聚会、活动、议事的重要场所，成为外地江西同乡的"江西会所"。

为了进一步激活万寿宫历史文化资源的当代价值，南昌市西湖区把握旧城改造契机，将之规划建设为开放式商业街区，梳理既有的历史肌理、民俗

---

① https://baijiahao.baidu.com/s?id=1607040709113604316&wfr=spider&for=pc.
② https://www.163.com/dy/article/FA3KN62F0514R9KE.html.

和商贸文化品格，以铁柱万寿宫和南昌老街老巷建筑特色为基础，以建设"赣鄱文化第一街"的高标定位来打造万寿宫历史文化街区，由南昌市政公用集团斥资20亿元，与深圳世联君汇不动产运营管理股份有限公司合资成立了江西万寿宫文旅商业管理有限公司来统一运营、管理，致力于将其建设成为南昌的"文化之魂、名城之窗"。

万寿宫历史文化街区由三部分组成，分别是历史民居、商业街区、万寿宫宗教文化区。街区共有123栋建筑，其中晚清赣派民居风格建筑118栋，包含了南昌总商会、持志堂等历史风貌建筑45栋。作为街区建设的设计方，清华大学设计院充分地保护和传承南昌民俗文化，保留和加固了原始建筑，为南昌市民留存了一份记忆，做到了复原并保留三街、五巷的文化肌理，此三街包括翘步街、棋盘街、广润门街，五巷包括合同巷、醋巷、萝卜巷、万寿宫巷、笋巷。通过这些曲径通幽的古老街巷，延伸了南昌市源远流长的古老文脉。在具体施工操作之时，大力秉承了"修旧如旧、保存历史记忆、让文化融入生活"的宗旨。在保留原有建筑框架的基础上，对铁柱万寿宫遗址和周边建筑进行加固、修饰。街区建设充分地保护了历史遗存，恢复了古老街巷的内在肌理及传统建筑的历史风貌，并有力地激活了街区繁华的商贸气息、人文气息，较好地传播了独具风情、别具特色的赣文化。

万寿宫历史文化街区，大力打造了六个特色商业街、十三个主题展馆，共同绘制出了独具风韵的都市风情图，成为不少游客的打卡留念地。流连于这里，可以邂逅汉服丽人、街头艺人，能够看到糖画、草编、剪纸、花鸟字、捏面人等非遗技艺及出彩绝活表演，能够听到民谣、赣调与现代动感歌曲，能够品尝到麻辣藕片、糊羹、白糖糕等鲜美可口的特色美食、小吃。万寿宫历史文化街区还将南昌总商会、祥丰钱庄旧址建设成文化创意产业的旗舰店，通过研制开发文创产品，延伸文化价值，传播优秀传统文化，真正做到让文化遗产"活起来""动起来"。整个街区内，江右商帮文化元素随处可见。一座大型群雕赫然矗立在广润门前，形形色色的186个人物、鳞次栉比的20余家商铺和大小不一的18条船只，生动形象地再现了一百多年前豫章老城赣江码头——万寿宫一带货品满架、琳琅满目、川流不息的市井商业文化景象[①]。璀璨斑斓的江右文化、千年风韵的豫章故郡，在万寿宫历史文化街区中，让

---

① http://www.ncxh.gov.cn/xhqrmzf/bsxx/202103/102b19b8037d4b7287e3bea33b562fd9.shtml.

你尽情饱览和品味、尽心体验和享受。

2. 与三眼井历史文化风貌区融合共生：绿地象南文化商业中心

绿地象南文化商业中心是三眼井历史文化风貌区建设的大手笔、大文章，也是南昌市西湖区旧城改造中重点建设的"文创+"大商业城市综合体。它秉持"立体城市"+"立体绿化"两大设计理念，强化人与自然和谐相融的观念，致力于延续城市文脉，将城市文化肌理引入建筑内部装修设计，大力打造老城区新型绿色文化+商业综合体。从创意而言，它强调从地面绿化、中庭绿化、边庭绿化、退台绿化和屋顶绿化等五个层次，综合打造立体式、多维度、花园型的文化体验、购物体验空间[1]。

根据《南昌历史文化名城保护规划》，三眼井历史风貌区控制范围总面积20.18公顷。其中，以三眼井街北侧、校厂东巷、校厂西巷两侧为核心保护范围，面积为4.98公顷；建设控制地带面积为15.20公顷[2]。绿地象南文化商业中心是三眼井历史风貌区的重点建设项目。

绿地象南文化商业中心，具体位于南昌市老城区西湖区的中心地带，西接象山南路，南邻三眼井街，南侧为新四军指挥部旧址。据规划图，分A1~A7地块，总用地面积为69360.59平方米，净用地面积为57865.95平方米，总建筑面积为367665.91平方米。绿地象南文化中心为南昌地铁3号线六眼井站地铁上盖的综合体。以A1地块来说，它东至象山南路，西至育婴巷，南至南浦路，北至孺子路。绿地象南文化商业中心隶属三眼井历史文化风貌区，此风貌区和南昌市著名的滕王阁、万寿宫、八一广场历史风貌区在同一个保护级别，这些地段均是南昌市文化名城特色的集中体现。绿地象南文化商业中心在设计时关注和综合考量政府意愿、业主利益、建筑师诉求、民众诉求等四大诉求，以此作为设计的切入点，充分地满足民众诉求和体现政府意愿，并把城市的"文化贡献度+商业贡献度"放在首位。为了能够原汁原味地保留南昌市民居的历史风貌、文化特色，政府在规划时将项目用地的容积率控制在1.2之内[3]。

绿地象南文化商业中心隶属于三眼井历史文化风貌区，故其建设需要充

---

[1] https://m.fang.com/jiaju/zh/news_33910010.html.
[2] https://baijiahao.baidu.com/s?id=1607040709113604316&wfr=spider&for=pc.
[3] https://www.sohu.com/a/351340051_681243.

分融入此历史文化街区的保护和更新实践。既要有效地保留其历史人文环境，延续古老时代积淀的社会生活风俗和文化，又要体现现代城市的特征和功能，从肌理、空间、风貌、工艺等方面做到古今融合、新旧融合，走融合共生的城市更新之路，成为老城区既能有效保护南昌老城文化传承，又能积极引领现代商业文明复兴的街坊式生活综合体。南昌三眼井历史风貌区保护与更新项目的操盘手为 UA 第七设计所，设计团队主创设计师之一尹舜博士指出，三眼井历史文化风貌区体现出三大价值：①空间特征，天井与窄巷的绵延肌理；②生活特征，闲适而自在的市井生活；③风貌特征，多元的城市文化肌理。① 目前，绿地象南文化商业中心规划之重要地块——井象风情商业街，连接三眼井历史文化风貌区，已经展现雏形风貌，仿古街数十栋建筑颇具历史感，青砖、马头墙与玻璃幕墙一体，历史与时尚风采融合，设计建造了国际美食区、潮流零售区、休闲餐饮区、时尚文化区、特色主题区，打造出院落式情景消费、城市怀旧旅游的特色人文游憩中心特质②。总之，隶属三眼井历史文化风貌区的绿地象南文化商业中心，为此历史文化街区增添了现代气息、创意内涵和绿色生态风采。而三眼井历史文化风貌区又为绿地象南文化商业中心注入了市井文化风情、街巷民俗肌理、广场院落空间特征。

3. 老城地标的创意设计与综合开发：绳金塔历史文化街区

南昌市西湖区绳金塔历史文化街区是南昌市三大历史文化街区之一，亦入选了 2015 年的江西省第一批历史文化街区之一，是在老城区绳金塔片区内保存较好的传统建筑风貌基础上高端规划设计、精心复古打造的为数不多的老街区之一，也是南昌市历史文化名城最重要的文化地标之一。绳金塔历史文化街区位于南昌市中心城区的南部，紧靠着南昌市火车站，西北部与南昌市第三人民医院隔路相对，北面距象山文化广场仅有 800 米，西面距南昌市内主干河流——抚河直线距离仅 300 米，东面靠近南昌市文化会堂。③ 绳金塔历史文化街区的核心保护范围面积为 5.11 公顷，建设控制地带面积为 9.39 公顷，体现为"一心、一轴、三街、五区"。一心，即以绳金塔为中心，周边

---

① https://www.sohu.com/a/281273540_100038795.
② https://baijiahao.baidu.com/s?id=1610197281933308359&wfr=spider&for=pc.
③ 王煜阳.被动房技术在南昌绳金塔街区历史建筑改造中应用的探讨[D].南昌:南昌航空大学，2018.

规划都向绳金塔聚焦延展；一轴，指以绳金塔文化商业街为中轴线；三街，即形成绳金塔街、养济院街和十字街纵横交错、规划有序的"三街"；五区，分别是绳金塔核心区、绳金塔历史文化区、绳金塔美食休闲区、十字街文化商业区、十字街文苑生活区，形成"五区"相连的空间结构[1]。

绳金塔，坐落在南昌城进贤门外，始建于唐天祐年间（904—907 年），相传在建塔之时，掘地打基得铁函一只，内中装有四匝金绳，三把古剑；另外，还装有一个金瓶，其中盛有三百粒舍利子；又藏有一块竹简，上面镌刻着一道二十个字的佛家偈语，名曰："一塔镇洪州，千年不漂流。金绳勾地脉，万载永无忧。"绳金塔因此灵异之事而得名。南昌的一首古谣中如此描写："藤断葫芦剪，塔圮豫章残。"所谓"藤"，指的是"江南三大名楼"之一的滕王阁；"葫芦"，意思是珍藏宝物的器具；"塔"，即绳金塔；"圮"，则有倒塌之意；"豫章"，乃是古南昌城的名称。这首古谣是指，假如滕王阁、绳金塔倒塌了，则南昌城的人才、资源都将流失殆尽，城市也将凋敝败落，可见这几座建筑对于南昌文化之重要。"水火既济，坐镇江城"，有史以来，虽然绳金塔饱经战火洗礼，风雨沧桑，几度兴毁，但它一直是南昌市老城的地标性建筑和南昌人的镇城之宝。随着时代的发展演进，形成了以绳金塔为核心的街巷民俗文化地理圈层。

绳金塔历史文化街区的建设，探索走出了一条从模式移植、融合建设到顶层规划、创意设计与综合开发主导的新路。绳金塔历史文化街区的打造，历经三个主要阶段：第一阶段，2000 年前后，模式移植修复期。参照上海城隍庙、南京夫子庙的模式打造复古景区，绳金塔焕发勃勃生机。第二阶段，2014 年前后，融合建设发展期。形成了绳金塔公园+美食街的景区形态，经过大规模改建，复古仿建的绳金塔西街亮相，唤醒了老南昌的记忆，美食街引入餐饮休闲业态，使人们流连忘返[2]。第三阶段，2017 年之后，顶层规划、创意设计与综合开发主导的品牌打造期。2017 年，南昌市规划部门出台了相关规定，将该建筑物划分为历史文化资源，根据规划区的区位状况，对附近区域的开发建设进行良好的引导，进而让区域中各项用地能够具有文化性、创意性和科学性，并有效优化其所担当的城市职能，进而将其打造为具有地

---

[1] https://baijiahao.baidu.com/s?id=1607040709113604316&wfr=spider&for=pc.
[2] 高文龙. 南昌绳金塔历史街区建筑现状研究[J]. 门窗, 2016(7):237.

区特色的文化体验区①。目前,三期建设工程项目已经被列为南昌市十大文化重点工程之一,由江西绳金塔综合开发有限公司(南昌旅游集团)开发,由西安永兴坊主张建设,打造了"赣派新貌"建筑风格,集合"原生文化体验区、城市艺术商业区、主题民宿度假区"三大主题,倡导"一站式畅玩江西"文商旅消费体验的新一代绳金塔历史文化街区②。

4. 老品牌宾馆蝶变城市综合体:江旅青山湖宾馆商业旅游综合体

江旅青山湖宾馆商业旅游综合体,地处南昌市东湖区福州路169号,由其前身青山湖宾馆爆破后重新规划建设形成,它是集休闲、购物、娱乐、美食等多元化时尚消费模式于一身的综合体。江旅青山湖宾馆商业旅游综合体,占地约40亩,总建筑面积约14.9万平方米,是旧城改造升级时规划建设的大型重资产改造项目,致力于通过此项目的建设,进一步优化老城区居民的生活出行环境,着力辐射和提升"福州路连接八一广场"商圈的综合商业业态,大力提升南昌市东湖区的文化创意产业氛围和整体文化商业经济实力。此项目获标建设方为江西旅游集团,总投资达16.9亿元,现已建设完毕,于2020年开业迎客③。

老的青山湖宾馆,占地面积约45亩,是江西省旅游局的下属企业。青山湖宾馆是老南昌市民记忆中的一道亮丽风景,也是江西酒店的代表性大品牌。青山湖宾馆曾是江西首家中外合资宾馆,是南昌市积极践行党中央提出的"解放思想、改革开放"战略在金融、商务、旅游领域中外合作创新尝试的见证,它于1985年开业,1992年被国家旅游局评定为三星级宾馆,成为江西具有现代化水平的综合性旅游涉外三星级宾馆,也是江西省第一家上星的宾馆,曾轰动一时,广获好评。随着时代的发展,青山湖宾馆既难以转型走高端路线,又遭受着便捷经济型连锁式商务酒店的冲击,可谓是逐渐跟不上新时代现代化快节奏发展的要求,最终于2012年关门谢客,完成了其历史主角使命,退出了历史中心舞台④。

进入2014年,国家在"中部崛起"战略实施的基础上进一步提出了"重

---

① 《南昌市旧城区JC505单元(绳金塔周边地区)城市设计及控规修编》(2017)。
② https://baijiahao.baidu.com/s?id=1692278985149006032&wfr=spider&for=pc。
③ http://news.lfang.com/18/0414/1025/20180226323.html。
④ https://www.sohu.com/a/163708202_681243。

点实施长江经济带建设"战略，南昌市作为中部六省之一江西的省会城市，扮演的角色、担当的责任和发挥的功能都发生了变化，促进长江经济带战略的实施和江西经济社会文化的发展。南昌市开启了城市建设开发史上最大规模的"老城改造"行动，提出了"整体规划、整体开发、气魄大、眼光远"的城市战略发展模式，有规划、有重点、有步骤地，深入而全面地开始整治老城、旧城弊病，盘活城市中心地块，不断优化城市中心基础功能，大力改善城市面貌，重新利用优质地块，引进综合大型业态，激活南昌城市中心商业，打造极具特色的商业圈，意在通过源源不断的商业力量的注入，使城市中心建设面貌焕然一新，激发其内生活力[1]。

2017年2月22日，江西省旅游集团有限责任公司的子公司江西旅游开发有限责任公司把握南昌市旧城改造的战略机遇，着手更新改造青山湖宾馆，将之拆除，在其基地上重新规划，打造为商业旅游综合体。并且调整了之前与中信集团有关的方案，结合此片区政府的新规划方案，把握地铁4号线、新规划的市政道路从酒店地块经过等交通便利优势，对外新发布了江旅青山湖商业旅游综合体项目勘察招标公告和江旅青山湖商业旅游综合体项目设计招标公告。该项目占地面积约26117平方米，总建筑面积约14.9万平方米，地上23层，地下3层。项目投资估算总额约16.9亿元，其中工程费用约7.2亿元。如此大规模的蝶变，为青山湖宾馆及周边地块升级发展创造了新生机会[2]。

经过三年多的建设，江旅青山湖宾馆商业旅游综合体现已成形，闪亮登场。整体来说，青山湖宾馆改造项目在老城区尤其是东湖区范围内效果显著，是省政府注资江西省旅游集团公司后第一个重资产改造项目。青山湖宾馆改造项目拥有独一无二的地理位置、优越的自然条件、悠久的历史文化，理应得到最具代表性和前瞻性的开发。该旅游综合体已经成为南昌市区老城区的标志性地标之一，集合、承担了酒店、居住、商业、商务办公、休闲娱乐、交通及停车系统等各种城市居住、生活、办公、购物、消费等综合功能[3]。江旅青山湖宾馆商业旅游综合体，成为南昌市旧城改造战略中富豪酒店、洪都

---

[1] https://m.sohu.com/a/163708202_681243/.
[2] http://jx.ifeng.com/a/20170226/5416773_0.shtml.
[3] https://m.sohu.com/a/163708202_681243/.

宾馆、阳明宾馆、五湖大酒店、环湖宾馆等老牌酒店蝶变发展的可参考模式。

5. 整合周边文化资源一体化建设：佑民寺洪州禅文化旅游街区

佑民寺洪州禅文化旅游街区，隶属于南昌老城区的东、西、南、北"内四湖"环境风貌区。南昌市旧城改造之时，也有意识地为了延续和进一步凸显"豫章十景"的口碑效应，围绕它做足文章，以激发它的新生风采。佑民寺洪州禅文化旅游街区的打造，就是此中典范之作。

佑民寺位于东湖区民德路，是佛教禅宗洪州禅文化的发源地。相传唐代大历年间，南岳怀让的弟子、同为禅宗高僧的马祖道一前来此寺弘法讲学，一时信徒云集，洪州禅风鼎盛，形成了禅宗史上赫赫有名的"洪州禅"，它可与"石头宗"相媲美，同为唐代禅宗著名的两大派系之一，下启临济、沩仰、杨岐、黄龙等佛教禅宗宗派，成为当时江南的佛学中心。历朝历代，佑民寺香火鼎盛，香客众多，享誉千古，还弘扬传法至日本、朝鲜、马来西亚等地。据《重修佑民寺碑记》记载，历史上的佑民寺曾经有着浩大规模，前门至八一广场皇殿侧路，后门至下沙窝，可谓将整个东湖都涵括在佑民寺内，可见山门显赫、宏伟至极。后来，历经战乱，佑民寺时毁时修，失去了往日辉煌光彩，但一直活跃在老南昌市民的心中。寺中还拥有被称为南昌"三宝"之一的佑民寺钟鼓楼的铜钟。1957年，佑民寺成为全国重点文物保护单位。

佛门高僧、达官显贵、社会名流、文人雅士、人民大众等来寺游览、礼佛、拜香、讲学，在佑民寺作文、赋诗、选场、重游，为佑民寺增添了传奇色彩，留下大量的神话传说在历代的南昌市民中间广泛流传、演绎传诵，不断丰富发展，现为江西省南昌市市级非物质文化遗产之一。佑民寺传说主要包含七个方面：一是建造寺庙护佑寺庙的相关传说；二是历史高僧政要名人传说；三是与战争、军事相关的神奇传说，佑民寺饱经战乱，战火洗礼、生灵罹难、屡驻军队，留下了一些传说；四是佑民寺诗僧、画僧、书僧辈出，文人雅士留下了大量的诗书画；五是惩恶扬善，批判贪婪不正风气，歌颂真善美的传说；六是马祖道一"即心即佛"传说等；七是民间节气习俗衍生的传说，如《南昌人正月初一佑民寺祈福》，体现了南昌人民求福保佑、祈福平安、驱逐瘟疫、消除灾害、国泰民安的美好期待和愿景[①]。

鉴于佑民寺在南昌历史文化上的厚实积淀、显赫声誉和广泛影响，南昌

---

① 傅涌. 豫章记忆：南昌非物质文化遗产精粹[M]. 南昌：江西人民出版社，2016.

市东湖区在城市改造和文化建设方面，也有意识地加强了顶层规划和设计，对佑民寺历史文化进行了较好的保护和传承，同时，对佑民寺进行修整扩建，并对周边的禅宗文化旅游资源予以整体开发，规范化、创意化建设。从 2017 年起，南昌市东湖区充分把握旧城改造契机，大力发掘江西禅宗文化旅游资源，意图分批次地围绕佑民寺地块，合力打造禅文化旅游街区。投资约 7.8 亿元，拆除了此地块中的不合规划的房屋及违章建筑，然后予以绿化、古化、美化，又对沿街的相关建筑做立面改造，使得这些建筑的风格与佑民寺相统一。为进一步突出禅宗文化主题，为老百姓打造一处休闲游赏的好地方，又兴建了佑民寺休闲广场，建造休闲文化公园。另外，还对苏圃路与民德路交会处的八一公园大门改造提升，在八一公园北门正对面竖起一处"牌楼"，与周围的公园和南湖、百花洲，形成"一体式"的景观①。经过规划改造，佑民寺洪州禅文化旅游街区再度点燃了市民游客的热情，来此游赏进香参拜的人越来越多。

（二）城市改造更新特色项目与文化创意产业发展亮点

南昌市城市改造更新的特色项目与文化创意产业发展亮点，主要体现在青云谱洪都新城重点项目建设与文化创意产业"转型化"发展、红谷滩区特色项目建设与文化创意产业"聚集化"发展、三大开发区特色项目开发与文化创意产业"科技化"发展等方面。

1. 青云谱洪都新城重点项目建设与文化创意产业"转型化"发展

青云谱洪都新城是南昌市"十三五"规划时期大力建设、重点打造的都市新城项目，是青云谱区构建"一极、三带、五点"的新型都市产业空间及战略发展格局的核心构成、重要体现。

青云谱区是南昌市"老五城"之一，伫立于南昌城区的南部，守护着"英雄城的南大门"。因此地名家辈出、人文鼎盛、产业兴旺、风景优美，又有"人世蓬岛"之美誉。青云谱区作为南昌市核心文脉所在地，生成、聚集了"四色文化"。即以革命文化、爱国主义教育基地为代表的"红色文化"，以象湖、梅湖、抚河等生态河流为代表的"绿色文化"，以梅福、徐孺子、八大山人、梅汝璈等历史及现代文化名人为代表的"古色文化"，以现代航空主

---

① http://jx.ifeng.com/a/20171129/6189037_0.shtml。

力军洪都集团为代表的"金色文化"①。青云谱区深厚的历史文化积淀，为旧城改造新生——青云谱洪都新城的创新建设奠定了牢固而坚实的基础。

青云谱洪都新城的创意和规划建设力度，主要是根基于青云谱区的工业基础，把握其历史文化资源，着眼于航空机械产业转型升级的需要，一方面抓好洪都老厂区的更新建设，另一方面推动江铃总部大楼暨人才中心、全球鲜果OTO电商中心等老厂区改造项目建设。整体上通过发展第三产业，围绕广州路总部经济区打造都市绿色生态办公区②。

青云谱洪都新城的打造，主要践行以下规划：①通过对王府井为代表的十字街商圈、家乐福为主的三店商圈以及麦德龙周围的洪都大道等商圈的联合打造，形成独具特色的商圈集合。②做好大项目的改造建设。主要是指王府井商业综合体昌南物流中心等大项目的建设。③通过对"互联网+"的环境构建，加快经济发展。扶持电商产业孵化园、中航长江设计师创意产业园等具有新模式的创意产业空间。④加大文化基础设施建设力度，建设包家花园体育休闲公园、艺术中心和文化主题会馆等。⑤建设"智慧校园"，加强义务教育学校建设。建设好前万学校、十字街学校、洪都小学，新建3所公办幼儿园，提升教育信息化水平。③

2. 红谷滩区特色项目建设与文化创意产业"聚集化"发展

红谷滩区的前身为红谷滩新区。红谷滩区是进入21世纪之后，中共江西省委、江西省人民政府及中共南昌市委、南昌市人民政府锐意创新进取、加强城市建设的最宏大的手笔和最闪亮的成果。2020年6月28日，南昌市举行红谷滩区挂牌仪式，红谷滩区正式成为南昌的市辖区，经过20年的建设，红谷滩区已经高楼耸立、产业兴旺、经济发展、生活富裕，交通出行、教育文化、卫生健康、体育娱乐、生活休闲等得到极大方便，有"小浦东"之称。红谷滩区的发展，也见证了南昌市城市规划建设的成就，一定意义上可谓是中国城镇化发展战略引领下新型城市崛起的一张名片和一个缩影。

红谷滩区的建设，充分享受了政府的政策优惠、教育的升级红利和文化的普惠实效，也广泛获得了房地产快速发展的反哺利益，缔结了地产建城、

---

① https://baijiahao.baidu.com/s?id=16013579918419700l5&wfr=spider&for=pc.
② http://www.kanshangjie.com/article/61662-1.html.
③ http://news.lfang.com/newhouse/70/0101/32/20160194189_all.html.

人才强城、产业兴城、文化活城的丰收硕果。就业态来说，红谷滩区构建形成了以现代金融业、商贸服务业、高技术服务业为主导，以文化创意、旅游会展、健康养老、教育培训产业为支撑，以总部经济、平台经济、楼宇经济、特色小镇为特色的现代产业发展格局①。

红谷滩区的文化创意产业发展，形成了"聚集化"发展的态势。主要体现在以下方面：一是根基于万达广场、铜锣湾T16广场、绿地中心广场、融创茂等大型城市综合体的文化创意产业聚集发展。打好文化创意产业与文旅产业融合发展的组合拳，让精品项目更聚集，品牌活动更出彩。在此基础上，强调通过所形成的文化创意产业优势聚集效应来推动全域旅游示范区的创建，加快培育富有创意内涵、文化特色的文旅产业，深入挖掘和整合全区红色旅游、生态文化、VR科技应用等资源，重点打造"魅力红谷滩一日游"精品路线，提升文化旅游质量，构筑精神文化生活新高地。

二是围绕着VR等新兴科技文化，进行文化创意产业的"集群式"发展。南昌市红谷滩区承担了多届世界VR产业大会，营造了良好的发展VR产业的氛围，出台了助推VR产业大发展的多项政策，引用育留了一大批VR产业相关领域的优秀人才，尤其是大力建设VR科创小镇，为VR产业在红谷滩区的生根、升级发展创造了良好的条件。

三是深入挖掘和大力整合区域红色文化资源，推动红色文化创意产业的"品牌化"发展。红谷滩区及周边有着丰富的红色文化资源，红谷滩区把握这一资源禀赋，推动红色文化产业聚集发展，兴建了牛行车站展示馆、南昌舰主题园、建军雕塑广场、南昌军事主题公园、长天廉文化主题广场、南昌市党章纪念馆（廉政文化馆）。此外，在位于红谷滩区的江西省图书馆新馆中还专门辟有区域建设了"红色文化图书展览馆"，将江西在红色文化读物、音像品、书籍的出版优势予以聚集、活态呈现。

四是依托区域内高校人才优势，践行产学研一体化发展战略，打造文化创意产业"新高地"。红谷滩区域内，聚集了南昌大学、江西科技师范大学、南昌航空大学、南昌工学院、中共江西省委党校、江西省经济管理干部学院等多所高校，其中，南昌大学是江西省"211"高校、"双一流"学科高校，江西科技师范大学是南方职业教育的品牌学校，南昌航空大学则是江西省人

---

① http://www.jiangxi.gov.cn/art/2020/9/7/art_5493_2798483.html?xxgkhide=1.

民政府与国家国防科技工业局共建的高等学校。学校众多，人才云集，具有文化创意产业发展的人力资源优势。区域内的江西慧谷·红谷创意产业园，依托红谷滩新区产业定位要求，集合城市资源，规划发展建设成以教育实训产业、动漫产业、现代服务产业、服务外包产业为特色的现代化文化创意产业园区，园区的产业发展受到了国家发展改革委、红谷滩区政策的大力支持和扶助。园区大力挖掘周边高校的人力资源和优秀人才，采用现代化、高效率的多媒体教学设备和技术，形成创意人才定制培育、创意实训、网络远程教学相统一的特色化、订单化培训模式，形成了江西创意培训产业的核心聚集，突破了一般创意企业所遭遇的发展瓶颈。此外，园区还与美国、英国、日本、韩国、新西兰、澳大利亚等诸多国外的大型动漫制作公司进行产业合作，聚集了以动漫本地原创、动漫服务外包、动漫衍生产品展示、动漫培训、动漫体验为特色的动漫文创产业集群，实现了集动漫的创意、生产、发行、销售、体验为一体的高端动漫产业示范基地。尤其值得一提的是，其中的创意研发区——6层集约式办公楼宇，总的建筑面积达46352平方米。它主要是为现代服务产业、创意教育实训的升级提供技术、人才、信息、品牌、设计、产品、增值等多方面综合服务，主要引进了集中式创意人才培训中心、创新产品展示中心、创意交流空间、平面设计、空间设计、工业设计、影视广告、音乐创作、品牌策划、管理培训公司等。

五是努力开发绿色生态文化资源，拓展文化创意产业发展空间，构筑生态文化与创意产业融合共创的"大厦"。红谷滩区已经创建了秋水广场、赣江市民文化公园、摩天轮、绿地国博城、绿地卢塞恩瑞士风情小镇等，为南昌市民创造了众多休闲生活空间。

3. 三大开发区特色项目开发与文化创意产业"科技化"发展

三大开发区，指的是南昌市经济技术开发区、南昌市临空经济区和南昌市桑海经济技术开发区。2016年6月6日，国务院同意设立赣江新区，从行政区划来说，三大开发区都被纳入赣江新区的范围，此外，赣江新区还包含九江市共青城市、九江市永修县的部分街道、乡镇。赣江新区是全国第18个国家级新区，并于2016年10月正式挂牌。目前，赣江新区的一些业务还没有完全规范、明确归属，依然存在着多头管理、合力不强的弊端，赣江新区真正主要管理的区域还在于赣江新区的"直管区"范围，南昌市经济技术开发区、南昌市临空经济区等均属于"统筹区"范围，故而我们还是沿用三大开发区这一称谓。三大开发区都地处南昌北面。"十三五"期间，南昌市有意识地推进南昌市经济技术开发区、南昌市临空经济区和南昌市桑海经济技术开发区三区合一，全面整合大昌北资源，统筹大昌北发展，大力整合产业链、价值链、物流链，做强大昌北开放平台。

从南昌市所制定的"大昌北地区"产业发展规划来看，主要是致力于打造以电子信息产业、新能源汽车产业和生物医药产业为主导的"3+X"产业体系。作为其中X之一的文化创意产业，无疑也是以电子信息产业、新能源汽车产业和生物医药产业中所形成的"科技"优势为依托和根基，走创意链融合、产业链拓展、价值链延伸之路。南昌市经济技术开发区、南昌市临空经济区在电子信息、新能源汽车及汽车零部件生产方面有着优势和基础，已经形成了深厚的产业根基，南昌市把握新时代发展的要求和需要，着力打造南昌"光谷"和新能源汽车城。南昌市桑海经济技术开发区的产业基础在于医药品制造、绿色生态健康食品生产，桑海产业园在城市规划和产业规划时，也有意识地加强医药、食品生产基地的建设，致力于打造出桑海新药谷。在发展文化创意产业之时，在新能源汽车结构造型美观设计、智慧照明、健康光产品创意设计、医药品外形创意设计、食品包装设计方面，贡献了较多力量，实现了衍生产品开发和产业增值。

三大开发区的文化创意产业走"科技化"发展之路，具有一定的人才优势和较好的科技基础。三大开发区中，华东交通大学、江西财经大学、江西农业大学、江西科技师范大学（昌北校区）、东华理工大学（南昌校区）、江西建设技术学院、南昌电信学校、江西城建高级技术学校、南昌航天科技学院、江西机电职业技术学院、南昌理工学院、江西科技外语学院、江西行政学院等一干高校云集，这些院校纷纷开设了艺术、设计、机械、食品、航空航天、城市规划、园林规划、环境设计、文化产业管理等学科专业，为文化创意产业的"科技化"发展准备了人才。这些学校的科技园，也孵化了较多创新创业项目，为文化创意产业发展提供了有潜力的项目。此外，还引进了清华科技园、北大科技园及一些院士工作站，形成了独特的科技优势。

三大开发区的文化创意产业"科技化"发展，还体现在引进了一大批具有一定的先进科技含量的文化产品制造业，有代表性的有：江西日报印刷厂、南昌典和装潢印刷公司、江西核工印刷厂、江西高祥图书文化有限公司、江西慧谷文化传播有限公司、华峰文具有限公司、南昌马可信息技术有限公司、南昌宏伟广告有限公司、南昌钰琳广告有限公司等。目前，这些企业逐渐做大做强，成为推动区域文化创意产业发展的重要动力构成。

特别值得一提的是，2019年11月24日正式开园的南昌雷公坳文化体育产业园是南昌市经济技术开发区城市更新、产业转型、文创产业"科技化""娱乐化""融合化"发展的代表性项目。其前身为江西省高速公路投资集团有限责任公司下属雷公坳高速公路服务区，此一地块闲置了近十年时间。南昌市经济技术开发区通过"留、改、拆"的方式，将以前的老建筑、老仓库、老厂房予以全面规划及重新改造，还对原有的建筑空间、活动场地予以整合和提升，真正做到了盘活低效用地，用足土地资源。它既是全省首批城镇低效用地再开发试点项目，也是南昌市经济技术开发区产城融合、产业转型发展的项目，更是南昌市经济技术开发区现代服务业加速升级发展的项目，其投入使用，为此区域注入了新的动力，成为南昌市经济技术开发区由"园区"迈向"城区"的重要一步。该园区由江西畅行高速公路服务区开发经营有限公司与上海八号桥投资管理（集团）有限公司合资成立的江西畅发文化体育发展有限公司接管。总园区占地面积达204亩，建筑面积逾5万平方米，规划建设文创办公孵化、艺术培训体验、时尚运动休闲、实景娱乐互动、康养休闲生活、餐饮零售商业、运动训练场馆、水中健身活动等八个功能分区。现已建成并投入使用的是其东区，打造了集聚足球、篮球、网球、羽毛球、卡丁车、健身等体育竞技、演练、运动业态的运动训练场馆。未来计划加强西区多功能板块建设，推动江西首个青少年国防体育营地、首个专业儿童马术俱乐部等项目建设[①]。

三、南昌市城市改造更新与文化创意产业振兴发展的经验阐析

从文化基础、资源禀赋、实施策略、发展方向等方面予以把握，南昌市城市改造更新与文化创意产业振兴发展的典型模式、优秀经验主要体现在以下四个方面。

---

① http://xxgk.nc.gov.cn/xxgkpt/zwdt/201911/228fb499c86248f6b5d71a941e49f589.shtml.

（一）城市人文传承与文化创意产业的"双创"发展

中共中央办公厅、国务院办公厅于 2017 年 1 月 25 日下发的《关于实施中华优秀传统文化传承发展工程的意见》强调，"推动中华优秀传统文化创造性转化、创新性发展"，为城市人文传承与文化创意产业的发展指明了方向和路径。

第一，传承江西优秀传统文化精神，推动文创产业创新发展。江西优秀传承文化是中华优秀传统文化的重要构成，是江西先民在历史上创造和传承的一切优秀文化的总和。江西优秀传统文化，不断地推动着江西社会的发展和进步，长期发挥着正能量的引领作用。2019 年 12 月 25 日，南昌市举行了"纪念样式雷始祖雷发达诞辰 400 周年暨文旅融合发展座谈会"[①]，大力挖掘"样式雷"的优秀技艺和成功经验，将之运用于城市更新改造和产业发展，建设"样式雷"文旅产业园区。为进一步讲好"样式雷"故事，南昌市围绕"样式雷"文化推进产学研合作，激活"样式雷"的价值，打造"样式雷"文创产品。结合时代内涵，把"样式雷"创意设计运用到现代文化创意设计中，通过创意开发独具特色的"样式雷"文创产品，推出能够代表江西的"红、古、绿"建筑设计文化特色的文创产品。

第二，南昌市深化江西历史文献整理与历史文化研究，为城市更新改造、人文传承和文创产业发展奠定基础。优秀传统文化是人民大众在千百年历史进程中经过长期实践积累的成果，是思想、知识、智慧的结晶。这些优秀传统文化不仅在历史上发挥了重要作用，而且在今天依然有着很大的学术、文化、艺术、情感等诸多方面的价值。譬如：传统文化优秀思想，对于我们科学地认识和解释自然与人类社会发展、文化演进、文明进步仍有积极意义。优秀传统文学艺术具有永恒魅力，依然是当今文化建设的重要资源。传统的生产生活方式、工艺技术、社会组织方式、民俗传统等，传衍至今，是现代化发展的重要基础。近年来，南昌市大力践行中共江西省委、江西省人民政府《关于加快文化强省建设的实施意见》（2018 年 8 月 17 日），积极加强江西历史文献整理与历史文化研究，而且将相关的文献成果、研究成果运用于城市的更新改造、人文传承与文创产业发展中。江西人民出版社、百花洲文艺出版社、江西美术出版社、二十一世纪出版社等大力推进《江右文库》《赣文

---

① http://jx.ifeng.com/a/20191225/8042073_0.shtml.

化通典》《赣鄱文化研究丛书》《江西非遗大典》《经典江西》《江西符号》等编纂出版，并在此基础上推动建立了江西历史文化资源大数据库、江西非物质文化遗产资源数据库、江西地方戏曲资源数据库、江西历史文化名人数据库、江西历史文化名镇名村多媒体资源库、江西地方文献全文数据库、王阳明专题文献数据库等。南昌市积极开展江西历史文化专题研究，依托历史文化资源来推进旧城改造和文化复兴，着力做到让江西历史文化能够看得见、触得着。近年来，南昌市深入推进海昏侯文化、八大山人文化、王阳明文化、万寿宫历史文化、滕王阁历史文化、绳金塔历史文化、进贤仓历史文化、百花洲历史文化等具有区域优势和特色的历史文化研究阐释，加强对相互关联的茶历史文化、陶瓷历史文化、中医药历史文化等独具地域特色和内涵的历史文化的梳理研究，在此方面出版了一大批文化成果，复现和打造了以八大山人文化为主体的梅湖景区、万寿宫历史文化街区等文化地标景观，积极推进绳金塔历史文化街区建设，有意识地将之打造成新的"网红"地标，再现"唐风宋韵"；还制作了这些文化领域的专题纪录片，有助于南昌市文化形象的建构和良好传播。南昌市加强对江西历史名人的宣传研究，与其他地市、高校一起组织开展了陶渊明、王安石、汤显祖、王阳明等众多文化名家的学术研讨和纪念活动。尤其是，大力加强文物资源保护利用，积极拓展大遗址保护利用的内涵和外延，推动南昌汉代海昏侯国国家考古遗址公园建设，着力打造汉文化传承展示区。此外，南昌市还有力推进非遗的保护传承和活态展示，譬如：为国家级非遗项目——南昌瓷板画成立了"南昌瓷板画研究中心"，在南昌市红谷滩区红角洲的卧龙山上建设了"南昌瓷板画艺术博物馆"。在政府的大力支持下，南昌瓷板画研究中心取得了较为丰硕的研究成果，出版了《南昌瓷板画透视》等著作，邀请了游新民、支林、林峰、刘正等一批艺术大师为市民举办学术讲座，传播非遗文化，活跃市民文化生活。让杂草丛生、趋于荒芜的"中国傩园"这一烂尾的文化产业项目的建筑空间重新焕发活力光彩，让市民周末休闲生活多了一个好去处，成为特色鲜明的非遗旅游景区，推动了非遗与旅游、文创等融合发展，让文化遗产真正地活起来。

（二）城市高效治理与文化创意产业的"高质量"发展

文化创意产业的"高质量"发展，是与城市的高效治理密不可分的。城市的行政机制的创新，人际关系的和谐，创业环境的优美舒适，创业氛围的积极活跃，文化消费市场的有效引领，社会开放度、文化包容度的大气，等等，都直接影响着文化创意产业企业的成长，关系着文化创意产业人才的引入和培育，决定着文化创意产业发展的创新活力与竞争力的提升。近些年，南昌市在政策的制定、人才与业态的培育、产业的融合和公共文化服务建设等方面做了较多工作，值得肯定和阐析。

第一，文化和旅游深度融合，一流旅游目的地的打造，推动南昌城市高效治理和文化创意产业"高质量"发展。

新冠肺炎疫情深刻影响着旅游行业的发展。在"互联网+"背景下，发挥文化创意产业的优势，推动其与文化旅游产业深度融合，具有更好的社会效益和经济效益。产业的不断革新、城市的高速发展，使城市更新变得尤为重要，它是文化创意产业与文化旅游产业深度融合的重要基础、用力方向。老旧厂房土地资源的更新利用，既符合新时代民众的文化诉求、利益需求，又能进一步激发历史文化资源活力。南昌打造国际知名、国内一流的旅游目的地，需要发挥城市改造和更新的功能，大力发展文化创意产业，形成品牌城市效应，产生旅游聚集光晕，从而为江西文化创意产业高质量发展创造典型和样板，为江西文化与旅游深度融合及一体化发展提供经验和范例。

2020年4月27日，江西省文化和旅游厅发布了《江西省人民政府关于进一步激发文化和旅游消费潜力的实施意见》，提出了发展目标和实践路径，包括："①激发文化和旅游消费潜力；②创新推动产业融合发展；③全面提升产品供给；④着力推进夜间经济发展；⑤激活假日消费市场；⑥加强金融支持文化和旅游消费；⑦优化文化和旅游消费环境；⑧做好消费试点示范工作；⑨完善部门联动工作机制；⑩全面落实政策要素保障。"意在改革和升级江西省的旅游和文化创新产品，推动旅游高质量发展，满足人民对旅游休闲美好生活的需要，为后疫情时代江西省文化与旅游发展提供坚实的政策支持。

其实，近年来，江西省文化和旅游厅推动城市高效治理，针对旅游行业发展已经制定了诸多有效政策，为文化和旅游的深度融合及高质量发展给予了政策扶持和资金保障。2019年3月，中共江西省委办公厅和江西省人民政府共同发布的《江西省革命文物保护利用工程（2018—2022年）实施方案》，针对革命文物的保护和利用提出了明确要求。2019年7月，印发《江西省人民政府办公厅关于印发江西省旅游产业高质量发展三年行动计划(2019—2021年)的通知》，针对江西省旅游业态进行了顶层设计和行动规划，有计划、有重点、有步骤地开展"升级行动",优化旅游环境,升级旅游设施,开拓旅游市场,振兴旅游经济,推动江西省旅游资源"一体化"开发、产业"大集团"运作、业态"大视野"融合。2021年1月,印发了《江西省南昌汉代海昏侯国遗址保护办法》,对海昏侯国遗址的保护管理、规划建设、研究利用及资源开发提出了明确要求。

第二,公共文化服务"高质量"发展的诉求和要求,反推南昌城市高效治理和文化创意产业"高质量"发展。

习近平总书记指出:"高质量发展,就是能够很好满足人民日益增长的美好生活需要的发展,是体现新发展理念的发展。""我们要重视量的发展,但更要重视解决质的问题,在质的大幅提升中实现量的有效增长。"他还指出:"不平衡不充分的发展就是发展质量不高的表现。""高质量发展必须坚定推进供给侧结构性改革。"习近平总书记关于"高质量"发展的定位和标准,为城市改造发展和产业升级迭代奠定了基调、指明了方向。对于公共文化服务而言,其"高质量"主要体现在品质发展、均衡发展、开放发展、融合发展等四个方面,只有在城市的转型发展和文化产业的升级换代中做好了此四个方面的工作,才能为公共文化服务创设较为美好、舒适、健康的城市生活、生产、生态环境,也才能为人民大众提供思想精深、艺术精湛、制作精良的文化产品,让公共文化服务真正普惠于民,彰显新发展理念,增加人民的获得感、幸福感。譬如:南昌市积极践行《中共江西省委 江西省人民政府关于加快文化强省建设的实施意见》(2018年8月17日),加大城市治理力度,深化文化领域"放管服"改革,推动了政府职能高效和干部作风转变,优化了文化市场的创业环境、营商环境。2012年伊始,大力推动市属的国有文化企业与行政事业单位脱钩,不断地加强对经营性的国有文化资产的集中统一监管,在市内文化公关服务设施建立以理事会为核心的法人治理结构。到2020年底,已实现了所有乡镇(街道)、村(社区)建成符合标准的综合性文化服务中心。南昌市不断地深化文化领域供给侧、消费侧的结构性改革,提升了文化产品和公共文化服务的供给质量、消费质量。大力打造了一批文艺创作展演平台,支持城市文化广场、大型商业综合体、高校、企业举办文化艺术展览和演出活动,定期举办国际、国内文艺展演交流活动。在江西省文化艺术基金设立的基础上相应设立了市级文化艺术基金,以项目资助的形式有力地帮扶和引领文化产业企业发展。在此引导下,实施了文艺精品创作计划、加强了文艺创作规划引导,建设了一批文艺创作采风基地、文艺名家文化大家工作室、基层骨干文艺院团。南昌市还大力建设文化创意产业的项目孵化、产品交易、产业服务等系列平台。引进了一批有实力的文创孵化公司落户于江西慧谷·红谷创意产业园、南昌699文创园等园区,在樟树林、0791街区等打造了众创空间、孵化器、加速器等文创产业服务平台。通过绿地国博城等平台,做大做优了车博会、绿博会、红博会、艺博会、药交会等一批专业会展品牌项目。此外,南昌作为国家文化消费试点建设城市,分类有序地整合了全市的公共文化设施、公共文化服务资源,支持组建了一批演艺联盟、展览联盟、电影院线、剧场院线,政府通过向社会力量购买公共文化服务,有力地促进了文化产业的生产与项目产品消费,向社会大众提供了优质均衡的文化服务。南昌市还鼓励银行推出文化消费金融产品,支持金融机构创新文化金融产品和文化消费服务产品,还设立了文化专业支行,完善了文化产业"补、贷、投、保"联动机制。

(三) 城市协调共生与文化创意产业的"一体化"发展

随着"一体化"发展战略在政治、经济、社会、文化、生态文明建设等领域的探索实践和积极推进,其已经在城市建设与区域协调发展、产业融合与技术创新、产品创新等诸多方面发挥着积极作用。《集约型一体化管理体系创建与实践》解释"一体化"为:"将两个或两个以上的互不相同、互不协调的事项,采取适当的方式、方法或措施,将其有机地融合为一个整体,形成协同效力,以实现组织策划目标的一项措施。"[1] 当"交往合作""协同创新"成为时代的主题之时,南昌市应时而动、主动作为,城市更新改造、文化创意产业践行"一体化"发展战略,取得了一定成绩。

第一,践行城市"一体化"发展战略,推动了城市协同建设、功能共融、服务共享,也为文化创意产业的"一体化"发展奠定了基础。

城市协同发展之中,代表性的大的国家战略有京津冀一体化发展、长三角区域一体化发展、成渝一体化发展等;就一省而言,取得了不错发展成绩的有湖南的长株潭区域一体化发展,河南的郑新、郑许一体化发展,等等。江西省地处中部,在城市的一体化发展中,也积极响应和创新探索,实施了

---

[1] 王治卿. 集约型一体化管理体系创建与实践[M]. 北京:中国石化出版社,2010.

昌九、昌抚一体化发展战略，推动着南昌大都市圈的快速形成。目前，南昌一小时经济圈覆盖人口超过千万，成为带动全省经济、社会、文化发展的核心增长极。

以昌九一体化发展来说，《昌九一体化发展规划》强调了"统筹规划，协同发展"。南昌、九江的历史文化积淀深厚，丰富多彩，两者均属于赣鄱文化的重要发源地，有史以来，具有广泛的、持续的、密切的人文交往。南昌是国家级历史文化名城，也是"打响革命第一枪"的英雄城市；九江是江南的重要历史文化名城，人才辈出，文风鼎盛，同时还是全国首批沿江开放通商的港口城市。无论是南昌还是九江，区域内均拥有着众多的历史古迹、风景名胜和人文景致，古色、红色、绿色"三色"资源丰富，具有厚重的文化内涵和鲜明的开放包容人文特质。南昌和九江一体化发展文化创意产业，借助国家、省、市政策和措施向周边区域辐射，共同推动区域的协同共进、一体发展。南昌、九江两地深度挖掘地域特色文化资源，强化机制创新和资源整合，大力践行"互联网+"国家战略，积极参与"一带一路"合作互动，融入"一带一路"文化创意产业发展，拓宽了文化创意产业品牌的经营渠道，提升了其衍生价值，充分地利用各种展会加强了文化产品的核心竞争力、影响力。共同建设了一批专业特色鲜明的国际动漫、传媒出版、青少年科普等文化创意产业示范基地，合力打造"一体化"发展的文化创意产业中心。共同培育新兴文化产业骨干企业，引导特色文化产业集聚，推动区域协同发展。

第二，推进"文化+"的产业融合模式，促进文化产业与制造业、商贸、休闲旅游业等的融合，推动文化跨界融合发展，文化创意产业"一体化"发展渐成好的态势。

习近平总书记指出，要牢固树立"一体化"发展观念，推动传统媒体和新兴媒体在内容、渠道、平台、经营、管理等方面的深度融合。一体化发展，是媒体融合的内在要求和基本方向。要实施重大项目带动战略，通过流程优化、平台再造，实现各种媒介资源、生产要素的有效整合，实现信息内容、技术应用、平台终端、管理手段的共融互通，不断提升集成服务水平[①]。南昌市深化文化体制改革，大力构建现代文化产业"一体化"发展体系。譬如：

---

① http://opinion.people.com.cn/n/2014/1009/c1003-25792303.html.

南昌市在文学、艺术等门类产业产品上鼓励原创，致力于打造本土文学、美术、音乐、舞蹈、戏剧、影视、动漫等文化产业品牌。以美术门类的文化产业来说，促进油画、雕刻、刺绣、陶瓷等原创研发产品、开发授权产品、拓展衍生产品，完善产业链、价值链，创新开发传统手工艺品和工艺美术产品，培育了一些特色文化产业和美术自主品牌。又如：在新闻广电传媒产业、演艺娱乐产业的管理体制方面实施改革，深挖资源，升级技术，不断地增强产业的核心竞争力。以演艺文化产业来讲，不断地创造条件吸收社会资本，推动地方文艺院团的整合，组建新型演艺集团，创新了演艺产业的发展模式，从而重塑赣地演艺娱乐产业品牌。再如：积极推动传统文化产业与新兴网络文化产业融合发展，创新网络文化产业的管理模式和经营模式。另外，在文化产业的经营权方面实施开放政策，引领大型文化企业走科技创新之路，从而增强生产创新力、市场竞争力，逐渐扩大文化产业企业的影响力、知名度、美誉度[1]。

特别值得一提的是，作为江西文化产业的核心支柱产业，南昌市大力加强新闻出版产业的发展，积极建设国家级、省级新闻出版产业基地，构建编、印、发、供、管充分融合的生产体系、营销体系。同时，完善产业链、衍生价值链，以出版为基点，融合会展、博物馆、艺术品市场、动漫生产、网络出版等功能齐全、规格高端的现代化出版产业基地。

（四）城市生态系统与文化创意产业的"绿色"发展

江西具有较好的生态基础和绿色发展优势，素来重视生态文明建设，走生态经济、生态产业振兴发展之路。2009年国务院正式批复了《鄱阳湖生态经济区规划》，这是新中国成立以来江西省首个被纳入国家战略的区域性发展规划，对实现江西崛起、新跨越有着重大的、深远的意义。经过十多年的战略践行落实，走绿色生态发展路径已经深入人心，也成为城市治理和文化产业发展的优秀经验。

南昌市积极践行生态文明建设，着力于推动城市生态系统绿色发展，走绿色崛起之路。在旧城改造、城市环境建设、污染整治等方面大力作为。南昌成为生态宜居、幸福生活指数较高的城市之一。以空气质量来说，它在中

---

[1] http://www.360doc.com/content/21/0212/14/99076_961759877.shtml.

部六省会城市中 PM2.5 浓度总体趋于最低,空气质量优良率在中部六省会城市中排名第一。此外,南昌市在 2006 年就被美国《新闻周刊》评为"世界十大动感都会"之一,也是中国唯一获此声誉的城市。南昌市为了保持这一知名度、美誉度,也有意识地在政府治理、经济结构调整、产业优化升级、企业引进培育等方面贯彻"绿色生态"发展的精神,在高科技生态化产业等方面积极作为,文化创意产业的"绿色"发展就是其典型体现。总之,南昌市在城市生态系统与文化创意产业的"绿色"发展方面,做了一定的工作。主要体现在以下方面:

第一,加强城市生态治理,为文化创意产业的"绿色"发展创造优美的生态环境和成长空间。

(1) 南昌市大力加强工业企业的整治。努力做好节能"减碳"的"减法",基本实现了传统产业的低碳化发展。陆续关停了一批高污染企业,对一些重点工业企业的能源系统、供热系统等进行改造。

(2) 南昌市大力加强水生态环境治理。南昌城市内河湖密布,拥有"一江、两河、八湖"的水资源。近年来,南昌市推行"河长制",创新工作机制,强化协同治理模式,陆续根治了内湖蓝藻现象,疏通了玉带河、乌沙河等内河,加强对生产生活污水的监测和排放管控。通过治理,南昌市地表水国考、省考断面水质优良比例达到了 90% 以上,尤其是南昌市下辖的县区,其跨界断面水质优良比例接近 100%,全市集中饮用水水源地水质水量达标率趋于 100%。

(3) 南昌市大力加强土壤环境改善治理。主要着力于对企事业周边地区土壤、基本农田区土壤、蔬菜种植区土壤、饮用水水源地周边土壤、城市绿地土壤及畜禽养殖场周边土壤等实行严格的检测和监控。

(4) 南昌市大力加强自然保护区监管和治理。2018 年开展了"绿盾 2018"专项行动,确定了占全市总面积 17.27% 的生态保护红线区域。

(5) 南昌市大力建设了一批国家级、省级森林公园。具有代表性的有瑶湖郊野森林公园、梅岭国家级森林公园、象山森林公园、艾溪湖森林湿地公园、青岚湖森林公园、磨盘山森林公园、长埠森林公园等。尤其值得一提的是,南昌市在生态文明园区、基地、县区的创建方面积极作为,得到了社会的肯定，收获了较多的荣誉。①

第二，强调优势互补、融合发展，走文化+科技的产业振兴之路，推动文化创意产业转型升级和绿色发展。

（1）加快改造传统文化产业。南昌市大力推动南昌万寿宫历史文化街区、绳金塔历史文化街区、进贤仓历史文化街区等传统型的"文化产业街区"建设和发展，使之成为旧城改造和产业发展中优势互补、融合发展的亮点工程。移植英国创意产业发展模式，借鉴北京798文化产业园区、莫干山文化产业园区等建设经验，充分利用南昌市废弃和闲置的一批老厂房、工业遗址创新发展文化产业，南昌699文化产业园区、樟树林文化产业园区就是其中的典型。将依托深厚的历史人文资源发展的八大山人纪念馆扩展升级，打造成为梅湖景区。以"华夏笔都"文港特色小镇为代表的文化创意产业小镇也渐成规模，形成气候。以梅岭、象湖、天香园及各县区的创意农业林业、休闲观光等为代表的绿色生态文化园区则异军突起，令人神往。南昌军山湖螃蟹节、绳金塔庙会等经过多年持续打造，已然成为行业领域内响亮的品牌。此外，南昌还沿用城市文化商业综合体建设的传统模式，大力建设新型文化创意空间，南昌万达广场、融创文化旅游城、绿地国博城等是其中的代表。

（2）培育壮大新兴文化产业。南昌市大力实施数字文化产业发展战略，努力打造数字文化产业高地。近年来，南昌市数字技术发展日新月异。实施数字优先转型升级战略，出台了一系列政策和规划，引领建设数字文化产业基地、综合性数字出版产业基地，打造国家级出版融合发展重点实验室，培育发展数字文化产业集群。通过综合运用互联网、云计算、大数据、人工智能等新型技术，推动了文化产业的转型升级和结构优化，重点打造了南昌世界级VR产业基地。此外，还大力吸引有实力的游戏、动漫、电子竞技领域及衍生品生产制造企业落户南昌，举办了多项、多届全国性的电子竞技比赛。支持文化创意产品的智能化、数字化、卡通化、网络化生产与传播，鼓励和引领着网剧、微电影、网络电影、自媒体、音像制品、有声读物、电子杂志、知识付费节目等内容的生产与传播，积极推动文化创意产业的新业态健康可持续发展。

（3）做强做大优势文化产业。开发了诸如699文化创意园、791艺术街

① http://www.ncnews.com.cn/xwfb/xgdt/201906/t20190619_1444850.html.

区、江西慧谷·红谷创意产业园、樟树林文化产业园、大唐西市文化产业园、文港华夏笔都文化产业园、南昌古玩城、豫章 1 号文化科技创意园等。[1]近年来,在市委市政府的大力支持下,本地的文化创意产业园区已经形成了一定的规模,创业热情高涨,园区聚集效应显著,具有了良好的产业基础,形成了优秀的口碑效应。

总之,南昌市坚持生态发展、绿色崛起的理念,主动淘汰落后产能及高污染高能耗企业,积极发展新型现代文化创意产业,推动了产业结构的优化,文化产业的竞争力逐渐增强,绿色产业渐成规模。

(何世剑,江西应用科技学院特聘教授,南昌大学教授、博士生导师;张泽辉,湖北省鄂州市群众艺术馆)

---

[1] 邹锦良,何川.江西文化创意产业集群发展现状及对策研究[J].老区建设,2020(8):44-49.

第十章
抚州：城市更新中的文化传承与产业创新

一、抚州文化产业发展概况及分析

二、抚州城市更新与文化产业发展的范例分析

三、抚州城市更新与文化产业发展趋势研判

随着多元化、综合化的城市建设规划的出台，城市更新不再是对某一个衰落的区域进行拆迁、改造、投资和建设，更多的是加入以人为本的更新理念，对自然生态、公共空间、经济布局、社会环境等方面进行"多规合一"的综合规划，进一步调节城市功能和再利用城市空间。同时，城市更新也为产业转型升级和新兴产业的发展提供了新的机遇和载体。文化产业作为战略性新兴产业融入城市更新中，使得城市魅力和城市精神进一步彰显。

抚州位于江西省东部，辖2区9县，即临川区、东乡区、南城县、黎川县、南丰县、崇仁县、乐安县、宜黄县、金溪县、资溪县、广昌县，总面积1.88万平方公里，地处国家鄱阳湖和闽东南三角区—海峡西岸经济区腹地，是"一带一路"双向开放、陆海统筹的战略通道，具有承东启西、贯通南北的区位优势。作为国务院确定的海峡西岸经济区20个城市之一，抚州被纳入国家战略区域性发展规划、国家重大发展战略政策的设区市，受到南昌核心增长极、抚州深化区域合作加快发展、向莆铁路经济带等省级战略的政策扶持。[①] 由于缺乏发展重工业的地矿资源、港口资源、体制资源，抚州城市发展较为缓慢，但其得天独厚的历史文化优势和生态资源，具有大力发展文化产业的人才、文化、环境、政策、市场等方面的潜力。在近几年的城市规划中，抚州一直注重城市历史文脉的延续与文化遗产的保护，同时结合自身的城市精神和区域文化，推动了文化产业的创新发展。

---

① 《开发区改革和创新发展规划（2019—2021）》。

一、抚州文化产业发展概况及分析

(一) 抚州城市更新与文化产业发展现状

1. 城市空间总体规划

在《抚州市城市总体规划（2016—2030）》中，明确了抚州城市定位为"南昌大都市区的副中心城市，赣闽台经济走廊上重要的新兴产业高地和绿色生态城市，以临川文化为特色的历史文化名城"①。以"临川韵味、山水秀城"为总体设计目标，在保护临川文化和生态环境的基础上，城市更新围绕市域、规划区和中心城区空间体系规划。市域空间以带动产业和城镇发展为核心，建设生态型城镇群、跨区域发展带（东昌发展带、抚吉发展带和济广发展带）和生态发展区（西部生态发展区、东部生态旅游区和南部城镇培育区）。规划区空间依托基础设施建设，打造各区县多样性的产业板块，促进临川主城、东乡副城一体化发展的功能联系带发展。中心城区构建"一城两区"，其中临川主城区是城市重要的生活服务和新兴功能轴线，集聚城市的公共服务、商业休闲、特色教育、高等院校、科教研发等职能；东城突出荆公文化特色，塑造人文山水风貌。

抚州在城市规划中统筹空间、规模、产业三大结构，各区县都有配套的工业开发区及主攻产业方向，同时配有创新创业平台，搭配科技研发、项目孵化、创业服务等政策扶持。根据2020年省政府出台的《关于支持抚州深化区域合作加快发展的若干意见》，将"融入南昌、对接海西、建设向莆经济带"上升为省级区域发展战略，对于城市定位及新发展空间做了进一步规划。同年抚州市发布《抚州市开发区改革和创新发展规划（2019—2021年）》，将抚州国家级高新技术产业开发区、东临新区作为文化产业的重点改革和发展区。东临新区重点发力历史文脉的遗产保护和创新发展，抚州高新区重点打造国家数字印刷出版基地，着力推动数字出版、动漫游戏、互联网+教育、工业设计等产业集聚发展，规划建设中国临川文化动漫城、抚州印刷产业园、抚州高新区文化产业园。

---

① 《抚州市城市总体规划(2016—2030)》。

文化创意产业重点项目

项目一：文昌里文化创意集聚区

建设内容：充分挖掘文昌里文化、宗教文化、古村文化等文化资源，开发文化产品，促进历史文化的传承和光大。擦亮以"汤显祖"为核心的城市文化品牌，打造文化产业链条，以历史人文积淀为核心，全力推进文昌里文化创意集聚区的建设。

项目二：南丰傩文化产业园

建设内容：以"品桔、观傩、祈福"为主题，以文化创意为主轴，建设观光、体验、休闲三大功能片区，融自然、人文景观于一体，建成主题鲜明、个性彰显、内涵丰富、品位独特的傩文化。

项目三：浒湾雕版印刷文化创意产业园

建设内容：规划用地100亩，通过整合金溪乃至全省相关优势文化资源，围绕创意文化这一优势产业，以"公益性带动盈利性"为宗旨，集公益性、开放性、创新性为一体，打造一个"创新、创意、创业"的"三创基地"。

项目四：东辉文化创意产业基地

建设内容：规划用地面积5平方公里，引进文化创意企业20家，形成区域文化创业产业集群，总投资200亿元，以高档红木家具、木雕、根雕系列产品为核心，打造东乡文化产业名片。

项目五：黎川油画创意产业园

建设内容：到2021年争取培育30家大型油画企业。把黎川打造成为"文化艺术创作基地、文化旅游产品设计生产加工基地、影视创作摄制基地"。

> **项目六：抚州高新区文化产业园**
>
> 建设内容：以提升抚州核心文化资源为导向，在传统产业中融入现代文化和创意元素，促进科技、教育、金融、贸易与文化创意产业融合发展，推动文化创意产业跨行业、跨部门渗透融合，着力推动数字出版、动漫游戏、互联网+教育、工业设计等产业集聚发展。并且打造以临川文化为主题的动漫产业，建设中国临川文化动漫城。

2. 文化产业总体规划

城市空间是文化记忆的容器，抚州作为"才子之乡""文化之邦"，涌现了晏殊、晏几道、曾巩、王安石、陆九渊、汤显祖等一大批对中国历史文化有深远影响的名儒巨公。以"临川四梦"为支柱的戏曲文化、南丰跳傩、广昌孟戏、宜黄戏、乐安傩舞、临川采茶戏等国家级非物质文化遗产享誉海内外。目前抚州共有7项国家级"非遗"、49项省级"非遗"、86项市级"非遗"、16处国保单位、5个国家级历史文化名镇名村、96个国家级传统村落。除了历史名人资源，红色文化以及绿色生态也是抚州的城市"名片"。这些宝贵的历史文脉为抚州发展文化旅游产业提供了肥沃土壤，为城市生态旅游休闲区奠定了良好的基础。抚州市在现有城市功能和产业布局的基础上，把文化产业融入城市总体规划建设和产业体系构建之中，重点布局"龙头带动型、战略驱动型和配套助推型"三大板块，全方位推动各类文化产业发展。其中龙头带动型文化产业主要为文化旅游业、工艺美术业、印刷包装业、演艺娱乐业；战略驱动型文化产业包括动漫游戏业、文化数字业、教育培训业；配套助推型文化产业包括广播影视业、文化会展业、创意设计业。

抚州文化产业整体规划以临川文化为核心，结合历史名人、红色文化、书画艺术、旅游等不同文化形态，培育和扶持文化园区、文化基地建设，构建"全文化产业生态链"发展体系。文化产业空间根据全市地理空间结构、文化资源特点、文化产业发展现状和文化产业未来发展趋势，采取"一心、一廊、两翼、六集群"的总体空间格局①，即以临川区和抚州市高新技术开发区作为抚州发展文化产业的动力中心，以临川区、南城县、黎川县和抚河"一

---

① 《抚州市文化产业发展规划（2016—2020）》。

河两岸"为发展廊道,将文化产业发展的动力核心向西南、东北两翼轴线延伸,深度系统挖掘两翼特色文化产业资源。重点发展南丰文化产业集群(世界桔都生态文化园、中国傩舞文化博览园、军峰山山地生态旅游区)、广昌文化产业集群(中国白莲生态文化园)、资溪文化产业集群(大觉山文化旅游综合体、新月畲族民俗文化村、资溪面包文化创意坊、资溪百越民俗风情演艺大观园、九龙湖生态旅游文化区和法水温泉度假区等)、黎川油画产业集群(黎川油画创意产业园)、东乡木雕产业集群、南城文化产业集群(麻姑文化旅游综合体)。抚州市文化资源的明细表见表10-1。

表10-1 抚州市文化资源明细表

一级分类	二级分类	资源名称	资源所属县区
历史文化	遗址遗迹	白舍窑址	南丰县
		宝山银矿遗址	金溪县
		白浒窑址	临川区
		里窑窑址	金溪县
	书院文化	兴鲁书院	抚州市区
		仰山书院	金溪县
		雯峰书院	广昌县
		黎川孔庙及试院	黎川县
		流坑文化文馆	乐安县
	宗教文化	曹山寺	宜黄县
		正觉寺	抚州市区
		金山寺	临川区
		仙都观	南城县
		疏山寺	金溪县
		天主教堂	临川区
		石桥寺	乐安县
		临云寺	乐安县
		天仙古寺	乐安县

续表

一级分类	二级分类	资源名称	资源所属县区
历史文化	洪门文化	船形屋住宅群、堂口、商帮	南城县、黎川县、广昌县
	民间曲艺	宜黄戏、广昌孟戏、抚州采茶戏	分布于相关县区
	名人文化	王安石	临川区、东乡区
		晏殊、晏几道	抚州
		曾巩	南丰县
		陆九渊	金溪县
		李觏	南城县
		揭暄	广昌县
		汤显祖	临川区
		乐史	崇仁县
		吴澄	崇仁县
		谭纶	宜黄县
	名人故居、纪念馆	王安石纪念馆	抚州市区
		曾巩纪念馆	南丰县
		陆九渊纪念馆	金溪县
		汤显祖纪念馆	抚州市区
		舒同纪念馆	东乡区
	古镇古村	流坑村古建筑群	乐安县
		竹桥村古建筑群	金溪县
		湖坪村古建筑群	乐安县
		水南村古建筑群	乐安县
		驿前镇古建筑群	广昌县
		棠阴镇古建筑群	宜黄县
		浒湾镇书铺街明清古建筑群	金溪县
		琉璃东源曾家古建筑群	金溪县
		浯溪村古建筑群	东乡区

续表

一级分类	二级分类	资源名称	资源所属县区
红色文化	会议旧址	康都会议旧址	南丰县
		红一方面军总部会议旧址	宜黄县
		红一方面军大湖坪整编旧址群	乐安县
	革命办公旧址	左坊红一方面军司令部旧址	金溪县
		闽赣省苏维埃政府旧址	黎川县
		高虎脑红三军团指挥部旧址	广昌县
		沙子岭毛泽东旧居	广昌县
		东山岭战役朱德指挥部旧址	崇仁县
	战场遗址	黄陂战役遗址	宜黄县
		东陂战役遗址	宜黄县
		高虎脑战役遗址	广昌县
		登仙桥战役遗址	乐安县
		团村战役遗址	黎川县
	烈士墓碑	陈阿金烈士墓	广昌县
		张英烈士墓	乐安县
		张方说烈士墓	乐安县
		洲湖红军烈士墓	黎川县
生态文化	名山	大华山、麻姑山、大觉山、灵谷峰、军峰山等	分布于有关区县
	生态景观	广昌白莲生态	广昌县
		南丰桔园生态	南丰县
		水南古樟林	乐安县
		天门岭、徐坊村	金溪县
书画艺术	古玩	江南、玉茗、小商品古玩市场	临川区
	绘画	黎川油画	黎川县
	书法	颜真卿的《麻姑山仙坛记》	南城县
		王羲之、危素、李瑞清、舒同等	临川区、东乡区

续表

一级分类	二级分类	资源名称	资源所属县区
文化旅游商品	菜品美食	牛杂、墨鱼炆芋头、鲶鱼豆腐、墨鱼粉丝、藕丝、流坑豆腐等	分布于抚州各区县
		炒尖脆、炒鱼丝、鱼丸和蛋菇、金丝肉丸、油炸纸包、网油卷、南丰水粉、南丰清汤、米酒	南丰县
	工艺制品	傩面具雕刻	南丰县
		临川毛笔	临川区
		篾编	临川区
		剪纸	临川区
		蛋雕技艺	乐安县
		乐安毛边纸	乐安县
	土特产品	南丰蜜桔	南丰县
		广昌白莲	广昌县
		宜黄夏布	宜黄县
		麻姑酒、麻姑茶、麻姑米	南城县
		茶树菇、原木香菇、草菇	黎川县
		蜜梨、浒湾贡面、藕丝糖	金溪县
		崇仁麻鸡、崇仁黄花菜	崇仁县
		乐安霉鱼	乐安县

资料来源：《抚州市文化产业发展规划（2016—2020）》。

在推进文化新业态、新商业模式发展过程中，抚州出台了支持文化产业发展的若干政策意见。如支持创意服务与相关产业融合发展项目，给予创意投资基金扶持；支持小微文化企业发展，鼓励"个转企""小升规"增加可贷款；建立市级重点文化产业项目库，对入库项目优先给予扶持资助；举办文化专题招商推介会、建立市文化产业园区联盟，对评定的文化产业公共服务平台项目给予配套资金扶持；支持和鼓励文化"走出去"，对经认定的国家文化出口重点企业和项目给予配套奖励，对文化贸易企业市场开拓、文化展览、人才培养、版权输出等给予重点支持；举办文化惠民消费季活动，鼓励经营性文化设施、大型文艺院团、文化商业综合体、旅游景区（点）等提供优惠或免费文化服务。通过项目补贴、金融贴息、股权投资、风险补偿、政府购买、配套奖励、向上争取支持等方式扶持重点文化产业、重大文化产业项目、重点文化企业、文化产业园区。

通过构建文化产业发展新格局，抚州城市文化建设和文化产业发展走向了更高发展阶段。"十三五"期间，全市文化产业①主营业务总收入突破1600亿元，年均增长10%以上；文化产业单位2358家，年均增长15%②。2020年全市共谋划实施了重大文旅项目63个，总投资额554.751亿元，接待游客7078.5万人次，同比增长10%，实现旅游收入675亿元，同比增长11%。目前，文化旅游产业已经成为抚州四大战略性新兴产业之一，占全市GDP的6.8%。

3. 文旅资源传承与创新

抚州文化资源丰富，近几年侧重生态文化及历史文化的传承创新。抚州城市绿化率达到43.4%，森林覆盖率达到64.5%，是国家园林城市，著名的宜业、宜居、宜游"三宜城市"。2019年度抚州入围中国国家旅游最佳全域旅游目的地，上榜中国文化竞争力十佳城市，千金陂古代水利工程列入2019年（第六批）世界灌溉工程遗产名录，资溪县入选首批国家全域旅游示范区。2020年完成造林6.48万亩，森林抚育46.32万亩，改造低产低效林12.8万亩。共建立自然保护区22处，面积达13.04万公顷，占全市总面积的6.9%。整体来看，无论是历史文脉还是生态空间，抚州的文化产业发展都有着丰厚的基础和载体。通过文化旅游引导城乡一体化发展的空间布局，打造区县的生态旅游区、生态文化园、创意产业园等形式的产业集群，构建"一区一带六极"的全域旅游发展，着力促进区域城乡协调发展，持续推进乡村振兴战略及新型城镇化发展。③

---

① 抚州根据《文化及相关产业分类（2018）》，将文化及相关产业定义为为社会公众提供文化产品和文化相关产品的生产活动的集合。范围包括：一是以文化为核心内容，为直接满足人们的精神需要而进行的创作、制造、传播、展示等文化产品（包括货物和服务）的生产活动，具体包括新闻信息服务、内容创作生产、创意设计服务、文化传播渠道、文化投资运营和文化娱乐休闲服务等活动；二是为实现文化产品的生产活动所需的文化辅助生产和中介服务、文化装备生产和文化消费终端生产（包括制造和销售）等活动。

② 《抚州市文化产业规划方案》。

③ 《关于抚州市2019年国民经济和社会发展计划执行情况与2020年国民经济和社会发展计划草案的报告（书面）》。

抚州旅游资源丰富，全市共有1个国家5A级旅游景区、21个国家4A级旅游景区、5个全国乡村旅游重点村、2个省乡村旅游重点村、2个省级工业旅游示范基地、3个省级生态旅游示范区、3个省5A级乡村旅游点、5个省级旅游风情小镇、25个省4A级乡村旅游点，实现了"县县都有4A级景区和4A级乡村旅游点"。根据《抚州市全域旅游发展规划（2019—2030年）》，抚州围绕"山水镶城"的城乡生态格局，塑造"山水城市"的生态品牌，打造大觉山、军峰山、洪门湖国家湿地公园、大觉溪、抚河五大重点项目，差异化发展麻姑山、曹山、大华山、九龙湖、金竹飞瀑、宜黄河等十山十水。中心城区以戏梦文化旅游资源为主，拥有文昌里历史文化街区、汤显祖纪念馆、王安石纪念馆、汤显祖大剧院、三翁花园、名人雕塑园、梦园、拟岘台等重要资源；东西两端以自然山水、传统村落资源为主，有大觉山、金溪古村、乐安流坑古村、金竹飞瀑等资源；中南部以鲜明的特色产业、生态文化资源为主，拥有南丰桔文化产业集聚区、中国莲花景区、南城麻姑山景区、黎川油画创意产业园、崇仁源野山庄景区、宜黄曹山景区等重点资源。[①]

城市更新带动了经济发展，通过空间整合与产业结构的联动发展，壮大了文化旅游、中医药、健康养生、现代物流等新兴产业，推动绿色规模化、品牌化以及区域产业提升。传统山水资源的转化与观光产品的创新推动了农业现代化同步发展，蜜桔、白莲、麻鸡、水稻制种等十大特色农业产业集群发展良好，城乡发展一体化的新格局趋势明显。

（二）抚州城市更新与文化产业发展举措

1. 优化文化商业空间

在《抚州市国民经济和社会发展第十四个五年规划和二〇三五年远景目标纲要》中，对于城镇布局结构完善、城市功能与生活空间品质提升、乡村振兴发展做了全面的统筹与规划。规划中着重指出，抚州将积极对接南昌都市圈发展规划和国土空间、城镇体系、综合交通、产业布局、生态环境等专项规划。建立跨区域文化交流合作长效机制，联手打造富有竞争力和影响力的都市圈文化品牌。城市功能品质提升将围绕城市道路建设、城市停车场建设、城市供排水工程、保障性安居工程进行全面更新。同时建设完善有一定

---

① 《抚州市全域旅游发展规划（2019—2030年）》。

影响力和品牌知名度的会议会展设施、剧院、体育场馆、博物馆、科技馆、高端酒店等，打造集中连片的商业、商务中心区，营造舒适便捷的城市空间。

2. 增强公共文化服务供给

抚州戏曲文化源远流长，通过不断提升汤显祖大剧院、汤显祖纪念馆等文化设施环境，打造汤显祖戏剧节暨国际戏剧交流月活动，推动汤显祖戏曲文化的传承与保护工作，打造"中国戏都"文化品牌。每年安排国内外精品剧目展演，投入100多万元购买民间剧团剧目，每周在市区小剧场为群众免费演出。在完善公共文化服务设施方面，着力补齐公共文化设施短板，实现全市所有行政村和社区文化设施全覆盖，推进市县两级图书馆总分馆制建设，建立"书香抚州·抚州市全民阅读网上数字平台"，不断满足人民群众多样化、多层次、多方面的精神文化需求。在传统节日、中国文化遗产日、国际博物馆日、新中国成立70周年等重大节庆中，组织开展"欢乐新春家乡行"、"百姓大舞台大家一起来"、文化讲堂、红色文艺轻骑兵等展演展示活动，以及经典诗词吟诵、经典剧目展演比赛、校园戏曲等活动。2020年抚州市共有艺术表演团体3个，文化馆13个，公共图书馆12个，广播电台12座，电视台12座，广播节目综合人口覆盖率99.6%[1]。

3. 政策扶持助推产业发展

近年来，抚州大力加强重点文化保护单位、革命旧居旧址、传统古村落等维修保护工作，制定了《抚州市文化和旅游产业链链长制工作方案》，与抚州农商行签订《助推文化和旅游产业链振兴发展金融战略合作协议》，三年安排文旅专项贷款30亿元，助推文旅产业回暖复苏。以"文旅贷""文企贷"等金融产品帮助企业解决融资难题，发放贷款1.2亿元，85家文旅企业受益。各区县每年安排新增建设用地指标用于全域旅游项目建设，对重点旅游项目给予用地指标保障，在符合规划和用途管制的前提下，允许农村集体经济组织依法使用建设用地自办旅游企业或以土地使用权入股、联营开办旅游企业。充分利用农村闲置存量建设用地发展乡村旅游，建立宅基地有偿使用和退出机制。对使用荒山、荒地等废弃地建设的旅游项目，优先安排新增建设用地计划指标。对公益性旅游基础设施用地，采用划拨方式供地；对经营性用地，

---

[1] 《抚州统计年鉴(2020)》。

采取招标拍卖形式供应。降低文化产业项目的用地成本，对支持发展的文化旅游项目，可以以长期租赁、先租后让、租让结合的方式供应土地。

二、抚州城市更新与文化产业发展的范例分析

（一）中心区文旅休闲综合体——文昌里历史文化街区

文昌里历史悠久，文化底蕴深厚，是明代戏曲家"东方戏圣"汤显祖（1550—1616）的故里，也是汤显祖的出生成长地、文学创作地和安息地。文昌里历史文化街区以文化旅游业为主导产业，占地面积980亩，位于抚州市中心城区东北部，自古为进出抚州、连接城乡的重要通道。作为临川老城最繁华的商业街区，以及目前江西省规模最大、保存最完整的历史文化街区，集聚了戏曲文化、宗教文化、商帮文化、临川才子文化、忠孝文化、民俗文化，包含汤家山和汝东园2个省级历史文化街区，13条保存比较完整的明清历史街巷，50多处保存完好的明清历史建筑。其中国家级文物保护单位1处（玉隆万寿宫），省级文物保护单位2处（汤显祖墓、文昌桥），市级文物保护单位24处，以及横街、直街、三角巷、东乡仓、官沟上、太平街、竹椅街等13条历史街巷。

2015年抚州市确定了文昌里棚户区大改造的原则和方向，要求按照"恢复历史、激活文化、带动旅游、服务百姓"的原则，全力推进文昌里改造项目。按照"尊重历史、保护文脉、质量第一、修旧如旧"的要求，规划了项目一期横街片区3条明清老街的修缮，重现街区历史风貌。2017年文昌里历史文化街区谋划了中洲堤路建设、横街修缮（含三角巷、竹椅街）、玉隆万寿宫东西广场及周边环境提升工程、滨河景观提升改造建设等18个项目，包括文化广场、汤公故里、抚州市非物质文化遗产展示中心、五大院文化展示馆等公共服务设施。其中文化广场占地37亩，将原抚州市委党校拆迁改造为大型开放式广场；汤公故里占地18亩，恢复汤显祖墓遗址，新建宗祠、陈列馆、玉茗堂等仿古建筑以及商业手工艺展示区。新建抚州市非物质文化遗产展示中心，占地3600平方米，新建汝东园五大院文化展示馆，占地820平方米，打造城市文化休闲综合体，对演艺博览、生态休闲、历史文化街区进行功能区划分。同时引入业态规划和招商工作，集"吃、住、行、游、娱、购"

为一体的明清商业街基本成形。

不同于传统文化产业园较为单一的文化产品制造、文化企业孵化或文化旅游观光,文昌里历史文化街区共分三个片区:南部片区围绕玉隆万寿宫、汤显祖家族墓园、中国戏曲博物馆,全力打造大明朝"勾栏瓦舍"的盛世缩影,还原汤显祖归乡后大明市井场景,成为国内古风文化爱好者的网红打卡地。中部片区依托保存较好的历史街巷,还原集吃、住、行、游、购、娱为一体的明清老街。北部片区以三翁戏曲小镇为核心要素,以临川四梦之《牡丹亭》为蓝本,结合水景和周边历史建筑,打造大型实景演出"寻梦牡丹亭",着力建设在全国有影响力的戏曲小镇。同时,文昌里历史文化街区结合自然要素特征、历史功能、业态定位等多项因素细化设置了包括三翁戏剧小镇、寻梦牡丹亭实景演出、创意工坊等多样化的功能业态集聚区,丰富了园区的文化产业发展体系。2019年,文昌里街区游客达到200余万人次,实现文旅综合收入6000万元。文昌里历史文化街区规划见图10-1。

图10-1 文昌里历史文化街区规划

（二）开发区产业园建设——黎川油画创意产业园

作为黎川县的城市符号和富民产业，油画带动了黎川知名度的进一步提升，同时促进了返乡创业，推动了黎川县经济社会发展。在赣南等原中央苏区振兴规划提出"推动抚州黎川发展油画艺术"的契机下，依托黎川油画人才的规模性积累和现有陶瓷油画产业基础，构建集油画创意设计、陶瓷加工制作、陶瓷油画产业交易展示、产业休闲旅游于一体的文化创意产业集聚区。该项目用地面积为130.5亩，总建筑面积94000平方米，包括油画生产区、研发区、展览区、培训区、实习区、附属产业区、物流区、流通交易区等，其中展览和拍卖大厅20000平方米、创作区36000平方米、服务区3000平方米、生活区30000平方米、培训区5000平方米。在园区改造中，将原文教体卫用地调整为商务用地、居住用地（兼容商业），东至状元路延伸段，南至新城大道，西至图书馆、博物馆、影剧院，北至翰林名居小区。黎川油画创意产业园共分为二期，一期为油画生产基地，集油画创作、生产、展览、销售、艺术交流及相关绘画用品生产、销售为一体。二期为油画交易中心，包括交易中心、酒店式公寓楼、画师住宅楼。

在园区运营方面，油画创意产业园发布招商运营优惠政策，吸引艺术家和企业驻园发展。据统计，江西油画培训基地以及包括日峰、潭溪、德胜、华山等乡镇写生基地在内的油画培训基地，自2019年7月投入使用以来，已培训画师1万多人次。入驻产业园的画师、省美协会员大多收入在30万元以上，一般画师年均收入在15万元左右，画师学徒年均收入在3万元以上。同时，依靠油画产业，带动了画笔、画布、颜料、外装饰框等系列经营的配套发展。在抚州2019—2030年全域旅游规划下，黎川县将围绕"黎明山川、画中情缘"的"画缘"黎川的旅游形象品牌，打造国际油画产业基地。

（三）规划区全域旅游开发——金溪古村

抚州倡导一村一主题、一村一特色、一村一产业，以金溪为代表的区县围绕公共文化服务、文旅融合、空间改造推动县区建设和文旅发展。公共文化服务方面，建设乡镇综合文化站、村（社区）综合性文化服务中心、农家书屋、文化馆、图书馆、美术馆、陆九渊纪念馆和文化中心、3D多厅数字影院等，通过公共文化空间的完善，日常文化生活有了更多平台。据统计，

2020年县政府组织送戏150场、送电影2316场，指导群众自办文化活动39场次；举办"百姓大舞台，大家一起来"群众文化活动12场次；举办各类读书、讲座及图片展览活动20余场次；举办全县文化站站长、农家书屋管理员、文艺骨干、文保员等培训班共20余期，共培训600余人。安装4254套"村村通"卫星接收器；安装"村村响"广播设施1470余套，安装"户户通"直播卫星16350余套。

文旅融合方面，金溪发挥历史文化资源优势，以"旅游+"为抓手开发了多处产业融合的景区。竹桥古村景区侧重"古村文化+旅游"，将明朝万历年间主体业态（如中药铺、豆腐坊等）与现代服务功能业态（如咖吧、书吧等）进行有机融合。红色后龚景区侧重"红色文化+旅游"，以红一方面军司令部旧址为背景建设了红色旅游文化根据地。御道园景区侧重"军旅文化+旅游"，打造实弹射击为主题的综合文化产业园。香谷小镇景区侧重"香文化+旅游"，落地"香产业、香产品、香文化、香生态"为主题的特色小镇。大坊荷兰创意村景区围绕"中荷文化+旅游"提供服务，成为跨文化交流、中西文化融合的展示平台。

空间改造方面，金溪县践行乡村美学与数字科技的融合创新。通过项目创新带动古村空间的再利用，在保留原有风貌的基础上，植入数字艺术、空间艺术及创意元素，使古村在短期内焕然一新。2021年初，金溪县联合北京大学文化传承与创新研究院（抚州）打造游垫村数字艺术古村，以文化创意和数字技术为手段，规划了"星梦咖啡厅""戏剧民宿""游园听梦——明代美学新媒体沉浸艺术展""桃源幻梦——新媒体户外灯光嘉年华"等数字空间，带动夜间消费场景的发展，并在此基础上推动北大文创院艺术与科技中心的落地，使之作为常设的文旅研学项目运营，为探索抚州"两山转化"实践提供数字文创赋能的新模式。

三、抚州城市更新与文化产业发展趋势研判

（一）抚州城市更新与文化产业的发展经验

1. 开发区推动战略新兴产业，扶持创新创业服务平台

2021年抚州共安排实施重点建设项目450项，其中计划建成项目154项、续建项目116项、计划新开工项目180项，项目总投资2904.6亿元，计划投

资1003.7亿元①。随着抚州文化旅游、中医药、大健康、数字经济四大新兴产业的快速崛起，除了项目计划投资力度加大外，对于新兴产业发展以及人才的需求变得更加迫切。创新转型方面，通过深化与闽台地区的定点招商，积极与发达地区的赣商、抚商商会开展合作，采用信息共享、利益分成的模式吸引客商投资，保障园区培育发展技术服务市场和发展技术服务外包、科技中介服务业等，带动开发区向创新型开发区转型。政策方面，通过发展"互联网+创业"，打造"众创空间""创客"平台，将创新与创业、线上与线下、孵化与投资相结合，聚集金融、保险、外贸、财务、税务、法律、管理咨询、知识产权保护、科技信息中介、人力资源服务、技术与流程服务，全方位引进培育创业创新服务机构，为科技创新企业成长和个人创业提供低成本、便利化、全要素的开放式综合服务平台。同时提供政府购买服务、无偿资助、业务奖励等，对众创空间等新型孵化机构的租房、软件开发等给予资金支持。

抚州将人才作为开发区创新驱动发展的第一要素，注重对科技创新领军人才和文化创意产业人才的引进和培育。引进技术工程师队伍，形成"金字塔形"多层次人才梯队，实施省级"百千万人才工程"、省"双千计划"、杰出人才与青年拔尖人才等选拔计划，同时鼓励企业扩大对科技创新人才、创新团队和创新项目的投入，大力发展人力资源服务外包业态。针对"人才新政"，出台具有针对性的人才政策，强化人才激励，按照"人才社区"理念，全面优化人才生活工作环境。针对高层次人才，保障其住房、子女教育、健康服务、老人照顾、文化服务、运动健身等需求；针对青年创业人群，强化公共交通、时尚消费、休闲娱乐、社交环境、智慧城市服务等功能。鼓励人力资源服务机构、创业服务机构发展，在人才就业、居住集聚的区域建设"人才云服务平台"，实现抚州人才管理，实现网络化和智能化。对于文化产业的发展及人才培养，抚州与上海师范大学、北京工业大学、上海创意产业联盟签订合作协议，为培养地方戏曲专业班进行招生工作；与北京大学联合共建校地研究机构，推动文化传承与理论创新、知识传播、人才培养和社会服务。对于创新创业的文化产业领军人才和创意人才，符合人才引进实施办法的，给予相应的创业资助、生活津贴、住房补贴等扶持政策。

---

① 抚州2021年1—2月市重点项目建设计划执行情况[EB/OL]. http://www.jxfz.gov.cn/art/2021/3/25/art_10666_3664902.html.

2. 中心区传承临川文化脉络，加强文化品牌的交流与传播

抚州市围绕"一个有梦有戏的地方"形象品牌，在旅游品牌创建与境外市场进行突破创新。2016年盱河高腔·乡音版《临川四梦》赴国家大剧院、北京大学、清华大学巡演，2017年赴新西兰演出取得圆满成功。盱河高腔·乡音版《牡丹亭》先后走进北京保利剧院、北京大学、清华大学，2018年参加广州艺术节，先后在新西兰、美国、德国、英国等地参加交流演出，2019年赴墨西哥参加塞万提斯国际艺术节，在墨西哥掀起了"最炫中国戏剧风""牡丹亭热"，还在莎士比亚的故乡英国斯特拉福德、柴可夫斯基的家乡俄罗斯彼尔姆落地海外"牡丹亭"的建筑标志。2020年北京大学文化传承与创新研究院（抚州）将优秀传统文化和现代数字科技完美融合，对戏、梦元素进行提取，打造了一场集秀、展、市、论、宴、风、访、说于一体的"游园听梦·新媒体沉浸式艺术展"。在沉浸式展览中，通过数位交互技术让观者以身临其境的"五感"体验形式体会中国哲学中"小中见大"的人生智慧，在"游园"中倾听自己的"心梦"。

近年来，依托丰富的文化资源，临川文化积极融入"一带一路"建设和中国文化"走出去"战略。以戏剧交流为媒介，建立中外文化交流平台。组织文化交流考察团赴英国、德国、俄罗斯等国家和地区交流学习，举办交流融合活动，创作的《当汤显祖遇见莎士比亚》被国家列为"讲好中国故事"新时代中国公共外交的典型案例，面向全国推广。在旅游空间开发上，结合土地资源与文化资源，通过牡丹亭的文化IP，打造大型实景演出"寻梦牡丹亭"、玉隆万寿宫、文昌里古街、中国戏曲博物馆等多个优质景点，构建文化消费区、文化园区、创意园区一体化的文化休闲综合体。除戏曲品牌外，大觉山漂流、汤显祖名人IP、中华戏都、南丰桔都等为代表的一系列特色品牌，成为抚州对外宣传推广的主要抓手。抚州市通过制定境外旅游营销规划，加大与境外旅游组织的合作力度，进一步拓展了日本、韩国、东南亚、澳大利亚、新西兰及"一带一路"沿线国家和欧美国家客源市场，扩大了国际旅游市场份额，接待入境游客取得历史性的突破。

3. 规划区促进城乡区域协同发展，构建全域旅游空间

抚州围绕 A 级旅游景区、旅游度假区、休闲街区、特色小镇、旅游村落、旅游廊道，重点发展"景、区、街、镇、村、廊"六大类型示范项目。先后出

台了旅游产业跨越发展计划、旅游产业发展奖励办法、推进民宿发展实施意见等政策文件，引进和打造了润达温泉小镇、崇仁山凤小镇、临川仙盖山、资溪野狼谷等一批优质文化旅游项目，特别是重点打造的文昌里历史文化街区项目，吸引了传统手工艺、酒店民宿、文化创意、美食餐饮、休闲娱乐等五大类业态进驻。

城市文旅业发展以文化旅游、优质旅游、全域旅游为引领，推出了戏剧游、禅养游、山水游、古村游、红色游、研学游等一批精品旅游线路，专项旅游与特色产品开发有声有色。尤其是随着《寻梦·牡丹亭》实景演出的盛大开启，"抚州才子行"研学游成为江西省研学旅游的重点推介产品。抚州打造的全域旅游产品内涵日趋丰富，逐步构建了多层次、全方位的旅游供给体系。全域城乡环境改善与旅游扶贫方面也取得了一定成效。江西省在省级层面支持抚州纳入国家山水林田湖草生态保护修复试点、支持抚州成为土地利用总体规划修编试点、支持抚州建设绿色有机农产品生产工艺示范区，这一系列举措极大地改善了抚州的全域生态环境、旅游创业就业环境和旅游整体社会氛围，并进一步推动抚州市的旅游扶贫工作，逐步形成"以房养老""资产收益""景区带村"等具有抚州特色的乡村旅游扶贫模式。

（二）抚州城市更新与文化产业的发展空间

1. 文化产业企业动能有待提高

抚州文化企业总体规模较小，2020年上半年，全市规模以上文化产业（以下简称规上文化产业）共实现营业收入19.2亿元，占全省规上文化产业企业营业收入的比重为2.0%，排全省第11位。全市规上文化产业平均营业收入为0.2亿元，仅为全省规上文化产业平均营业收入的35.7%。全市规上文化产业营业收入超过全省平均营业收入的企业仅有9家，占全市规上文化企业数量的比重为9.57%。与2019年12月相比，尽管上半年全市共新增规上文化产业企业18家，合计营业收入1.41亿元，营业收入同比增长8.6%，但是从规模看，18家企业平均营业收入为786万元，仅为全市规上文化产业平均营业收入的39.3%。同时，在18家新增企业中，营业收入同比下降的有10家，占新增企业的55.5%。[①]

[①] 抚州市招商局.2020年上半年抚州市规模以上文化产业运行情况分析[EB/OL]. http://swj.jxfz.gov.cn/art/2020/2/6/art_4270_3314289.html.

2. 旅游产业空间发展有待突破

2020年抚州全市4A级旅游景区及以上企业共21家，但达到规上文化产业标准的仅有5家，大部分景区发展运营仍依赖政府投入。2020年第一季度5家景区实现营业收入3589.8万元，同比增长18.6%，但营业收入占全市规上文化产业的比重仅为1.9%。受疫情影响，企业营业收入下降趋势明显，2020年1—6月，全市94家企业中，共有56家企业营业收入下降，占比为59.6%；94家企业合计营业收入为8.0亿元，占全市规上文化产业的比重为41.6%。营业收入同比下降的企业中，下降超过20%的企业为40家，占比达71.4%。从文化产业大类别看，2020年第一季度，营业收入下降的69家企业中，工业企业26家、批发零售业企业6家、服务业企业24家，分别占本行业企业数量的57.7%、85.7%和57.1%。从文化产业小类别看，全市文化产业涉及的29个行业中，16个行业营业收入同比下降，占比达55.2%。总体来看，抚州旅游市场化程度与市场占有率较低，旅游多项指标在省内各设区市排位靠后，2018年全市旅游接待总数5350万人次，位列全省第八。2014—2018年，年旅游总收入由133亿元增长到486亿元，增长2.7倍；旅游接待人次由1650万人次增长到5350万人次，增长2.2倍。虽然抚州各项指标持续快速增长，但要在总量偏低的前提下后发追赶，需要谋求新的发展模式，打造新的旅游增长点。

另外，目前抚州市的公共文化休憩空间主要集中在博物馆、纪念馆，展厅、主题游园等形式的空间少。戏曲、名人等顶级文化，以及洪门、佛道、红色、古村、民俗等特色文化是抚州的比较优势，但目前文化表达以公园、纪念馆、雕塑群为主，并未形成与文化相匹配、强体验、有影响力的旅游产品体系。抚州的优质文化资源众多，各区县还没能将资源充分高效地转化成优质旅游产品，在文化产业及旅游规划与城市规划的融合与衔接方面仍有滞后。

3. 区域发展分化

抚州市旅游总体呈现景强城弱、区县发展不均的格局。2017年临川区接待游客562万人次，居于首位，资溪、南城和南丰分别以406万人次、396万人次和392万人次分列第二、第三、第四位，乐安、金溪两县则以368万人次和280万人次位列第五、第六位。从发展速度看，各区县文化产业营业收入实现正增长的共有3个县区，其中增速最快的为宜黄县，同比增长

66.84%，其次是金溪县，同比增长 44.55%，最后为南城县，同比增长 22.39%，增速最高和最低的地区差距达 44.45 个百分点，发展速度相差较大。此外，各区县文化及相关产业发展不平衡，集聚明显。根据抚州市第四次经济普查数据，2018 年末，文化产业从业人员最多的为临川区，全市占比 25.4%，高出占比第二的东乡区 10.9 个百分点。临川区、南城县、东乡区和黎川县四区县文化产业法人单位资产总计 120.8 亿元，占全市 52.8%，全年营业收入 60.3 亿元，占 73.6%。

（三）抚州城市更新与文化产业的发展展望

2020 年是抚州撤地设市 20 周年，回顾城市发展历程，通过经济结构战略性调整，城市经济实力不断增强，产业结构不断优化，城市功能也日趋完善。抚州结合城市功能定位、文化特色、建设管理等多种因素来制定规划，使城市的发展有了内涵式提升，新兴产业呈现出蓬勃发展之势。对于公共文化服务体系建设、群众性文化活动以及文艺创作方面持续加大投入力度，不断扩增文化设施、优化文化阵地、培育文化人才，积极组织开展文化活动。2020 年，接待旅客总量突破 0.8 亿人次，旅游总收入突破 800 亿元。预计到 2025 年，接待旅客总量将突破 2 亿人次，旅游总收入突破 2500 亿元，旅游业增加值占 GDP 的比重提高到 19.5% 左右，直接就业人数占全社会就业人数的 20% 以上[①]。

文化产业结构优化将侧重传统产业竞争力提高。通过出台相应的政策，鼓励传统文化产业制造业的优势企业兼并重组，培育制造业核心领域龙头、领军企业。鼓励传统文化产业制造业企业开发新技术，大力提升科技创新能力，增强核心竞争力，推动文化产业由粗放式向集约式转变。另外，重点发展新兴文化业态，积极开展"双返双创"活动，加大招商引资力度，引进具有市场竞争力的可穿戴设备、移动娱乐设备制造、互联网信息服务企业。同时引导传统企业向数字化、智能化、科技化转变，推动文化与科技、金融、旅游的深度融合，重心转向以智力服务、动漫产业、传媒产业、信息产业为重点的新兴文化产业。

在推进文化旅游景区产业化发展方面，按照"文化强市"的发展战略，进一步宣传汤显祖品牌，挖掘全市生态文化优势，将传统文化和现代休闲相

---

① 《抚州市全域旅游发展规划（2019—2030 年）》。

结合、文化与现代技术相结合、文化与互动体验相结合,提升景区的吸引力。按照"发展大旅游、形成大产业、组建大集团"的战略思路,整合旅游资源,实行"统一规划、统一管理、统一经营、统一核算"公司化管理模式,推动文化产业规模化发展。

对于老城区的更新及遗产保护,抚州坚持"街区建设、规划先行"的原则,编制相应的保护规划,以唤醒历史文化为核心,让其成为造福民生的活性资源。营造城市空间的氛围,打造具有人文内涵和美学价值的艺术作品、展示平台和社会交流活动,提高全民审美,建构目的地 IP,能够在短期内提升城市形象,提高投资回报率。临川文化旅游发展核心项目体系见表 10-2。

表 10-2 临川文化旅游发展核心项目体系

引擎项目	文昌里历史文化街区、三翁戏曲小镇
重点项目	汤显祖纪念馆、汤显祖大剧院、三翁花园、名人雕塑园、梦湖、仙盖山农业园、白浒窑国际陶瓷基地
支撑项目	拟岘台、抚河、千金陂、凤岗河公园、大金山寺、梦山、临川一中、临川二中、抚州一中、王安石纪念馆

在全域旅游方面,将构建更加完善的空间格局。立足中国戏曲、才子文化、千古名村、山水风景的优势,结合文化休闲、研学教育、康养度假、游憩运动、乡村体验,构建戏曲梦、才子梦、山水梦、吉祥梦的国际知名的戏梦文化深度体验全域旅游目的地。开发"一次临川文化探访之旅"和"一段时尚文创消费体验"两大特色线路,引导串联核心体验场所。围绕"梦里·戏里·文昌里",提升已有的寻梦《牡丹亭》项目,以民俗戏曲营造街区氛围,以路演参与带来特色体验。对文化主题进行强化,提高市场竞争力,加大"都市夜游"力度,形成区域旅游引爆性项目,打造"城市 RBD",提供旅游经济效益。结合城市综合服务提升诉求,优化街区业态组合,打造抚州全域发展的交通中心枢纽、旅游集散中心和旅游高端产业配套聚集区域,带领游客品味有滋有味的临川生活。通过城市空间格局优化,强化文化政策与产业发展间的协调配合,形成政策合力,促进形成要素有序自由流动、主体功能约束有效、基本公共服务均等、资源环境可承载的区域协调发展格局。

[芦秋婉,北京大学文化传承与创新研究院(抚州)学术研究部主任]

第十一章
青岛：城市更新与文化创意产业的共生共荣

一、青岛市 2020 年城市更新与创意产业发展概况

二、青岛城市更新的模式及效果

　　——文化创意产业引导的城市更新

三、青岛城市更新中文化创意产业发展的经验总结

四、青岛城市更新中文化创意产业未来趋势研判

五、青岛市文化创意产业发展展望

一、青岛市 2020 年城市更新与创意产业发展概况

（一）青岛文化与创意产业发展总体态势

2020 年，面对突如其来的新冠肺炎疫情冲击和复杂多变的外部环境，青岛市全市生产总值 12400.56 亿元，按可比价格计算，比上年增长 3.7%。分产业看，第一产业增加值 425.41 亿元，比上年增长 2.6%；第二产业增加值 4361.56 亿元，同比增长 3.0%；第三产业增加值 7613.59 亿元，同比增长 4.1%，增幅最高。国家统计局青岛调查队发布的抽样调查结果显示，2020 年青岛市居民人均可支配收入 47156 元，同比增长 3.7%。2020 年青岛市居民人均消费支出 30294 元，同比增长 2.7%。教育文化娱乐支出增长较快，2020 年，人均教育文化娱乐支出 3012 元，同比增长 3.7%。[1]

2020 年，面对"跨省团队游下半年才放开，出入境游至今无法启动，景区、影剧院、文娱场所仍限流 75%"的困难局面，青岛市文化和旅游局统筹疫情防控和经济社会发展，多措并举，推动全市文化旅游业复苏振兴。2020 年前三季度，全市规模以上文化企业实现营业收入 841 亿元，同比增长 15.4%，比全国高 16 个百分点，比全省高 15.3 个百分点。2020 年全市文化领域民调得分较上年提升 2.27 分。[2]

2020 年，青岛全市共改扩建镇（街）综合文化站 20 处、村（社区）文化中心 121 处、文化广场 304 处，建设朗读亭、社区书屋、智慧书亭 150 处，

---

[1] 2020 年青岛全市居民人均可支配收入 47156 元,人均消费支出首超 3 万元[EB/OL]. 青岛新闻网. https://baijiahao.baidu.com/s?id=1689928761318030872&wfr=spider&for=pc,2021-01-26.

[2] 青岛市文化和旅游局 2020 年工作总结[EB/OL]. 青岛政务网. http://www.qingdao.gov.cn/zwgk/zdgk/ghjh/jhwcqk/202102/t20210209_2967012.shtml,2021-02-09.

青图驿站便民阅读点50处，为924个基层文化中心增换活动器材8900件（套）。总面积5.5万平方米的市博物馆扩建工程即将动工，市图书馆新馆初步完成选址，全国首家沙滩24小时书店开业。青岛市13处文化馆在第五次评估定级中均达到国家一级馆标准。西海岸图书馆、崂山游客中心入选国家公共文化服务机构和旅游服务机构融合试点。①

青岛举办群众文化活动5万余场、全民阅读活动1500余场、公益演出200余场、美术展55场、"戏曲进乡村"4000余场，组织创作抗疫主题文艺作品600余部。

出台《关于应对新冠肺炎疫情影响支持文化和旅游业发展若干政策措施》，对43家企业提供贷款贴息535万元，给予45个旅游新业态项目扶持奖励710万元。制定实施《海洋旅游高质量发展总体方案》，加快海洋旅游转型升级。出台影视产业发展三年行动计划、高新视频实验园区建设方案，设立2亿元主旋律文化产业基金，新增影视企业230余家，全国首个UHD+5G直播室建成使用。

2020年12月3日，青岛文旅重点项目集中签约暨路演峰会举办，会上签约26项重点文旅项目，总投资额达700亿元，涵盖青岛七区四市，涉及文创产业、度假小镇、网红产业、旅游演艺、时尚马术、主题乐园等诸多领域。截至2021年3月，青岛市单体投资5000万元以上的在建、签约、在谈的重点文旅项目共计128个，总投资额4000亿元，恒大水世界等7个市级重点项目开工。其中，一些已开工重点文旅项目均处于有序建设中，比如位于高新区的东方伊甸园于2020年5月正式奠基，位于胶州九龙街道的恒大水世界温泉水休闲娱乐综合体和位于即墨温泉街道的华侨城莲花山两项项目一期工程也已经开工。②

举办文化和旅游消费促进活动，发放消费补贴3114万元，吸引125万市民参与，拉动直接消费1.65亿元，间接消费15.89亿元。提振夜间文旅消费，推出8大夜间旅游产品、4条主题线路，制定音乐酒吧管理扶持办法，举办全市音乐吧乐队大赛，全市有驻唱的酒吧（乐吧）达到110余家。青岛市

---

① 青岛市文化和旅游局2020年工作总结[EB/OL]. 青岛政务网. http://www.qingdao.gov.cn/zwgk/zdgk/ghjh/jhwcqk/202102/t20210209_2967012.shtml, 2021-02-09.
② 青岛市文化和旅游局：发挥文旅行业统筹规划作用　推进全市项目招引、落地[EB/OL]. 大众网·海报新闻. https://www.163.com/dy/article/G48L86QR055061FK.html, 2021-03-04.

入选"2020中国夜间经济二十强城市"。

牵头成立胶东五市文旅合作联盟，组织全国旅行商和媒体开展"山海深呼吸，胶东健康游"五市线路采风，举办首届成都青岛啤酒节，与成都、林芝等地文旅部门签订合作协议，实现线路互推、游客互送。

组织12家国有A级景区免门票开放，共接待游客300万人次，环比增长37%，其中外地游客占83.3%，有效拉动吃、住、行、游、购、娱全行业复苏。国庆期间住宿业、旅游业消费复苏率在副省级城市中分列第2位、第4位。

策划"国际友人@Qingdao"活动，17个国家的68名国际友人通过Facebook等社交平台推介青岛，覆盖1.5亿人次。先后举办国际邮轮峰会、全国工艺品交易会、国际影视设计周、谭盾音乐周、国际吉他艺术节、《中国好声音》山东总决赛、街头音浪网络真人秀、马术与音乐灯光秀等活动，有效提升岛城影响力和关注度。组建青岛文旅自媒体联盟，邀请黄晓明等6位青岛籍明星为家乡免费代言，青岛市旅游局官方微博居全国50个重点旅游城市文旅政务微博影响力首位。

编制《青岛市革命文物保护与利用规划》，新确定革命文物22处，累计达56处。完成胶州湾外围海域水下遗产考古调查，发现"一战"时期军舰遗址，发掘文物100余件。举办"丈量青岛——走近老建筑"网络直播5期，117万人次在线观看。

经市政府授权出台《关于进一步鼓励社会力量兴建博物馆的实施意见》，全市博物馆达106家，"博物馆之城"建设获省政府文化创新奖。2项展览入选国家文物局"培育社会主义核心价值观"主题展，1项展览获省革命文物保护利用示范十佳案例。

制定实施《旅游管理服务提升工作方案》，编撰青岛导游词汇编。组织全市文娱场所换发证208家，审批演出活动92批次。指导成立全国首家地方演出行业协会网络表演分会。①

随着"十四五"规划纲要相继颁发，青岛也紧锣密鼓地展开"十四五"文旅发展规划等相关工作：积极推进包括青岛文旅重点项目集中签约暨路演

---

① 青岛市文化和旅游局2020年工作总结[EB/OL]. 青岛政务网. http://www.qingdao.gov.cn/zwgk/zdgk/ghjh/jhwcqk/202102/t20210209_2967012.shtml, 2021-02-09.

峰会签约的 26 个项目在内的重点文旅项目开工建设；加大"双招双引"力度，针对青岛本地特色开展精准招商，为青岛带来一批新的具有牵引支撑作用的重点文旅项目；以新基建、新经济、新业态、新产业项目为重点，抢抓文旅发展新机遇，继续加快推动工业互联网、新能源自驾游、人工智能、网络直播、房车营地等项目招引，以文旅融合丰富业态，实现全市文旅产业提质增效。①

（二）城市更新赋能老城区新发展

2016 年，青岛市印发《青岛市城市总体规划（2011—2020 年）》时提出"城市更新"的目标，统筹旧城更新与新区建设，推动老城区产业升级，在传承历史文脉和风貌特色的前提下，加快棚户区、危旧房及城中村改造。②

2017 年，《青岛历史文化名城保护规划（2011—2020）》划定了 28 平方公里历史城区和 13 片历史文化街区，是青岛历史文化风貌的集中体现区和重点保护区。各历史文化街区结合自身功能特点，在延续原有城市生活功能的基础上，采取"小单元、渐进式"的保护更新模式逐渐恢复街区活力。③

2018 年，习近平总书记在听取山东省委、省政府工作汇报时强调："要坚持腾笼换鸟、凤凰涅槃的思路，推动产业优化升级，推动创新驱动发展，推动基础设施提升。"④

2019 年 8 月，《青岛市城市品质改善提升攻势作战方案（2019—2022 年）》进一步提出，启动中山路四方路有机更新示范片区建设；启动北京路 5 号、潍县路 19 号、广兴里等保护更新试点项目；启动大学路、沂水路、馆陶路、四方路等美丽示范街区工程，塑造"网红街""打卡地"，提升老城区吸引力。探索名人故居保护利用新路径，推进文化名人故居对外开放，形成令

---

① 青岛市文化和旅游局:发挥文旅行业统筹规划作用 推进全市项目招引、落地[EB/OL]. 大众网·海报新闻. https://www.163.com/dy/article/G48L86QR055061FK.html, 2021 – 03 – 04.
② 关于实施青岛市城市总体规划（2011—2020 年）的意见[EB/OL]. 青岛政务网. http://www.qingdao.gov.cn/n172/n68422/n68424/n31280703/n31280704/160512134237282484.html, 2016 – 05 – 12.
③ 青岛历史文化名城保护规划（2011—2020）[EB/OL]. 青岛市自然资源和规划局. http://zrzygh.qingdao.gov.cn/n28576074/n32564262/n32564281/190225141502894764.html, 2017 – 09 – 04.
④ 习近平在山东考察[EB/OL]. 中国政府网. http://www.gov.cn/xinwen/2018 – 06/14/content_5298781.htm, 2018 – 06 – 14.

市民游客向往的特色文化线路。①

2019年12月,中央经济工作会议提出:"要加大城市困难群众住房保障工作,加强城市更新和存量住房改造提升,做好城镇老旧小区改造,大力发展租赁住房。"2020年3月,山东省人民政府出台的《关于推进城镇低效用地再开发的意见》提出:"对建设用地规划倒挂或规模空间不足的地区,要严格限制新增用地,经营性用地原则上使用存量建设用地或存量挖潜指标。"②

为深入贯彻落实党中央、国务院、山东省政府对城市高质量发展和存量用地提质增效等要求,落实市委市政府的相关指示精神,青岛市于2020年11月正式启动了青岛市城市更新专项规划的编制工作。对于正处于传统产业转型升级和新兴产业发展的关键时期的青岛而言,加快引导产业转型升级和结构调整、改善人居环境、完善城市功能、土地资源优化配置、保护与传承历史文脉,是城市发展的必经之路。

辛苦耕耘伴随着收获。截至2021年初,青岛市城市更新与创意产业取得了显著成果。

2020年5月28日,青岛市历史城区保护更新试点项目开园仪式在广兴里举行。作为青岛最大的里院,广兴里的建筑面积达4000余平方米。往日破败不堪的老建筑,如今修葺一新,成为青岛工业设计创新中心。与此同时,青岛市市北区还完成了馆陶路和四方路等片区内30栋里院约3.2万平方米建筑的征收工作,计划完成四方路、馆陶路、上海路—武定路等6个历史文化街区及其周边约10万平方米建筑修缮工作,在保持原有风貌的基础上形成新的产业布局。里院作为青岛独有的建筑,是无法替代的城市记忆,具有很高的城市历史文化价值和保护开发利用价值。在老青岛人的记忆中,广兴里与劈柴院、台东商业市场并称老青岛三大市场,见证了老城区的人来人往、万象更新。

2020年12月14日,为了加大商业步行街改造提升力度,进一步激发市场活力,培育壮大消费新动能,青岛正式出台了《青岛商业步行街改造提升行动方案》,实施六大行动,从产业贡献、品牌集聚、商业创新、消费满意四

---

① 青岛市城市品质改善提升攻势作战方案(2019—2022年)[EB/OL]. 青岛政务网. http://www.qingdao.gov.cn/n172/n68422/n68423/n31284702/190805135838004817.html,2019-08-03.

② 青岛市城市更新专项规划启动编制[EB/OL]. 青岛政务网. http://www.qingdao.gov.cn/n172/n24624151/n24626535/n24626549/n24626577/201102135938422182.html,2020-11-02.

个维度明确了步行街改造提升目标任务。其中就提到了中山路和台东商圈的改造计划。①

中山路曾经是青岛市亮丽的"名片",始建于1897年,曾是与北京王府井、上海南京路齐名的著名商业中心。随着城市经济中心的东移,曾经繁华的街道日益冷清。为了让街道重现往日风采,中山路改造升级项目正如火如荼地进行。2020年,青岛市市南区拆除了胶州路人行天桥,打通中山路和栈桥景区的路面交通,并同步启动了宁阳路片区改造、济南路拓宽工程、劈柴院二期工程等项目。其中,于10月30日在圣弥厄尔大教堂举办的Light it up "点亮青岛"活动,利用定制的激光在大教堂表面不断投射多彩的图案,短短10天,吸引了众多市民和游客的围观打卡,引爆线上线下大众话题热议,唤醒了大家对于西部老城区的记忆和情感。除了针对老建筑的修复,市南区接下来将进一步引入与老街特色和青岛历史文化相关的产业内容,立足青岛,展望世界,以文化旅游产业为核心,一步步打造"中山路国际商业步行街"。②

1899年台东镇建置,成为青岛122年间唯一从未间断的商业街区。2020年7月22日,商务部公布"全国第二批12条步行街改造提升试点名单",青岛台东步行街成为山东唯一入围的步行街试点。青岛市市北区启动"1253"行动方略,目的就是打造台东国家级步行街,以及复兴台东老城国家级产业园区,是"一个定位、两条主线、五项原则、三年攻坚"的统称。市北区借鉴上海南京路和南京夫子庙等地的先进经验,与台东步行街实际情况相结合,以中国北方城市更新典范、商业中心复兴样板为目标进行台东老城区更新改造。目前,投资1200万元的利群商厦万达店已正式开业;台东一路恒泰广场项目为步行街实体商业再添新活力;威海路平战结合人防工程项目按计划正式开工建设;总投资45亿元的中粮大悦城一期市民广场、商务广场项目,正在按照计划进行项目主体施工;二期大悦城商业综合体等相关工作也都有序推进;万佳广场移动图书馆、啤酒市民客厅等也已初见雏形。③

---

① 青岛市人民政府关于印发青岛商业步行街改造提升行动方案的通知[EB/OL]. 青岛政务网. http://www.qingdao.gov.cn/n172/n68422/n68423/n31284702/190805135838004817.html,2020-12-14.

② 情怀+现代,青岛中山路街区改造升级正当时[EB/OL]. 凤凰网青岛综合. https://qd.ifeng.com/c/81RY7xdxBBo,2020-11-16.

③ 市北发布. 台东步行街迭代升级的密码——"1253"[EB/OL]. https://baijiahao.baidu.com/s?id=1673318286349436661&wfr=spider&for=pc,2020-07-27.

(三) 旧工业基地改造唤醒工业旅游新生机

将时钟拨回到 120 年前。1901 年，青岛大港正式开工建设，青岛正式开启了"以港兴城"的旅程。随着城市的不断发展，青岛的国际化程度越来越高，城市空间需求不断扩大，在 2000 年之后，港口的需求进一步提高，东海岸已满足不了需求，西海岸重新变成了青岛航运的中心。如今，青岛港口已发展成为世界上最大的综合性港口之一，而曾经的老港区，也早已开启转型之路。①

2019 年是青岛邮轮旅游发展壮大的一年。2019 年首艘母港邮轮"中华泰山号"和访问港邮轮"星之传奇号"相继靠泊青岛国际邮轮母港 C1 泊位，标志着青岛港正式加入全球邮轮经济的浪潮。2020 年，突如其来的疫情暂时让邮轮产业按下暂停键，但是配套的城市更新和老港区改造项目依然没有停下脚步。疫情暂时堵上了一扇门，那就需要从别的合适的地方再打开一扇窗。这扇窗户就是港区改造。

青岛国际邮轮母港区位于青岛港老港区，规划用地面积 424 万平方米、建筑面积 539 万平方米，拥有少有的位于市中心的专业邮轮码头，可停靠 22 万吨超大型邮轮，是中国目前成长速度最快的邮轮母港。② 青岛邮轮母港区拥有大量的历史建筑和工业遗存，周边还有 28 平方公里的历史风貌保护区，13 片历史文化街区。青岛国际邮轮母港区将结合城市品质改善提升、国际时尚城建设等攻势，统筹推进邮轮母港区建设与老城区的更新改造，引爆基础设施项目建设，突出青岛特色，传承文化精神，完善酒店餐饮、文化娱乐休闲等服务设施，配套建设一批青年公寓、活力社区，打造年轻人向往的创业工作的生活环境，让百年老港区焕发出新的时代光彩。③ 根据规划，国际邮轮母港区划分为乐海坊、探海坊、尚海坊、通海坊、居海坊五大板块，将集聚邮轮旅游、金融贸易、智慧创新、商务文化四大产业，打造青岛市国际航运贸易金融创新中心的承载区、国际资源对接的思想策源地、中国邮轮旅游发展

---

① 马达. 青岛，一座环湾港城的前世今生[N/OL]. 青岛日报，http://www.dailyqd.com/epaper/html/2019-12/23/content_270851.htm，2019-12-23.
② 青岛国际邮轮母港区开工建设并进行全球招商[EB/OL]. 央广网. http://www.cnr.cn/sd/gd/20200329/t20200329_525034266.shtml，2020-03-29.
③ 已筹集 20 亿进行更新改造，邮轮母港区全球招商[EB/OL]. 信网. https://www.sohu.com/a/394175956_120869，2020-05-10.

实验区的核心区。

同样在百年大浪淘沙中焕发新生的还有四方机厂，它代表着曾经辉煌的工业时代。在四方机厂120岁生日之际，"中车四方智汇港项目"正式开工，以工业遗产保护、城市更新和红色文化传承为主线，将对老厂区进行大规模保护改造。

中车四方智汇港项目用地面积约42.69万平方米（640亩），地上总建筑面积约为83.6万平方米。在中车四方智汇港项目的规划中，经科学论证，传承百年的四方机厂部分将被保留下来，对其进行修旧如旧，保留好属于青岛的历史和痕迹。为了延续和传承历史文脉，让工业文脉与科技创新和谐共生，中车四方智汇港项目将采用"博物馆式更新"等模式，形成博物馆、展览、休闲、文化等功能集聚的综合艺术区域。该项目设置了工业遗产保护区，根据保护强度将其区分为风貌保护区、风貌织补区、要素呈现区和特色延续区4个部分，分类对工业遗产进行保护。同时，为了提升社区的承载能力，将配套文化和商业设施，打造城市新客厅，一站式满足人才办公、消费、餐饮、娱乐等生活需求。①

二、青岛城市更新的模式及效果
——文化创意产业引导的城市更新

关于城市更新，19世纪50年代后期，荷兰海牙市召开了一次关于城市更新的探讨会议，对城市更新的概念进行界定："在城市中生活的人，对自己所处的建筑物、周围的环境或者是其他的生活，存在多种不同的希望和不满，如针对自己所处的房屋进行修理改造，对公园、街路等环境进行改造。特别是针对土地利用的形态或地域地区制的优化，大规模的都市计划的推进，以便保证舒适的生活等。"②

在我国，2019年的中央经济工作会议上，首次强调了"城市更新"这一概念。会议提出，要加大城市困难群众住房保障工作，加强城市更新和存量

---

① 青岛市北：中车四方智汇港项目正式启动[EB/OL]. 光明网. https://difang.gmw.cn/qd/2020－11/19/content_34383192.htm,2020－11－19.

② 荷兰海牙第一次城市更新研讨会(1858年8月)。

住房改造提升，做好城镇老旧小区改造，大力发展租赁住房。城市更新这个话题从此被越来越多的人所关注。

青岛是最早实践西方现代城市规划理念的城市。1898 年 9 月 2 日，青岛第一个城市规划方案公布，1900 年，编制了《青岛城市规划》，该规划将青岛定位为军事基地和港口贸易城市。青岛的早期城市建设基本按照该规划进行，是中国内地第一个制定现代城市总体规划的城市。一座城市往往自建成投用的那刻起便经历着大大小小的"更新"，青岛亦如此。当青岛更迭到存量时代后，必然遇到发展的瓶颈，城市更新行动作为一种自我调理机制也是必然选择。城市更新将重新开启一座城市的复兴之路，找到城市经济发展的全新增长点，进入又一轮新的良性循环。

对于现阶段的青岛而言，它已经下定决心直面这个可以"焕新"城市活力的持久性命题。近两年来，在盘活存量为方向的土地制度改革方面，在老港区转型升级、历史城区保护更新、旧城改造以及老旧小区甚至棚户区改造方面，一批批城市更新项目陆续启动。在城市更新实践中，按需制定不同的策略、采用不同的模式，事关更新任务的"成败"。基于此，青岛的城市更新行动进行了多方探索。

城市更新自城市建立起就存在，在长期的演变过程中，推动城市更新的要素逐渐由物质要素向经济、文化等多方要素转变，城市更新的目的越来越明确，即以城市复兴作为理想追求。因此留住一个城市的"根"和"魂"成为城市更新的"前置条件"，"文化主导的城市更新"成为越来越多学者、城市管理者的选择。在这一过程中，产业要素仍为关键，这决定了"文化主导"与"文化创意产业主导"殊途同归，文化创意产业的生长和发展与城市更新的效果形成一种正相关的关联。

（一）文化创意产业发展与城市更新的关联性

文化创意产业的发展和城市更新同时处于城市这个"容器"之中，二者既可并行不悖又可交叉影响。留住历史根脉、塑造城市品牌形象、实现新旧动能转换以及优化城市空间格局等方面均是评判的重要指标，而文化创意产业恰恰能在这些方面发挥助力作用。反过来讲，一座城市更新完善后，也有足够的地块空间、市场空间、政策空间等利好要素为文化创意产业提供滋养的土壤，保障其稳步发展。

在青岛市档案局编撰的《青岛开埠十七年——〈胶澳发展备忘录〉全译》一书中有这样一条记载："若土地升值并非由土地所有者所造成,而纯粹是由通过总督府或社会团体的整体活动而创造的该地区的繁荣造成的,那么总督府和社会团体(二者的经济利益是一致的)就必须保有他们在升值中所占有的份额。"这虽属于德国殖民者在地产方面的管理举措,但从中可以延伸出文化创意产业与城市更新的良性互动。"通过总督府或社会团体的整体活动而创造的该地区的繁荣",与文化创意产业的特性异曲同工,能够在一个地区衰退之时,通过文化创意产业元素的植入,催生出新的区域面貌,带来新的繁荣,或者说实现该区域的城市更新。同时,以上提到的"整体活动"必然也包含文化创意产业要素。这一举措还保障了"收益",强调开展整体活动的主体"就必须保有他们在升值中所占有的份额",这种"激励"有助于实现二者的良性循环。同样,若文化创意产业引导完成城市更新,获得后续发展的保障无疑是最大的"激励"。

(二)广兴里打造青岛城市更新的"里院样本"

近年来,青岛市在总面积 28 平方公里的历史城区保护范围内不断探索,通过文化创意要素的植入开启老街的时尚转向,通过艺术、设计的力量不断推动老城复兴和城市更新进程。

青岛是中国近现代建筑的主要发源地之一,青岛里院是青岛地区具有地域性特色的一种独特本土民居形式,在德国占领青岛期间,为安置拆迁的原住民及外地来青岛避难的难民而修建,就其建筑形式及规划格局来看,它是一种综合了中式四合院的基本布局和西方联排建筑风格的民居式建筑。

青岛里院的建设高峰期在 20 世纪二三十年代。里院是因需而建,为了适应青岛本地的地域特色,建筑样式既融合了中式建筑样式,又融合了欧式建筑风格,是中西近现代民居建筑文化结合的见证,是反映青岛近现代历史与文化传统的重要载体,更是青岛这座滨海城市具有代表性的民居建筑。经过近百年的历史变革、演进与嬗变,这些具有丰厚人文历史价值的里院建筑岌岌可危,濒临湮灭。[①]

[①] 民居守望者. 城市记忆的延续与更新——简论青岛里院的保护与整饬[EB/OL]. https://mp.weixin.qq.com/s/lXBbpr9aACYXHcZkbwjs1A,2019-07-03.

从现实出发，青岛里院建筑面临十分严峻的问题：年久失修、卫生条件差、配套设施缺乏……更重要的问题在于，由于城市可用土地的紧缺，不少里院建筑被整体拆毁，现代化高楼的崛起抹掉了承载历史记忆的建筑。

中国海洋大学文学院孟华教授说："这里有一个重要的认识，当建筑消失的时候，这个建筑维系着一种人与人之间的关系，以及由此积淀下来的某种文化也随之消失，如不做抢救性整理，非常可惜。"[①] 天津大学文学艺术研究院院长冯骥才教授说："一些历史文物遗迹，上上下下都有保护意识，但散落在民间的、活生生的文化建筑却缺乏保护力度。认为这些旧街旧巷、民居民宅不现代，与时代不合拍，影响城市形象，简单粗暴地改造成了商业街、住宅楼，甚至夷为平地，历史文化就此被生硬瓦解。"[②]

因此，如何在保持里院建筑历史文化价值的同时实现里院建筑的更新和可持续利用，成为城市管理者亟须解决的问题。2020年5月28日，青岛市历史城区保护更新试点项目开园仪式在整修一新的广兴里举行，我们看到了里院建筑的"新生"。这座被修缮一新的青岛"里院样板"以新的身份——青岛工业设计创新中心，再度活跃在大众视野中，广兴里由此成为新晋网红打卡地，被定位于青岛老城区更新与保护的样板，作为老城区更新中的一次尝试，它将更好地延续城市文脉。

位于海泊路、高密路、易州路、博山路之间的井字形合围区域的广兴里，始建于1897年，建筑面积达4000余平方米，最初是德国人所盖的商业网点房，后逐渐合拢演变成一座典型的里院建筑。不管是从历史因素、文化因素、地理因素还是知名度上看，广兴里都是青岛名副其实的"里院样板"。[③] "有钱不用出里院"是当时广兴里流传甚广的一句话。这也直接说明广兴里的结构更类似现在的综合商业体：除了贸易功能外，围绕广兴里，戏台、说书场、茶社等娱乐休闲场所成为当时的"标配"，在广兴里院内的东北角还有一个小小的光路电影院，这是青岛最早放映无声电影的场所之一。不管是固定铺位经营的商户，还是流动叫卖的摊位，在当时，在广兴里，居民居住、消费、

---

① 章芳. 谁来救救西镇里院文化[N]. 青岛早报，2007-04-15.
② 冯骥才. 抢救日渐迷失的建筑遗产[J]. 重庆建筑，2005(10):5.
③ 揭开广兴里的神秘新面纱,市北老城复兴第一站正式激活[EB/OL]. 中共青岛市北区委宣传部官方澎湃号. http://m.thepaper.cn/newsDetail_forward_7487094,2020-05-21.

娱乐、商贸等多种需求都能被满足。①

广兴里"更新"获得初步成效，主要得益于青岛市北区政府的谋划、行动和落实。2019年8月，青岛市北区委区政府下发《关于建设国际航运贸易金融创新中心核心区，推动高质量发展的实施意见》（青北发〔2019〕13号），在青岛全市范围内率先启动集中连片的历史文化片区保护更新工作。广兴里的建筑修复遵循"尊重历史，修旧如旧"的理念，在修缮建筑之前，他们委托专业机构对片区内560多栋历史风貌建筑实施"一房一册"历史建筑资料建档工作，并委托专家进行科学论证，作为具体修缮设计的依据。同时市北区严格遵守《青岛市城市风貌保护条例》《青岛历史文化名城保护规划（2011—2020）》《青岛街道设计导则》《青岛历史建筑保护技术导则》《青岛市近现代历史建筑修缮施工导则》、各街区控制性详细规划等上位规划，以此指导具体的修缮设计工作。

另外，市北区邀请清华大学张杰教授团队作为广兴里保护更新的总规划师，按照"修旧如旧"的原则实施修复工作。在修缮过程中，首先，最大限度地保留条形花岗岩石板、青石阶梯、木制房梁等历史留存，从而保留建筑的原有特色；其次，针对已经损坏的建筑面貌，在查阅史料的基础上进行复原，使得独具青岛建筑特色的山花、腰线等细节得以重现；最后，以"新旧结合"的原则进行建筑格局和空间的改造，对内部空间的重新划分既要尊重建筑本身的格局特点，又要满足导入新业态的功能需求，二者相得益彰又恰到好处地融合。

广兴里的更新再造工程，还有一个关键要素，即产业的导入。若没有产业支撑，即使建筑改造再成功，也很难获得持续的发展。为此，广兴里通过创意设计赋能，重新释放里院建筑的活力。

选址于广兴里的青岛工业设计创新中心（简称QIDC），由青岛市市北区人民政府与深圳市工业设计行业协会于2019年发起成立。作为推动青岛工业设计"四个一工程"（青岛工业设计创新中心、设计街区、设计案例、国际设计集聚区）的支撑平台，QIDC以新使命开启新征程，联合工业设计界的企事业单位、社会团体、设计院校和相关行业专家人士，共同推进青岛工业设计

---

① 揭开广兴里的神秘新面纱，市北老城复兴第一站正式激活[EB/OL]. 中共青岛市北区委宣传部官方澎湃号. http://m.thepaper.cn/newsDetail_forward_7487094, 2020-05-21.

向规模化、专业化、高端化、国际化发展，为打造"老城复兴·设计赋能"，创造全国样板提供强力支撑。① 美国当地时间2020年5月25日，青岛工业设计创新中心的广告亮相纽约时代广场。另外，在2020年初，青岛市锚定城市发展新赛道，以打造世界工业互联网之都为目标，全面推动工业互联网发展。而借工业互联网平台东风，工业设计产业将成为青岛未来发力"四新"（新技术、新产业、新业态、新模式）产业的强引擎。

市北区先行将广兴里所在的四方路街区定位为以总部经济、工业设计创新、文化创意为主导产业，以广兴里为载体的青岛工业设计创新中心，这里将成为聚合全球顶尖资源的产业洼地。同时，市北区确定了"改造+招商"的并进模式，由市北建投集团作为平台公司，在进行建筑修缮的同时开展招商工作。青岛工业设计创新中心相关负责人在2020年5月下旬时介绍，中心已有德国黑马创新、北京上品创新设计集团、北京亿品工业设计、深圳晟邦设计咨询、为先工业设计、喜仓文化创意等12家机构确认入驻。设计思维实验室、FabLab国际微观装配实验室、CMF LAB新材料创新实验室、国际工业设计展等公共服务平台已正式开放。②

下一步，四方路街区将以工业设计创新、文化创意等总部经济为主，聚焦全球设计创新领域的新模式、新业态、新技术、新材料，构建以产品创新为核心的设计产业链，按照点、线、面打造青岛工业设计立体式产业创新生态体系。

从整个青岛的历史来看，以四方路、馆陶路为代表的老街区，是城市文脉的发源地，记录着这座城市的历史变迁，是现代与过去对话的纽带。根据2020年青岛市自然资源和规划局的公告，市北区四方路、馆陶路、上海路—武定路历史文化街区有机更新项目（一期）已经批前公示，市北区政府陆续组织实施四方路、馆陶路、上海路—武定路等历史文化街区有机更新，以改善城区环境、提升城市品质。结合街区的历史文化价值以及现状条件等因素，除文化创意产业外，市北区还选定了新航运、新贸易、新金融等多个产业方向，点穴式引入重点产业项目，进而盘活街区资源，实现老城蝶变。

---

① 齐鲁壹点. 青岛老里院变身工业设计创新中心，有望5月启用[EB/OL]. http://baijiahao.baidu.com/s?id=1660938872057216896&wfr=spider&for=pc, 2020-03-12.

② 青岛市历史城区保护更新试点项目5月28日正式开园[EB/OL]. 人民网精选资讯官方账号. http://baijiahao.baidu.com/s?id=1667923601235193792&wfr=spider&for=pc, 2020-05-28.

三、青岛城市更新中文化创意产业发展的经验总结

结合 2020 年青岛市文化创意产业发展情况,并通过剖析青岛城市更新的"里院样本",我们越来越明确青岛城市更新中文化创意产业发展的"青岛做法"。

(一) 重视制度的力量

2020 年 11 月,从青岛市自然资源和规划局获悉,青岛市正式启动青岛市城市更新专项规划的编制工作。规划编制工作将重点从以下几个方面开展:①摸清家底、评估潜力。对青岛市城市更新现状基底形成全面的认识,明确更新潜力的范围和规模。②广泛借鉴、形成青岛特色。充分借鉴上海、深圳、广州等先进城市经验,结合青岛本市管理体制和现状需求,总结符合青岛市情的城市更新模式。③界定概念、统一认识。明确城市更新定义、对象、范围、模式等概念,为下一步开展城市更新管理工作明确方向。④中长期引导与近期建设管控相结合。合理引导中长期更新发展,有序分解近期更新任务。⑤建立大数据智能分析模型。借助多元大数据,科学研判未来城市更新重点方向,扎实提升规划的前瞻性、引领性。⑥完善城市更新政策"智库"。在城市更新规划体系和土地政策两个方面,为出台针对城市更新相关政策法规提供技术支撑。[①]

城市更新必然涉及多元要素的协调与协作,编制一个专项规划将更好地指导城市更新工作有序开展。

在发展文化创意产业领域,青岛市陆续出台了《青岛市促进文化创意产业发展若干政策》《青岛市文艺精品项目扶持奖励管理办法》《青岛市文化人才培养和引进计划》等一系列相关制度、办法,在财政、人力等方面给予支持。

此外,鉴于城市更新、文化创意产业发展以及新旧动能转换三个概念的目标一致性和相关性,规划期为 2018 年至 2020 年,展望到 2028 年、2035 年的《青岛市新旧动能转换重大工程实施规划》,也从不同方面对青岛城市更新

[①] 青岛正式启动城市更新专项规划编制从六个方面着力[EB/OL]. 半岛官网. http://163.com/dy/article/FQGMI96D0550EWRZ.html,2020 - 11 - 03.

和文化创意产业的共同发展提供了方向指引。青岛市崂山区印发的《加快新旧动能转换推进产业升级和城市更新的实施意见》，对新旧动能转换、城市更新以及文化创意产业的协同发展，进行了多方探索，提出了可指导落地性的资金支持政策、土地支持政策。

（二）守住文化根脉，用老城区留住乡愁

无论是台东商业街的迭代升级、中山路改造，还是广兴里的更新模式、以新产业导入引导老港区实现更新的青岛邮轮母港片区规划建设，均以对历史文化的强烈敬畏感，推进城市有机更新，让老城区更有青岛味，让老百姓更具幸福感。城市不能只有高楼和商铺，还应注重利用老城区的老建筑，注重利用现有空间资源并加以改造来实现文化创意产品的创作、生产、消费，并形成一个公共开放空间，满足居民们在一起休憩交流、开展活动的需求。这提高了资源利用效率，释放了更多的存量空间，实现了经济效益和社会效益的共赢。

（三）提高土地利用效率

城市获得长足的发展，土地是关键，在存量时代，城市更新的土地管理和利用率的提升尤为重要。首先，青岛明确新型产业用地（M0）的用地管理，截至2020年底，青岛已成功出让M0地块7宗，出让面积279亩。其次，青岛加大了土地收储力度。近年来，青岛已实施20多家污染搬迁企业及搬迁片区土地处置工作，包括烟墩山搬迁片区、黄海橡胶搬迁片区、海岸路36号、中车四方机车公司、青钢钢铁集团等项目，由此老工业区得以实施城市更新，土地"亩产效益"将提档升级。

四、青岛城市更新中文化创意产业未来趋势研判

党的十九届五中全会通过的《中共中央关于制定国民经济和社会发展第十四个五年规划和二〇三五年远景目标的建议》中明确提出了实施城市更新行动。青岛"十四五"中正式提出将发力建设高品质城市，加快实施城市更新行动，推动城市结构优化、功能完善和品质提升，创造人民高品质生活。城市更新既是一座城市的复兴之路，又是城市经济发展的一个全新增长点。

实施城市更新行动，推动城市结构调整优化和品质提升，转变城市开发建设方式，对于全面提升城市发展质量、不断满足人民群众日益增长的美好生活需要、促进经济社会持续健康发展，具有重要而深远的意义。以城市更新为重要契机和重要依托，青岛市文化创意产业将呈现出全新的发展面貌。

（一）"产业、民生、文化"三驾马车齐头并进，实现互动发展局面

大力发展文化创意产业能够助推青岛经济发展结构的调整，使青岛实现高质量发展。在城市更新进程中的文化创意产业的发展，将实现产业、民生及文化同步发展的良好局面。以国家及青岛市有关城市更新相关规划、政策等为指引，城市更新将不再是简单粗暴地对老旧城区建筑、街区等实行"一刀切"式的推倒重建，而是在更加尊重老旧城区原有建筑肌理的基础上对其进行有机更新，通过文化赋能、功能植入、产业导入等有效途径让老城区焕发新生机，让原住居民重拾对老城的记忆。文化创意产业随着城市更新行动的有序推进将助力产业融合发展、民生改善、文化品位提升三个方面的内容实现互惠性发展。文化创意产业依托老城区闲置空间资源，通过内部设施的完善、外部环境的改善来提升周边的居住环境，将大大提升居民生活品质，使民生得到进一步改善。在城市更新过程中，注重盘活老城区或废旧老建筑等文化空间资源，重点打造具有复合型功能的公共文化空间，意味着会有更多的文化创意产业、文化创意灵感迸发，将会在短时间内吸引和聚集更多优质的创新性文化产业，如北京798艺术街区、上海田子坊艺术街区、美国纽约苏荷艺术区等，都是在城市更新中实现了创意产业的集聚和文化产业的融合发展。以城市更新为背景发展文化创意产业，将更加注重向城区居民传递有温度、有质感的高质量的文化产品（包括文学作品、影视、文创产品、工艺美术、现代科技产品等），将更加注重利用创新型手段和传播方式向市民讲好城市故事、提升市民文化认同感，有助于提升城区居民的文化品位，进一步增强城市的文化厚重感。

（二）产品内容将更加突出本土特色，在延续城市文脉中作用日益凸显

创意创新是发展文化创意产业的灵魂，而充分发挥本土特色、融入本地

文化特征的产业发展，则是更高级的创新。城市更新不是单纯意义上的"吐故纳新"，更不是通过"一刀切"换来的城市风貌的"焕然一新"，而是在充分尊重城市原有发展肌理、尊重城市内在发展文脉的基础上对城市进行文化肌理的修复和友好性的环境空间重塑。因此，依据这一原则，文化创意产业的发展要求其创作、开发、输出和传递的产品内容更加突出本土特色。在尊重当地"根"与"魂"的前提下，通过整合文化资源、空间资源等来培育文化产品和文化产业。

以城市更新遵循的原则为基础发展文化创意产业，将更加尊重当地特有的文化属性和文化特质。文化创意产业将在保护和利用文化资源、有效延续城市文脉中发挥越来越重要的作用。目前，在国内外许多城市，许多废弃的厂房、仓库等被文化创意者所利用，使得这些建筑获得再生并成为城市新的风景线，在创造了具有高附加值的文化创意产品的同时，更重要的是保护了城市的传统历史文化风貌。如纽约 SOHO 艺术街区、香榭丽舍大街、北京 798 艺术街区、斯内普麦芽发酵厂音乐厅等，以发展艺术促使老旧建筑重生的案例不胜枚举。而对于城市当地传统文化进行有效的传承，大力发展文化创意产业则将又是一条重要渠道。文化创意人才以老旧城区闲置的空间为载体，通过发挥创造力与想象力，利用高新科技对传统文化资源进行再创造，能够使传统文化得到继承与新发展。在着力建设国际大都市的关键时期，青岛市近几年更加注重老城区历史风貌、文化遗存的保护，并出台了一系列有效举措。城市更新、文化创意产业的发展将势必在严格遵循相关保护性原则的前提下合理推进，使文化创意产业的发展与延续城市文脉实现良性互动。

（三）文化创意产业链更加完善，文化创意产业集聚效应显现

目前来看，青岛市文化创意产业整体上较为完整，文化创意产业门类较为齐全，但仍存在部分环节基础薄弱、文化创意产业整体竞争力不高等发展短板。比如文化艺术行业、电影行业，严重缺少产业链的上游，即相关的原创文化产品非常匮乏。青岛是全国知名的旅游城市，虽然其旅游产业规模较大、旅游产业链条相对完善，发展也相对其他文化创意产业成熟，但仍存在产业链的整体影响力和知名度较低等现象。城市更新下的文化创意产业发展则将能够以更加完善的产业链条推动文化创意产业的可持续发展。

城市更新为文化创意产业的"上游"（即原创文化产品）提供了生产基

础。原创文化产品作为文化创意产业的内容产业，是其良性发展的"原料"和基础，没有内容产业的发展，文化创意产业就会成为无源之水、无本之木。原创文化产品居于文化创意产业价值链"微笑曲线"的最顶端位置，具有极高的附加值。以城市更新为发展背景，将催生出更多的文化原创内容创作灵感，深入挖掘青岛老城区历史发展文脉、再现青岛老街区20世纪浓郁生活气息、还原老青岛市民民俗风情的原创文化内容将源源不断地涌现，这些原创文化内容将为影视、书籍、摄影等文化艺术制作提供原材料和基础。文化创意产业化过程是一个生产制作文化创意产品以满足社会大众文化生活需要的过程，最终环节是要将该产业的成果营销出去，为社会大众所消费。因此，文化创意产业链的下游是文化创意营销服务业。[①] 城市更新将为文化创意营销服务业提供新的发展机遇。首先，为文化创意营销提供专门场地。城市更新意味着盘活闲置的老旧建筑空间，通过对老旧建筑体进行科学的修缮和布局，为文化创意产品提供展览展销、主题活动推广等宣传场地，一定程度上带动了文化创意营销服务业的发展。其次，增添文化创意营销渠道。老旧城区在城市有机更新之下将重新焕发生机和魅力，吸引大批城区居民、游客等造访，具有打造网红打卡地的潜质，为文化创意产业的营销和品牌宣传提供有力支持。

文化创意产业集聚效应逐渐凸显。与其他产业集群相比，文化创意产业集聚区具有很强的关联性和外部性，给周边土地带来增值。文化创意产业集聚能够带动传统产业的空间置换，优化集聚区周边的人居环境，提供更多的休闲场所，这为老城区的有机更新提供了一定的资金来源。另外，文化创意产业集聚区常常设在历史街区或废弃的工业区，在经过现代化的改造和修复后，这些建筑空间集历史底蕴和现代时尚氛围于一体，吸引游客通过参观游览了解城区的历史和现在，能够极大地推动当地文化旅游业的发展。

（四）文化创意产业在优化城市空间结构中发挥重要作用

总体来说，青岛市文化创意产业的发展主要集中在市南区和市北区两大中心城区，文化创意产业在空间的集聚，大都是由原有物质空间置换出来的，是对原有土地进行二次开发或内涵性再开发，优化了土地利用结构，提高了

---

① 鲍蔚.产业链视阈的文化创意产业发展研究[D].合肥:合肥工业大学,2012.

土地利用效率，这将会不断影响城市空间的重组。青岛市"十四五"规划中提出全面建设现代化国际大都市的重点工作任务，文化创意产业作为投入产出比例高、创新创意性强的新兴产业将会被摆在更加重要的位置。而文化创意产业的发展，特别是一些重点项目的建设，将极大地带动地区基础性、功能性设施的建设，将有助于城市的可持续发展。另外，文化创意产业也将逐渐显现出混合发展的空间特征。例如随着文化创意产业的集聚，台东老街区、里院、中山路街道、馆陶路等有望逐渐形成集科研、教育、商务、会展、交流为一体的产业园区，而这些艺术街区与周边区域的良性互动将使得该区域形成一个富有活力的文化社区，这对于青岛市构建差异化功能区、合理布局新旧城区的空间功能起到了重要支撑作用。以文化创意产业为重要依托对老旧城区进行文化赋能、文化提升和文化改造，使老城区成为青岛创新产业发展的文化策源地，与青岛市其他新城区形成空间上的功能互补，不断优化城市空间布局。

五、青岛市文化创意产业发展展望

青岛市"十四五"规划中提出增强文化软实力，彰显多彩包容的人文时尚魅力的发展目标。提出加快发展时尚文化产业，实施文化产业数字化战略、时尚文化产业龙头促进计划、原创音乐扶持计划，培育壮大时尚文化产业载体，发展"文化+"和"互联网+"新技术新业态，扩大优质时尚文化产品供给。在"十四五"规划的目标指引下，青岛文化创意产业将迎来新的发展机遇，在提升城市品质、推动国际大都市建设等方面将发挥越来越重要的作用。未来，青岛市文化创意产业的发展将呈现出以下特点。

(一) 文化创意产业将实现跨区域融合

"一带一路"建设背景下，文化创意产业迎来更加重大的发展机遇。"一带一路"建设致力于推动全球经济增长，实现国际合作互利共赢，贯穿亚欧非三大板块，涉及60多个国家，拥有众多差异性文化。文化的差异性是多种文明碰撞并催生出融合性文化的前提和基础，文化创意产业是缓解文化冲突、促进文化交流与融合的重要手段。青岛作为"一带一路"倡议的重要节点，具有天然的区位优势。随着"一带一路"建设的深入推进，文化创意产业将不再局限于在国内构建文化创意产业发展圈层,将逐步实现跨区域、跨国发展。同时,以文化带动合作、以交流增强互信,将为"一带一路"沿线国家经济发展带来新机遇,使其实现经济稳健增长。[①]

(二)文化创意产业将实现与"互联网+"的深度融合

随着"互联网+"的深化发展,文化创意产业将实现与"互联网+"的深度融合,具体表现在:"互联网+文化创意"融合将逐渐消除产业壁垒,打通文化创意领域产业链。"互联网+文化创意产业"融合发展,将颠覆文化创意产业发展方式。青岛文化创意产业以网络平台为基础,将逐步展开电影、音乐、动漫等多领域的商业拓展,文化创意产业将大幅度连接与之相关的各行各业,逐步消除产业壁垒。另外,依托"互联网+"的便利性,民众文化消费需求将进一步增强。互联网平台颠覆了传统文化资讯生产的组织形式、传播途径、商业模式等。在互联网日益普及的条件下,文化传播成本将进一步降低,这为文学作品、电影电视作品、创意文化活动等文化消费带来价格优势和渠道便利。

(三)逐步建立起多层次的文化创意产业人才队伍

文化创意产业的核心是人的创造力,人才在文化创意产业的发展中将发挥越来越大的作用。青岛市"十四五"规划中提出要健全文化创作生产机制,促进传统文艺与网络文艺创新性融合。加强文化智库建设,集聚文化大师和名家,培育"草根"文学家、艺术家。以青岛市"十四五"规划为指引,青岛将逐步建立起多层次的文化创意产业人才队伍。具体体现在:集聚一批高层次文化人才领军人物。高层次文化人才将在原创文学作品创作、数字文化创意产业产品研发、文化创意产业前瞻性规划等方面提供智力支持。形成一批文化素养高的专业服务人才。文化创意产业的发展最终依靠输出产品实现,而产品的高效输出离不开专业的服务人才。高水平的文化创意产业服务人员是讲好青岛故事、传递好青岛文化的重要保障。培养一批"草根"艺术群体。各类新兴网络传播工具的广泛应用将催生"草根"艺术家的形成与发展,借

[①] 张晓宁.试分析"一带一路"背景下的文化创意产业发展问题[EB/OL].https://www.fx361.com/page/2018/0823/4104446.shtml,2018-08-13.

力"草根"艺术家,青岛的文化创意产品将得到更有效、更广泛的传播。

"任何的革新,都需要时间长河的慢慢洗涤"。这期间,需要政府作为主导,也需要各方社会力量的广泛参与。城市更新必将助力青岛全面建设成为开放、现代、活力、时尚的国际大都市。不可否认的是,青岛仍处于城市更新的探索阶段,如何用市场逻辑推动城市更新行动,是各方均需长期探索的命题。

(马达,中共青岛市委党校科研部,副教授)

第十二章
郑州：推动黄河文化保护传承弘扬，打造历史文化主地标城市

一、转化：推动优秀传统文化的创新发展

二、实践：黄河文化保护传承弘扬的做法

三、亮点：黄河文化保护传承弘扬的聚合模式

四、问题：黄河文化保护传承弘扬的难点

五、方向：黄河文化保护传承弘扬的对策

2019年9月18日，习近平总书记在河南主持召开黄河流域生态保护和高质量发展座谈会，指出"黄河文化是中华文明的重要组成部分，是中华民族的根和魂。要深入挖掘黄河文化蕴含的时代价值，讲好黄河故事，延续历史文脉，坚定文化自信，为实现中华民族伟大复兴的中国梦凝聚精神力量"。郑州作为黄河沿岸重要的国家中心城市，作为华夏文明的重要发祥地和黄河文明的重要承载地，势必要担当起黄河文明保护传承弘扬的重任。深入贯彻习近平总书记的重要讲话精神，传承弘扬黄河文化，挖掘黄河文化的时代价值，展现黄河文化的深厚底蕴，让历久弥新的黄河精神在新时代绽放璀璨的光芒，是郑州作为国家中心城市的使命担当，也是其打造黄河历史文化主地标城市的应有之义。郑州市近年来高度重视传统文化的转化创新，推动传统文化的保护传承弘扬工作，传统文化发展及城市更新彰显出新景象。按照国家黄河战略部署，郑州把黄河文化传承弘扬作为立足点，通过完善组织架构、制定实施规划、实施重大项目、组织开展黄河文化月等，创新黄河文化保护传承弘扬方式，提升黄河文化影响力，推动打造黄河历史文化主地标城市，城市的文化软实力不断提升，文化地标形象日益鲜明。

一、转化：推动优秀传统文化的创新发展

（一）文化遗产资源转化创新步入新阶段

新时代传统文化资源转化创新的过程，也是对文化资源"活化"和"构造"赋予新的内涵、价值和场景的过程。郑州现有世界文化遗产2项、国保单位83处、省保单位123处、市保单位246处，各类不可移动文物近万处，文物总数位居全国前列。郑州市高度重视历史文化遗产资源的保护，一是文化遗产保护利用成效显现。突出规划引领，制定出台了《郑州市建设黄河流

域生态保护和高质量发展核心示范区文化博物旅游发展三年行动计划（2020—2022）》，启动编制《郑州市黄河文化遗产保护传承弘扬专项规划》《郑州市全域文物保护利用示范区总体规划》，印发出台了《郑州市关于加强文物保护利用改革实施方案》，确立文物保护的思路、原则和任务，明确了各级文物保护责任。谋划构建沿黄文化带、环嵩山文化带和中心城区文化板块的"两带一心"城市文化总体布局。持续做好文物保护基础工作，完善了对新增9处八批国保情况的梳理及保护区划调整上报，开展了省保申报遴选申报录入工作，完成了三批市保简介材料补充、工业遗产及近现代代表性建筑申报，对914处县级以上文物保护单位黄河区域不可移动文物资源进行调查和填报。二是文物保护展示的体验化增强。郑州市博物馆馆藏6万余件文物，涉及青铜、瓷器、绘画、书法等20多个门类，呈现了郑州从旧石器时代到近代的文物体系，展现了郑州的历史发展脉络。同时积极推动博物馆智慧化建设，通过打造"5G联合创新实验室"、4D影院和小剧场等，以现代科技手段让文物活起来。积极推动二砂工业文化遗产的创意转化，通过古树地标设置、工业机械改造、厂房创意包装、街道艺术化建设，以及非遗工作室建设、文化企业引进，将老工业场所改造成了集文化创意、科创服务和休闲旅游于一体的文创产业园。

（二）科技创新促进传统文化呈现新形态

近年来郑州市文化科技融合加速，发展动力不断增强，文创产业加速发展。2018年郑州市规模以上文化企业556家，从业人员8.09万人，营业收入超亿元的文创企业达到146家。全市文化及相关产业增加值410.4亿元，同比增长31%，占全市生产总值的3.85%，占全省总量的25%。其中，创意设计服务法人单位1.41万家，资产总计407.01亿元，占23.50%，涌现出了天人文化、枫华实业、百禾传媒、小樱桃动漫、约克动漫、华冠文化等文化科技深度融合型企业，为产业赋能、为市场助力，形成极强的发展引领力。一是动漫产业科技创新能力提升。郑州依托国家动漫基地（河南基地），积极推动打造国家级文化科技企业孵化器，推动形成集动漫、游戏、互联网、影视、电子商务于一体的文化科技产业集聚区。基地吸引了270余家关联企业，搭建公共技术服务平台，形成前期策划、中期设计制作及后期宣传的完整产业链，促进动漫产业的加速转型发展。约克动漫被确立为国家文化项目重点出口的企业，原色动漫拥有全国顶尖 3D 制作技术，壹卡通动漫产品覆盖全国，同时动漫企业与影视、制造、文旅等跨界融合，打造综合性文化产业体系。二是文化演艺转型升级。由郑州市天人文化旅游有限责任公司创作的《禅宗少林·音乐大典》，作为全国最大的山地实景演出，以现代创意和科技手段阐释中国传统文化，展现舞蹈、功夫、宗教等郑州文化的深厚内涵，荣获中国创意产业年度大奖，列入国家文化旅游重点项目（旅游演出类）名录。中原大舞台通过整合中原古都文化、武术文化、民俗文化、戏剧表演等特色的文化资源，运用高科技设备、最新升降水幕机械舞台科技、300 平方米超高清 P6 显示屏以及极富现代感的舞台，以中原地区舞蹈、歌曲、魔术、杂技、戏曲、武术、小品、器乐、特技等艺术表演为主体，逐步将自身打造成为具有中原风貌、中国特色、国际影响力的文化品牌。"美丽郑州·炫舞世界"WDG 中国（郑州）国际街舞大赛联合国舞蹈家协会在全世界 30 多个城市开设分赛区，逐渐将自身打造成为国际街舞行业赛事品牌的翘楚，是亚洲最大的国际街舞赛事。

（三）文旅深度融合构建传统文化发展新势态

文化和旅游密不可分，推动文化和旅游融合发展是国家做出的重大战略部署，是促进旅游产业转型升级、传承弘扬优秀历史文化的重要方式。郑州市坚持以文旅融合发展促进文化资源的转化利用，推动文化形式的多样化表现，激活了文化的生命力，实现了经济效益与社会效益的双提升。一是文旅融合效益显现。2019 年郑州市接待旅游总人数为 13059.47 万人次，同比增长 14.5%；实现旅游总收入 1598.87 亿元，同比增长 15.2%；受疫情影响，2020 年，郑州市接待国内游客 1.13 亿人次，旅游总收入 1401 亿元，但是增幅均高于全国、全省平均水平，而且 2021 年春节假期旅游总收入达到 45.12 亿元，位列成都、上海、南京之后，排全国第四位。二是文旅+形态日益丰富。坚持文旅片区化发展，推动古荥大运河文化区、德化街文化片区、黄帝故里文化片区、商都历史文化片区等联动发展；打造"景区+"文旅形态，依托黄河风景区、嵩山景区、华强科技园、黄帝故里等，培育研学游综合性示范基地，依托宇通客车、金星啤酒等，打造工业游新形态，传承弘扬工业文化和制造理念。文旅集聚化发展加速，以郑州文化创意产业园为场域，集聚建业电影小镇、海昌极地海洋公园、百老汇家庭文化娱乐中心等规模化文产项目，形成了创意、旅游和商务聚集的综合性文化功能区，园区累计接待游客达到4000万人次，实现服务业增加值35亿元。

二、实践：黄河文化保护传承弘扬的做法

郑州市高度重视黄河文化保护传承弘扬工作。通过完善组织架构、制定实施规划、实施重大项目等，黄河文化保护传承弘扬的效益初步显现。

（一）建立系统的黄河文化保护传承弘扬推进体系

一是完善组织架构。根据中共郑州市委、郑州市人民政府《关于成立郑州市建设黄河流域生态保护和高质量发展核心示范区工作领导小组的通知》，文化博物旅游组为郑州市建设黄河流域生态保护和高质量发展核心示范区工作领导小组下设小组之一。为更好地推进各项建设任务，结合工作实际，郑州市对文化博物旅游组进行充实完善，成立黄河文化博物旅游发展指挥部，下设综合协调组、遗产保护利用组、文旅融合发展组、文化演艺展示组、宣传推介组5个业务组和13个工作联络组。二是健全工作制度。为推动工作规范有序运行，文化博物旅游专项指挥部成立了会议制度、台账管理制度、工作专报制度、督导推进制度，推动各项任务按时保质高效完成。三是坚持规划引领。郑州市组织对黄河郑州段沿线文化遗产和重点文化保护单位进行系统摸底梳理和实地调研，全面掌握区域内文化遗产和旅游资源现状，并多次召开专家座谈会，对黄河文化保护传承弘扬问题进行探讨。按照"高站位、能落地"的原则要求，多次召集有关县（市）区、相关单位和专家学者进行研究，制定了《郑州市建设黄河流域生态保护和高质量发展核心示范区文化博物旅游发展三年行动计划（2020—2022）》，通过高质量的规划引领核心示范区文化博物旅游高质量建设。

（二）重大项目支撑黄河文化保护传承弘扬

为加快黄河文化保护传承弘扬工作进程，郑州市坚持项目带动。一是建设黄河国家博物馆。把文化北路与黄河大堤交叉口作为建设黄河国家博物馆地址，确定了"地理黄河""文化黄河""治理黄河"三项基本展陈和"大河文明""生态保护""高质量发展"等专题展陈，探索黄河文化的集中保护模

式。二是建设大河村国家考古遗址公园。依托大河村遗址，建设集遗址综合博物馆、遗址现场展示馆、考古研究基地、考古工作棚、旅游服务配套设施建筑物及园区绿化等于一体的国家考古遗址公园，建造"中国仰韶文化博物馆"，建设全国仰韶文化研究和展示中心，集中展示具有 5000 多年历史的仰韶文化，形成"北看红山、中看仰韶、南看良渚"的 5000 年中华文明展示格局。三是建设文化演艺综合体。建设融黄河主题室内剧院、黄河文化创意集市、沿黄生态观光等多形式、多业态于一体的黄河文化演艺综合体，打造集观光、展览、演艺、推介于一体的综合性文化平台。四是荥阳故城文旅融合项目。依托古荥镇历史文化名镇改造提升，打造集文化体验、人文度假、温泉康养、艺术生活于一体的"中华文明史诗级地标"和"国际知名旅游目的地"。五是建设大河国际文化交流中心。规划建设体现中原地域特色、彰显黄河文化内涵的大河文明国际交流中心，作为国际大河文化交流的重要承接地和服务中心。六是推动"天地之中"世界文化遗产景区提升。实施了景区生态修复和森林防火项目、森林防火设施、拆迁安置、中岳生态文化公园、道路改善、新游客中心及生态停车场、基础设施提升改造、少阳河河道治理工程、书院河景区段河道治理等项目。规范了"天地之中"世界文化遗产景区标识系统，推出了连接少林寺、中岳嵩山、嵩阳书院、三皇寨、观星台等五大旅游片区的精品旅游线路，为游客提供了不同口味的"文化套餐"。

（三）多元模式传承弘扬黄河精神

通过社科研究、文艺创作、文化演艺、非物质文化传承等多种形式，深入挖掘黄河承载的文化价值和精神内涵，努力讲好讲活黄河的历史故事和当代故事，传承弘扬黄河精神。一是繁荣黄河主题文艺精品创作。围绕传承黄河文化、弘扬黄河精神，实施了黄河主题文艺精品创作工程，编纂了《黄河故事》系列、《郑州简史》系列文化丛书，叫响郑州"黄河之都"的城市文艺名片。策划举办了一系列黄河主题群众性文化文艺活动，增强了黄河文化的认可度和感染力。二是推进沿黄非物质遗产活化利用。加快建设郑州非遗展示馆，推动打造黄河文化非遗传承体验中心，举办多项民俗节庆活动，非物质文化展演活动丰富多彩。通过组织开展非遗进景区活动，充实丰富了沿黄文化旅游带生产生活场景。三是深入开展黄河精神研究阐释。加强黄河精神研究，挖掘黄河文化所蕴含的时代内涵和时代价值，形成一批具有广泛影响力的社科研究成果，编辑出版了《郑州：华夏源·黄河魂》学术专著。积极开展黄河文化进校园等教育活动，编写了科普读物《故事里的郑州》，并向中小学生赠阅。

（四）实施黄河文化遗产系统保护展示

立足郑州地区历史文化资源在黄河文化、中华文明中的突出价值和地位，实施了黄河文化遗产系统保护工程。一是黄河文化挖掘研究体系初步形成。通过开展双槐树"河洛古国"遗址、青台遗址、西山古城址、大河村遗址等典型遗存系统考古科研工作，进行黄河文化探源研究，为讲清楚郑州作为"华夏之根、黄河之魂、天地之中、文明之源"的考古论证提供了支撑逻辑，实证了郑州地区黄河历史文化主地标的重要地位。二是建设黄河文化遗产廊道。依托巩义双槐树、汉霸二王城、青台遗址、西山古城址、小双桥遗址、荥阳故城、大运河通济渠郑州段等黄河沿线重要遗址，推动建设沿黄遗址公园带，系统展示中原地区黄河文化发展主线。三是系统整合环嵩山文化遗产资源。通过深入梳理挖掘"天地之中"世界文化遗产蕴含的深厚内涵，进一步理清了嵩山黄河与中原文化、华夏文明之间的脉络关系。推动开放少室阙、太室阙、嵩阳书院西院、永泰寺等4处天地之中世界历史建筑群文保单位，不断擦亮"天地之中"世界文化遗产品牌。四是推进中心城区文化板块建设。以商文化传承保护为重点，围绕商代城垣、宫殿遗址等标示性区域，建设商代王城文化核心展示区。五是开展黄河文化交流展示。围绕"自然黄河、文化黄河"两大展示主题，建设黄河国家博物馆，系统展示黄河文化和自强不息、传承有序的中华文明。依托巩义窑址生态文化公园，规划建设了黄冶三彩展示馆，努力打造集遗址保护、遗址展示等功能于一体的全国唐三彩文化研究和展示中心。通过举办嵩山论坛、国际少林武术节等活动，"天地之中"世界文化遗产深厚内涵得到充分展示。

三、亮点：黄河文化保护传承弘扬的聚合模式

郑州市为创新黄河文化保护传承弘扬方式，提升黄河文化影响力，打造黄河历史文化主地标城市，组织实施了中国（郑州）黄河文化月聚合式表达活动。活动从2021年4月13日持续到5月8日，全面宣传、推介、弘扬黄河

文化。通过建立工作机制，组织开展重大活动、论坛、研讨会等，以多元化展示形式、集中式报道等，讲好黄河历史文化故事。

（一）高标准推出"黄河文化月"

中国（郑州）黄河文化月立足高标准、高质量和高层次，邀请2021年河南春晚导演团队负责整体策划实施，以移动端阅读率和到达率为导向，沉浸式体验及智能技术为支撑，创新传承方式和表达模式，提升黄河文化影响力。注重板块设计，强化特色内容推介，通过"河之魂""艺之萃""地之灵""城之魅""人之杰"五个篇章，从黄河孕育的物质文明、非物质文明、民族的文明家园、对世界文明的影响、对人类贡献五个方面立体综合地推介主题活动。突出区域联动，携手沿黄九省（区）文旅厅，甘肃、青海、宁夏、内蒙古宣传部也参加了开幕式。

（二）融入重大文化活动

一是融入黄帝故里拜祖大典活动。4月14日，黄帝故里拜祖大典在郑州新郑举行，以"同根同祖同源，和平和睦和谐"为主题，设置了盛世礼乐、敬献花篮、净手上香、行施拜礼、恭读拜文、高唱颂歌、乐舞敬拜、祈福中华、天地人和九项仪程，其中穿插举办黄帝文化国际论坛、全球华人书画名人名家邀请展、"根亲中国"华语电影短片大赛等拜祖大典系列文化活动。同时，坚持现场拜祖和网上拜祖同期举办，黄帝故里拜祖与境外分会场拜祖统筹联动，网上拜祖平台累计参与祈福互动超过2000万人次。二是融入国际旅游城市市长论坛。论坛由中国旅游研究院总体策划，以"旅游，推动后疫情时代经济复苏"为主题，共向36个国外城市、7个国际旅游重点城市官员、8个驻华使节、10个国际组织、95个国内城市、64个国际政府旅游管理机构发出参会邀请，就国际旅游城市现状、游客满意度、旅游投资情况等内容进行权威发布，形成了《中国（郑州）国际旅游城市市长论坛共识》。三是融入"三座城三百里三千年"系列文旅活动。活动立足郑汴洛三座城市10条精品旅游线路，同步采取"线下+线上"的方式投放盲盒，同步上线微信小程序"旅行盲盒"，并协调中央、沿黄九省（区）及郑、汴、洛三地宣传媒体，邀请杨迪、纪连海、李雪琴、"唐宫小姐姐"、方锦龙、王巍等为直播嘉宾，进行话题化、拆条化、碎片化传播，扩大活动效应。

（三）组织实施多元化的展演项目

一是组织开展沿黄九省文物精品展。通过与沿黄九省（区）博物馆签订文物借展协议，确定青海的舞蹈纹彩陶盆、四川的嵌错宴乐攻战纹铜壶、甘肃的人头形器口彩陶瓶、宁夏的胡旋舞石刻墓门等38件各地"镇馆之宝"来郑展览，其中部分展品在历史教科书和央视《国家宝藏》《如果国宝会说话》节目中出镜。文物展以文物展示、文创产品展示、网上云展、馆长论坛、专家讲解等多种方式，宣传文物背后的故事，阐释厚重的黄河文化，赢得了社会各界的好评和认可。二是组织开展精品剧目演出。联合沿黄九省（区），以黄河文化为主题，推出9台精品舞台剧目，开展18场演出，其中郑州市大型舞剧《精忠报国》作为精品演出季的压轴剧目演出。三是组织开展主题艺术沙龙。推出了"魅力黄河""文脉黄河""文明黄河"三场艺术沙龙活动，分别在河南省艺术中心小剧场、郑州师范学院、黄河迎宾馆等举行。活动系统讲述了中国共产党治黄史、黄河文明基因的红色延绵等专题内容，展现了黄河战略的时代担当与建党百年的辉煌成就。四是组织开展了黄河合唱周。通过与沿黄各省（区）进行对接，与中国合唱协会、省文旅厅、省音协等单位联合，邀请70多支合唱团报名参加活动（省外15支），其中青少组20支，成人组14支，老年组29支，在郑州四中黄河艺术中心举办会演，引起了社会各界的广泛关注。

（四）强化新闻报道宣传

坚持高标准宣传推介，强化传播的互动性、移动性和体验性，依托多层次传播扩大影响。一是创新宣传理念。按照当前互联网传播规律，打造"四级传播"模式。第一级由大V自媒体宣传引爆话题；第二级由省市媒体详细解读、落地转发；第三级由人民日报、新华社、央视等中央媒体进行话题加持和观点深化；第四级再回到移动端，由头条、抖音、B站、快手、微博、澎湃等大平台对央媒、省媒及自媒体大V好的观点话题进行再传播，围绕大主题和大主线，点线面互为支撑导流，形成了从自媒体到主流媒体再到移动端新型主流媒体大平台的碎片化传播闭环格局。二是制定宣传方案。按照总体方案、二级策划方案、三级实施方案的模式，形成"1+1+N"宣传工作框架，按照"活动前预热、活动中全网发力、活动后反响回顾"的要求，动态细化完善三级宣传方案，明确宣传节点，把握传播节奏，做到传播链条清晰、传播平台明确，确保话题内容精准、传播节点有序和宣传高潮迭起。三是优化工作机制。按照总体策划、分头执行的原则，建立多平台联动工作机制，统筹五大媒体队伍，联合微博、腾讯、今日头条、B站等头部平台组建跨平台大策划团队，通过中央媒体、省市媒体、互联网大平台以及海外媒体进行跨平台推广传播，形成漫辐射效应，让"山河祖国""去郑州看华夏古国"等城市标签刷屏全网、深入人心。四是放大传播效果。4月1日召开黄河文化月及拜祖大典新闻发布会，两场新闻发布会创新形式及传播方式，收获极大关注及好评。发布会后，持续营造宣传氛围，据大数据统计，截至2021年4月10日，黄河文化月相关信息（含拜祖大典）全网点击量突破2.85亿人次。

四、问题：黄河文化保护传承弘扬的难点

黄河文化是一个系统，一个完整且具较强生命力的文化体系，对黄河文化的保护传承弘扬也是一项复杂艰巨的任务，要做的工作点多且面宽，做好这些工作，必须理清具体涉及的要素、形式及机理，以及各种要素之间的逻辑关系，以为具体工作的开展提供理念的引导和动力的支撑。

（一）传统与现代的衔接问题

由于传统中国是被裹挟着进入现代化轨道的，现代化具有跨越性和追赶性的特点，传统文化并未实现连续的传承，出现了一定程度的断裂，因此，在谈及文化保护传承时，往往赋予其历史、传统和古代的思维，这也是压缩式现代化塑造的惯性认知。这种惯性认知一方面说明了传统与现代出现了断裂，传统文化在历史演进中并未与现代性融为一体，对于传统文化的呼吁源于现代性的困扰和忧虑。由于这种思维上的习惯，在对黄河文化进行定位时，倾向于将其作为传统的内容进行保护式延续，容易分割其脉络和结构，忽视其具有的时代性，静态式的"博物馆化"趋向明显，动态的外部开放性不足。然而，纵向回望中国文明的时空体系，文化从未中断，而且具有极强的生命力。作为中华文明主干的黄河文化，并未因为历史或现实的因素出现断裂，河流依然在流淌，黄河精神依旧在潜移默化地影响着当代人，并不断在历史的长河中丰富着自身。可以说，黄河文化既具有优秀传统文化的内涵，又具

有现代文明的特质。对于黄河文化的保护传承弘扬，不能简单地进行传统与现代的二元划分，要注重两者之间的连续性和统一性，用更加包容、开放和多元的思维，推动黄河文化的创造性转化和创新性发展。

（二）内容与载体的匹配问题

文化内容是载体的灵魂，载体为文化传承提供支撑。推动优秀文化的传承弘扬，必须有系统、有效和合理的传承载体进行表达，而且要随着时代的发展创新载体和方式，才能赋予文化生命力和传承力，从而不断释放文化的价值。从实际情况来看，文化传承的支撑载体不精准，载体创新的能力不强，文化传承弘扬的内容与载体的融合度不高。厚重的黄河文化包含自然景观、历史遗迹、民俗民风、文学艺术等，不同文化的表达载体和传承方式都存在差异，而且不同载体都具有时代的特征。而随着文明进入现代化的轨道，科技、创新、跨越和智能等成为时代的名词，黄河文化的表达载体缺乏跟进，创新能力不足，传承能力减弱，影响力逐渐弱化。加上文化管理的部门化、地域化和行政化，黄河文化保护传承的协同性不强，文化的肌体遭到分解，文化传承弘扬中呈现出碎片化和利益化的问题。黄河文化的内容的再生和构造的能力降低，表达载体的创造和革新能力不足，内容与载体难以有效匹配，文化的传承空间被压缩，逐渐失去活力和创新力。需要更加注重载体的建设、科技的运用和机制的创新，以更加多样的形式表达丰富而厚重的黄河文化，展现黄河文化的内涵，塑造黄河文化的品质，延续黄河文化的脉络，讲好新时代的"黄河故事"。

（三）政府与市场的定位问题

在黄河文化传承弘扬的制度体系内，单一的政府作用可能会导致"越界"和"缺位"，单一的市场作用会出现"失灵"问题，只要某种力量占据主导，就可能出现发展中的失衡。处理好政府与市场的定位问题，是有效推动文化发展的关键。在文化建设的实践中，政府的过度干预，容易抑制市场的灵活性、创造力，让文化的传承弘扬失去活力。单纯依靠市场中的文化自主运行体系，会让文化倾向于强势和优势方，在选择中脱离和忽略弱势群体，使得文化发展的成果难被所有群体共享。而且，若缺乏政府的引导和调控，文化产品的极强外部性特点也容易让文化走向过度娱乐化和消费性，文化的公益性逐步缺失,文化的品质也会迅速下降。随着郑州黄河文化传承弘扬的工作不断深化,文化发展的促进机制不断完善,传统文化步入市场范畴,更要对政府与市场的作用进行科学定位。中共十八大明确提出了要"在更大程度更大范围发挥市场在资源配置中的基础作用",政府要充分尊重市场规律,更加注重宏观调控、规划设计,引导文化发展方向,确保文化产品的质量和价值,促进供需的平衡和有效,这样既能够维护社会公平和公正,又能够兼顾市场主体的利益。要引导和优化市场环境,构筑现代市场体系,让市场要素配置的决定性作用得到充分发挥,激活市场主体的活力和创造力,促进黄河文化的创造性转化和创新性发展。

(四)供给与需求的错位问题

近年来,在经济社会快速发展和文化改革的促进下,郑州市文化建设领域成效明显,文化服务体系日益健全,文化保护传承成效显著,文化产业规模不断扩大,2018年郑州市文化产业及相关产业增加值达到340亿元,比2010年翻了三番,占全市生产总值的比重达到8%,占全省文化产业增加值比重达到24%,文化产品供给的内容日益丰富,展现优秀文化内容、主流价值的精品力作不断涌现,文化的传播和交流能力提升,文化的影响力和辐射力持续增强,文化的消费能力也被激活,消费支出的总量不断增加。但是在规模增长的背后,却出现了总量增加、消费不足的窘境,文化产品和服务的供需失衡问题突出。从黄河文化等优秀传统文化转化和创造情况来看,同质化的文化产品过剩,创造、创意能力不足,品质、高端和个性产品匮乏。从区域供给情况来看,城乡供给的内容和质量差距较大,发展不平衡和不协调的矛盾依然突出。从要素供给情况来看,偏重土地、劳动力和资金等传统要素,科技、机制和制度等要素供给不足,文化发展的动力不足、结构不优问题明显。促进黄河文化的传承弘扬,要立足于供给侧结构性改革的视角,改变传统文化传承的陈展、标本和史料的定义,突破静态、单一和封闭的刻板模式,增强内容制作能力、经营管理水平,优化要素配置水平,创新表现形式和运作模式,通过数字技术、虚拟表达和沉浸体验等,提供更加优质的产品和服务,增强文化供给对需求的引领力,激活文化消费潜力和市场,也让黄河历史文化在新时代重新焕发光彩。

五、方向：黄河文化保护传承弘扬的对策

把黄河文化保护传承弘扬作为主线，整合优化文化资源，完善文化工作机制，全面深化黄河文化资源的研究、宣传工作，提升历史文化遗产的保护水平，推动黄河文化资源的转化创新，建立黄河文化发展的区域协同机制，构筑起黄河文化保护传承弘扬的完整体系，为国家黄河历史文化主地标城市建设提供支撑。

（一）强化学术研究，夯实黄河文化价值挖掘之基

基础研究和理论阐释是推动黄河文化保护传承弘扬的前提，是做好黄河文化工作的内在支撑。要把黄河文化的研究阐释放在重要位置，整合省会科研资源，搭建研究平台，创新研究机制，提升郑州黄河文化研究的水平。一是整合黄河文化研究的资源。由市委和政府主要部门牵头，建立黄河文化研究工作机制，统筹推进黄河文化研究领域的工作，负责整合郑州市黄河文化研究的人才、项目和机构，重点整合高校、科研院所的专家学者和各职能部门的研究项目和资源，成立郑州市黄河文化研究院，建立专业的黄河文化研究队伍，推进开展黄河文化的重大基础理论和政策方案的项目攻关，实现黄河文化研究的聚焦发力和协同推进。二是推出黄河研究的高水准成果。组织开展黄河文化探源工程，对郑州华夏之根、文明之源、黄河之魂等进行寻根探源，对郑州华夏文明起源地和黄河文化核心地进行学术论证。开展郑州"黄河文化记忆"文献的编撰工作，收集郑州地区黄河文化的遗迹、文学、民俗、历史、治理等方面的史料，使散落的黄河文化文献连贯起来，形成展现黄河文化脉络的文献库。撰写出版郑州《黄河文化之魂》《黄河文化故事》《黄河非遗传承》《黄河历史故事》《黄河文化通史》等系列成果，形成高质量的科研成果，促进黄河文化研究的理论创新，提升黄河文化研究的话语权，打造黄河文化研究的理论高地。三是建立黄河文化交流的平台。依托市属高校、科研院所和文化管理部门，推动设立国际黄河文明论坛，打造国际化的大河文明交流平台。联合黄河沿线城市和学术机构，设立黄河流域城市文化论坛，搭建区域文化交流的平台，共同推进黄河文化的保护传承弘扬。

（二）完善遗产保护体系，展现千古黄河的文化之脉

建立科学和完善的遗产保护体系，是黄河文化保护传承弘扬的重要前提。郑州地区黄河文化资源丰富、黄河文化遗迹庞大，包含大遗址、古建筑、碑刻、民俗及非物质文化遗产，这些遗产文化内涵丰厚、文化历史悠久，是早期人类文明繁荣发展的重要见证。一是统筹推进黄河文化遗产的保护。对丰富的文化资源进行摸底调查，建立文化遗产资源库，掌握文化遗产的现状、特点和价值，进行动态的保护、管理和评估。二是创新黄河文化遗产的保护措施。对文化遗产进行统筹保护，加快建设黄河文化遗产廊道，串联双槐树遗址、大河村遗址、青苔遗址、小双桥遗址等，形成国家仰韶文化的集中展示地。整合梳理全市非物质文化遗产，建立非物质文化遗产扶持保护机制，设立非物质文化遗产保护示范基地，推动非物质文化遗产的动态传承，对于濒临失传和断代的非物质文化遗产，要进行抢救式保护和传承。三是建立市域黄河文化遗产协同保护机制。促进县（市）区协调联动，建立区域协作机制，搭建公共平台，实现资源和信息的共享，制定标准化、规范化的保护标准，实现文化遗产保护规划、措施和方案的协同联动，提高黄河文化遗产保护的区域水平和整治质量。四是建设好黄河文化遗产保护阵地。高标准建设黄河国家博物馆、黄河国家公园和仰韶博物馆，集中展示黄河文化遗迹，展现千年文明脉络，让黄河文化遗产能够系统性"讲述"中华文明的根与魂，塑造黄河文化展示传承的国家文化品牌，让黄河文化"立"起来。

（三）创新传播方式，构筑黄河文化传播弘扬之态

讲好黄河故事，必须要依托新的表达方式和载体，建立黄河文化的传播矩阵，让黄河文化能够立得住、叫得响，让文明能够润泽人心，让文化能够走向世界，在多元文化的碰撞中独领风骚。一是建立媒体传播的矩阵。整合各类媒体资源，制定媒体传播的方案，充分利用电视、广播、报刊等集中宣传推介黄河文化，提高黄河文化的社会影响力。设立黄河文化宣传阐释的专栏，定期组织黄河文化的专题解读，阐释黄河文化的时代价值，讲述黄河文化的故事，宣传黄河文化的政策，营造全社会关心、保护和传承黄河文化的氛围。二是以现代科技助力黄河文化的传播弘扬。推动传统文字传播向视频、音频、图片等方式转换，以丰富的表达形式展示黄河文化的内涵。发挥现代

网络平台的作用,通过微信、抖音、快手等,以微视频、直播等形式,展示黄河历史遗迹、民俗风情、手工技艺、自然景观等,提升黄河文化的影响力和传播力。促进传统展示与现代表达技术的结合,融入虚拟现实技术、AR技术等,让黄河文化"活"起来,增强体验感、代入感,使传播方式更加符合现代人的接受习惯。三是将黄河文化融入国民教育体系。编制黄河文化读本、科普读物、基础教材,让黄河文化走进校园、社区和企业,让黄河文化融入基础教育、成人教育和社会教育体系中,形成黄河文化的情感,增加黄河文化的认知,塑造黄河文化的自觉。四是在重大活动中传播弘扬黄河文化。在大型会展、节庆活动、文化论坛中加强黄河文化的传播宣传,依托国际旅游城市市长论坛、黄帝故里拜祖大典、非物质文化遗产日等进行传播弘扬,拓展黄河文化的传播空间,提升黄河文化在国内外的影响力。利用庙会、节会、春节、元宵节等节日庆典进行传播和解读,让人们在节日活动中感受黄河文化的魅力,以潜移默化的方式熏陶人们的精神世界。

(四)推动文化旅游深度融合,形成黄河文化转化发展之势

紧扣"华夏之根、黄河之魂、文明之源"的定位,坚持宜融则融、能融尽融,以文塑旅、以旅彰文,推动黄河文化与产业的深度融合,构筑起传承华夏文明、展示大河魅力的国际文旅中心。一是打造文旅精品线路。深入挖掘黄河文化主题,整合文旅资源和文化景区,串联河洛汇流景观、桃源峪景区、黄河风景名胜区、花园口黄河旅游区等,展现5000余年的华夏文明脉络,打造自然景观游、生态休闲游、文明溯源游等系列精品文化旅游线路。围绕"两带一心"的文化旅游发展格局,打造高品质的黄河文旅生态产业带,突出生态保护、文化传承和休闲休憩,建设高品质的沿黄休闲慢行文旅系统。打造郑汴洛国际文化旅游产业带,建立深度合作开发机制,通过资源整合、景点衔接、设施对接、形象共塑等方式,构建"三座城、三百里、三千年"文化旅游品牌,打造区域文旅发展共同体。二是培育精品影视演艺品牌。依托郑州市的影视、动漫企业,对遗产资源、神话故事、民俗民风进行创作转换,通过电影、电视剧、动漫等形式进行转化传承,满足不同消费群体的需要,提升文旅资源和品牌的知名度。围绕"华夏源,黄河魂"主题,推动创作一批具有历史底蕴和时代价值,能够接地气、传得开、留得下的精品舞台作品。三是推动黄河文旅产业的跨界发展。推动文体融合、文商融合、文教

融合，发展创意园区、文化街区、夜间经济等。推动文旅与创意设计、文化制造业的融合，推动文旅设施的更新和文化载体的创新，设计构造文旅创意产品。聚焦数字技术、文创人才等，培育数字文旅、文化创客、文化娱乐、文创平台、短视频经济等，建立从"游玩"到"度假"再到"生活"的新模式，实现从"门票经济"向"体验经济"的转变，建立国际大河文化游的示范区。四是建立高品质的文旅服务体系。促进城市交通设施的完善和升级，提升高铁、航空、公路、地铁等之间的衔接水平，实现交通点、市区、景点之间的快速通达。加快促进文旅设施的转型升级，推动文旅品牌项目、示范景区、综合体等平台的高端化建设和开发，擦亮黄河文旅招牌、塑造城市文化气质。推动黄河生态文化产业带的智慧化建设，实现管理智慧化、服务智慧化和营销智慧化。建立智慧文化数据库、文旅导游系统、文旅手机App、文旅智能体验项目等，推动黄河文旅产业的智慧化发展。

（五）挖掘黄河文化符号，塑造城市建设之魂

黄河文化是城市的根脉，是支撑城市发展的内在动力。保护传承弘扬黄河文化，必须挖掘优秀的黄河文化元素，将其融入城市建设之中，构筑城市发展的"魂"与"体"。一是建设现代文化之城。黄河文化是中华文明的重要组成部分，是中华文化符号的集中展示。要充分挖掘郑州黄河文化蕴含的丰富文化符号，整理构筑符号体系，融入城市建设之中，打造新时代下的文化之城。推动黄河文化融入城市建设顶层设计，确立城市文化主题，科学制定城市建设和发展规划，突出建设中的文化整体性、创意有序性和设计一体化，让城市建筑、景观和生态更具特色，让城市所有要素、标识和特质映射出黄河文化的品质，让整个城市变得"活"起来。二是建设城市特色文化建筑景观。保护传承弘扬黄河文化，构建有品质的文化城市，需要建设特色的文化建筑景观。要在城市主题公园、微公园、街头游园等景观中，设计黄河文化创意雕塑，融入展现黄河文化的标识和符号。以黄河文化为核心要素，加强标志性文化建筑的设计，让文化元素融入建筑形态、内在空间和区域环境，形成具有文化传统、地域特色和时代精神的地标性建筑群。三是打造高品质的黄河文化街区。虽然有些现代文化街区没有古风建筑、文化遗迹，但是可以通过现代科技，再现历史的场景和记忆，通过文化活动的注入，拓展街区的文化空间边界，让消费者在时尚追求中找寻文化之根、文明之脉，营造传

统与现代交相辉映、文化传承与产业相结合、内容生产与消费空间相融合的文明追忆街区。四是打造有故事的公共文化空间。在老工业厂房创意改造、老旧小区更新中,要注重历史文化碎片的整理和黄河文化符号的融入,让建筑、设施和景观能够"讲述"城市的历史和黄河的精神,营造有故事的公共文化空间,让人文精神、城市建筑、公共空间与城市文脉和生活环境有机结合,再现历史的场景,彰显文明的价值,传承优秀的精神,在城市建设中再造城市的灵魂。

(刘涛,郑州市社会科学院文化所所长、副研究员;张璐,郑州市社会科学院文化所助理研究员)

第十三章
武汉：激活城市记忆，文化产业助力城市更新

一、2020年文化产业发展概况

二、城市更新中文化产业激活城市记忆

三、城市更新中文化产业发展的未来展望

四、结语

城市记忆是城市发展历程中具有重要价值的历史记录，是珍贵的文化资源。城市记忆高度浓缩了社会群体对城市历史中重要事件、人物、场所、情境等的记忆，蕴含着深厚的历史文化底蕴。对城市更新而言，城市记忆可延续城市的历史文脉、保持城市的身份特征，加强城市居民的认同感与凝聚力、塑造城市场所精神与城市文化，是城市更新中文化传承的重要依托。同时，城市记忆又是城市发展文化产业、彰显城市文化品格、打造城市品牌不可或缺的重要资源，是城市有机更新、文化创新发展的重要基础。武汉历史悠久，文化底蕴深厚，拥有大量丰富的城市记忆资源。对于如何在城市转型升级过程中，充分激活城市记忆，使文化产业助力城市更新，促进城市高质量发展，实现文化产业与城市更新的互动共荣，武汉进行了卓有成效的探索和实践。

一、2020年文化产业发展概况

2020年新冠肺炎疫情突如其来，武汉成为全国抗疫斗争的主战场。作为封控时间最长、重启时间最晚、疫情影响最大的城市，武汉在这一年里经历了气吞山河的抗疫大战和艰苦卓绝的疫后大考，这一切深刻影响着全市"十三五"收官之年的发展，文化产业首当其冲，产生了明显波动。随着疫情趋稳和政府系列复苏政策的推行，文化产业表现出了逆势增长的特点，彰显出顽强的生命力。

（一）2020年武汉市文化产业发展现状

1. 疫情之后文化产业复苏加速

2020年开年，由于新冠肺炎疫情的影响，武汉经济发展遭受重创，文化产业受损明显。下半年全市协同推进疫情防控和经济社会发展，疫后复苏工作取得明显成效，文化产业展现出了强大的韧性和活力，至第三季度产业增幅已实现"由负转正"。2020年前三季度，全国规模以上文化及相关产业企业营业收入下降0.6%[1]，武汉前三季度规模以上文化企业营业收入实现增长，全市916家企业实现营业收入1306.86亿元，比上年同期增长11.6%，增幅高于全国省份平均水平；文化核心领域逆势上扬，新闻信息服务、内容创作生产、创意设计服务、文化传播渠道、文化投资运营、文化娱乐休闲服务等主要文化行业合计实现营业收入1144.02亿元，同比增长20.2%，增幅较上半年提高20%；在文化及相关产业9个行业中，三个行业正向增长，新闻信息服务营业收入154.91亿元，同比增长69.1%，创意设计服务营业收入626.04亿元，同比增长29.4%，内容创作生产营业收入254.49亿元，同比增长11.8%。[2] 发展趋势显示，随着下半年生产经营状况持续改善，武汉市文化产业发展活力不断提升，多个行业实现了疫后新发展。

2. 创新融资模式支持文化产业

为解决文化企业融资难、融资慢、融资贵等发展阻碍，武汉市从政府到企业积极探索文化产业融资新模式，支持文化产业发展。2019年武汉市正式印发《武汉市文化产业招商引资扶持若干规定》，鼓励利用工业厂房等存量房地资源转型兴办文化产业，推动百年巴公房子到"文创客厅"的改造。2020年第三季度的疫后复苏关键期，市财政局创新重大项目建设融资模式，积极组织重点文化企业申报政府专项债券，为文化企业争取到23亿元政府专项债券，助力华中智谷、武汉中心书城两个重大文化地标项目建设。2020年11月28日，武汉文化金融服务中心正式投入运营。该中心致力于为文化企业与金融机构搭建合作平台，积极探索文化金融融合的新方式，创新风险防范措施，与各文化园区通力协作，搭建多层次、综合性文化金融服务体系，为文化企业拓宽融资渠道。例如，武汉农商行向洪山区文创园区授信10亿元，开启了金融助力文化企业发展的新局面；武汉文发基金与洪山科投发起设立环大学经济带基金，为文化产业发展注入新的动力。2021年武汉市举办文化和旅游招商引资大会，促使38个项目签约成功，实现投资额达1609.05亿元。除此

---

[1] 国家统计局. 2020年前三季度全国规模以上文化及相关产业企业营业收入下降0.6%，降幅比上半年收窄5.6个百分点[EB/OL]. 国家统计局网. http://www.stats.gov.cn/tjsj/zxfb/202010/t20201030_1797140.html, 2020-10-30.

[2] 武汉市统计局. 前三季度我市规上文化企业营业收入增11.6%[EB/OL]. 武汉市统计局网. http://tjj.wuhan.gov.cn/tjfw/tjfx/202011/t20201127_1519739.shtml, 2020-11-17.

之外，2020年6月，德国驻华大使馆联合法国驻华大使馆联合发起德法武汉专项文化基金系列活动，旨在支持武汉及华中地区文化活动的复苏。因此，创新融资模式，为文化产业持续高速发展提供了资金的保证。

3. 文化产业新型业态快速发展

"文化+科技"融合，推动武汉新型文化产业业态快速发展。2020年第三季度文化产业分类统计显示"互联网+文化"新业态快速增长，文化新业态特征较为明显的16个行业小类合计营业收入583.80亿元，比上年同期增长了52.5%，增速比上半年提高42.2%，占规模以上文化企业营业收入的44.7%，比上年同期提高0.6%，互联网其他信息服务、互联网广告服务、互联网文化娱乐平台等3个行业小类的营业收入增速均超过100%。[①] 数字创意集群快速发展，在2020年第三届中国数字创意科技展暨2020CGF中国游戏节参展的151家文化科技创新示范企业中，24家来自武汉光谷。首届英雄城市电竞嘉年华《英雄联盟》全国挑战赛在武汉举行，武汉电竞旅游嘉年华暨《地下城与勇士》阿拉德市集在汉口里启动，RA（全称：RARE ATOM）电子竞技俱乐部落地武汉，武汉正在加快打造电竞高地，以赛事撬动、带动电竞及动漫、游戏、影视、音乐等产业聚集，形成电竞产业集聚区。电竞+文旅新业态实现线上线下互补、IP实体互补，也为经济发展和文化创新提供更多新动能。

4. 积极推进文化产业品牌培育

2020年湖北省和武汉市开展首届文化产业品牌评选活动，文化产业品牌建设取得新进展。首届湖北省文化产业品牌选树活动于2020年11月公布结果，共评选出湖北长江出版传媒集团有限公司、武汉斗鱼鱼乐网络科技有限公司、武汉天喻信息产业股份有限公司、湖北省文化旅游投资集团有限公司等"湖北文化企业十强"，湖北长江云新媒体集团有限公司、武汉微派网络科技有限公司、武汉灵动在线科技有限公司等"湖北十大最具成长性文化企业"，知音、垄上行、两点十分等"湖北十大文化产业品牌"（见表13-1）。其中，武汉市获选品牌占全省文化产业品牌总数的60%。同期，首届武汉市文化产业品牌评选结果公布，武汉出版有限公司、华语青年电影周、武汉

[①] 武汉市统计局. 前三季度我市规上文化企业营业收入增11.6%[EB/OL]. 武汉市统计局网. http://tjj.wuhan.gov.cn/tjfw/tjfx/202011/t20201127_1519739.shtml,2020-11-17.

"戏码头"中华戏曲艺术节、中国数字创意科技暨中国（武汉）游戏节等入选"武汉市十大文化产业品牌"，代表着武汉文化产业的优势和发展特色。文化产业品牌的评选有助于培育荆楚特色的优势文化产业品牌，强化品牌优势，发挥引领示范效应，助推全市和全省文化产业向高质量发展。

表13-1 首届湖北省文化产业品牌选树活动结果

湖北文化企业十强	湖北十大最具成长性文化企业	湖北十大文化产业品牌
湖北长江出版传媒集团有限公司	湖北长江云新媒体集团有限公司	知音
武汉斗鱼鱼乐网络科技有限公司	武汉微派网络科技有限公司	垄上行
武汉天喻信息产业股份有限公司	武汉灵动在线科技有限公司	两点十分
湖北省文化旅游投资集团有限公司	武汉金东方智能景观股份有限公司	湖北日报传媒集团楚天181文化创意产业园
武汉理工数字传播有限公司	中铁大桥局武汉桥梁传媒有限公司	长江首部漂移式多维体验剧《知音号》
宜昌金宝乐器制造有限公司	湖北四季花海旅游开发有限公司	传神 Transn
武汉卓讯互动信息科技有限公司	武汉市天真教育科技有限公司	海豚绘本花园
湖北金三峡印务有限公司	湖北之海文化艺术有限公司	木奇灵
武汉瑞美展览股份有限公司	咸宁方片互动网络有限公司	光谷创意
武汉文化发展集团有限公司	武汉艺画开天文化传播有限公司	盛世唐城

（二）2020年武汉市文化产业发展特点

1. 惠游湖北，推动文旅产业快速发展

2020年上半年，新冠肺炎疫情暴发，湖北全省乃至全国旅游业受到较大冲击。进入下半年，在多项政策支持下，湖北省旅游业逐渐走出疫情阴影，迎来全面复苏。自2020年8月8日起，湖北全力开展"与爱同行·惠游湖北"活动，激活旅游市场消费效果明显，有力地推动了全省旅游业复苏和发展。《2020中国旅游业发展报告》显示，截至12月13日，湖北全省旅行社组接团游客累计1527.60万人次，是上年同期的2.38倍。全国旅游监管服务平台统计数据显示，湖北组团游客数量仅次于湖南和云南，位居全国第三，签订电子合同的游客数量位列全国第一。国庆中秋双节假期，武汉以"感恩有您，邀游武汉"为主题精心组织举办了上百项文化旅游活动，成为双节期间国内热门旅游城市，黄鹤楼位列国内景区热度第一名①。2020年，在各副省级城市中，武汉旅游综合竞争力排名第四，仅次于杭州、成都和广州，这是武汉时隔六年后再次回到副省级旅游城市综合竞争力的第一梯队。可见，省市推出的各项刺激旅游消费的政策很大程度上推动着武汉文旅产业的新发展。

2. 夜间经济激活城市文化消费活力

夜间经济是现代城市商业发展的"晴雨表"，是城市活力的直接体现。疫后重振，武汉市积极落实常态化疫情防控措施，助力城市经济复苏，全力支持夜购、夜食、夜游、夜秀、夜娱等夜间消费模式，接连推出2020"武汉购"仲夏消费季、武汉欢乐谷电音节、武汉啤酒节等活动，激活夜间经济，增强疫后城市活力，打造夜游之都。2020年10月25日至2021年1月25日，武汉市启动武汉夜游消费季，向全国游客推介了"武汉夜游菜单"，包括光谷步行街、楚河汉街、户部巷、吉庆街、黎黄陂路、新天地、江汉路步行街、汉口北奥特莱斯等覆盖三镇的24个重点夜游区域和项目，涵盖餐饮、购物、观光、休闲、娱乐等系列消费业态，满足市民夜间消费需求。此外，长江游船、长江灯光秀、"夜上黄鹤楼"等武汉特色夜游项目也引起市民和游客的热烈反响。由瞭望智库联合腾讯共同编写的《中国城市夜经济影响力报告（2020）》评估显示，武汉首次上榜2020夜经济影响力十强，较上年的报告评估结果提升2个位次，展现了城市良好的复苏情况和消费活力。

3. 抗疫精神丰富文化产业内容供给

在新冠肺炎疫情抗击战中，涌现出的抗疫故事，凝聚成的抗疫精神，共同塑造了武汉"英雄城市"的城市形象，推动了一批文化产品的创作生产。武汉出版集团出版的图书《英雄城记》收录了173位一线抗疫人员的173篇日记，展现了封城76天里武汉人民万众一心、守望相助的共同记忆。第十五届华语青年电影周主题为"温暖你的梦——致敬英雄·光影未来"，用文艺传递温暖和希望，展现疫情防控武汉保卫战中英雄城市的气概和魅力，丰富市民文化生活，提升城市魅力和影响力。纪录片《见证》《武汉日夜》及"武汉，我深爱的城市抗疫主题公益活动"大爱武汉特别节目等，诠释城市悲歌

---

① 武汉市文化和旅游局．"十一"黄金周期间武汉市文化和旅游市场情况综述[EB/OL]．武汉市文化和旅游局网．http://wlj.wuhan.gov.cn/zwgk_27/zwdt/jdxw/202010/t20201009_1461459.shtml，2020－10－09．

与人民韧性，彰显人间大爱、民族精神和中国力量。武汉剪纸市级非遗传承人毛月明创作数十幅有关"抗疫"主题的作品，致敬抗疫工作者，传递抗疫信心。大型交响乐《浴火重生》、话剧《逆行》、"积木汉剧"抗疫题材系列剧目等文艺作品以抗疫为主题创作而成，"大江飞歌唱英雄"歌舞晚会在汉口江滩连续举办，第八届武汉"戏码头"中华戏曲艺术节开幕式唱响抗疫精神。文艺作品致敬英雄城市、英雄人民，铭记集体记忆，深受观众喜爱，丰富了文化产品供给，为文化产业发展注入力量。

4. 拥抱云端，线上文化产业日臻繁荣

在武汉封城防疫攻坚战和疫情防控常态化中，全国人民积极响应"少出门、少聚会"的倡议，消费需求纷纷从线下转向云端。武汉斗鱼鱼乐网络科技有限公司抓住机遇，陆续上线"网上课堂""云出游""云剧场""云会展""云培训"等产品，在疫情期间经济效益逆势上扬，第一季度总营业收入超出预期，达22.78亿元，同比增长53.0%，净利润达2.97亿元，同比增长7.4倍[①]，成为武汉线上文化产业发展的重要标杆。武汉杂技团尝试《杂技云剧场》，在线直播"云演出"；第八届武汉"戏码头"中华戏曲艺术节上，长江网推出直播"云赏戏码头"，开放戏曲"云课堂"。2020年"国际博物馆日""文化和自然遗产日"，武汉市分别举行《记录与守望——与武汉共呼吸的博物馆》活动和"非遗老字号云端绽放"直播活动，用直播与视频的方式带领网友走进武汉11家博物馆，走进叶开泰、蔡林记、四季美等武汉非遗老字号，网友不仅可以看展览、看非遗技艺展示，还可以线上购买非遗产品，以线上形式展现多样文化内容，老字号也借助"云端"焕发新生机。借助云端技术，线上的文化产业新业态日臻繁荣，彰显了强劲的活力。

二、城市更新中文化产业激活城市记忆

"城市记忆"的概念最早由英国学者洛温塔尔（1975）提出，他从地理学的视角认为城市是承载着各种记忆的场所，"城市记忆"也就是城市建筑设施

---

① 武汉市文化和旅游局. 疫情期间斗鱼直播公司经济效益为何能够逆势上扬［EB/OL］. 武汉市文化和旅游局网. http://wlj.wuhan.gov.cn/whly/wlcy/202006/t20200622_1382982.shtml, 2020-06-22.

的总和。国外学者对城市记忆的研究较为丰富,从早期概念内涵的界定,发展到有关城市记忆的景观象征意义[1][2],城市遗产、文化、风俗等城市记忆符号研究等[3][4]。目前国内对于"城市记忆"概念和理论的探讨,可归纳为三个方面:一是从档案信息视角界定,认为"城市记忆"是一种档案信息资源。郭红解(2008)[5]、戴志强(2010)[6]等对此都有着较为清晰的阐释。2002年青岛率先提出"城市记忆工程"项目,随后武汉、北京、上海、厦门等城市陆续开展"城市记忆工程"工作,开始收集、拍摄城市建筑原貌,将其转化为网络信息资源加以保存,留存城市记忆。二是以城市空间为中心,关注城市建筑空间的演变。陈蕾(2005)[7]、任永芳(2009)[8]认为在城市与空间的有机结合及改造过程中,那些历史建筑、纪念碑、博物馆等具有象征意义的城市符号,逐渐成为城市记忆留存的保护对象。三是以记忆空间为核心,强调人的自我记忆。按心理学解释,记忆是在头脑中积累和保存个体经验的心理过程。一座城市也有其自身过去、现在的记忆。雅克·德里达(1999)曾诗意地描述:"记忆是一种时间修辞学,是人们能够将其与现在的现在或将来,并构成现在的在场。"[9] 朱蓉(2004)[10]、杨茂川(2006)[11]认为"城市记忆"主要体现为一种存在于当地人们脑海中的有形的和无形的集体记忆的总和。

---

[1] Symbolic Space: Representations of Space in Geography and Anthropology[J]. Geografiska Annaler. Series B, Human Geography,1994,76(1):51-58.

[2] Maoz Azaryahu and Aharon Kellerman Barrett. Symbolic Places of National History and Revival: A Study in Zionist Mythical Geography[J]. Transactions of the Institute of British Geographers,1999,24(1):109-123.

[3] Hyung yu Park. Shared National Memory as Intangible Heritage[J]. Annals of Tourism Research,2010,38(2):520-539.

[4] 李巍,杨哲,范圆圆. 基于居民和游客视角的民族地区城市记忆研究——以甘肃省甘南藏族自治州夏河县城为例[J]. 地域研究与开发,2020,39(4):104-108,133.

[5] 刘守华. 留住城市记忆,我们大有可为——"档案与城市记忆"论坛综述[J]. 中国档案,2008(1):16-19.

[6] 戴志强. 以公共档案馆为主体整合共享性档案信息资源的思考[J]. 档案学研究,2010(1):32-36.

[7] 陈蕾. 基于城市记忆的近代产业遗产的保护和再利用[D]. 武汉:华中科技大学,2005.

[8] 任永芳. 城市记忆建设中信息资源整合研究[J]. 图书馆工作与研究,2009(1):12-14.

[9] [法]雅克·德里达. 多义的记忆[M]. 蒋梓骅,译. 北京:中央编译出版社,1999:67.

[10] 朱蓉. 城市与记忆:心理学视维中的城市历史延续与发展[J]. 南方建筑,2004(4):65-68.

[11] 杨茂川. 环境景观设计中的城市记忆[J]. 城市发展研究,2006(5):41-45.

城市记忆作为一部有关城市发展的历史文化记录,是城市中的社会群体对城市发展各个时间断面内所有有形物质环境和无形精神文化的共同记忆[①],不仅是展现城市历史人文特色的名片,也是城市独特地域特质和人文情怀的载体[②]。然而,当前在城市化进程和城市更新过程中,有关城市记忆的历史遗存、物质遗产、传统风貌和生活习俗都面临着建设性的破坏,一些优秀的传统文化记忆逐渐陷入"无地方"的怪圈,进而被遗忘、被抛弃。

在城市更新中,如何应对珍贵城市记忆的流逝,引起了国内外研究者的广泛关注,他们提出可以从文化产业发展的角度入手,关注城市更新中文化产业对激活城市记忆的重要意义。对文化产业而言,城市记忆是具有城市特性、可资开发利用的文化资源,是城市文化产业发展、形成差异化特征的重要依托。对城市记忆而言,在城市更新过程中,文化产业激活城市记忆可以产生多维价值,是十分重要的城市发展命题。具体来看,城市更新与文化产业通过城市记忆形成良性互动,共生共荣,不仅可保护、延续,甚至创生城市记忆,更可共同推进城市文化传承发展、城市有机更新和转型升级。

(一) 城市更新中文化产业激活城市记忆的多重维度

1. 地域记忆:特色水域江城

"地域"是承托自然和人文衍生、变化的平台。[③] "地域记忆"源自所处区域的自然环境特征,进而包括在此影响下形成的独特的社会人文环境,因此地域记忆具有区域性和综合性的特征。譬如滨海城市与内陆城市、冰雪城市与热带城市的区别,形成了从自然到人文特色迥异的地域记忆。城市因地域而生,地域记忆是城市记忆的基础维度,涉及城市记忆系统生成的本原。武汉位于我国中部腹地,是中部中心城市,素有"九省通衢"之美称,交通网络辐射大半个中国。武汉城内江河纵横、湖港交织、水网密集,长江及其最大支流汉江在城中交汇,水域面积占全市总面积的1/4。武汉这座城市傍水而生,凝聚了江河湖水的记忆,水和船是城市生命之源。特殊的地理、水文特

---

① [意]阿尔多·罗西. 城市建筑学[M]. 剑桥:麻省理工学院出版社,1982:79.
② [法]莫里斯·哈尔瓦赫. 论集体记忆[M]. 毕然,郭金华,译. 上海:上海人民出版社,2002:7-10.
③ 沈实现,李春梅,徐华. 地域景观·城市记忆——杭城名人故居的景观特质与保护开发[J]. 城市规划,2005(9):55-59.

征孕育了武汉独特的地域记忆。

不同的文化产业发展模式脱胎于特定的地域环境,同时文化产业为地域记忆生产着具象载体,让地域记忆渗透进社会生活,因而城市文化产业的特色发展离不开地域记忆。依托地域记忆,武汉城市文化产业发展呈现明显的地方特色。如基于"江城"得天独厚的水文环境,武汉开辟了"知音号""古琴号""君旅号"等为代表的水上邮轮产品的发展道路,不断提升完善相关趸船码头的功能,丰富长江水域文旅产品。地域特色的彰显是武汉文化产业的独特魅力,更是城市更新中武汉的一张城市名片。

2. 历史记忆:千年历史名城

"历史记忆"是对过去的记忆,最重要的是"历史"的起始部分,也就是群体的共同"起源历史"[①],但是历史记忆不等同于历史,历史是客观存在的过去,历史记忆在历史过程中可以被重构。卡尔维诺曾说:"城市不会诉说它的过去,是像手纹一样包容着过去,写在街角,在窗户的栅栏,在阶梯的扶手,在避雷针的天线,在旗杆上,在每个小地方,都一一铭刻了痕迹、缺口和卷曲的边缘。"[②] 武汉历史源远流长,新石器时代已有人类在此种植劳作、捕鱼狩猎、开拓文明。武汉的城市发展可追溯到3500年前的盘龙城。在此后的数千年时间里,武汉始终活跃在春秋战国、秦汉、三国、明清、民国等各个重要历史时期。进入近代,许多重大历史事件也都发生在武汉,武汉成为著名的红色革命中心。悠久的历史为武汉留下丰富的历史文化资源,涵盖了武汉历史的各个发展阶段,数千年的积淀造就了这座历史名城,铭刻下了丰富的历史遗迹与深远的历史记忆。

文化产业具有天然的创新性,是走在时代前沿的产业形态,但文化产业也总是有意或无意地体现着对过去的追寻,以充实产业的内涵、体现产业的社会文化属性。文化产业对历史的挖掘与传播,对城市历史脉络的梳理与呈现,对物质和非物质遗存的保护利用,使得武汉历史记忆重新焕发生机,形成历史名城与现代化城市建设的融合发展。例如,武汉盘龙城考古遗址公园核心区对外开放,让游客回溯武汉城市数千年历史的源头,唤醒城市"起源"记忆;挖掘和整合红色历史发展文化旅游,让那段波澜壮阔的革命历史记忆

---

① 王明珂. 历史事实、历史记忆与历史心性[J]. 历史研究,2001(5):136-147,191.
② [意]伊塔洛·卡尔维诺. 看不见的城市[M]. 王志弘,译. 台北:时报文化出版社,1993:20.

重新鲜活起来。

3. 文化记忆：深厚文化底蕴

德国学者 Jan Assmann（2002）认为"文化记忆是一个集体概念，是对过去社会的、建构式的理解。"① 文化记忆不仅在文本与语言中留存，还蕴含在节庆仪式、文化遗产等各种载体中。"记忆的形象"不因城市更新消失，一座城市的文化记忆才能得以延续和传承。城市中各类景观、符号等都会在文化层面形成互动，从而形成独特的城市文化地图。因此，文化是城市的生命，体现了城市的特色和个性，是城市的底蕴和魅力所在。武汉文化积淀深厚，早在5000多年前的新石器时代，就有大量先民在此繁衍生息，盘龙文化、荆楚文化、黄鹤文化、知音文化等优秀文化资源，组成了武汉的文化基因图谱，建构起武汉文化记忆。

文化产业的发展以文化资源为基础，从城市文化记忆中获取创意的灵感，也以产业输入转化的方式活态传承城市文化、激活城市文化记忆。伯牙与子期在古琴台相遇造就了高山流水遇知音的文化记忆，武汉根据知音文化"知音、知己、知心"的内涵，建设文化设施、举办文化活动，运用文化产业深化文化记忆；或是以文化为导向将老工业区转变为文化和艺术街区，保存建筑实体，唤起原先工业文化记忆。武汉市文化产业具有独特的文化属性，不论是对老旧街区的保护性改造，还是将文化内涵融入新建载体，都在多方面激活武汉的文化记忆。

4. 社会记忆：全民防疫抗洪

在社会学中，记忆本是一种社会文化的建构。德国学者哈拉尔德·韦尔策也将社会记忆界定为"一个大我群体的全体成员的社会经验的总和"②。我国现处于数字化的新媒体时代，个体都可以参与到记录自身碎片化记忆的过程中，而后这些关于个体记忆的影像资料，经互联网等现代信息网络平台的筛选、传播，沉淀成为一个群体所特有的集体记忆。城市内外群体对武汉的社会记忆，由数次重大社会事件凝结而成。

一场在庚子春节席卷全国的新冠肺炎疫情，让武汉封城76个日夜，给武汉市民和全国人民都留下了深刻的记忆。为纪念抗疫战斗的胜利，武汉市建

---

① ［德］简·奥斯曼. 集体记忆与文化身份[J]. 陶东风, 译. 文化研究, 2011(11).
② 张华新. 纪录片细节的叙事分析[J]. 电影评介, 2011(3):9-11.

成抗疫纪念林和抗疫主题天桥，筹建抗击疫情纪念碑和纪念馆，以多样的文化载体建构这段不可磨灭的集体记忆。武汉位于长江中游，洪水多发，抗洪救灾也构成了城市记忆的重要组成部分。1998年，武汉遭遇长江流域特大洪水，由武汉的党员、干部、军队等组成的20万防洪大军立军令状，竖"生死牌"，喊出了"人在堤在"的铮铮誓言。这次事件以及此后2016年、2020年的抗洪事件都深深印刻在人们心中，那些曾经的防洪险点现今已成为城市公园，是市民游客最喜爱的观江游玩景点。

（二）城市更新中文化产业激活城市记忆的具体实践

1. 城市记忆的保护：旧貌维存

城市记忆存在于文物遗址、活动遗迹、传统建筑及历史街区中，也存在于民间艺术、市井生活中，是城市的根与魂。在长期历史发展和大规模城市更新中，城市记忆难免遭到损坏，面临逐渐消逝的困境，需要有意识地干预保护。

黎黄陂路步行街：历史街区见证百年变迁。黎黄陂路步行街位于武汉市江岸区，众多民国建筑古迹坐落于此，被称为历史文化风情一条街。自1861年汉口开埠以来，众多西方国家在此设立租界、领事馆、洋行等，保存至今的建筑形成了该地独具特色的文化风貌，但也记录着那段屈辱历史。黎黄陂路两侧至今仍保存较为完好的租界时代建筑大约有17处，包括华俄道胜银行旧址、俄国巡捕房旧址、中华基督教信义大楼旧址、美国海军青年会旧址、俄租界工部局旧址、高氏医院旧址、基督教青年会、顺丰洋行、邦可花园、惠罗公司、巴公房子等，1997年江岸区政府将此地辟作街头博物馆加以保护。近年来，根据武汉市委市政府决策规划，江岸区围绕提高风貌街区品质、体现街区特色、展示历史文化名城风貌的宗旨，对区内历史建筑、历史街区进行综合整治，黎黄陂路的修缮整治是其中一项重要工程。黎黄陂路的整治遵循以保护性修缮为主、还原历史风貌为前提的"整旧复旧"原则，从单体建筑的修缮，到街区道路的整治，再到社区的更新，从点到线再到面、从外到里逐步推进，打造成为武汉市首条历史风貌步行街。黎黄陂路经过修复改造保留了虽然略显狭窄但充满着近代风情的西式马路、大量典雅的欧式房屋和寂静的院落，适当引入艺术画廊、茶屋、酒吧、咖啡厅、展览等休闲业态，作为城市文化休闲空间，被称为武汉"慢生活"街区，已经成为汉口的一张新名片。黎黄陂路历经百年历史变迁，见证中国从积贫积弱到繁荣昌盛，虽然武汉不断更新发展，但是城市记忆在此定格。

夜上黄鹤楼：千年古迹点亮城市记忆。武汉黄鹤楼闻名世界，是"江南三大名楼"之一，迄今已有1800年历史，见证了武汉的千年岁月流转，是武汉城市最著名的旅游吸引地和文化地标之一。2018年，黄鹤楼完成了复建33年后的首次内部大规模修复工作。2020年10月1日，黄鹤楼在传统日间参观游览方式外，打造"夜上黄鹤楼"行浸式光影演艺体验的夜间体验活动。根据夜游黄鹤楼新项目发展图景，当夜幕降临时，游客走进黄鹤楼公园，仿佛经历时空穿梭，古今相遇。园内以灯光、投影、动画等技术装扮山体、池水、楼阁、长廊，形成自然风景与光影的结合效果。演员们以园内山水、楼阁为演出舞台，以黄鹤楼千年故事为主要内容进行演绎。故事与景观相串联，文化与氛围相呼应，技术与艺术相融合，让游客实现从"坐着看"到"边走边看"的行浸式体验。"夜上黄鹤楼"不仅集实景化、行浸式、体验型于一体，让游客可以享受到"一边逛景区，一边看演出，一边体验光影科技的魔力"的全新夜游体验，还定制IP故事，以"黄鹤仙子"为引线，黄鹤楼文化为背景，融入现代光影技术，采取实景演出的形式，讲述古今黄鹤楼的历史变迁与前生今世，向世界展现武汉的地域特色和历史文化故事。"夜上黄鹤楼"的打造，基于原始城市记忆载体，深挖文化内涵，在此基础上进行创意策划，运用新技术，以创新的呈现形式展现了深厚多元的城市记忆。

2. 城市记忆的延续：功能转化

随着社会经济、文化的变迁，城市更新中，物质性城市记忆在实用层面逐渐落后于发展需求，要让城市记忆得以延续，融入现代城市生活，亟须对其进行创新转化。通过原载体功能的转化升级，使城市记忆得以延续。

平和坊：历史建筑变身创意空间。平和坊地处武汉市江岸区青岛路、洞庭街、天津路、鄱阳街围合街区，位于汉口历史文化风貌区内。平和坊内有东正教堂、鲁兹故居、平和打包厂等省市文物保护单位。始建于1905年的平和打包厂，总面积3.3万平方米，是英商在汉口旧租界内最早的加工打包仓，为武汉现存规模最大、保存最完整的早期工业建筑组群，是武汉市优秀历史建筑和文物保护单位，被认定为武汉首批一级工业遗产。2017年3月，江岸区国资公司启动了平和坊一期工程——平和打包厂文物保护性改造，这一次改造历时一年多。2019年，改造后的平和打包厂正式投入运营，变身多牛世界时尚创意产业园,集办公、展览、观光等多种功能于一体。平和打包厂保护与再利用工程还荣获联合国教科文组织"2019年度亚太地区文化遗产保护荣誉奖",这也是武汉首次摘得此奖项。目前,打包厂旧址已有人人视频、阿里云创新中心、武汉十点半、微梦传媒、鹅社书店艺术馆等数十家知名文化创意企业入驻,逐步形成了涵盖文化、艺术、设计、科技、网红孵化、新媒体内容生产、网络平台宣发等多种形式,文化艺术、时尚设计、科技创意三大板块的内容生产和高端人才的集聚地。在平和打包厂旧址成功改造的基础上,平和坊周边改造也将持续推进,打造成为"汉口文创谷"。"变身"后的平和坊将成为武汉时尚创意产业集聚地、城市休闲打卡地,在新旧融合中延续武汉城市记忆。

"红T"时尚创意街区:工业遗产转型时尚街区。"红T"时尚创意街区位于武汉市江汉经济开发区内,前身是爱帝集团工业园区。爱帝集团是国内知名内衣品牌生产企业,成长于20世纪90年代,这一时期汉派服装企业蓬勃发展。经历了近三十年国内服装市场动荡起伏和经济社会重大变迁后,时尚产业转型升级带来新的发展机遇。2017年,爱帝集团瞄准工业遗存的创新性利用,将原厂房改造升级为聚焦时尚创意产业的专业化、特色化的时尚文创产业园区,主打定制消费模式。转型升级后的红T创意园区,先后被多部委授予第一批全国纺织服装创意设计示范园区、国家级众创空间等国家级荣誉称号,也先后被评为湖北省双创企业示范基地、湖北省文化产业示范园区等。2019年以来,红T时尚创意街区紧紧抓住时尚产业升级发展的特色优势,结合区域发展整体规划,一方面将工业文化元素融入产品的研发设计、生产制造和消费服务中,不断丰富产品的文化内涵,另一方面利用5G、人工智能、虚拟现实等新技术,提升科技含量,发展工业创意产业,开辟现代休闲旅游新模式,围绕"旅游+时尚设计""旅游+文化创意""旅游+都市休闲"等特色旅游主题,将自身打造成武汉的城市旅游打卡地,不仅提升城市文化底蕴,还促进经济增长。2020年红T时尚创意街区成功获批湖北省旅游名街,成为武汉城市更新中新旧融合的典范。

3. 城市记忆的创生:载体创新

武汉不断以物质载体激活、丰富城市记忆,推动武汉城市记忆体系的合理建构。在湖北省调度的354个新建续建文旅项目中,武汉市占据135个,其中琴台美术馆、东西湖文化中心、武汉中心书城、蔡甸野生动物园等助力城市更新的项目都有望于2021年内建成投入运营。

"琴台系"国际艺术文化区：激活知音文化记忆。与武汉古琴台一湖之隔，伫立着以琴台大剧院和琴台音乐厅及其附属设施为主的琴台文化艺术中心。两千多年来，高山流水遇知音的故事广为传颂，依托这段厚重的文化，武汉于月湖之畔打造了琴台大剧院和琴台音乐厅，再现高山流水的意境，传承楚文化神韵。琴台大剧院的外部建筑形态似"琴键飞奔，水袖飞舞"，层次丰富、造型独特的建筑语言表达了楚歌乐舞激情飞扬的动态之美。琴台音乐厅则是世界流行的"欧洲经典鞋盒"造型，在形体上呈现出前低后高、俯冲向前的动态感，以8片流畅的曲板和7条玻璃天窗穿插其中，塑造出似流水如琴弦的整体造型，表达"流水知音"的主题。2021年，琴台文化艺术中心又将迎来焕新升级，新建的琴台美术馆又将丰富知音文化，打造又一座文化地标。在古琴台对面引入现代大剧院、音乐厅和美术馆，基于武汉伯牙子期高山流水的文化记忆，通过琴台中央文化艺术区等建筑外观、空间营造及戏剧音乐演出，活跃武汉市知音文化氛围。琴台美术馆建成后将进一步满足市民对文化艺术生活的美好追求，吸引更多优秀艺术人才和国际知名艺术家来汉交流与合作，以载体新建的方式，再次唤起市民对知音文化的记忆点，充分展现"高山流水遇知音"的艺术文化最高境界，有利于塑造武汉在文化艺术中乐寻知音的形象，延续城市记忆。

武汉戏曲艺术中心：振兴武汉戏曲"新码头"。汉剧是武汉的地方戏剧，是汉族传统戏曲剧种之一，也是国家级非物质文化遗产。汉剧对中国戏曲有整体性贡献，是武汉及湖北地区乃至全国皮黄剧种和南北京剧风格形成的特殊见证，也是"汉派文化"的代表性载体和典型性标牌，展现了汉派文化的特色和活力。武汉历来是戏曲"大码头"，早在20世纪上半叶就得梅兰芳盛赞："武汉是一座可与北京、上海并称的'三鼎甲'。"近年来，武汉戏曲文化产业繁荣发展，已有各门类国有艺术院团12家，每年新创作演出剧目12台以上，涌现出一批获得国家级奖项和资助的精品力作。2019年武汉市文化和旅游工作会议部署提出，武汉将计划打造一座园林式戏曲艺术中心，振兴武汉戏曲"大码头"。不同于传统文化建筑形态，武汉戏曲艺术中心将是一座融合中国传统文化元素的园林式建筑，既可以欣赏戏曲表演、体验戏曲文化、接受戏曲培训，又可以进行休闲娱乐和观光游览。通过新建园林式戏曲艺术中心，以新的文化地标吸引对戏曲文化感兴趣的群体和大量来汉游客前来感知戏曲艺术的魅力，让更多目标受众接触武汉戏曲文化，不再局限于传统的戏曲，使得曾经的戏曲文化记忆得以延续传承。振兴武汉戏曲"大码头"的相关举措，不仅是以筹建园林式戏曲艺术中心作为新的载体，还包括以第十七届中国戏剧节在武汉举办为契机，推动武汉市戏曲文化的繁荣。

抗疫系列纪录片：留存集体抗疫记忆。2020年初，新冠肺炎疫情暴发，1月23日，武汉关闭离汉通道，抗击新冠肺炎疫情阻击战随即打响。在这场重大的突发性公共卫生事件中，武汉很多家庭都经历了恐惧甚至生离死别的"至暗时刻"。通过武汉市民的个体视角镜头记录的画面，最具真实感和合理性，正是这些个体的主观性的影像的传播，唤起了人们共同抗疫的记忆。例如电影频道和湖北电视台出品的《武汉日夜》纪录片、《在一起》抗疫电视剧等，用数字载体的形式记录、留存武汉抗疫的城市记忆。数字文化产业加入城市更新，虽然没有切实的实物载体的新建，但随着5G等高新技术时代的来临，以数字的方式更新城市虚拟空间逐渐成为一种趋势，这将有利于在云端打造"英雄城市"的形象，推动有关抗疫城市记忆的新生与延续。

（三）城市更新中文化产业激活城市记忆的经验

1. 互动模式：文化产业与城市更新双向赋能

以城市记忆为轴心，武汉市文化产业与城市更新形成了一种良性的互动模式。一方面，文化产业对城市记忆进行保护、提升乃至创造，延续着城市的文化脉络，在城市发展中塑造着可持续的城市精神，同时文化产业作为新的产业形态创造着经济效益，使武汉城市更新从物质空间层面深入到内部运作机理。另一方面，城市更新正在重构城市记忆并使之成为重要文化资源推动文化产业的发展，城市记忆的建构性和选择性特征使得其在城市改造更新中可以被人为有意识地重构，城市记忆的内容得以丰富和更新，进而生成新的文化资源，为文化产业的发展注入新的创意内涵、拓展新的发展空间。武汉城市文化产业的发展与旧城改造通过城市记忆体现了双向赋能的互动关系，例如城市更新中工业遗产到文化创意园区的功能转化，满足了文化产业对于办公、创作场所等空间需求；将工业遗产整体包装成公共活动场所，满足了市民的公共活动需求；以艺术创作为基础，开发富有艺术气息的商业及日常生活娱乐设施，实现了城市商业运作、文化繁荣和城市更新的协调发展。

2. 政策支持：政府引导城市更新与文化产业结合

文化产业的意识形态属性和特殊的社会价值使其不能完全服从于市场行为，大规模的城市更新运动更加离不开政府的顶层规划设计，以政府之力推动文化产业与城市更新的结合，可以有效避免市场盲目逐利、罔顾社会文化效益的倾向，有利于唤起逐渐消逝的集体记忆，处理好城市系统内部的协调关系，推动城市文化形象的塑造和城市文脉的传承。武汉市城市更新与文化产业的结合也具有政府引导的特征。武汉市及各区政府在城市更新中为保障文化的存续传承，编制了一系列方案规划，如《武汉历史文化名城保护专项规划》《武汉主城历史文化及风貌体系规划》《汉口原租界风貌区青岛路片保护规划》等。2020年制定的《武汉市亮点片区建设工作方案（2020—2021年）的通知》中，将武昌古城、汉正老街、青山红房子等承载城市记忆的重点片区的建设改造纳入规划方案，明确彰显武汉地域特色和历史文化积淀的指向，将文化产业的发展融入建设目标。诸如此类的政策支持引导和政府直接规划，为城市更新与文化产业的结合指明了方向。

3. 文旅融合：市场导向推动文化产业助力城市更新

文旅融合不仅是在旅游中加入文化的元素，更是将文化运用于生产中，创造出新的文化需求和业态。刘易斯·芒福德（2005）认为城市有特别重要的"对话"功能，即"城市是一个专门用来进行有意义的谈话的最广泛场所"[1]。在文旅融合的导向下，武汉城市更新越来越注重文化园区、艺术场馆等多种类型的公共文化空间搭建，为城市个体提供思想交流和情感碰撞的场所，以促进城市记忆的留存与更新。

一直以来武汉市扎实推进文化遗存的赋能改造，推动文旅深度融合协同发展，积极培育文化旅游跨界新业态。例如，昙华林更新改造的历史文化陈列馆，以文创的方式，利用传统物品及现代科技手段结合布展，向游客及市民展现武昌城、昙华林的辉煌历史，唤起昙华林的文化记忆。再如，"汉阳造"艺术区的更新，形成了体验式旅游的工业遗产空间。文化是旅游的灵魂，旅游是文化的载体，推动文化与旅游的融合发展，对旅游转型升级和实现文化传承具有非常重要的意义，既能实现城市空间可持续发展，又能推动武汉

---

[1] ［美］刘易斯·芒福德. 城市发展史——起源、演变和前景[M]. 宋俊岭，倪文彦，译. 北京：中国建筑工业出版社，2005：123.

市城市特色旅游服务的开展，更能在"文化+旅游"的开发中激活黯然失色的城市记忆。

4. 记忆重构：城市记忆推动城市更新及文化产业发展

城市是人类走向成熟和文明的标志，城市记忆是在城市漫长的发展史中积累起来的，从文化景观到历史街区，从文物古迹到地方民居，从传统技能到社会习俗，等等，众多物质与非物质文化遗产都是城市记忆的重要内容。在全球化的大背景下，城市同质化现象已经十分严重，人们很难找到城市曾经的记忆和与之相关的个体记忆，自然难以认知和体会到所谓的"归属感"。武汉同各大城市一样正积极寻求一条特色发展道路，唤醒城市记忆，延续城市历史文脉。德国文化记忆研究学者阿斯曼认为，图像、文字、地点及载体是构成记忆的四个关键要素。在武汉抗疫的过程中，我国主流媒体与网络媒体共同搭建起了武汉纪实影像创作、传播的平台，以数字的形式推动社会记忆重构，使社会记忆更具有延续性和开放性。此外，武汉市对城市原始记忆进行充分的挖掘以及重新认识和解读，以新的载体建构城市记忆，如盘龙城生态的改造和以竹文化为主题的竹叶海公园和琴台系文化艺术区的兴建。

通过对城市记忆体系的梳理与更新，将记忆以实物载体化或是数字媒体化的方式留存，有利于城市规划的推进，进而推动城市更新。通过城市记忆体系的重构，文化产业助力城市更新，让城市不再是钢筋水泥的森林，而是通过城市中保存的遗址遗迹、历史街区、工业遗产的文化创新，寄托城市情感、重塑城市精神。

三、城市更新中文化产业发展的未来展望

在城市更新的背景下，武汉市以文化产业的发展为引擎，从地域、历史、文化、社会等多维度出发，激活城市记忆，带动文化产业发展，形成独具特色的城市更新与文化产业互动互促的发展模式。未来，武汉将基于城市经济社会发展需要，多措并举，实现文化产业与城市更新的协同发展。

（一）推进数字化新业态，以文化产业促进数字城市建设

不论是国家战略还是地区发展需要，数字化和新业态都是未来经济发展的最重要趋势。2020年11月18日，文化和旅游部发布《关于推动数字文化

产业高质量发展的意见》，提出要顺应数字产业化和产业数字化发展趋势，实施文化产业数字化战略。武汉市也高度重视数字化新经济的发展，发布了《武汉市突破性发展数字经济实施方案》《促进线上经济发展实施方案》。近年来，武汉市"互联网+"新模式、新业态蓬勃兴起，已经拥有了一批数字经济领域的创新平台、核心技术、关键企业和产业集群，光谷正在成为中国数字文化产业发展的重要基地。2020年疫情期间，武汉"互联网+"数字文化产业表现瞩目，游戏、动漫、电竞等新业态发展势头良好。新形势、新机遇下，未来武汉市将继续加快数字文化产业发展，积极布局文化产业新型业态，推进"数字经济一线城市"建设，将其打造成为业态创新策源地、市场主体活跃地、线上线下融合引领地，成为全国领先的线上经济发展标杆城市。

（二）传承红色文化基因，强化"英雄城市"形象

历史上，武汉就是一座英雄的城市。红色精神是武汉的基因底色，是武汉一大文化特色。目前在武汉留下的红色遗址遗存共有43处，涵盖国家到省市各级文物保护单位，贯穿了建党、大革命、土地革命战争、抗战和解放战争等各个时期。党的历史上许多重大事件都发生在武汉，中共"五大"旧址、"八七"会议旧址、中共中央机关旧址、八路军武汉办事处旧址等重要红色遗迹都镌刻着深刻的红色记忆。习近平总书记在党史学习教育动员大会上强调，要教育引导全党大力发扬红色传统、传承红色基因，赓续共产党人精神血脉，始终保持革命者的大无畏奋斗精神，鼓起迈进新征程、奋进新时代的精气神。在建党100周年之际，武汉全面发掘红色历史文化资源，深度诠释红色精神，开发经典红色旅游线路，发展特色文化产业，传承武汉红色基因和革命文化。同时，红色记忆又可以串联起抗疫战争中凝聚而成的伟大抗疫精神，纵古览今，真正使英雄气质成为城市源远流长的基因。对于武汉在抗击新冠肺炎疫情中的表现，习近平总书记盛赞武汉是英雄的城市，武汉人民是英雄的人民！"英雄城市"的精神和形象将引领武汉文化产业发展和城市文化建设，助力武汉实现建成文化强市的远景目标。

（三）创意人才聚集，激活文化产业创新力

文化产业的创新创造，根本上是人的个性创造。在文化产业发展过程中，创意是以专业人才为支撑，集聚知识、文化、技能、观念和创造力等因素形

成的。武汉市将紧紧围绕建设国家中心城市和"三化"大武汉的战略定位，建设一批高素质文化专业人才队伍，鼓励扶持文艺精品创作，实现武汉文化产业的跨越式发展。武汉拥有 120 多万在校大学生，是全球拥有在校大学生最多的城市。"百万大学生留汉"政策让很多大学生毕业后选择留在武汉工作和生活，武汉 7 所知名高校《2020 年就业质量报告》显示，武汉是毕业生们的就业首选地，2020 年华科本科生留鄂首超广东，武大 36% 的研究生选择留在武汉。这些留汉高素质人才成为武汉艺术、动漫、游戏等文化创意类行业发展的基石，是文化产业创新力的源泉。武汉市东湖新技术产业开发区规模庞大，集聚众多与文化产业相关的科研院所和科教人才。近来武汉高科技企业发展迅猛，尤其武汉规划建设光谷科技创新大走廊，培育芯屏端网产业集群等，本地就业的吸引力正在不断加强，每年武汉的回流人才都不在少数。这些强大的人才机制及其带来的创新力，都将促进武汉文化创意中心的建设和发展，更好打造创意城市。

（四）建设国际旅游名城，打造国际文化旅游目的地

当前旅游消费大众化、旅游市场国际化、旅游需求品质化、旅游发展全域化趋势日益凸显，旅游大发展的新时代正加速到来。武汉是中国历史文化名城、长江文明重要传承地，留下大批动人传说和珍贵遗迹，文旅资源丰富；武汉气候四季分明，拥有"四季花城"的美名，为季节性旅游创造了条件；新建琴台大剧院、国际博览中心、武汉网球中心、楚河汉街等城市文化新地标，塑造了武网、"四马奔腾"、国际杂技节等城市旅游品牌。2020 年 12 月 29 日，武汉入选文化和旅游部、国家发展改革委、财政部公布的第一批国家文化和旅游消费示范城市，武汉城市旅游发展活力受到肯定。随着上合组织旅游部长会议、中国国际友城大会、世界军人运动会等世界级盛会相继在武汉召开，越来越多的国际眼光聚焦于此，武汉国际知名度不断提升。武汉未来将充分挖掘城市旅游资源，持续扩大对外宣传，结合文化产业实施旅游产业融合计划，推进"旅游+文娱""旅游+体育""旅游+教育""旅游+商务会展""旅游+现代农业""旅游+工业"等，拓展旅游新空间，实现从旅游中转站向旅游目的地的升级，打造成为中国旅游休闲示范城市和国际旅游名城。

四、结语

　　城市是一个有机生命体，在城市生生不息的发展过程中，旧有的城市记忆延续发展，新的城市记忆正不断被创造，形成城市独特的魅力。历史的长河孕育了武汉丰富多彩的城市记忆，这些记忆不仅属于武汉，也构成了中华文明的组成部分。武汉在文化产业与城市更新的互动发展中，从地域、历史、文化、社会等维度激活城市记忆，在实践中保护、延续、创生城市记忆，逐步形成了独具特色的发展模式，为我国其他城市文化产业发展和城市更新提供了一定的借鉴。2020年新冠肺炎疫情暴发后，全国乃至全世界的目光汇聚于武汉，抗疫在武汉镌刻下了新的集体性记忆，武汉——这座英雄的城市，不但创造了令世人铭记的城市记忆，更书写了一幅幅感人的画卷，彰显了武汉"敢为人先、追求卓越"的城市精神。我们期望，这段记忆铭刻在心，英雄的人民将继续创造新的辉煌。

　　（李林，华中师范大学国家文化产业研究中心教授；陈雨蒙、尹彬彬，华中师范大学国家文化产业研究中心研究生）

第十四章
重庆：打造西部文创文旅高地，实施大文旅＋城乡内生力

一、2020年重庆文化创意产业发展概况

二、文创引领观念转变助推重庆成就中国文旅大城

三、城市更新、城乡融合、乡村振兴开拓文创赋能新天地

四、展望"十四五"：文化创意产业助推重庆升级IP型城市

文化产业这一概念产生于20世纪初，最早出现在1947年霍克海默和阿道尔诺合著的《启蒙辩证法》一书中，其英语名称为 Culture Industry，译为文化工业，亦可以译为文化产业。文化产业是一种特殊的文化形态和特殊的经济形态，联合国教科文组织对其定义如下：文化产业就是按照工业标准，生产、再生产、储存以及分配文化产品和服务的一系列活动。这是从文化产品的工业标准化生产、流通、分配、消费、再次消费的角度进行的界定。在此基础上，1998年英国率先提出了"创意经济"，将文化与创意进行了更为深入的融合，使文化创意产业在21世纪获得了全球化壮大和加速发展，一些先进发达国家和地区提出了创意立国或以创意为基础的内生型经济发展模式，发展文化软实力和创意产业已经成为21世纪各个国家或地区的全新战略。在中国，文化创意产业于21世纪初萌发，并迅速在北、上、广、深获得最早发展，之后快速波及和影响全国，一批依靠个人创造力、技能和天分获取发展动力的文化创意机构纷纷诞生，并逐步形成一股社会创新源。进入21世纪的首个十年后，中国文化创意产业已日渐发展成为涵盖中国社会各个方面的现象级新经济驱动力，成为深度影响中国创新型社会发展的重要动力。重庆作为中国西部直辖市，文化创意产业的发展亦同步于这一趋势，并于2016年开始获得飞速增长，形成了与重庆城市特色相互共融的现象级文创文旅融合发展新力量。

2021是"十四五"开局之年，重庆文化创意产业迎来全新开篇。刚刚过去的2020年，既是"十三五"的收官之年，也是全面建成小康社会决胜之年，同时也是重庆与全国共同抗击新冠肺炎疫情并取得关键性胜利的一年，在重庆文化创意产业发展进程中具有极不平凡的意义。"十三五"时期的五年，是重庆文化创意产业从积累力量到发声、发力与发展的一个重要质变阶段，对重庆打造"山水之城·美丽之地"，并成为全国网红打卡地和首屈一指的中国旅游大城起到了重要的驱动和催发作用。

特别值得强调的是,对2021年"十四五"新时期重庆文创产业以及全社会经济发展最具战略指引意义的是习近平总书记两次亲临重庆视察指导并对重庆提出系列重要指示要求,为重庆"十四五"新时期各方面的发展指明了方向、注入了强大动力。与此同时,"成渝地区双城经济圈"融合发展的国家重大决策部署,也为重庆文化创意产业带来了重大发展机遇。进入"十四五"开局的2021年,重庆文化创意产业已从原来单打独斗、单一化发展,迈向了平台化、集群化、协作化以及城乡统筹一体化的全面战略升级,具备了"从全局谋划一域、以一域服务全局"的新格局和发展观,成为重庆社会推进稳增长、促改革、惠民生和促进重庆经济"内循环"发展的重要一环。

一、2020年重庆文化创意产业发展概况

重庆文化创意产业经过近10年培育,在"十三五"期间获得了快速成长发展。2019年,重庆文化创意加速与城市旅游和乡村文旅结合,重庆举全市之力推出"晒文化 晒风景"首届"双晒"行动,重庆主城及全市各区县均全面推出自身文化旅游新形象,推动重庆迎来文旅融合型新经济以及相关产业的高增长,其产业增加值、文旅游客接待量、文化旅游总收入等重要指标均呈两位数高速增长,并获得全国夜间经济十强城市、亚洲旅游"红珊瑚"奖——十大最受欢迎文旅目的地等诸多荣誉。

2019年,重庆文化产业增加值同比增长10%以上,文化旅游融合领域共接待境内外游客6.57亿人次,实现旅游总收入5734亿元,同比分别增长10%和32%。同时文化旅游产业融合发展更给力,完成旅游固定资产投资1366.81亿元,同比增长14.49%,签约重大项目140余个,签约金额达到4000余亿元。2019年,重庆率先推出"晒文化 晒风景"双晒行动,拉开"大文旅"战略帷幕,在文化旅游的带动下,重庆市住宿业、餐饮业营业额同比分别增长11.5%、13.5%。

必须在此重点说明的是,就在重庆文创文旅融合发展乘胜进入"十三五"收官之年的2020年,新冠肺炎疫情暴发,对中国以及全球经济市场带来巨大袭扰冲击,导致重庆文化创意产业机构以及文化旅游在2020年上半年几乎停滞,原有产业发展遭受重大挫折。但是,疫情带来的挑战更激起了重庆英雄之城的斗志,2020年上半年,重庆举全市之力战疫情、战复工、战洪水,重

庆文化旅游全领域加大力气抓大文旅、促品质化，加速促进重庆文化旅游业复苏向上，同时深化文化和旅游供给侧结构性改革，进一步推动重庆第二届"双晒"行动，由区县领导带头带货，促进经济内循环和文旅消费水平，丰富更多重庆地方产品，提升文旅服务质量，加快建设国际知名文化旅游目的地，让八方游客来重庆感受并体验全新的"山水之城·美丽之地"。

2020年上半年，重庆大抓战疫复工，"五一"小长假期间迎来异常火爆的都市旅游，洪崖洞民俗风貌区接待游客40.9万人次，磁器口古镇景区接待游客27.7万人次，重庆动物园接待游客17.3万人次，长江索道景区接待游客10.4万人次。红色旅游备受喜欢，纳入统计的21个红色旅游景区共接待游客52.1万人次。重庆5A级景区则深受重庆市民欢迎，武隆喀斯特旅游区接待游客16.7万人次，黔江濯水景区接待游客13.1万人次，云阳龙缸景区接待游客7.2万人次，南川金佛山景区接待游客6.3万人次。

为推动后疫情时代经济"内循环"，重庆全市43家公共图书馆、41家文化馆免费开放，并提供内容丰富的线上服务，到馆观众28万人次，提供线上服务123万人次。同时全市共开展群众文化艺术活动397场，83万群众参与活动。全市86家博物馆正常对外开放，推出展览57个，举办社教活动47个，全市博物馆共接待观众75.46万人次。

2020年假日期间，重庆市推出全市景区景点400余个，为广大游客和市民提供旅游线路160余条，策划举办系列节庆活动以及实施门票优惠措施，多措并举提振旅游消费。全市A级旅游景区共接待游客1019.8万人次，同比增长146%，按可比口径较2019年增长10.4%。

截至2020年，"十三五"时期，重庆市文旅行业全面完成目标任务并取得突破性进展。重庆全市文化产业增加值较2015年增长79.8%、旅游总收入较2015年增长超过一倍。全市公共图书馆、文化馆达国家等级馆率分别为100%、95.12%，位居全国前列。

2020年，在"成渝双城经济圈"战略推动下，重庆与四川达成并实施"巴蜀文化旅游走廊建设"合作项目40项，联合承办了"第六届中国诗歌节"活动，联袂打造了"智游天府"和"惠游重庆"公共服务平台，联合主办了"巴蜀文化旅游走廊自由行"活动等。在重点项目推进上，重庆实施市级重大文旅项目72个，累计完成投资167亿元。2020年，重庆还举办了国家文化和旅游部产业项目服务平台第二十二期精品项目交流对接会，推介精品项目186

个，现场签约项目20个，签约总金额达601.5亿元。

2020年，重庆市南岸区成功创建国家级文化产业示范园区，实现了重庆市国家级园区零的突破；重庆市万盛经开区、重庆市渝中区成功创建国家全域旅游示范区，重庆市彭水阿依河景区、黔江濯水景区成功创建国家5A级景区，丰都南天湖成功创建国家级旅游度假区。

2020年，在文化事业发展方面，川剧《江姐》、京剧《秦良玉》入选全国舞台艺术重点创作剧目名录，舞剧《杜甫》、歌剧《尘埃落定》等6部剧目入选"庆祝中国共产党成立100周年舞台艺术精品创作工程"重点扶持作品。重庆市还实施重点文物保护项目263个，推进"红色三岩"保护提升，启动红岩文化公园和长征国家文化公园重庆段建设。同时，完成考古项目90项，考古发掘2.5万平方米；新增100个市级非遗保护传承基地，9个非遗项目进入第五批国家级非遗代表性项目名录公示名单，新晋大足石刻博物馆、三峡移民博物馆两个国家一级博物馆，《百年风华——重庆工业发展史》入选全国十大精品展览。

与此同时，乡村旅游成为乡村扶贫和乡村振兴的重要手段，同时也成为文化赋能的重要实验场。乡村旅游自20世纪90年代开始发展至今，已成为国家层面的发展战略。2020年1—8月，全国乡村旅游总人数为12.07亿人次，总收入5925亿元，乡村旅游从业人数达1061万人。2020年，重庆乡村周边游已达到3000万人次，成为重庆文化休闲和乡村度假的新风景。

2021年2月24日，《国家综合立体交通网规划纲要》发布，首次确认了成渝"第四极"地位，为成渝加速融合与重庆文化产业和旅游经济提速再次提供了"加速度"。预计到2035年，巴蜀文化旅游走廊将力争建设成为弘扬中华文明文化高地、世界知名旅游目的地、国际经济合作和文化交流重要平台，文旅业也将成为成渝地区双城经济圈建设的支柱产业。同时，文化旅游综合性总收入将突破5万亿元，带动该区域的文化旅游消费总人次也将突破15亿人次。

二、文创引领观念转变助推重庆成就中国文旅大城

文化创意究竟具有多大的经济助推力？关于这一方面的认识，重庆是经历了一个较为漫长的过程的，最终通过文化创意参与、展现以及对重庆社会

经济发展的深度影响和事实案例,而达成重庆全社会的认知,从而使重庆获得了对文化创意软实力和文创赋能城市、文化赋能旅游观念的转变。

自 1997 年重庆成为中国西部首个直辖市以来,重庆面临的首要挑战就是从大工矿、大农村向现代化、产业化、城市化转型升级,面临基础发展建设和社会民生保障与城乡统筹等大量艰巨工程,文化产业发展进程较为缓慢。进入 21 世纪首个十年时,文化创意产业才逐步提上重庆城市发展的议程。直到 2016 年,因为一部《从你的全世界路过》的电影拍摄和全国院线上映,重庆迅速蹿红,成为旅游新地标,全年旅游人次首次超过旅游大城成都,2017 年"五一"小长假更是引来全国游客涌入重庆,2017 年全年重庆游客达到 5.42 亿人次,实现旅游总收入 3308 亿元,同比分别增长 20.3% 和 25.1%。2018 年,重庆游客更达到前所未有的近 6 亿人次,旅游收入合计 4344.15 亿元,累计同比增长 31.32%,这一数据变化让重庆强烈反思,并从根本上对文化创意与文化旅游新经济产生全新认知和改变观念。从此,重庆迈上了文化创意产业与文化旅游高速发展的快车道。

2019 年 3 月 25 日至 8 月 8 日,重庆市首次启动了前所未有的"双晒"活动,全市 38 个区县和两江新区、万盛经开区轮番"登场",由区县委书记亲自出镜,用拍视频、讲故事的方式晒文化、晒风景,对重庆巴渝文化进行生动形象的阐释和演绎,进一步助推重庆市旅游总收入增长 32.1%、文化产业增加值增长 10%。2020 年 6 月,重庆再次推出"双晒"第二季,由区县长出镜直播,在晒文化、晒风景的基础上,进一步聚焦重庆各区县的当地文化旅游产品,把好资源变好产品,推动疫情之下文旅市场全面恢复,拉动地方消费增长。

因此可以说,文化创意和文化旅游经过"十三五"时期的引爆和快速增长,已成为重庆新经济发展的重要抓手,同时也可以看到,通过文创文旅融合创新发展,重庆亦完成了对"硬实力"和"软实力"两手都硬的战略调整,并形成了"十四五"新时期中国西部文化旅游大城的基本发展格局和态势。

基于文创文旅融合发展的全新格局,重庆已达成了"十四五"新时期文化旅游产业的全新规划布局,并围绕文化强市抓建设,推动社会公共文化事业和文化产业繁荣发展。2021 年,重庆持续开展文艺院团改革,建立和完善"剧本量多质高、剧目纷呈多彩、剧院布局合理、剧团人才辈出"的可持续发展体制机制和政策体系,把政策红利转化为改革发展动力;抓好文化遗产传承保护利用，加强文物古籍保护、研究和利用，强化重要文化和自然遗产、非物质文化遗产系统性保护，加快构建重庆考古学体系，推动大足石刻研究院建设成为世界知名研究院；抓好城乡公共服务，引导和支持社会力量参与公共文化服务，大力实施公共文化服务数字化、标准化建设，推动优质公共文化资源向基层、向农村有序流动。

2021年，重庆制定了"建设世界知名旅游目的地"的更高目标，并以此为中心积极促进旅游业高质量发展，高度重视开发品质，着力打造品质旅游，高度重视全域旅游，从全要素、全行业、全过程、全方位、全时空等维度推进旅游产业发展；高度重视细分市场，以满足游客个性化、多样化需求。与此同时，重庆高度重视人文内容，深入挖掘文化内涵，增强旅游产业的整体吸引力，重视科技赋能，抓好大数据、智能化与文旅产业融合发展。

进入"十四五"新时期，重庆围绕融入新发展格局，抓好文旅融合、创新发展。着力推动巴蜀文化旅游走廊建设，围绕成渝地区主轴线，联合四川在共建文旅平台、共办节会、共享服务、共推改革等方面先行先试，共同打造成渝地区文化和旅游发展核心区。同时重庆以"一区两群"文旅融合作为大文旅发展蓝图，按照国际一流标准，打造大都市、大三峡、大武陵三大旅游目的地产品体系和服务体系。

2020年12月29日，经过国家文化和旅游部严格评选，重庆市渝中区被授予全国文化和旅游消费示范城市称号，这也是重庆渝中区继2020年11月获得"国家全域旅游示范区"称号后的第二项国家级金字招牌。

2020年12月21日，中国博物馆协会公布第四批74家国家一级博物馆名单，其中重庆三峡移民纪念馆（重庆市万州区博物馆）、大足石刻博物馆登榜，至此，重庆市国家一级博物馆数量已达5家、国家二级博物馆7家、国家三级博物馆11家。

2020年12月29日，国家文化和旅游部公布了首批创建成功的9个国家级文化产业示范园区名单，重庆南滨路文化产业园区位列其中，成为重庆市首个创建成功的国家级文化产业示范园区。据统计，该园区2019年营业收入相较2018年增长11.67%，较2017年增长39.06%，并分别高于全市文化企业年均营业收入5.67个和35.48个百分点。截至2019年底，该园区内文化类企业1387家，规模以上企业12家，园区内文化企业从业人员达到1.6万人。

经过"十三五"时期的努力奋斗,重庆城市更新、城乡统筹和乡村建设也取得了可喜成就。重庆农村人居环境持续改善,新建"四好农村路"2.5万公里,建成入户便道6762公里,改造农村危房3.9万户。重庆农产品公共品牌"巴味渝珍"品牌授权农产品达到431个,农产品加工产值、乡村旅游综合收入、农产品网络零售额分别增长10%、20%、35%。

与此同时,重庆城市功能品质进一步提升,文化兴城成为主题,"两江四岸"十大公共空间加快建设,改造棚户区5万户,完成坡坎崖绿化美化地块125个、577万平方米,开工建设11条重点特色山城步道,累计利用边角地建成社区体育文化公园50个,其中"重庆院子"的边坡废地治理成为文化复兴城市的典型案例。

重庆2020年全面建成小康社会和"十三五"规划收官建设具有里程碑意义。2021年新年伊始,以习近平同志为核心的党中央作出推动成渝地区双城经济圈建设的重大战略部署,更赋予重庆以重大责任和重要使命,也为重庆文创文旅新经济融合发展和高质量升级提供了重大机遇。

"十四五"开局的2021年,重庆市对文旅产业进行了全新定义和发展目标制定,明确文旅产业是综合性产业、开放性产业、绿色产业、幸福产业。文旅产业推动高质量发展、创造高品质生活,作为极具代表性的第三产业,是重庆经济和社会发展、城乡融合与文化软实力发展的重要引擎。重庆将进一步聚焦品质化、智能化、绿色化、个性化、国际化、精神化消费新趋势,抢抓高铁旅游、大城市人群旅游刚需等新机遇,加快建设文化强市和世界知名旅游目的地,力争"十四五"时期文化产业增加值占地区生产总值比重达到4.5%,旅游产业增加值比重超过5%,成为在全国和世界具有影响力的文旅大城。

三、城市更新、城乡融合、乡村振兴开拓文创赋能新天地

城市与农村、城乡统筹与社会经济协调发展,一直都是重庆发展的基本命题。

1997年重庆成为中国西部直辖市,至2021年已有24年。这24年既是重庆作为中国西部首座直辖市迅速崛起的发展阶段,也是城市现代化和农村脱

贫攻坚以及城乡统筹协调发展的重要历程。

重庆是中国西部唯一直辖市，也是中国最年轻的直辖市。重庆总面积8.24万平方公里，辖38个区县（26个区/12个县），区县数量在全国4个直辖市中最多。重庆处于秦岭巴山南延折褶带，由南北向长江河谷逐级降低，境内山高谷深，沟壑纵横，山地面积占76%，丘陵占22%，河谷平坝仅占2%，因此重庆主城及各区县城市均以点状组团分布为特征，山乡农村面积广大，多山多雾，素有"山城""雾都"之称。

据《重庆第七次全国人口普查公报》，2020年重庆市常住人口为3200万人，其中主城都市区常住人口为2112万人，常住人口城镇化率达到65%以上。重庆主城都市区人口占全市总人口的65.90%，其中中心城区人口占32.27%，主城新区人口占33.63%。因地理经济以及城乡规划等因素，重庆市城乡总体规划中，主城都市九区面积为5472.68平方公里，乡村面积则占全市总面积的98%以上，农村户籍人口占了全市的73%，大部分农村青壮年流入城市，因此，重庆人口呈现极高的由农村向区县城市、区县向主城集聚的显性度，35%的人口居住生活在占全市总面积98%的乡村，形成城市人口集聚饱和、乡村人口锐减和滞后的城乡二元结构性矛盾。2020年，重庆全市14个国家扶贫开发工作重点区县、4个市级扶贫开发工作重点区县全部脱贫摘帽，1919个贫困村全部整村脱贫，完成了"十三五"脱贫攻坚目标任务。"十四五"时期，实现城市更新、城乡融合、乡村振兴是重庆社会与经济发展的重大课题。

《国家"十三五"时期文化发展改革规划纲要》指出，到2020年文化产业将成为国民经济支柱性产业。2007年开始，随着重庆黄桷坪四川美院最早一批艺术库的诞生，重庆的文化艺术和创意产业就开启了影响重庆的进程，并发挥出越来越重要的"软实力"作用，成为重庆城市更新的重要发展力量。2016年起，重庆的文化创意产业则加大了介入重庆城市更新进程的力度，更多文化和创意设计力量加入其中，催生出一批富有都市生活情趣和文化创意意趣的文化创意园区，与此同时，一批以"老重庆"历史文脉、人文特色为主题的文化旅游街区景区也随着网红打卡潮应运而生。

重庆作为全国曾经的六大老工业基地之一，工业遗产资源丰富，工矿业文化浓郁。一批承载着时代记忆的老厂房、老车间今天正逐渐成为一座座生机盎然的文创园。都市中文创园区的开发是城市地域文明延续的桥梁，以往作为艺术创意展示的文创园区在城市化的推进下，有了更多的文化内涵。相比北上广深等一线城市，重庆的文创园更富有一种地域上的多变性和时尚性的城市融合。"以旧变新"是在资源稀缺的情况下最有效的创作形式，同时也是展示创意设计的一条捷径。结合重庆城市历史人文和山地坡坎特点，一批"老重庆""老厂房"正成为文化创意产业新宠。

从2017年火爆全国的洪崖洞，到人气爆棚的鹅岭二厂创意公园，再到十八梯、戴家巷、湖广会馆和山城巷，重庆渝中区以城市母城定位为核心，涌现出数量众多的文创文旅名景，也成为引领流量的外来游客打卡地。

重庆主城各区，文化创意园区和文旅景区也纷纷涌现，从江北北仓文创街到重庆院子，从渝北的金山意库到重庆创意公园，一批具有都市人气文创商业氛围的新兴创意园区成为重庆城市的新风景。深圳招商蛇口的全国意库项目有8个，覆盖城市5个，运营面积已超过110万平方米。自2016年在重庆开发运营金山意库文化创意产业园区之后，已逐渐成为重庆具有引领性的文化创意产业园区。

作为"美好生活圈"全生命周期产品体系重要一环，"意库"已成为重要的IP产品。2021年，九龙意库落户重庆市九龙坡区科园三路，并形成"集开放、生态、融合、美好于一体的商业与文创共生的城市美好生活高地"，其占地逾1.5万平方米，建筑面积逾3.8万平方米，总投资额逾1.7亿元。九龙意库以打造重庆第一个"新邻里中心"为目标，将市井好味、休闲生活、教育培训、健康优享以及时尚娱乐五大业态汇聚于一体，以更新新场景、焕新新商业、重构新城市为愿景，推动城市微更新升级。

重庆日报报业集团打造的重庆创意公园是一个新兴的文旅创意园区，已经有500多家企业入驻，2018年的总产值达到40亿元，利税4亿元。截至2020年底，重庆已有超过14处老旧厂房改造成为新兴文创区，一批以城市微更新、山城步道为主旨的老旧街区与景观升级改造项目，以更加丰富的姿态涌现出来，为重庆增添了文化和情感元素。

为贯彻落实国家"十三五"时期文化发展改革规划，重庆围绕"文化强市"目标，多措并举积极推动全市文化产业发展。文化产业发展已纳入市委市政府对各区县党委政府的实绩考核，并按照重庆五大功能分区即"中部文化母城、北部智慧之城、南部人文之城、西部科技之城、东部生态之城"实行差异化指标和分值，引导重庆各区县实施文化产业错位发展。

与此同时，重庆还积极推荐各区县文化产业集聚区申报中央文化产业发展专项资金，以项目补助、贷款贴息等方式支持集聚区建设发展，并将文化产业集聚区纳入人才培训范围，每年推荐十余名园区建设管理人才参加原文化部和重庆举办的各种文化产业培训，着力做好人才发展和经费保障工作。

重庆还利用全市"大文化"部门制的宣传优势，通过报刊、电视、广播、网络新媒体等渠道，对文化产业区进行综合性宣传，吸引优质企业入驻，促进产业园区加速成长。

在重庆文化创意产业城市兴起的同时，文化创意和设计力量也积极参与到文创乡村的创新发展进程中。2016年7月，为贯彻落实全市乡村旅游发展大会精神，充分发挥乡村旅游在扩内需、稳增长、促就业、减贫困、惠民生等方面的积极作用，进一步完善文化旅游的整体产业结构，重庆市政府推出《重庆市人民政府办公厅关于加快乡村旅游发展的意见》，提出充分利用重庆全市大乡村、大田园、大生态资源优势，突出"山水重庆、美丽乡村"主题，打造"巴渝人家、梦里老家"品牌，坚持生态为先、保护为重、乡土为根、农业为基、文化为魂、以人为本、政府引导、市场主体、核心在消费、关键在创新、宗旨在满意的方针，以把旅游业打造成综合性支柱产业、把重庆建设成国际知名旅游目的地为目标，整合资源，丰富业态，融合发展，推进乡村观光旅游向乡村休闲度假和乡村生活体验转型升级，以游兴村，以游强镇，以游富民，同时提出目标：到2020年，创建10个全国休闲农业与乡村旅游示范县，打造十大乡村旅游产业集群，建成100个特色旅游镇，1000个特色旅游村，年接待游客达1.7亿人次，乡村旅游总收入超过800亿元，吸纳100万农民就业，并在重庆全市形成形式多样、发展规范的乡村旅游产品体系和特色显著、结构合理的乡村旅游发展格局，成为国内外知名的乡村休闲度假旅游目的地。

2016年、2017年，随着"缙云小住""远山有窑"等一系列乡村民宿诞生和发挥影响，推促出一大批新型乡村民宿和乡村休闲目的地，文创与设计赋能乡村成为文创城乡的一股潮流趋势，并带动主城各区和周边区县形成"民宿+乡村度假旅游"的热潮。

2018年，重庆市乡村休闲旅游业接待游客突破2.05亿人次，综合旅游收入达到677亿元，同时连续5年均增长15%以上，实现了从乡村旅游1.0版本到乡村旅游2.0版本的转变。休闲农业与乡村旅游从业人员达到130万人，带动100万农民就业，33万贫困人口脱贫增收。2019年，重庆市农业农村委、市文化旅游委公布了重庆市休闲农业和乡村旅游示范单位名单，认定沙坪坝区中梁镇等105个镇为"重庆市休闲农业和乡村旅游示范乡镇"，南岸区南山街道放牛村等182个村为"重庆市休闲农业和乡村旅游示范村（社区）"，江北区干坝村生态农业园等301个点为"重庆市休闲农业和乡村旅游示范村点"此外，重庆还认定了588个市级休闲农业和乡村旅游示范单位。

据国家文化和旅游部统计，2018年全国乡村旅游达30亿人次，民宿消费规模达200多亿元。乡村振兴是国家战略，民宿产业是新兴产业。重庆自然资源丰富、人文积淀深厚；同时，重庆主城区拥有2100多万人口，加之重庆近年来旅游人数大幅度增加，大大推动了"民宿+乡村度假旅游"的乡村文旅新经济发展。

2019年底，重庆市民宿产业协会成立，至2020年，重庆已发展乡村民宿500余家，从业人员2000多人，营业额及衍生商品销售额达到1亿多元，尽管发展时间短，总体而言规模还不大，效益还未充分发挥出来，但发展快，影响大，带动面宽，社会投资与乡村旅游消费热情得到了激发，同时为重庆广大乡村振兴发展注入了极大的创新动力。

四、展望"十四五"：文化创意产业助推重庆升级IP型城市

2004年，联合国教科文组织推出创意城市网络（UCCN）行动，并致力于促进将文化和创意视为可持续发展战略因素的城市之间的合作内容。目前，该网络由246个城市参与构成，共同肩负着同一使命：使创意和文化产业成为地区发展战略的核心，并且积极开展国际合作，致力于发挥全球文化创意产业对经济和社会的推动作用，促进世界各城市之间在文化创意产业发展、专业知识培训、知识共享和建立创意产品国际销售渠道等方面的交流。目前创意城市网络（UCCN）分为设计、文学、音乐、手工艺与民间艺术、电影、媒体艺术、美食等7个交流与发展主题。

经批准加入该网络的城市被称为"创意城市"，已有德国柏林，英国爱丁堡，法国里昂，日本名古屋、神户和中国北京、上海、深圳、成都、杭州、南京等著名城市加入了该网络。到目前为止，我国有14个城市加入

UNESCO 创意城市网络，其中南京被列入"文学之城"，青岛被列入"电影之城"，杭州、苏州、景德镇被列入"手工艺与民间艺术之城"，北京、上海、深圳、武汉被列入"设计之城"，长沙被列入"媒体艺术之城"，成都、澳门、顺德、扬州被列入"美食之城"。

2008 年 11 月 19 日，联合国教科文组织正式批准深圳加入创意城市网络，并授予"设计之都"称号，深圳成为我国第一个"创意城市"。联合国教科文组织认为，深圳在设计产业方面拥有巩固的地位，其鲜活的平面设计和工业设计部门、快速发展的数字内容和在线互动设计，以及采用先进的技术和环保方案的包装设计，均享有特别声誉。深圳还把设计当作城市发展战略工具，指导深圳进行城市转型，同时与社会文化相关领域结合，尊重经济发展机会的平衡。作为中国改革开放的代表城市，深圳从一开始就以"创新"立市，以"开放"立足，制定"文化立市"战略，以文化产业发展探寻现有经济结构转型升级的方向。深圳设计业在中国处于领先地位，共拥有设计企业 6000 多家，专业设计师 6 万余人，涵盖平面设计、工业设计、建筑设计、动漫设计、软件设计等 10 多个领域。2010 年，成都以其丰富的人文和蜀都美食文化被联合国教科文组织授予"创意美食之都"。因此，深圳、成都以及中国其他城市在"全球创意城市网络"中的"文化""设计""创新"发展战略与导向，很值得重庆在城市文化软实力发展领域予以借鉴。

2018 年，重庆文化创意产业协会启动"重庆院子都市文旅园"项目，实施城市废地更新，打造重庆文化情怀故里。与此同时，重庆文化创意产业协会还推出"乡村振兴"战略，布局城乡，融入在地文化，积极推动重庆城乡融合和绿色新经济发展，同时推动重庆加入"全球创意城市网络"行动。

总括来看，重庆文化和创意产业在"十三五"时期获得的发展，是重庆文化软实力初步形成与初期发展的阶段，也是重庆作为中国西部直辖市在文化创意领域的试水尝新。作为一座面积较大、人口众多、巴渝文化风尚悠久殊异以及拥有独特山水形势异质的立体城市，其自然禀赋与人文历史正在发挥出莫大的文化资源价值潜力，随着互联网与网络自媒体时代的加速，重庆已成为中国首屈一指的"网红城市"。

2021 年 2 月 10 日，重庆市人民政府印发《重庆市国民经济和社会发展第十四个五年规划和二〇三五年远景目标纲要》，对今后一个时期的重庆经济社会发展作出了蓝图描绘。该规划纲要提出了重庆"十四五"新时期发展的六大目标、25 项主要指标，六大目标包括：高质量发展实现重大突破、创造高品质生活实现长足进步、改革开放新高地建设取得决定性进展、山清水秀美丽之地建设取得重大进展、社会文明程度得到明显提高、治理效能达到更高水平。在 11 项重点任务中，该规划纲要强调了繁荣发展文化事业和文化产业，加快推进文化强市建设，描绘了提高社会文明程度、繁荣发展文化事业、健全现代文化产业体系、推动文化和旅游深度融合发展、不断提高重庆文化软实力的文化产业体系建设发展蓝图。与此同时，也提出了统筹乡村振兴和城市提升，推动城乡融合发展，全面推进乡村振兴，加快形成工农互促、城乡互补、协调发展、共同繁荣的新型工农城乡关系和坚持生态优先绿色发展，加快建设山清水秀美丽之地，加快推动绿色低碳发展，全面提高资源利用效率，建设人与自然和谐共生的城市与乡村、生态与人的共同协调发展目标。

展望"十四五"新时期，依照文化产业和文旅融合与城乡融合、生态绿色发展战略新理念，同时借势"十三五"期间文创产业和文化旅游融合发展的良好基础与"网红重庆"的巨大势能，可以预期，"十四五"新时期的重庆文化创意产业将不止于更广泛地参与到重庆的"城市更新、城乡融合、乡村振兴"，亦不止于都市文创园区和文旅景区打造，而将深入到重庆"文化 IP"的深度内容开创领域，不断挖掘和开拓重庆的自身独特文化内容价值，形成全新的"重庆创意"和"重庆文化"以及"重庆产品"，同时加大重庆与世界各城市的人文交流互动，推动重庆积极参与"全球创意城市网络"行动，打造具有重庆 IP 特色的"创意设计之都""美食之都""电影之都"，使重庆成为文化创意人才集聚的高地、IP 新经济孵化基地，以及文化旅游新经济和"大文旅+"的超级文化创意 IP 大城，激发城乡内生力，实现城乡破壁与深度融合，达成充分协调发展的新型工农文旅城乡关系，发展出具有全国领先示范效应的文化产城融合项目和中国乡村绿色生态新经济总部基地。

（吴扬文，重庆文化创意产业协会会长）

第十五章
贵阳：城市更新与文化产业融合助推创意产业园区发展

一、2020年贵阳市文化产业发展概况及分析

二、2020年贵阳市城市更新与文化产业发展

三、城市更新与创意产业发展在贵阳文化产业中的具体体现

四、城市更新背景下贵阳文化产业发展经验总结及未来展望

2020年初,受新冠肺炎疫情影响,各行各业被迫按下"暂停键";在全国各族人民的共同努力下,我国在疫情防控中取得重大胜利,也促使社会经济逐渐复苏,并迎来新一轮的发展机遇。我国文化创意产业发展也面临着前所未有的挑战,但同时也面临千载难逢的机遇,部分地区的文化产业逐步向网络化、智能化的数字文化产业方向过渡与转型。在此背景下,贵阳市2020年文化产业发展虽受冲击,但数字产业却在这场疫情中异军突起。贵阳市坚持以人民为中心,坚持新发展理念,以推动高质量发展为主题,发挥贵阳市和贵安新区丰厚的民族文化资源禀赋,以传统文化为核心、新兴产业为支撑,激活文化产业的发展,催生新生文化业态,提升贵阳市城市的文化竞争力。尤其是将贵阳市内文化产业需求的推力和疫情恢复中文化消费需求的张力有机结合起来,助推市内产业结构优化升级,以文旅融合发展振兴乡村,构建与完善了多样化的文化创意产业园区,优化了贵阳市的城市空间、功能布局,由此满足了疫情期间人们飞速增长的多元化、多层次的精神文化需求。

一、2020年贵阳市文化产业发展概况及分析

(一)文化产业稳步增长,各行业产值有所差异

随着我国新冠肺炎疫情得到有效控制,贵阳市社会和经济发展全面复苏,文化产业也随着疫情的缓解逐步加速发展。2020年全市生产总值4311.65亿元,同比增长5%,增速实现逐季回升,第一产业增加值178.31亿元,增长6.4%[①];第二产业增加值1552.59亿元,增长5.5%;第三产业增加值

---

① 贵阳市统计局. 贵阳市 2020 年经济运行情况[EB/OL]. 贵阳市统计局官网. http://tjj.guiyang.gov.cn/tjsj/tjsjtjxxyfx/202102/t20210202_66649428.html,2021-02-02.

2580.75亿元,增长4.4%,三大产业结构为4.1:36:59.9①,各行各业发展状况都有所好转。据统计,2017年贵阳市实现文化产业增加值141亿元,总量位居全省第一,占比3.97%,较2016年提升0.38个百分点,占比排名全省第二;按照每年0.38个百分点的提升速率,预计2020年贵阳市文化产业增加值将超过220亿元②。从营业收入规模看,2019年贵阳市拥有规模以上文化企业118家,营业收入占全省的比重达到51.2%;贵州省2019年实现营业收入725.70亿元,其中贵阳市规模最大,实现营业收入371.5亿元。

疫情缓解后更是迎来了"报复式"的旅游热潮:在"五一"假期,贵阳市共接待游客825.52万人次,实现旅游收入28.31亿元,按可比口径测算,分别为上年同期的63.4%、66.2%③。在"国庆、中秋"期间,全市累计接待旅游人数1437.78万人次,恢复到上年同期水平的96%;实现旅游收入106.33亿元,恢复到上年同期水平的88%④。青岩古镇荣获国家5A级旅游景区;花溪区、乌当区成为国家全域旅游示范区;贵阳市更是连续五年荣膺全国最佳避暑旅游城市称号,旅游人次和旅游总收入年均分别增长19.1%、18.6%,成为首批国家文化和旅游消费试点城市⑤。为此,贵阳市在旅游产业发展领域制定了宏伟的发展目标,力争在"十四五"期间文化旅游项目总投资达800亿元以上,以承办第十七届贵州旅游产业发展大会为契机,新增国家5A级旅游景区、国家级旅游度假区1~2个,加快推进建设10个以上主题鲜明、宜游宜业的文化产业新业态⑥。除此外,沉寂了半年多的影视业也在暑期档强势回归,线下影院慢慢恢复人流量。受疫情影响,2020年中国电影总票房只有204.17亿元,其中国产电影票房为170.93亿元,是国家电影总票

---

① 贵阳市统计局.贵阳市2020年经济运行情况[EB/OL].贵阳市统计局官网.http://tjj.guiyang.gov.cn/tjsj/tjsjtjxxyfx/202102/t20210202_66649428.html,2021-02-02.
② 此估值未考虑受疫情影响等因素,因此2020年贵阳市文化产业增加值也有可能低于220亿元。
③ 钱丽."五一"假期——贵阳旅游收入逾28亿元[N].贵阳日报,2020-05-07(A01).
④ 贵阳市人民政府.2020国庆中秋长假期间贵阳市累计接待游客1437.78万人,实现旅游收入106.33亿元[EB/OL].贵阳市文化和旅游局.http://www.guiyang.gov.cn/zwgk/zwgkxwdt/zwgkxwdtbmdt/202010/t20201012_63995018.html,2020-10-12.
⑤ 贵阳市人民政府.2021年政府报告[N].贵阳日报,2021-03-03(A01).
⑥ 陈问菩.到"十四五"末——贵阳力争文化旅游项目总投资达800亿元以上[N].贵阳日报,2021-02-04(A02).

房的83.72%,城市院线观影人数5.48亿,地区总票房降幅平均超过70%[①]。在全国各个城市电影票房成绩排名中,贵阳市位列全国第36名,全年票房为1.3751亿元[②],与2019年的4.534亿元相比,贵阳市的影院票房受疫情影响票房整体下滑,但相较于2019年的全国排第37位却提升1位,彰显出贵阳市在影视领域强大的消费能力。

(二)发挥大数据产业优势,助推产业结构转型升级

2020年,贵阳市文化产业借助贵安新区大数据平台不断发展,中国数谷引领下的数字经济效益明显。一是数字产业带动城市科技创新发展,贵阳城市服务逐步向智能化、互联网化方向发展,贵阳建成省级以上各类科研机构161个,高新技术企业达到1210家,获得专利授权45985件,技术合同成交额428亿元[③],成为首个国家大数据及网络安全示范试点城市,数字产业蓬勃发展。为了进一步扩大数字产业的优势,加强推动贵阳市"百企引领"行动,贵阳积极顺应国内国际双循环相互促进的新发展格局,实现电子信息制造业、软件和信息技术服务业营业收入分别为103亿元、202.9亿元,电信业务总量达到873.14亿元[④]。二是深入推进"万企融合"大行动,以龙头企业加快引领贵安新区大数据产业集群,打造数字化的产业园区。落实"大数据+农业"和"菜篮子"工程建设,利用贵阳先进的大数据信息技术服务区域农业发展;利用海量信息数据助力工业升级,促进贵阳制造走向"智造";重点推动服务业、医疗卫生、人力资源和信息安全等事关人民大众的行业融入数字化发展,通过智能化的改造使产业更方便地享受数据红利,推动产业向智能化、网格化方向发展。三是数字博览会展现贵州风采,通过举办"永不落幕的数博会——2020全球传播行动"、2020年东盟(贵阳)"一带一路"文化旅游交流周和准备"2021中国国际大数据产业博览会"等活动,以大数据为手段,以文化旅游交流合作为重点,为文化产业的发展建起合作推介、招商引资、友好合作等桥梁。

---

① 央视新闻.超200亿元!2020年中国电影票房全球第一,你贡献了多少?[EB/OL]. https://baijiahao.baidu.com/s?id=16877325968186836018&wfr=spider&for=pc,2021-01-02.
② 2020年全国各城市电影票房成绩TOP50出炉[EB/OL]. https://baijiahao.baidu.com/s?id=1687693532230417679&wfr=spider&for=pc,2021-01-01.
③④ 贵阳市人民政府.2021年政府报告[N].贵阳日报,2021-03-03(A01).

（三）文旅市场借助"互联网+"，展开线上"智慧旅游"

即使受到新冠肺炎疫情的影响，文旅市场在"解封"后仍然热度不减，安全也成为游客出行的首要考虑因素，因此城市"微旅游""云演艺""云娱乐"等线上旅游活动作为文旅市场的新"地带"，成为广大民众安全"出游"的最佳选择。贵阳市也在这场盛况空前的"智慧旅游"浪潮中，以文塑旅，以旅彰文，利用"互联网+"等技术扩大了数字经济。一是建成贵阳市景区线上预约平台，年内已有94.84万人次实现景区线上预约。二是推动"一码游贵州"市级工作开展，平台上线至2020年底累计访问量已达1228.38万人次。三是继续推进"智游贵阳智能讲解"项目，已完成智能讲解项目第二阶段325个点位的部署，正在开展第三阶段500个点位部署，累计为近89.11万人次提供免费景区景点讲解服务。四是建设"数智贵阳"智慧文旅项目，已完成方案编制和评审①。为促进数字产业带动文化产业发展，构建数字文化产业发展圈，贵阳市各级政府和各个景区通过线上流媒体平台，比如手机App、微博、微信、微电影、影视植入等新媒体平台拍摄短视频，提前释放出服务信息，提供线上优惠活动等新兴业态具体路径，鼓励创造、传播和销售"云上"服务，同时在线上线下满足民众的精神文化需求。

（四）完善政策法制建设，丰富文化产品及服务供给

受疫情的影响，贵阳市第一季度文化产业发展在艰难坎坷中度过，第二季度疫情形势舒缓后，复工复产成为首要问题，急需政府提供优惠政策，为文化产业的快速发展创造良好的外部环境，以丰富广大人民群众的文化产品及服务供给。首先，贵阳市政府办公厅印发《支持文化旅游业恢复并高质量发展若干措施》，市文化和旅游局印发《贵阳市宾馆酒店恢复经营疫情防控指南》，修订《贵阳市鼓励扶持旅行社发展壮大考核实施办法》，制定《支持文旅企业渡难关稳经营的工作措施》《关于促进限上住宿业加快发展的政策措施》②等，促进各行各业复工复产。其次，加强数字产业市场标准的实施，落

---

①② 贵阳市文化和旅游局．贵阳市文化和旅游局2020年工作总结及2021年打算［EB/OL］．http://wlj.guiyang.gov.cn/zfxxgk_500649/fdzdgknr/jhgh_5625644/jhzj_5625646/202102/t20210224_66843063.html,2021－01－04.

实标准化战略,推动数字产业市场标准在全市的运用,发挥对产业的引导支撑作用;引进 VR、多媒体互动、智慧旅游等领域的新技术,广泛应用于文化与旅游产业一体化发展,促进文化产业与实体经济、数字经济融合,形成数字文化产业标准体系,同时应加强手机动漫国际标准和数字艺术显示国际标准应用推广①。再次,制定实施"2+4"产业行动和工作方案②,推动文旅产业多样化发展,利用贵阳数字产业优势,鼓励其他相关的文化产业借助数字产业的融入与运用,优化产业结构,从供给侧完善服务机制,打造城市旅游品牌,为贵阳市文化产业的发展提供了强有力的行动指南。最后,随着疫情的缓解,为了促进内需和拉动经济发展,贵阳市严格落实体温监测和"贵州健康码""行程码"等数据疫情防控措施,做好市民出门佩戴口罩的意识宣传工作,常态化进行城市清洁消毒,确保广大游客安全游玩。同时,持续开展大型国际交流活动,延伸市内文化产业链,提高贵州民族文化、酒文化和红色文化的市场竞争力,丰富城乡居民文化产业产品与服务供给,助力贵阳市打造成为投资兴业、创新创业和安居立业的城市。

(五) 文化产业助力乡村振兴,缩小城乡区域差距

2020 年是我国全面建成小康社会的决胜年。一是在国家乡村振兴战略各项政策落实之下,贵阳市大力开展乡村帮扶项目,以文化产业为依托,城乡旧貌换新颜。以"三农"为核心,落实"四个不摘"和"两不愁三保障"要求,巩固脱贫攻坚的成果和推动乡村振兴发展旅游。坚持农村"三变"改革、以特色农产业带动乡村经济发展,实现就地创业和就业,发展生态旅游、乡村旅游。在农村地区完善交通,普及现代服务业,改造棚户区城中村 3405 万平方米,惠及 23.3 万户,改造城镇老旧小区 243 万平方米,惠及 2.8 万户,9.3 万户居民通过公租房保障圆了安居梦③。全市建成商业综合体 43 个,新建供销社城乡网点 543 个,新增美丽乡村示范村寨 317 个、全国乡村旅游重

---

① 贵阳市文化和旅游局. 贵阳市文化和旅游局 2020 年工作总结及 2021 年打算[EB/OL]. http://wlj.guiyang.gov.cn/zfxxgk_500649/fdzdgknr/jhgh_5625644/jhzj_5625646/202102/t20210224_66843063.html,2021-01-04.

② "2+4"产业行动和工作方案是指旅游产业化和文化产业行动方案,红色旅游、温泉旅游、避暑旅游、非遗和特色文化旅游工作方案。

③ 贵阳市人民政府. 2021 年政府报告[N]. 贵阳日报,2021-03-03(A01).

点村4个,荣获"全国厕所革命先进市"称号①。二是基于贵阳市大数据产业优势,推出"大数据+教育"的线上教育课堂,不断缩小义务教育中城乡教育资源存在的差距。如实施优质资源全覆盖项目,在各区选取部分义务教育试点学校,通过线上实时指导,提高教师教学能力和课堂效率,促进义务教育资源均衡②。各级政府出台支持政策,走城乡融合发展之路,以城带乡,推动城乡资源要素配置的平衡,推动城乡人流与物流双向流动;挖掘乡村资源,增强农业农村发展活力③。

(六)加强文物保护利用,推动文化事业高质量发展

文化是一个城市发展的灵魂,文物瑰宝就是坚定文化自信的重要力量源泉和物质载体。加强文物保护,就要加强一个城市历史文化的保护。在提出文化强国和建设民族文化自信的社会环境下,贵阳市通过宏观政策引导鼓励加强文物保护利用,有效地推动了当地文化事业的快速发展。一是建设长征国家文化公园,完成高坡红军居住地展示馆、青岩红军作战指挥所展示馆、修文县大木红军标语修缮工作。二是基本完成八路军驻贵阳办事处旧址修缮工程,以及贵阳市87处重要革命遗址的维修工作。花溪区、开阳县、息烽县、修文县、清镇市入选全国第二批革命文物保护利用片区分县。三是完成市直文物保护单位合理利用方案,甲秀楼景区举行美术作品展、春季斗茶大赛、抗疫摄影作品展等活动3次,达德学校旧址举办抗疫书画展1次。四是完成贵阳市博物馆可行性研究报告初稿,完成数字博物馆可行性方案及入库基础信息。五是扎实做好文保单位安全生产、消防安全演练、培训等工作,截至2020年底,全市文物保护单位未发生安全事故④。落实国家《中华人民共和国文物保护法实施条例》和省内《关于加强文物保护利用改革的实施意见》《贵阳市文物建筑消防安全标准化管理规则》,

---

① 贵阳市人民政府.2021年政府报告[N].贵阳日报,2021-03-03(A01).
② 贵阳市人民政府.优化教育资源,推进义务教育优质均衡发展[EB/OL].贵阳市教育局.http://www.guiyang.gov.cn/zwgk/zwgkxwdt/zwgkxwdtbmdt/202102/t20210205_66689755.html,2021-02-05.
③ 贵阳市人民政府.2021年政府报告[N].贵阳日报,2021-03-03(A01).
④ 贵阳市文化和旅游局.贵阳市文化和旅游局2020年工作总结及2021年打算[EB/OL].http://wlj.guiyang.gov.cn/zfxxgk_500649/fdzdgknr/jhgh_5625644/jhzj_5625646/202102/t20210224_66843063.html,2021-01-04.

做好文物保护利用工作。举办"2020年贵阳市贵安新区文物安全监管专题讲座培训班",由贵阳市文化和旅游局组织召开贵阳市"十四五"文化旅游规划社会各界人士座谈会。举办博物馆研学旅行等活动,不断完善和提升博物馆青少年教育功能,出台《贵阳市民办博物馆扶持资金管理办法(试行)》并提供资金支持,鼓励民办博物馆的发展。

(七)构建非遗保护传承体系,推进非遗扶贫工坊建设

贵州作为一个多民族集聚的省份,少数民族文化多姿多彩,同时贵州也成为我国非物质文化遗产大省之一,要加快推动非物质文化遗产的创造性转化和创新性发展,使其融入当代社会发展进程中。2020年,贵阳市苗族古歌"簪汪传"入选第五批国家级非物质文化遗产代表性项目名录;在第六批市级非物质文化遗产代表性项目评审中,贵阳市申报的80个项目中有69个已经通过专家评审并对外公示;全市各区(市、县)申报最新一批区县级的非物质文化遗产项目中,有36人通过推荐申报第五批省级非物质文化的代表性传承人;贵阳市非物质文化遗产保护中心成功争取国家级非物质文化遗产保护专项经费90万元,省级非物质文化遗产保护专项资金210万元;顺利完成板桥艺术村非遗小镇规划编制、标识标牌制作,并将于2021年组织开展系列非物质文化遗产研学活动;全市也启动了非遗就业工坊认定管理工作,并已初步指导各区县认定13家,指导完成8期非遗扶贫就业工坊培训,共培训320余人次[①];编制完成《贵阳贵安"十四五"非遗保护传承规划》,编辑出版《寻城迹(贵阳文化名人口述史1)》,并启动《寻城迹(贵阳文化名人口述史2)》书籍编辑工作;指导各地区在辖区内设立非遗扶贫工坊,开展对口帮扶工作,助力非遗文化传播,帮助非物质文化传承人脱贫致富。

(八)公共文化服务体系持续完善,文化服务趋于多样化

随着民众对美好生活追求的质量不断攀升,在2020年疫情防控和脱贫攻坚都取得伟大胜利后,民众精神文化层面的需求逐步增加。要促进公共文化

---

① 贵阳市文化和旅游局. 贵阳市文化和旅游局2020年工作总结及2021年打算[EB/OL]. http://wlj. guiyang. gov. cn/zfxxgk_500649/fdzdgknr_jhgh_5625644/jhzj_5625646/202102/t20210224_66843063. html,2021-01-04.

事业的繁荣发展，亟待进一步构建完备的公共文化服务体系，完善多样化的公共文化服务设施。同样，丰富的公共文化服务是弘扬社会主义核心价值观、提升城市文化认同感和树立城市文化标识的重要渠道。2020年，贵阳市新建公共图书馆10个、文化馆10个、社区图书共享系统116个、图书馆小站51个[①]；公共文化服务专项经费及时到位，全市201个公共图书馆、文化馆（站、中心）获得的免费开放中央专项补助资金1164万元、市级匹配30万元、区县匹配260万元，共计1454万元已全部拨付到位；重点文化项目稳步推进，如市少年儿童图书馆新馆建成开馆，安装完成40套社区图书共享系统，完成投资额350万元；积极推进基层综合性文化服务中心建设，全市143个乡镇（街道）综合文化服务中心已全面完成建设任务；已建设完成年初省厅认定的村（社区）综合性文化服务中心任务数（1496个），实际建设完成村（社区）综合性文化服务中心1556个（其中村912个、社区644个），占总任务1558个的99.81%；全年举行各类文艺演出活动3733场，其中送文化下乡539场，广场演出541场，社区演出476场，其他2138场；持续推进文化旅游惠民消费行动，推出景区门票、酒店民宿、文娱演艺等文化旅游消费礼包，已发放补贴201.79万元，直接拉动消费770余万元，间接拉动消费1500余万元。通过以上行动及项目的举办实施，贵阳市公共文化服务更加贴近人民生活，真正做到文化发展靠广大人民群众的参与，文化发展成果由人民共享。

（九）招商引资稳步推进，省外合作深入拓展

资金的投入是产业升级的重要手段，更是经济发展的后劲力量。近五年来，贵阳市规划招商格局，集聚发展新动力，先后制定配套出台相关政策推进与文化创意产业密切相关的现代制造业、大数据产业、大健康产业、生态旅游业、现代服务业、都市现代农业六大产业招商指引（规划），精准指导产业大招商[②]。通过举办大型国际活动，吸引外资涌入，成功举办2020年东盟（贵阳）"一带一路"文化旅游交流周和创建"东盟—中国（贵州）资源合作

[①] 贵阳市人民政府.2021年政府报告[N].贵阳日报,2021-03-03(A01).

[②] 贵阳市投资促进局.贵阳市聚力招商引资打造高质量发展新动能[EB/OL].贵阳市人民政府官网．http://www.guiyang.gov.cn/zwgk/zwgkxwdt/zwgkxwdtbmdt/202101/t20210128_66595805.html,2021-01-28.

数字平台",吸引来自39个国家和地区的线上线下560余家企业参展[①];成功举办贵阳市第十一届旅游产业发展大会,打造并展示亲亲田园、龙冈书院、玩易窝遗址公园等,签约文化旅游、酒店投资、生态农业等15个项目,签约金额200亿元[②]。据统计,贵阳市近五年累计引进国内外500强企业75个,引进产业项目4583个,到位资金5124亿元,年均增长15.2%[③]。2020年,贵阳市借势聚力拓展市场,加强与省外开展旅游合作,起到了良好的文化品牌宣传作用:如与广州广之旅国际旅行社股份有限公司合作,制作贵阳旅游单页DM单、易拉宝等,在广之旅门店LED广告机和10家旗舰店进行宣传,并在广州高档社区电梯广告投放贵阳旅游产品线路宣传广告;积极组织文旅企业赴杭州、南京、长沙参加"多彩贵州度假康养胜地"2020年旅游主题推广活动,赴云南红河州参加"昆明南宁贵阳与红河桂林黔南'3+3'政协跨区域协商会议文化旅游专场推介会",等等。

二、2020年贵阳市城市更新与文化产业发展

城市更新是城市新陈代谢的有机过程,贯穿于城市新建到发展的整个过程。就文化产业的视阈来讲,更新不仅仅是拆旧建新,更是与时俱进跟紧时代发展,以文化创意产业园为重要载体,创新创造出更多百姓喜闻乐见的物质及精神文化产品及服务,以更好地满足广大民众的高层次多元化精神文化需求,为居民提供舒适、高质、便捷的生活环境。城市具备文化创意产业发展所需要的资源和条件,通过老城区、历史街区的升级改造以及对城市文化资源的有机整合,助力转变城市传统的经济增长模式,为城市更新累积文化资本,传承与创新城市文脉。2020年,贵阳市整合贵阳市废旧厂房、城市低效存量资源区,对其进行更新、改造,提升其商业价值的同时,充分挖掘与结合城市特色,创新性地植入传统文化元素,整顿、改造并升级了市内部分历史古镇、街区、创意产业园区,提升了城市文化魅力与居民生活质量,打造了贵阳城市特色文化产业品牌。

---

① 赵毫,周雅萌.今天,2020年东盟(贵阳)"一带一路"文化旅游交流周在贵阳开幕[EB/OL].天眼新闻. https://baijiahao.baidu.com/s? id = 1678077589933159495&wfr = spider&for = pc,2020 - 09 - 17.
②③贵阳市人民政府.2021年政府报告[N].贵阳日报,2021 - 03 - 03(A01).

（一）重视历史文化名镇、街区保护升级

贵州省独特的自然地理环境与众多的人文古迹，孕育了许多具有知名度的历史文化古镇与古街区，然而在城市更新不断加快的进程中，一些历史文化街区因产业化推进过快而过度商业化，旅游商品业趋于同质化，这种"千街一面"的景观将破坏城市文脉，因而贵州已逐步重视对历史文化资源的保护工作。保护历史文化名镇、街区，就是延续城市的生命力，维持城市文化产业的发展动力，城市更新才具有灵魂指引。2019年10月，为深入贯彻贵州省文化和旅游厅《贵州省文化和旅游厅关于全面做好棚户区改造项目涉及文物保护工作的紧急通知》文件要求，加强对贵阳市历史文化的挖掘、保护与利用，保护贵阳的"文脉"，进一步传播中华优秀传统文化，展示贵阳市的文化特质，贵阳市开展了以"背街小巷""传统院落"为主题的历史文化街区、建筑调查工作。如位于贵阳市南郊有着"中国最具魅力小镇之一"之称的青岩古镇，是于明洪武年间修筑的一座军事屯堡。为复苏因年初受疫情影响而停滞不前的文旅经济，提升青岩古镇的文化品牌效益，宣传与传承青岩古镇的文化魅力，2020年8月1日起青岩古镇陆续推出一系列以"青岩古镇·大明志""夜间穿越游"为主题的活动；8月16日，古镇继续推出"将军令"穿越大明军事展演活动，发展古镇夜间经济，促进传统消费转型升级，大力推动了古镇的文旅发展；9月17日，前来贵阳参加2020年东盟（贵阳）"一带一路"文化旅游交流周的东盟部分国家旅游官员、代表团成员走进青岩古镇，考察古镇文旅产业发展近况，提升了青岩古镇的国际知名度，促进和推动了贵阳市的国际文旅交流及合作。同时，为积极有效运用法治思维和法治方式促进古镇保护管理，贵阳市第十四届人民代表大会常务委员会第二十一次会议通过《贵阳市青岩古镇保护条例》，并于2019年10月1日起正式施行。该条例在保护对象主体及其历史背景的调查、核实和监管上提出了相关要求，制定了相关规章制度，对古镇内的历史性建筑与遗址的维护与修缮也提供了具体的技术规范指导。在保护与利用上，强调入驻商家要尊重与协调古镇的发展，在保护与传承古镇文化特色与风格的基础上，鼓励与支持古镇依法举办博物馆、图书馆、文化与美术馆等文化教育类创意产业；同时也有助于开展研学旅游，尊重古镇老字号传统特色经营，确定与古镇文化底蕴相协调的产业导向，做到以文塑旅。

（二）创新城市功能，改善人居环境

创新与改造贵阳市的城市空间布局，完善城市的功能设施，能为贵阳市人民提供幸福感与安全感兼具的高质量宜居生活环境。为此，贵阳市积极落实与践行新发展理念，统筹全市老旧城区、厂房的协同融合发展，推出了多项重大工程项目，不断向文化产业高质量发展的城市行列迈进。云岩区是贵阳市的主城区，也是贵阳老城的主体部分。在数字经济等新生经济业态逐步发展的新浪潮下，贵阳市云岩区内许多传统产业逐步失去了核心竞争力，对消费者的吸引力下降。在此境遇下，坚定地对老城区尤其是旧厂房进行"空间再造"，赋予废旧建筑以创新性的文化功能与商业价值，优化配置公共文化服务资源，打造宜居、商业、文化、教育、医疗、休闲娱乐六位一体的城市生活功能服务区，满足人民对高质量生活的需求，是云岩区等老城区创新城市功能的当务之急。2018年，贵阳市招商启动的"贵阳·智谷"科技文化创意产业园项目，成为云岩区的首个文化创意产业园区，也是贵州省"十三五"时期重点发展的文化产业项目。该园区依托贵阳工业老厂房，参照"科技+文创"的创意产业发展模式，引入了知名IP以打造聚焦文化创意和科技创新的创意产业园区。2019年"黔·视界"非遗艺术周在"贵阳·智谷"科技文化创意产业园区举办，创新推出"多彩非遗步道+潮爆涂鸦互动墙"的创意活动，推动非遗文化和工业遗产文化交融与碰撞，成为云岩区新型网红打卡地，也吸引了各类文创企业和文创工作者入驻，打造为贵州文化创意产业标杆聚集地。"十四五"时期，贵阳市云岩区将陆续推出"一核三片区"的区域发展布局，旨在推进贵阳市文化产业资源要素以及配套基础设施向重点发展区域集聚，为民众提供文化体验、艺术赏析、休闲娱乐等文化服务。

（三）产城融合，优化城市空间布局

产业是城市经济发展的支柱，其竞争力与吸引力在一定程度上决定了城市经济的竞争力，而合理的城市空间布局、城市功能协调有助于推动产业和区域经济的有序发展。贵州省贵安新区是贵州省经济发展的核心区之一，具备地理区位优势和良好的生态环境，为滋养中国大数据产业的发展和吸引企业入驻提供了快速发展的外部环境和信息资源优势。贵阳贵安新区作为中国第八个国家级新区和西部大开发的五大国家级新区之一，其发展受到党中央、贵州省委、省政府的高度重视。2020年2月，贵州省委、省政府出台《关于支持贵安新区高质量发展的意见》中，明确贵安新区"以产带城、以城助产、产城互融"的西部地区重要经济增长极、内陆开放型经济新高地和生态文明示范区的定位。"城市没有产业支撑，即便再漂亮，也就是'空城'；产业没有城市依托，即便再高端，也只能'空转'；人才没有城市的配套，即使有投资，也难以扎根"。贵安新区凭借一座大学城、一批高端企业、一个大通道交会点聚集所建成了服务功能齐全、基础配套设施完善、交通出行便捷的城市新区。近年来，贵安新区通过贯彻"创新、协调、绿色、开放、共享"五大发展理念推进了产业创新平台建设和产业集聚发展，打造出以双创园、数字经济产业园为基础的产业聚集区，党武文创旅游片区、金牛湖科学城片区、松柏山生态涵养区和恒大文旅城片区等人文生态休闲景区，以及中部高校人才集聚区，实现了园区、景区、城区三区融合发展，以三区独特的产业集聚优势和文化旅游资源优势，吸引大批创业者、文旅游客慕名而来，实现了产城融合、协调发展，同时也优化了城市功能空间布局。据了解，在2019年中国国际大数据产业博览会贵安新区分会现场，贵安新区签署战略合作协议多达31项，其中包含大数据项目25个。目前，除了移动、联通、电信等三大运营商数据中心落户于新区之外，富士康、华为、苹果、腾讯、FAST天文大数据中心等一批具有标志性的项目也相继入驻贵安新区，为贵阳城市更新发展与产业经济的优势升级注入了更为新鲜的数据"血液"。

（四）产业集聚，发展城市经济

筑巢好引凤，商贸兴则城兴。开放与产业引进是城市繁荣的必由之路。贵阳市观山湖区历经20年的筚路蓝缕，从一片荒芜到新城耸立，聚集了贵阳奥体中心、贵阳国际会展中心、贵州金融城、贵阳西南国际商贸城、贵阳北站、贵州省博物馆和贵州省图书馆等省、市重大城市功能设施、公共服务资源，是贵阳乃至贵州大踏步前进的最好佐证。贵阳市观山湖区所发展的工业经济总量从小到大，引进高端产业从无到有，产业园区建设从弱到强，谱写了一部部贵阳人民奋勇前进的华美乐章。进入"十四五"以后，观山湖区紧跟新一轮的市场开放步伐，陆续成为贵州数博会、生态文明贵阳国际论坛和酒博会等重大国际交流合作活动的平台。借助这些展会平台，观山湖区的知名度、美誉度不断攀升，吸引了大量国际知名企业与资金，在大力提升贵阳市经济总量的同时也促进了城市更新。同时,外来文化的进入也创新性地影响与激励了贵阳市文化产业的发展。在过去的"十三五"期间,贵阳市观山湖区的经济总量不断增加,人民生活水平不断提高。全区地区生产总值从2015年的153.23亿元,升至2020年的650亿元以上,从全省第25位跃升至第5位;在工业领域,以吉利汽车为工业引领的现代制造业发展势头迅猛,逐渐发展为全区支柱型产业和经济增长的新引擎;在服务业领域,吸引了CCPARK A、B馆,万达广场,宜家家居,云上方舟和王府井国贸玖福城等一批具有消费影响力的国际知名商业综合体入驻并实现运营,世纪城商圈年销售额已超过30亿元;在大数据领域,入驻商家总量突破1000家,现已建成5G基站1240个,在主要道路及核心商圈已实现5G网络全覆盖。观山湖区通过产业引进形成产业聚集优化商贸区,打响了"爽爽贵阳·消费天堂"的商贸旅游品牌。2020年,在全省脱贫攻坚战中,观山湖区利用经济高度发达的优势结对帮扶的剑河县、长顺县和罗甸县相继脱贫摘帽,为贵州省决胜脱贫攻坚做出了省会城市核心商贸区应有的积极贡献。

(五)利用文化资源,提升城市品质

文化兴则城盛,文化是城市的筋脉。在城市更新的进程中,应深入发掘与创新利用城市所拥有的文化资源,积极探寻文化与休闲、旅游相融合的发展路径,把文化融入城市文化园区与城市综合体中,提升城市的吸引力,打造独具魅力的城市文化品牌。坐落于贵阳市花溪区十里河滩的贵阳孔学堂,已成为贵州省乃至西南地区有重要影响力的国学文化园区。孔学堂践行"古为今用、传承教化"的发展方针,以"创造性转化、创新性发展"的发展理念,弘扬与传承历史悠久的中华优秀传统文化,为其适应新时期的发展积极探索创新路径。贵阳国学文化园区自2013年对外开放以来,每周末都会邀请海内外知名专家开展"阳明文化""考古""乡土中国""古琴""漫谈中西文化"等十余种公益性专题讲座。截至2020年11月,孔学堂举办的传统文化公益讲座高达800场。为促进中华优秀传统文化的传播与发展,孔学堂举办"开笔礼""成人礼""中华婚礼"以及"敬老礼"等四项"筑城四礼"活动,拓展了以"六艺"为主的中小学研学旅行活动,传承与学习了优良的传统文化礼仪。在中华传统节庆诸如春节、清明、端午、中秋和重阳节期间举办了相应的民俗文化活动,如"溪山踏歌行"系列演出、"溪山翰迹"书画创作展

等。2018年贵州省委、省政府印发《关于贯彻落实〈关于实施中华优秀传统文化传承发展工程的意见〉工作方案》，提出整合贵州省阳明文化资源，将"知行合一"的阳明精神作为弘扬优秀传统文化和学术研修的重点学科领域，打造贵州特有的孔学堂"文化品牌"。贵阳孔学堂位于旅游业发达的花溪区。花溪区内拥有丰富的少数民族文化资源，涵盖民间音乐、舞蹈、文学、传统技艺、民俗等55项民族文化，有非物质文化遗产代表性传承人27人。贵阳孔学堂秉承保护、传承与弘扬少数民族非遗文化的宗旨，几乎每年都举办"我们的节日""听传承人说'非遗'"等非遗项目活动，活动现场以"展示+互动+体验"等方式给游客呈现"非遗空间"，打造非遗活态场景以见人见物见生活，让游客充分了解"多彩贵州"的优秀传统文化资源。总之，贵阳孔学堂所打造的国学文化园区，通过构建礼乐文明、阳明文化与民族文化品牌，提升与培育贵阳市的城市文明品位与独特的城市气质，丰富了贵阳市民的精神文化生活，增加了贵阳市民的幸福感与获得感。

三、城市更新与创意产业发展在贵阳文化产业中的具体体现

（一）贵州创意产业园区基本情况

1. 政府大力支持

在省委省政府的大力倡导和支持下，贵阳市坚持以人民为中心，坚持新发展理念，以推动高质量发展为主题，成功踏上创意产业园区与城市建设融合发展的新征程。在贵阳市乌当区，紧紧围绕"一品一业、百业富贵"的构想与愿景，紧扣中高端消费品产业承接区和商贸流通区的定位，牢固把握高水平开放和高质量发展要求，大力发展大健康医药产业和装备制造业，配套发展特色食品产业和新材料产业，努力为工业经济稳定增长做出积极贡献[①]。在贵安新区，贵阳市加快推动贵阳国家高新技术产业开发区、贵阳国家经济技术开发区、云岩区、南明区等在贵安新区共建园区，利用国家级新区的政策优势实

---

① 乌当新天园. 贵阳乌当:助力园区产业与城市建设融合发展[EB/OL]. 前瞻产业园区库. https://y.qianzhan.com/yuanqu/detail/610/201222－b5333a02.html,2020－12－22.

现招商引业项目高效落地并集群式发展。① 以上强有力的支持为贵阳市城市更新与文化产业融合助推创意产业园区发展打下了坚实的基础。

2. 园区数量逐步上升

据前瞻产业研究院统计，截至 2021 年共收录全国产业园区 60000 余个，收录贵州省产业园区高达 776 个，其中贵阳市 262 个、遵义市 148 个、黔南布依族苗族自治州 79 个、铜仁市 60 个、安顺市 59 个、黔东南苗族侗族自治州 57 个、毕节市 55 个、黔西南布依族苗族自治州 45 个、六盘水市 23 个②，多集中在文化、文化创意、大数据、现代农业、电子商务、影视、动漫、广告、特色小镇、新兴产业等数十种分产业类型园区。贵阳·智谷双创园、多彩贵州风景眼文创园、贵安国际数字文化产业园、1958 文化创意园、贵州布依文化创意园、新光里文化创意产业园、乌当土司文化产业园等十余个文化创意产业园文化特色突出，最能凸显城市更新与创意产业融合发展的辉煌业绩。

3. 园区亮点逐步凸显

贵阳市多个文化产业园区最大的发展亮点是"集聚发展"：主要是将资源、企业、市场、经济等聚集于产业园区，通过挖掘整合资源、项目孵化、投资管理、后勤服务等合理有效的手段，根据各产业园区合理规划与建设，是各地发展文化产业的重要抓手，有利于文化产业集聚产生规模效益的同时，在区域经济发展、文化资源活化、文化创新创业、产业转型升级、地方基础设施建设、人才教育和培训、城市人文环境、文化消费、城市品牌推广等方面也发挥着重要作用。

4. 园区功能及方向明确

打造产业型、混合型、艺术型、休闲娱乐型、地方特色型文化创意产业园是贵阳建设创意产业园的目标和方向标。如贵阳·智谷双创园是贵州"十三五"重点文化产业项目之一，也是贵阳市云岩区首个文化创意产业项目，还是集文化、教育、文体、生活美学、主题空间、格调餐饮、双创、酒店及

---

① 贵安新区产发局. 贵阳贵安共建产业园招商引业政策措施（试行）[EB/OL]. 贵州贵安新区管理委员会. http://www.gaxq.gov.cn/zsyz_34948/tzzcjhj_34954/202011/t20201119_65304615.html, 2020 - 11 - 19.

② 数据来源于前瞻研究院产业园区库官网。

其他配套业态于一体,围绕动态活力、静态体验、集中办公等做功能布局,以"科创+文创"的产业基础,为文化、教育、科技、办公、休闲、餐饮、创客公寓等提供完善的产业及配套服务的综合型园区。在园区运营上,贵阳·智谷双创园还突破思维定式,以独特的运营模式,倾力打造金融服务、孵化服务、品牌推广、公益服务、文化交流、艺术展示、线上交流、会员服务、政策服务等九大服务平台,为入驻企业、合作伙伴提供整体一站式服务,以营造出优质的营商环境,共同努力将园区建设成为贵州省乃至国家级文化产业创业创新示范基地。

(二)我国创意产业园区的主要发展模式

1. 依托大学集聚发展模式

创意产业园区的发展,需要文化与高科技密切结合,将创意成果转化为经营资源。大学作为各类人才的聚集地,不仅可以培养优秀人才,同时也吸引着各领域的优秀人才;大学作为技术的研发地,可以不断研发出新的科技;大学同时也是一个多元文化的汇集地,因此大学往往更容易成为创意的中心。现如今,创意产业园区的建设大多是以大学的聚集为区位依托的,如上海长宁区天山路时尚产业园区就是依托东华大学和上海市服装研究所而建设的,还有正在建设中的中国人民大学文化产业园和广州文化产业基地都是依托大学而建。高校为创意产业提供了科技和人才支持,创意产业园区为高校的科研成果提供实践机会,从而促进科技向产业转化,因此资源的聚集优势、浓厚的文化气息,使得依托大学发展创意产业园区成为一种重要途径。

2. 旧厂房改新区腾笼换鸟模式

城市中不乏废弃的旧厂房和仓库,不仅宽敞明亮,而且租金廉价,很多成功的或刚成长起来的创意产业园区是由旧厂房和仓库改造而成。利用现有建筑搭建创意产业园区发展平台,不仅可以推动文化产业与历史建筑相结合,同时还能带动文化旅游的发展,促进文化价值与经济价值相统一。广州文化创意产业园的发展类型中,有一种就是利用旧工业区和旧城区整治改造而形成的腾笼换鸟型。[1]旧厂房的改造不仅可以解决创意产业园区发展所需要的空

---

[1] 傅祎頔,伍世代,等. 福州市文化创意产业园空间分布特征及影响因素分析[J]. 福建师范大学学报(自然科学版),2020(6).

间问题，更对创意产业园区的发展产生直接推动力。例如，1958 文化创意园区保留了贵阳龙洞堡生物制药厂 1958 年建造的原始厂房，将具有历史文化底蕴的厂房改造成创意产业的孵化基地，升格为贵州后工业时代的文化休闲旅游地，吸引着不同年龄段的中外游客聚集于此。

3. 开辟新区专业打造模式

创意产业园区的发展可以依附于高新技术产业园区。高新技术产业园区内不仅高新科学技术发达，高校、科研机构和高科技企业聚集，而且智力型人才众多，因此开辟新区需以高新科技创新为主体，因地制宜，积极打造出符合地域特色的文化创意产业园区。在开发过程中，也可以依托基层政府，由当地政府牵头，完善基础设施建设，大力引进文化创意人才，培养专业的高素质人才队伍，为文化创意园区的发展奠定坚实的基础，促进创意园区的高质量持续发展[1]。

4. 传统产业转型升级模式

传统产业过度依赖本土资源，鲜有产业科技的开发创造，导致产业结构失调，缺乏科技创新能力，从而造成传统产业发展质量和发展水平不高。更有甚者，由于基础设施建设较为滞后，环境污染未能得到有效控制，传统产业迫切需要进行转型升级。在转型过程中，不能简单将其理解为低端产业、夕阳产业，必须立足于实际，引进复合型高端人才、新技术和新设备，将传统产业和新兴产业相结合，增强产业园区的发展活力，打造具有现代意义的创意产业园区[2]。

（三）贵州城市更新与创意产业跨界合作引领产业园区发展案例分析

综观贵州城市更新与创意产业跨界合作引领产业园区发展，最典型案例实属 1958 文化创意园区。

1. 1958 文化创意园区基本情况介绍

1958 文化创意园（见图 15-1）坐落于贵阳市，毗邻风景秀丽的多彩

---

[1] 张晓欢. 我国文化产业园区建设的经验与政策思考[J]. 中国市场, 2020(29).
[2] 李发戈. 传统产业园区（开发区）向现代产业园区转型发展路径研究——以四川省产业园区为例[J]. 中共四川省委党校学报, 2020(3).

贵州城黔文化交流中心，与节庆街"风情水街"相连，南靠"记忆贵阳"，北与多彩贵州城旅游集散中心衔接，由1958年建造的贵阳龙洞堡生物制药厂和新建同一风格的建筑组成。园区保留原始建筑共10栋，占地约30亩，面积为5500平方米，拥有一个大型表演舞台和两个娱乐广场；新建建筑面积为40000平方米，整个园区占地面积共56125平方米，建筑面积共100890平方米。园区通过文化元素重组和时尚符号解构的方式，将贵州文化、休闲、创想、生活等荟萃一堂，将艺廊、画廊、艺术工作室、休闲吧、主题餐饮等融为一体，以文化、创意为主题，体验和展示贵州近代文化，激发游客对贵州文化的认同感。

2. 倾力打造文化品牌

"1958梦幻之旅"表演是1958文化创意园的重要文化品牌项目之一，是多彩贵州城倾力打造的大型文化演艺品牌秀，开创了国内情景式互动体验演出的饕餮视觉盛宴。"1958梦幻之旅"也是全球首创近景互动式体验演艺。以1958年工业建筑厂房和设备为载体进行创作，具有"观演相融、移步换景、流动体验"的新实景演出特点。该项目由多彩贵州城投巨资倾力打造，国家级导演丁伟先生出任总导演，将普通人眼里平平无奇的工业厂房、遗留机器，打造成为充满创意的近景体验式互动演艺最好的表现载体。

图 15-1 1958文化创意园园区标志

在这充满力量与复古的 LOFT 工业建筑空间、机械遗迹、弯曲盘旋管道中，把贵州山水、近景魔术、柔术杂技、水下表演、空中歌舞等元素创造性地跨界融合，用文艺换血的方式重新赋予演员、剧目、环境、设备以新的生命意义，通过移步换景、观演互动的新实景演出方式展现出来，是一种前所未有的尝试。但其释放出来的非凡想象与观感，变对立式观演为全身融入体验，颠覆了传统演艺观演模式，为国内越来越千篇一律的歌舞演出注入了崭新的灵魂，焕发出勃勃的生机。1958 梦幻之旅，不仅是 720 度的声色表演，更是实现观众与表演者零距离互动的典范节目，是国内第一次全维度声光电演艺（见图 15-2）。

图 15-2　1958 梦幻之旅演出场景

3. 借助工业遗产资源实现更新发展

"1958 文化创意园是贵州创意产业的孵化基地"实至名归。整个园区的开发都本着"原汁原味"的理念，既表达了对贵阳龙洞堡生物制药厂旧址历史及人文情怀的尊重和崇尚，又保留了园区的自然风光，同时传承了园区古老的历史和文化。走进园区，既可看见一面面复古的红色砖瓦墙和一座座经过精心改造的旧机器及厂房，又有琳琅满目的出自艺术家（或传承人）双手的文化创意产品，有废弃的矿泉水瓶，有老旧的锅炉管道，还有被人们遗弃在角落的古树根等；睹物思人，仿佛看到了机器轰鸣的工业时代凭借智慧和汗水艰苦奋斗的工人们。其中 HELLO、歌中蝶、花语荡漾、小站记忆、不一样的风景和让我们一起走进贵州等十个演艺点最让人流连忘返，这十个演艺点涵盖音乐、美术、艺术、舞蹈、演艺等。园区内的创意与设计，给人耳目一新的感觉，园区内的风光冲淡了人们的颓废感与萧条感，这正是1958文化创意园的独特之处。

四、城市更新背景下贵阳文化产业发展经验总结及未来展望

（一）贵阳市文化产业发展经验总结

1. 政府出台多个文件实现政策支持

政府是地方文化产业发展的引导者。政府提供好的政策和指导方案将引导文化产业的发展方向。2020年6月，贵州省人民政府印发《贵州省文化产业创新发展工程专项行动方案》，强调了贵阳市文化产业的发展方向：深入挖掘贵阳的民族文化、历史文化、阳明文化等文化资源，充分利用其资源优势，展现文化内涵，突出文旅、文广、文创等重点，以文化为灵魂、以产业为纽带、以创意为手段、以科技为支撑，大力推动文化与相关产业融合发展，夯实文化产业发展基础，构建完善现代文化产业体系和市场体系，不断壮大贵阳文化产业的整体实力和竞争力[1]。2020年9月，贵州省文化和旅游厅印发《贵州省文化和旅游厅关于文化旅游业综合引领消费十条措施》，为促进文化旅游消费，推出十大措施：创新产品、创造夜间文旅消费品牌、建立文化旅游消费试点城市、推出特色旅游商品、举办主题文化活动、设置便民旅游服务点、实施惠民旅游消费政策、打造智慧旅游服务水平、优化旅游消费服务、加大旅游宣传力度[2]。2020年11月，贵州省文化和旅游厅又发布了《文化和旅游部关于推动数字文化产业高质量发展的意见》，指出要大力发展数字文化

---

[1] 贵州省人民政府.《贵州省文化产业创新发展工程专项行动方案》印发[EB/OL].贵州省人民政府网.http://www.guizhou.gov.cn/xwdt/rmyd/202006/t20200629_61274447.html,2020-06-29.

[2] 贵州省文化和旅游厅.贵州省文化和旅游厅关于印发《贵州省文化和旅游厅关于文化旅游业综合引领消费十条措施》的通知(黔文旅发〔2020〕34号)[Z].2020-09-18.

产业①。以上政策的大力实施,对2020年贵州省及贵阳市文化产业各行业及时复工复产,并恢复到疫情暴发前较高水平发挥了重要作用。

2. 加大公共文化服务基础设施建设力度

贵阳市不断加强公共文化服务设施建设,优化公共文化服务设施,扩大高质量文化供给,增加公共文化产品和服务供给,更好地满足广大群众的基本公共文化需求。实践证明,贵阳市在公共文化基础设施建设方面已取得一定的成效。如南明区20个文化馆、图书馆分馆授牌;云岩区正在建设"贵阳·智谷"双创园;白云区把公共文化服务设施建设作为首要任务,持续提升公共文化服务水平,推动文化事业发展,不断建立健全文化网络,完善"总分馆"服务体系建设,在原有乡镇社区综合文化站(文化服务中心)的布局基础上,在全区范围内设置了12个区文化馆分馆、16个区图书馆分馆,让群众共享文化资源。白云区还在全区11个乡镇、社区分馆的基础上,增设区文化馆蓝天白云美术学校分馆、区图书馆白云一小分馆、区图书馆白云二中分馆、区图书馆贵铝图书馆分馆、区图书馆金西监狱分馆;同时利用"云"科技,打造了白云区文化服务资源数据库,还新建3个文化馆基层"文化志愿服务站"②。疫情防控期间,贵阳市群众艺术馆暂时关闭,但闭馆"不打烊",该馆微信公众号上线了400门文化慕课,涵盖音乐、美术、舞蹈、戏剧、建筑、影视、设计、传统文化、园林花卉等多个门类;其官网"艺术培训"板块则推出了书画、歌舞等线上艺术培训活动。另外,贵阳市各级图书馆、文化馆、美术馆、博物馆积极整合各类文化数字资源,推出精彩的线上活动,为广大市民奉上多品种的线上文化精品资源,丰富了疫情防控期间市民的文化生活③。

---

① 贵阳市文化和旅游局.《文化和旅游部关于推动数字文化产业高质量发展的意见》解读[EB/OL]. 贵阳市文化和旅游局官网. http://wlj.guiyang.gov.cn/jdhy/zcjd/202011/t20201130_65428777.html,2020-11-27.

② 白云区人民政府. 文化服务百花齐放,品质白云人人共享——白云区持续提升公共文化服务水平推动文化事业发展[EB/OL]. 贵阳市人民政府官网. http://www.guiyang.gov.cn/zwgk/zwgkxwdt/zwgkxwdtqxdt/202011/t20201119_65304156.html,2020-11-19.

③ 刘辉. 贵阳市完善设施优化服务,加强高质量文化供给,群众文化获得感不断增强[N]. 贵阳日报,2020-10-05(A01).

3. 加强文化产业相关人才的培养

文化产业的发展是一个长期复杂的工程，而人才是其发展的关键。文化产业的发展需要培养众多相关专业人才：不仅要培育人才，同时也要吸引人才以及用好人才；建立并完善文化人才工作机制，为其提供良好的发展环境；扩大文化产业和文化事业发展的人才总量，完善人才结构，建设高素质的人才队伍。人才队伍的建设要与文化产业发展相适应，尤其是需要具有高品质、超强创新能力、懂市场会管理的人才。贵阳市历来重视文化产业相关专业人才的培养：一是通过校企合作形式，实现省内及国内知名文化企业与高校联合培养文化产业人才，培育大批文化产业后备人才队伍，推进国内外人才交流，为文化产业发展提供强有力的人才保障；二是通过举办人才博览会、专业人才培训等活动，引进各类文化产业专业人才，如 2020 年 5 月在贵阳举办了第八届线上线下贵州人才博览会，吸引国内外高层次人才来黔就业。

4. 对非物质文化遗产进行有效保护

贵阳市非物质文化遗产资源众多，为文化产业的发展提供了良好的资源禀赋，而非遗的有效保护和传承是文化产业得以发展壮大的重要因素之一。2020 年 12 月，贵阳市人民政府公布第六批市级非物质文化遗产代表性项目名录，新增代表性项目和扩展项目共 69 项，其中，新增代表性项目中民间文学 5 项，传统音乐 3 项，传统舞蹈 1 项，传统体育、游艺与杂技 3 项，传统美术 3 项，传统技艺 40 项，传统医药 3 项，民俗 5 项；扩展项目中传统戏剧 2 项，传统技艺 1 项，民俗 3 项。贵阳市对非物质文化遗产秉承"保护为主、抢救第一、合理利用、传承发展"的工作方针，通过多渠道、多形式实现对非物质文化遗产的保护和传承。一是建设非物质文化遗产保护中心、博物馆、非遗数据库等，采取抢救性保护、整体性保护、生产性保护、数字化保护等形式丰富的非物质文化遗产保护手段。二是开展非遗技艺培训工作，2020 年贵阳市举办了多场次的非遗研修培训活动，如 2020 年 10 月举办的传统手工技艺研修研习蜡染培训班，以重专业知识技能、创意生产、互联网营销推广为主要目标，通过培训的方式传承弘扬了优秀的多彩贵州文化。三是通过开展非遗进校园活动，将非遗引进辖区内各中小学，以推动非遗在中小学生中的传承和传播。经过多年的经验探索和实践证明，非遗进校园是非遗传承和发展的有效途径；校园是文化传播的重要阵地，让更多同学以及老师了解并认识中华优秀传统文化资源，能增强师生的文化自信心和幸福感。四是采取"非遗+旅游"的发展模式，将非遗引入贵阳市各大知名旅游景区，发展民俗旅游，借助旅游景区较大的人流量，一方面将非遗引进景区以更好地促进其传承发展，另一方面也给游客带来了丰富的文化体验感。

（二）贵阳市文化产业发展的未来趋势与展望

1. 深入发展大数据产业，加强文化科技融合创新

数字网络具有传播速度快、覆盖面广的特点，数字文化产品符合当今年轻消费者的消费需求，加强文化与科技创新，促进文化产业的创新性发展，是贵阳文化产业发展的重要方向。在2020年这一特殊的年份，数字文化产业发展效果明显，在疫情防控以及社会经济发展当中发挥着不可忽视的作用。贵安新区是大数据发展的主要阵地，利用其得天独厚的数据资源优势，可大力推动发展大数据产业，依托大数据资源及其信息技术优势实现文化与科技融合创新，着力把贵阳先天的大数据优势、文化资源优势，以及生态和交通等优势转化为经济发展优势，以推动贵阳经济加速发展，从而为文化产业的可持续发展打下坚实的经济基础，并带动整个地区经济的高质量发展。为此，贵阳市应在未来高质量建设国家大数据综合试验区，大力发展数字经济，加快数字产业化、产业数字化进程，建设全国一流数据要素集聚开发基地及数据流通交易市场，建成全国一体化大数据中心协同创新体系枢纽节点，形成超大型数据中心集群，提升数字化治理水平，打造"中国数谷"，并推动贵州科学城、花溪大学城联动发展。

2. 利用文化旅游资源优势，加快推进旅游产业化

随着社会经济的不断发展和人民生活质量日益提升，民众逐步开始追求高端、休闲的生活方式，以自然风光、人文景观为主的旅游产业发展加速。贵阳依托自身独特的文化、舒适的气候、宜人的自然风光、天然的生态环境等在地化优势，不断推动旅游产业优化升级，打造众多旅游景区，其中5A级景区青岩古镇备受游客青睐。旅游产业能够产生巨大的经济效益，在拉动当地经济发展方面起到了重要作用。因此，应充分利用贵阳丰富的旅游资源优势，加快推进旅游产业不断发展壮大，持续丰富景区人文内涵以及生态元素，

打造出具有较强核心竞争力的旅游品牌，促进"旅游+""+旅游"等多产业融合发展，尤其是重点推进"文化+旅游"融合创新发展。首先，应提升旅游对社会发展的贡献度，挖掘旅游资源项目开发潜力，以市场为导向，创新旅游发展模式，完善旅游市场，引进旅游投资主体，保障旅游经济基础，整合文化资源，打造具有文化特色、生态元素、康养优势的旅游景点。其次，应盘活闲置的或未开发的旅游资源，培育旅游市场主体，引进一些带动力较强的旅游企业，并加大本土旅游企业的培育力度，如特色品牌酒店、特色民宿等，实现旅游资源的效益最大化。鉴于贵阳旅游资源丰富的实际情况，应顺应市场发展需求以及消费者需求，打造精品旅游路线，提升旅游服务质量，开发新兴产业业态，积极推动休闲体育旅游、研学旅行、康养旅游、智慧旅游等新兴旅游形式发展，促进旅游的多维度融合创新发展。

3. 研发文化创意产品，丰富文化产品与服务供给

文化产业发展具有营利性，而文化事业发展则具有公益性。文化产品是文化产业发展的产物，是延伸文化产业链的重要依托，依托文化产品与文化服务打造完整的文化产业链，才能推进文化产业加速发展。要推动贵阳市文化产业高质量向前发展，首先应打造特色文化创意产品，提升文化产品质量。目前，贵阳及其周边文化市场的文化产品质量良莠不齐，产品同质化现象严重，其中以传统工艺为基础的苗绣、蜡染、马尾绣、竹编、银饰、土布等衍生品为主。因此，依托贵阳丰富的地域文化、民族文化、红色文化资源，借助传统技艺研发相关文化创意产品，融入现代创意设计元素，做强"贵银、苗绣、蜡染、竹编"系列特色旅游商品，打造特色文化产品刻不容缓。其次应加大公共文化产品与服务供给，进一步加强公共文化基础设施建设，扩大图书馆、文化馆、博物馆、综合文化站等文化服务场所数量，完善图书馆、文化馆、博物馆、文学馆等配套服务设施，并启动多彩贵州艺术中心和省文化馆建设，以满足人们未来多层次多元化的精神文化需求，实现文化发展成果为全民所共享。

4. 加大政策扶持力度，促进文化产业可持续发展

贵阳市文化产业的可持续创新发展，需要多方主体的共同努力，为此就需要政府予以积极引导，促进文化产业高质量发展并实现良性循环。政策扶持是政府扶持以及引导文化产业发展的主要途径。较好的政策将引导文化产业的发展方向，为文化产业发展提供良好的外部环境，使得文化市场发展规

范化，促进文化资源的有效保护和利用。具体来讲，文化产业的高质量发展需要多方面的扶持，政府要综合运用财政、税收、金融等手段为文化产业的发展提供政策保障。尤其是新兴网络技术的发展愈演愈烈，文化与科技的深度融合创新发展迫在眉睫，需要不断推进文化产业的融合创新，衍生新兴文化业态，然而创新需要通过奖励、补贴等形式实现，如应完善并优化创新人才的引进政策，一方面加大创新人才的培养力度，完善创新人才培养制度，另一方面完善创新型人才的引进政策，为文化产业的持续健康稳定向前发展提供强有力的人才保障。此外，推进文化产业的创新发展，就需要将文化与科技高度融合，支持鼓励与数字化、网络化等技术相关的新兴产业发展，这就需要对文化科技的融合创新发展提供相应的政策性奖励和支持，以利用新科技、新发明等推动贵阳文化大发展大繁荣。

5. 拓宽投融资渠道，加大文化产业发展资金投入

文化产业的发展需要足够的资金投入，不仅要营造良好的投融资环境，以优惠、减免税收等多种方式鼓励文化企业发展，而且要不断吸引民营资本和外资投入，更要不断建立并完善投融资体系，构建政府资金引导、银行信贷支持、民营资本投资参与的多元融资体系。一是扩大文化产业发展专项资金规模，在"十四五"期间保证专项资金不断扩容，以使文化产业结构调整有效进行，有效发挥文化产业发展的内生动力。二是积极鼓励并支持担保机构，完善担保体制，为贵阳市的各类企业投融资提供担保，拓宽投融资渠道，使得贵阳市文化产业健康发展。三是建立文化产业发展平台，通过其进行文化产业招商引资，规划建设文化产业园区，促进文化产业园区化，发展重点文化产业项目，培育骨干文化企业，促进贵阳文化产业的整体性发展，才能建立健全文化产业发展体系，增强文化产业自身发展能动性，从而为贵阳市经济社会的发展注入新的活力。

（基金项目：2020年度贵阳市非物质文化遗产重大招标课题"新媒体视野下贵阳贵安非物质文化遗产保护、传承和发展研究"）（项目编号：2020GYFY002）

（王伟杰，贵州民族大学南方少数民族非物质文化遗产研究基地教授、硕士生导师；李美艳、雍忆经，贵州民族大学社会与公共管理学院；熊朝霞、颜钰钰，贵州民族大学民族学与历史学学院；梁海，贵州民族大学人文科技学院经济与管理学院）

第十六章
西安：城市更新焕发生机，文化底蕴展现独特风采

一、2020年西安文化产业发展现状及概况分析

二、西安城市更新发展实践及经验总结

三、城市更新中文化创意产业发展经验
　　——以西安三学街历史文化街区为例

四、西安城市更新与文化产业发展相协调的建议

城市更新依据区域发展规划对城市空间形态和功能的改善、优化的过程，实现房屋使用、基础设施、公建配套的提质升级，包括对建筑物硬件设施的改造，以及区域生态环境、产业结构、文化氛围等软环境的改善和更新，是全面提升地区产业结构、环境品质、文化传承的活动。在全球化大背景下，全球各大城市都在寻求更富特色的途径来焕发城市生机，城市发展面临由功能城市向文化城市的转型，需要不断彰显城市文化特色。

一、2020年西安文化产业发展现状及概况分析

（一）经济发展步伐加快，"6+5+6+1"现代产业体系逐步壮大成势

2020年，西安加快推进国家中心城市建设，以明晰产业发展重点为主线，以产业布局、平台构建、政策支持为重点，形成了特色鲜明、布局合理、要素集聚的"6+5+6+1"现代产业体系，产业能级和核心竞争力得到全面提升。面对突如其来的新冠肺炎疫情和错综复杂的严峻形势，西安统筹疫情防控和经济社会发展，聚焦"六稳""六保"，地区生产总值突破1万亿元、增长5.2%，规模以上工业增加值增长7%，全社会固定资产投资增长12.3%，三项指标增速均位居副省级城市前列，取得了疫情防控和经济社会发展的双胜利。西安经济总量连续跨越五个千亿元台阶，达到10020.39亿元，实现历史性突破；财政总收入超过1500亿元，较2015年增长38.3%；技术市场合同成交额累计达到5600亿元，位居副省级城市第一。

（二）文化产业规模稳步提升，文旅融合焕发城市生机

围绕"千年古都·常来长安"品牌，西安综合施策促进文化旅游市场加

快复苏。受新冠肺炎疫情影响，西安规模以上文化企业生产经营情况不佳。前三季度，全市658家规模以上文化企业共实现营业收入389.54亿元，同比下降2.7%，比上半年回落3.0个百分点，整体发展呈下滑趋势。在新兴业态的带动下，西安文化服务业呈现稳步复苏态势，先后举办"西安年·最中国""大唐建都长安1400年"等系列文化旅游活动，实施"名城名家名作"工程，创作推出话剧《麻醉师》等"五个一工程"获奖作品，推出电视剧《装台》《大秦赋》等一批精品力作，倾力打造"书香之城""音乐之城""博物馆之城"，群众文化获得感进一步提升。西安还成功举办"梨园古都·百年易俗"秦腔线上展演、"红五月"云上音乐会、"非遗匠心暖全城"非遗直播、"秦岭新晖"网络画展，成功打造西安"文化云"平台。2020年，大唐不夜城获评全国首批示范步行街，北院门风情街位列全国十大回暖夜市榜首，大明宫景区成功晋升5A级景区，大唐西市文旅小镇创建经验在全国推广。西安上榜全国夜经济影响力十强城市，入选首批国家文化和旅游消费试点城市。西安抢抓十四运机遇，推进"体育+"多业态融合发展，创建国家体育消费试点城市。此外，西安创新搭建公共文化服务平台，优化公共文化资源配置，加快推进基本公共文化服务标准化、均等化。全市共设立图书馆14个，文化馆14个；建成镇（街道）综合文化站182个，村（社区）基层综合性文化服务中心2705个，农村文化礼堂241个，开展文化惠民演出活动1000余场，"西安市公共图书馆集群信息化管理平台"和"西安市公共图书馆数字资源建设平台"入选全国公共文化服务示范项目。西安推进国家级文化产业示范园区建设，带动文化企业聚集发展。2021年将建成省级文化产业"十百千"园区（基地）12个、市级文化产业示范园区（基地）30个，新增文化领军型企业2家、骨干型企业15家、高成长型企业20家。

（三）产业政策体系优化升级，公共文化服务保障有力

为了加强文化建设、促进文化旅游融合发展，做大做强一批文化企业，补助扶持一批文化产业项目，西安出台《关于补短板加快西安文化产业发展的若干政策》《进一步加快发展服务业的若干意见》《关于推进夜游西安实施方案》《西安市关于促进民宿发展三年行动方案（2019—2021）》《西安市加强文化建设促进文化旅游产业融合发展三年行动方案（2020—2022）》《西安市旅游条例》《西安市旅游发展专项资金管理办法》《民宿基本要求与分级》等

相关政策文件,将文化旅游作为城市发展的核心竞争力,把加强文化建设促进文旅融合发展作为全市"十项重点工作"之一。针对疫情影响又制定15条政策奖补措施,加大财政支持力度,加速推动复工复产,促进产业转型升级。其中,《西安市加强文化建设促进文化旅游产业融合发展三年行动方案(2020—2022)》围绕擦亮历史文化金字招牌、提升文旅产业规模层次、激发文化旅游消费潜力、提升文化旅游内涵品质、深化国际交流合作、完善文旅基础设施六个方面提出了22项重点任务,明确提出,西安文旅融合的发展目标为:到2020年,全年接待境内外游客3.15亿人次,旅游业总收入达到3500亿元。到2021年,全年接待境内外游客3.3亿人次,旅游业总收入达到4200亿元。到2022年,全年接待境内外游客3.5亿人次,旅游业总收入达到5000亿元。文化产业和旅游业增加值占GDP15%以上,基本建成国际文化旅游中心、传承中华文化的世界级旅游目的地城市。

为了加强公共文化服务体系建设,保障公民基本文化权益,传承中华优秀传统文化,弘扬社会主义核心价值观,增强文化自信,扎实推进全省文化建设,陕西出台《陕西省公共文化服务保障条例》,支持优秀公共文化产品的创作生产,丰富公共文化服务内容,主要包含强化政府主体责任、大力推进均等化建设、公共文化设施科学布局和规范管理、提升公共文化服务效能、引导社会力量广泛参与、明确监督保障措施、构建现代公共文化服务体系、保障人民群众的基本文化权益等内容,有利于推动秦腔、民歌、腰鼓、剪纸、泥塑等本省优秀传统文化的普及推广。同时要求县级以上人民政府应当增加投入,支持公共文化服务相对薄弱地区的公共文化设施建设、公共文化产品和服务供给以及公共文化人才队伍建设。《陕西省公共文化服务保障条例》的实施标志着陕西现代公共文化服务体系建设工作进入规范化、法制化轨道。

(四)以重大项目为抓手,加快推动文旅融合发展

以重大项目建设为抓手,推进产业转型升级。2020年,西安推出全新旅游品牌"千年古都常来长安",策划推出"共长安·万家灯火送吉祥""乐长安·夜色阑珊送佳音""享长安·丝路欢歌迎客来"系列主题活动,举办"长安夜我的夜"夜游嘉年华系列活动,同时开启2020西安文化旅游消费季活动,使西安夜游掀起新热度。为大唐不夜城、陕西大剧院、《长恨歌》、老城根Gpark、永兴坊等15个品牌颁发"西安夜游特色品牌";聘请"不倒翁小姐

姐""听南门说乐队""奋斗小哥"等 15 个文旅行业的"西安符号"为"长安夜星之夜"夜游推广达人，不断强化西安夜游品牌，持续增强夜游经济影响力。小雁塔世界遗产环境提升、碑林历史文化街区、易俗文化旅游片区、西安文化商务区、杜陵考古遗址公园等重点项目进展顺利，以浐灞生态区中华千古情、沣东华侨城、恒大文旅城、长安唐村·中国农业公园等城市建设新地标为契机，增添文化旅游新亮点。强化业态创新，探索"智能+成本降低""互联网+商业创新""数字+线上体验"等经营模式，巩固提升"不倒翁"等西安网红 IP 制造模式，大力发展线上文创、手游直播等数字文旅新业态，挖掘更多新的消费增长点，推动文旅企业重塑商业模式。深入贯彻落实国务院《关于进一步激发文化和旅游消费潜力的意见》精神，积极与商贸服务业对接协同，促进"文、商、旅、体、娱"融合发展，加速"文旅+科技""文旅+工业""文旅+体育""文旅+教育"等融合发展，推进绿水青山游、美丽乡村游、经典美食游、文化欢乐游系列活动，推动旅游全域化、品牌化、系列化。

（五）搭建交流合作平台，国际交流互鉴走向深入

西安发挥"长安丝路起点"历史和区位优势，加强与"一带一路"沿线国家重点城市在文化艺术方面交流合作，用好"东亚文化之都"平台，开展与"欧洲文化之都""东盟文化城市"交流对话活动，办好中国与相关国家"文化和旅游年"系列活动，强化西安在世界文明交流互鉴中的窗口作用。西安实施 144 小时过境免签和"第五航权"政策，加强与国际旅游组织、国际直航目标航点城市、国内外知名旅游营销公司合作，实施客源互送、资源共享。支持本土旅行社加快"走出去"，设立境外分支机构和海外文化推广中心。配合办好丝绸之路国际电影节、丝绸之路国际艺术节、"一带一路"国际时尚周等丝路主题文化活动，举办 2020 世界文化旅游大会、"唐诗之城"等活动，组织赴相关国家开展"一带一路"黄金走廊文化交流活动，拓展国际文化交流载体。

二、西安城市更新发展实践及经验总结

伴随着西安城市化进程的推进，城市内部不均衡不充分发展的问题逐渐凸显，全面推进城市更新，向存量土地要效益，已成为西安挖掘用地潜力、

拓展发展空间、优化城市结构、促进民生建设的必然选择。

(一) 西安城市更新发展历程

新中国成立后西安开展了真正意义上的大规模城市更新。"一五"期间，西安城市更新主要是以旧城为中心建设新城，在旧城的周边建设新的工业区和居住区，逐步扩大城市范围，改善居民居住条件。改革开放以来，西安城市建设坚决克服"千城一面、千篇一律"的大城市建设模式，注重品质西安建设，突出特色挖掘，完善功能设施。21世纪以来，西安东西南北四条大街、钟鼓楼广场、书院门、北院门、顺城巷及一大批街区完成改造，面貌焕然一新，生活环境明显改善，对外形象大幅提升。自2013年西安市启动老旧小区改造试点以来，截至2019年年底，已累计改造老旧小区279个，面积1015.7万平方米，改善了近百万市民的居住环境，得到了社会各界的关注和认可。西安新一轮大规模的城市更新运动，主要以城市结构形态和居住区、城市中心区以及城市历史文化区为重点内容进行了综合更新保护，其主要内容包含城市形态结构、城市中心区和历史文化区三个方面。即：保持西安市原有城市空间结构，将城市空间布局划分为三个层次，构建外围组团分流城市产业和人口；先后在小寨和高新区形成新的副中心，西安市政府向北郊搬迁形成北郊副中心，呈现集中与分散相结合的有机平衡格局；确立对明城格局的保护管理措施，对明清老城的传统风貌加以保护，保护明城内主要历史街区及其建筑，对市区建筑高度控制分区分梯度，形成较为完善的历史文化区保护体系。

近年来，西安进一步优化城市发展格局，实施"南控、北跨、西融、东拓、中优"城市空间发展战略，以老城复兴为目标逐步开展历史城区（明城墙内）的有机微更新，重点改善基础设施和人居环境品质，实施城区集中连片城市更新项目，精致做好重点区域和节点的城市设计。按照西安市委、市政府相关要求，西安城市更新以贯彻落实习近平总书记关于城市建设的重要指示为指引，以加快国家中心城市和国际化大都市建设、加快经济社会高质量发展、加大生态和文化保护力度为目标，通过完善政策体系，统筹西安城市低效用地，优化产业布局结构，统筹老区新区发展，保护古都风貌，推动文化传承创新，将单一的城棚改转型升级为更具活力的城市更新，采取"保护传承、整治提升、拆旧建新"等多种方式，依法依规推动国土空间规划范围内的城市更新，有效解决西安城棚改发展的瓶颈问题，实现城市可持续发展。2018年11月14日，西安公布《大西安2050空间发展战略规划》，涉及城市规划、建设、生态、区域等多项内容。该规划首次明确了大西安的格局和体量，在以西安、咸阳、渭南、杨凌、西咸新区为主体的约1.76万平方公里规划范围内，实施"北跨、南控、西进、东拓、中优"空间战略，促进大西安与周边城市协同发展，共同打造国家一级城市群。该规划包括中心城区转型发展计划和古城复兴计划，凸显核心区九宫格局，延续城市肌理，传承文化脉络，完善基础设施及公共服务设施，促进城市有机更新和品质提升。加快推进幸福路、纺织城、大兴新区、土门、徐家湾、雁南、东关、北院门等城市片区改造，打造集商贸、文化、旅游、居住为一体的城市片区改造新亮点，塑造现代时尚与历史人文相融合的古都新风貌。

为了更好地做好城市更新工作，2020年8月，西安发布《西安市城市更新办法（草案征求意见稿）》。该办法规定城市更新可以根据更新的实际情况单独或综合采取保护传承、整治提升、拆旧建新等方式。该办法要求对历史文化建筑、优秀近现代建筑、工业遗产保护类建筑进行原址保护、原貌修缮，保持和延续其传统格局和历史风貌；对居住条件差、配套设施不全或者破损严重的旧住宅区等城市更新项目，采取完善基础配套设施、提升居住功能、改善景观环境、完善公共服务设施等方式实施更新；对属于城市功能重点区域以及对消除严重安全隐患、完善城市功能、改善城市面貌有较大影响的城市更新项目，采取拆除原有建筑物、按照新的规划和用地条件重新建设的方式实施更新。

"十四五"期间，西安市将系统推进城市有机更新，提升城市品质，让城市更美好，重点改善基础设施和人居环境品质，城区各区实施2~5个集中连片城市更新项目。进一步提升老旧小区改造品质，合理确定城中村、棚户区的改造方式和强度，有序开展老旧工业区的保护利用与改造，有计划地开展城市灰空间、低效空间的改造利用。加大轨道交通站点周边的城市更新力度和土地利用集约度，以轨道交通引领重点区域的城市更新。同时，做好历史文化名城保护。持续做好大遗址保护和活化利用工作，做到创造性保护、创新性发展。加大历史城区的城市风貌保护力度，着重做好历史文化街区的保护和有机微更新。推动历史文化资源展示利用，逐步推进街坊博物馆和汉唐古韵城市新景观建设。统筹老城、新区发展，延续城市历史文脉，重塑西安作为华夏文明摇篮、中华精神标志的世界古都典范。

（二）西安城市更新的主要区域

西安市提升老旧小区改造品质，合理确定城中村、棚户区的改造方式和强度，有序开展老旧工业区的保护利用与改造，有计划地开展城市灰空间、低效空间的改造利用，以钟楼、碑林、小雁塔、七贤庄等为主要更新片区，达到保护文化遗产并延续城市文脉的目的。

1. 钟楼片区

钟楼片区是西安古城的核心区域，也是最能体现古城历史风貌的区域。钟楼片区开启多项改造工程，包括易俗文化街区、德发长建筑群、钟楼主体修缮等内容。易俗文化街区城市有机更新项目应运而生，范围包括东大街、北大街、西一路、案板街四面围合的区域。建成后的易俗文化街区将以易俗社为中心，融合秦腔艺术展演、秦腔博物馆群落、戏曲文化创意为一体，建设中国秦腔博物馆、露天戏台以及其他商业配套设施，整体于2021年8月建成开放。为配合易俗街区提升改造，钟楼书店旧址建筑将恢复往日功能。为了更好地发挥老字号品牌文化魅力，钟鼓楼广场北侧的老字号品牌"德发长"与"同盛祥"也开始老字号品牌革新和服务升级，将打造成为钟楼商圈国际美食街区新秀，塑造根脉城市餐饮的新地标。

2. 碑林片区

碑林历史文化街区是西安保存最完整的历史街区之一，聚集了碑林博物馆、文庙、府学巷、咸宁学巷、长安学巷、关中书院、卧龙寺、下马陵、董仲舒墓等历史文化遗存，是西安文化遗存最为集中、最具特色的历史文化片区。在《国务院关于西安市城市总体规划（2008—2020）的批复》中，碑林三学街历史文化街区被作为重点进行保护。碑林历史文化街区项目北至东木头市，南至城墙脚下顺城巷，西至南大街，东至开通巷一线，以"遗址保护区""文明传承区"和"文化发展区"三大区域建设为核心，其改造内容包含原址保留建筑修缮、文化商业设施及游客服务中心等相关配套设施建设，以及对区域内建筑和道路的改造提升、居民迁建、居民保护修缮提升、书院门文化街等保留建筑的外立面改造提升等。先期实施的西安碑林博物馆改扩建是整个历史街区的核心，预计扩建42亩，将建成一座地下三层、地上两层的新馆，街区整体于2021年6月建成开放。未来碑林历史文化街区将包含文创基地、剧场、书社、酒店、设计工作室、酒吧、音乐live等多重业态，会成为见证西安辉煌历史、传承文化记忆，集研学、体验、旅游、休闲为一体的综合性人文历史风情街区。

3. 小雁塔片区

小雁塔片区是西安皇城复兴及历史文化街区的重要组成，其综合改造已于2018年底全面启动。小雁塔历史文化街区地块位于长安路以西、朱雀路以东、友谊路以南、体育场北路以北，规划总用地约38.55万平方米，涵盖文化设施、商业用地、城市绿地等，涉及的两处商业地块总建筑面积约47.4万平方米，包括地上及地下商业、酒店、公寓等部分。综合改造以传承和保护城市历史文脉为切入点，全面整合历史、文化、旅游、文物资源，建设包含唐文化风貌展示区、生态遗址公园和旅游配套服务设施的城市公共空间新格局，显著提升小雁塔区域城市功能和整体风貌，成为"老西安名片"和"新西安客厅"。

4. 七贤庄片区

七贤庄历史文化街区位于西安新城区，集聚了西安城在各个历史时期诸多的建筑遗存，包括革命公园、八路军西安办事处，是众多历史事件的见证者与革命岁月的活化石。具体来讲，七贤庄历史文化片区的改造将以七贤庄历史文化街区为核心，将西安事变主题广场、红色革命纪念广场、辛亥革命纪念广场合并，以革命公园为主体，新建纪念广场，打造爱国主义教育片区。最终形成"三轴"（红色文化精神主轴、南北历史功能次轴、东西文化景观次轴）、"一园"（革命公园）、"一办"（八路军办事处）、"一馆"（红色历史博物馆）、"一场"（红色主题广场）和"一街"（红色文创街）的空间格局。

5. 大明宫片区

大明宫是唐帝国最宏伟壮丽的宫殿建筑群，也是当时世界上面积最大的宫殿建筑群。大明宫片区改造主要以传统的坊为构思主题，通过土地整理、功能置换和环境整治等系列更新改造活动，围绕区域有机更新的目标定位，将地区功能定位提升为以大明宫国家遗址公园为核心，逐步形成遗址保护、文化旅游、商贸、居住等多功能为一体的环境优美的城市新区。依据调整后的区域功能定位，构建网络化交通系统，形成包含遗址保护区、核心商务区、中央居住区、改造示范区、盛唐文化区、城市车站广场的"一心、四轴、六功能区"布局结构。区域内的规划严格遵从遗址"前朝后寝"的原有格局，按照国家文物总局对大明宫遗址公园建设的要求，对文物保护采取可逆性手法。未来，大明宫国家遗址公园将建设成为西安的"城市中央公园"，成为带动西安率先发展、均衡发展、科学发展的城市增长极。

6. 纺织城片区

纺织城作为曾经的中国纺织工业重镇，是西安工业发展的代表，其发展历程是西安工业文明发展史上的重要片段。纺织城片区改造以旧城更新改造为抓手，坚持产业发展与旧城改造并重、企业改制与厂区搬迁同步、产业发展与职工安置并举，加快推进企业整体搬迁、改造升级，不断优化产业结构，大力发展纺织、商贸物流、房地产、文化创意、旅游等产业，实现跨越发展，促进充分就业。自2009年以来，原西北一印已形成了纺织城艺术区，保留了老纺织城的建筑特色，活化工业遗产，将老纺织城打造成特色文化创意区。原铁路专用线和国棉三厂旧厂房，也已建设成铁路主题公园和常乐尚都文化创意街区，打造企业聚集、业态丰富的文化创意试验区。纺织城片区还以4A级景区西安半坡博物馆提升改造为契机，向东与工业遗产联系，向西与浐河联系，打造彰显华夏文明的历史基地，形成集文化休闲、艺术培训、文化展览、设计策划、电子商务、生活购物、生态居住为一体的文化创意产业聚集区。

三、城市更新中文化创意产业发展经验
——以西安三学街历史文化街区为例

三学街曾是当年大唐皇城太庙坐落之地，至北宋改为祭祀孔子的文庙，明成化年间，西安府学、咸宁县学和长安县学相继落成，围绕文庙形成了"一庙三学"的官学中心，三学街因此得名。三学街与西安城墙相邻、永宁门相望，书院门、东木头市、安居巷、柏树林等数条大小街道纵横分布，集合着石刻文化、佛学文化、关学文化、儒学文化、城墙城根文化等诸多文化脉流。

（一）三学街历史文化街区保护内容

三学街历史文化街区核心保护范围：东至开通巷以东陕西省黄金家属院界墙，西至南大街，南至西安城墙，北至东木头市、东厅门，面积约33.8公顷。三学街历史文化街区占地总计50.2公顷，分布有全国重点文物保护单位2处，陕西省文物保护单位4处，西安市文物保护单位2处，历史建筑2处，并保存有众多传统风貌建筑，是西安城市文脉的重要延续区域。

三学街历史文化街区拥有的物质文化遗产包括：文物保护单位8处（分别是国家级保护单位西安碑林、西安城墙文物保护单位；省级保护单位卧龙寺石刻造像和铁钟、宝庆寺塔、关中书院、高培支旧居；市级保护单位魁星阁、民盟陕西省委办公旧址）、未定级文物点5处［东木头市98号、东木头市88号、李仪社旧居（开通巷7号）、开通巷4号、叶剑英旧居］、历史建筑2处（长安学巷过街楼2座）。此外，还包括传统风貌建筑（东木头市108号、东木头市116号、于右任旧居、曹仲谦旧居、安居巷6号、兴隆巷55号、兴隆巷34号、东厅门80号、东厅门178号、西安师范附属小学、安居巷煤场旧址、安居巷沿街以东区域、长安学巷和咸宁学巷区域、三学街区域、书院门步行街至城墙片区、卧龙寺周边、兴隆巷区域和开通巷北段片区）、街巷格局（以一院一庙一寺为中心的棋盘式路网为骨架、方形环绕、三轴并列的格局）、历史环境要素和历史场所（西安府学、长安县学、咸宁县学、三学街、五代菜市、五代草场、刘公祠、董子祠、若干剧团与剧院）等。三学街历史文化街区拥有的非物质文化遗产包括：传统生活和生产商业习俗（碑帖拓片、名人字画、印章印谱、文房四宝等）、风俗习惯（庙会、节气）、民间曲艺（西安鼓乐、秦腔、华剧、梆子、京剧）、思想文化（儒家文化、碑林文化、宗教文化、古乐文化、戏曲文化）、历史人物（叶剑英、高培支、于右任、曹仲谦、冯钦哉、段绍嘉、张庚依、郝罐东、李仪）、重要历史记忆（大吉昌巷、挂面营巷）等。

（二）三学街历史文化街区改造进程

《西安三学街历史文化街区保护规划（2020—2035）》已于2020年公布。作为西安"皇城复兴计划"的重要支撑项目，三学街历史文化街区秉承项目建设与城市设计相结合的原则，通过基础设施改造、保护修缮提升，留住城市核心文化街区。三学街历史文化街区设计形成以碑林展示为核心的"一庙三学"碑林文化轴线，以关中书院为核心的书院文化轴，包含卧龙寺石刻造像和铁钟、高培支旧居在内的佛禅文化轴。街区拥有六大片区，包括碑林文化展示区、安居巷民国名人居住空间展示区、关中书院文化展示体验区、书院门文房商业展示区、卧龙寺寺庙文化展示体验区和明清城墙及顺城巷古城展示区。

三学街历史文化街区核心的碑林博物馆改扩建工程已于 2019 年 8 月先期启动，将把博物馆北扩至东木头市，新建一座地下三层、地上两层的新馆，使馆区面积增加近一倍。2021 年西安十项重点工作和政府工作报告中，"三学街"这一关键词被多次着重提及——实现新突破以保护历史风貌为主，对三学街柏树林街区实施"微改造"，打造全国历史文化街区保护新样板。

（三）城市更新中文化创意产业发展经验

西安作为古都，丰厚的文化遗存为城市更新提供了不可多得的历史文化资源，通过不断的城市更新与社会需求相适应，使城市活力不断延续和发展。西安借"历史文化名城"保护契机，在"古老"与"鲜活"中，传承优秀传统文化以及发掘和用好文化资源，使其融入现代生活，打造最具历史文化特色的人文景区，彰显千年古都的文化自信。西安城市更新取得了很多成就和亮点，不仅对古代历史文化遗存加以保护利用，也在积极探索当代历史遗迹的保护和再利用。以老钢厂、大华 1935 和纺织城艺术街区、三学街历史文化街区为代表的历史街区、工业遗产重新焕发新的活力，成为城市的新地标。

1. 强化城市发展战略研究，优化大西安发展格局

完善大西安 2050 空间发展战略规划。积极推进"北跨、南控、西进、东拓、中优"发展战略，组织编制渭北工业大走廊规划、南部科创大走廊规划、渭河生态控制线规划、三轴线规划，构筑"三轴三带三廊一通道多中心多组团"的发展格局；突出底线思维，初步划定城市生态管控边界；以战略规划为指导，优化调整全市工业园区布局，形成高效集约的生产空间；做好基础设施规划及城市承载力和宜居度研究，优化大西安"三生"空间的规划布局；落实发展规划项目用地，保障省市重点项目和基础设施项目，尤其是民生项目的用地需求。进一步明确五区两县功能定位及发展目标，增强城镇承接产

业、聚集人口的能力，加快城乡基本公共服务均等化，构建特色鲜明、布局合理、相得益彰的城镇体系。

2.保护和传承城市文化资源，延续西安文化根脉

破除千城一面、保持住城市特色是西安实现城市更新的主要出发点。在城市功能分区明晰前提下，确定中心城区的优化和更新路线。建立大西安历史文化保护体系，全面保护周、秦、汉、唐、明、清等朝代城市遗址所形成的历史名城保护带、地貌河湖水系带、自然人文景观保护带和古遗址古陵墓保护带。积极实施古城复兴计划，在中心城区划定历史文化核心区，保护汉长安城城址原真性、隋唐长安城规模格局和明清西安城历史遗迹。从整体平面和立体空间统筹布局，兼顾文化特色与现代气息，大力推进历史文化名城保护利用工作。实施杨官寨、汉长安城、秦栎阳城等重点遗址保护项目，启动三学街、七贤庄、小雁塔等历史文化街（片）区建设，推进古建筑、古村名镇和名人故居保护，延续西安文化根脉。与此同时，西安深挖工业文化富矿，积极探索存量空间"腾笼换鸟"和功能提升的创新路径，形成老旧厂房改造利用、传统商业设施升级、有形市场腾退转型三种园区改造转型模式，引导工业企业转化形成各具特色的文化产业园区，保护传承西安城市文化资源，进一步延续文化根脉。

3.强化城市形象提升，推进品质西安建设

西安先后颁布实施《西安市进一步加强重点历史文化区域管控疏解人口降低密度的规划管理意见》，疏解中心城区过密的建筑和人口，推进中心城区城市修补和城市更新。协调文化遗产保护传承和城区有机更新，开展《西安市历史文化名城保护规划》《七贤庄、北院门、三学街历史文化街区保护规划》《西安市中心城区紫线划定规划》编制工作，建立《西安市优秀近现代建筑第二批保护名录》，开展《七贤庄、北院门、三学街历史文化街区控制性详细规划》《小雁塔历史片区控制性详细规划》编制，为城市留存特有的地域环境、街区风貌、建筑风格等基因，实现从历史保护到文化认同。完善《西安明清古城（老城区）保护与更新规划》《半坡遗址公园及周边地区详细规划》《大唐东市规划策划》，为提升城市环境品质、彰显城市文化特色、打造文化旅游品牌效应出谋划策。同时，西安完成《西安市城市设计试点工作实施方案》，积极开展山水生态片区、历史风貌片区、现代风貌片区、重要公共空

间、城市交通廊道沿线等重要节点、重要地段的城市设计，开展《大西安东部片区概念规划》《西安奥体中心、会展中心、会议中心核心区规划》《长安国际大学城综合提升规划》《西安幸福城概念规划及城市设计》《西安市莲湖区金光门桥周边更新改造城市设计》《西安市未央区文景山周边地块城市设计》等，系统推进"城市设计"和"城市双修"试点工作。

4. 强化城市景观风貌提升，拓展城市文化空间

西安中心城区在大力实施城市更新的进程中，大力加强基础设施建设，提升管理水平，改善人居环境，开展市容市貌整治、环境提升、夜景亮化照明等工程，使中心老城区具备富有古城特色的高品质城市环境。编制《西安城市色彩规划导则》《建筑第五立面引导》《朱宏路景观提升方案》《西安市街道设计导则》。对建筑外立面色彩开展专项普查，对东西、南北中轴线建筑立面进行整治提升，对沿街环境、建筑材料、立面划分、门窗洞口、墙面肌理、门头牌匾等要素进行提升改造，营造舒适宜人的街道界面。进一步加强建设项目审查程序管控，将建筑色彩、建筑第五立面、建筑风貌等涉及城市空间风貌的要素，纳入规划编制、审批、管理环节，完善专家审查机制。促使西安城市更新实现产业结构的升级、地区产值的提升、人口结构的优化，带动了物业资产增值的同时也带动了周边基础设施的完善，实现了政府、村集体、产业等多方共赢。

四、西安城市更新与文化产业发展相协调的建议

城市作为不断生长的有机体，有着自身发展的需求和规律。通过空间修复和功能补充，激发其内生动力，让城市吐故纳新、宜居宜业。文化产业在西安城市更新中的作用不断凸显，为城市发展新面貌、优化人居环境、提升城市品质提供坚强保障，让城市真正做到健康发展，人们生活更美好。

（一）加快历史文化名城保护，加强文化传承创新

传统文化是西安的名牌与标志，是推动城市发展的重要因素。做好历史文化名城保护，持续做好大遗址保护和活化利用工作，还需做好历史文化街区的保护和有机微更新。推动历史文化资源展示利用，逐步推进街坊博物馆和汉唐古韵城市新景观建设。西安历史文化名城的保护与发展，应该着眼于

城市整体的更新而对各个城市功能区进行重新调整。西安旧城区（明城区）的保护与改造应适度限制发展规模和速度，在以保护为主的前提下采取稳步的城市改造方针，而新城区的发展规划可考虑借鉴西安历史上的城市更新经验和国内外城市更新的成熟做法，形成新的城市行政中心以缓和旧城区的压力，形成全新的"大西安"城市发展格局。在城市更新中坚持文化传承，实际上就是在城市发展过程中加强对传统文化的保护和传承。要强化统筹，发挥文化保护规划政策的作用，统筹文化产业规划、顶层设计和整体布局，全面落实国家、省、市对西安文旅产业发展的总体要求，根据当前区域的现状、历史文化价值等合理确定城市更新的模式。在传统文化价值高的区域选择整治改善与保护相结合的城市更新模式，而在建筑质量老化严重、基础设施大量缺失的区域，选择再开发模式，不断探索适合时代发展的创新文化，做好城市更新规划。

（二）推动城市加快更新升级，注重城市功能提升

实施城市更新行动，总体目标是建设宜居城市、绿色城市、韧性城市、智慧城市、人文城市，不断提升城市人居环境质量、人民生活质量、城市竞争力。加快实施西安城市更新行动，推动西安城市发展不断提质提标，让古城西安更加时尚、更有气质、更有文化内涵。城市发展必须强化安全意识，需要将"韧性"城市理念融入西安城市规划、建设、管理的全过程和各环节，从构成城市安全风险的各类要素入手，系统推进城市安全治理工作。在完善城市功能和结构的过程中，健全城市内水、电、气、路、管网等城市生命线的系统建设，大幅提高城市防范和抵御各类灾害风险的能力，着力建设更加安全、更具韧性的城市。

（三）注重城市品位品质，提升公共文化服务水平

随着产业经济转型升级和居民生活要求不断提升，改善居住环境、完善城市功能、提升城市品位品质的需求不断增强。根据国家、省、市关于公共文化服务体系建设的要求，西安需要加强政策引导、夯实设施基础、丰富活动内容、提升服务效能，强化部门之间的协作，整合各类资源，推进公共文化设施建设，有效地提升全市公共文化服务水平。西安城市更新也需要从单一的硬件设施改造向经济、社会、文化等多方面的城市综合发展转变，更加

注重对城市多元文化内涵的挖掘，形成产业转型升级、人居环境改善、文化软实力提升的结合机制。推动城市更新时更要突出西安文化特色，注重打好西安文化这张牌，更多采用微改造这种"绣花"功夫，使得西安文明得以传承、文化得以延续，城市留下记忆，人们记住乡愁。

（颜鹏，陕西省社会科学院文化研究所助理研究员）

第十七章
西宁：城市转型步伐加快，创新发展能力不断提升

一、2020年西宁市创意产业发展概况

二、城市更新有序开展，高原美丽城镇建设取得实效

三、以保护促发展，城市改造成果丰硕

四、西宁市城市更新面临的主要困难

五、西宁市城市更新改善与提高能力的方向与对策

近年来，西宁市牢牢把握新时代建设幸福西宁的历史使命、实践指向和着力重点，全力打造绿色发展样板城市，不断加大民生领域财力精力投入，展开了天水一色、绿意盎然、鸟语花香的生态画卷，全市人民的生产生活正逐步向高品质迈进，获得感、幸福感、安全感不断提升。2016年青海省"一优两高"战略实施以来，西宁市扎实开展民生工程，为人民群众创造更高品质的生活，取得显著成效。经过三年多的努力，西宁市绿色本底不断夯实，生态环境持续改善，城市更加宜居宜业。

一、2020年西宁市创意产业发展概况

（一）产业现代化有序发展，特色优势产业持续壮大

践行高质量发展，就要在产业现代化和特色优势产业上下功夫。通过积极发展生物医药、健康养生等特色产业，西宁已成为青海省规模最大、科技水平最高的中藏药生产、高原特色动植物资源精深加工基地。推进农业绿色循环低碳生产，完成化肥农药减量增效行动试点面积30万亩，农作物秸秆综合利用率达84%；发挥青藏高原"超净区"优势，全市绿色农产品品牌达161个；农村电商、乡村生态游、观光农业等成为拉动农村经济新业态，建成10条乡村旅游示范带，大通县、湟中县和湟源县成为农业部和国家旅游局认定的全国休闲农业与乡村旅游示范县，湟源县被评为全省唯一的国家农业绿色发展先行区，西宁农业产业现代化迈上新台阶。

大力培育新技术新业态，促进制度创新与技术创新融合互动。供给与需求有效衔接、新动能培育与传统动能改进提升协调推进，高新技术产业加快发展。"互联网+"模式广泛应用，电子商务、移动支付、共享经济发展迅猛。信息消费规模快速扩大，培育国家级两化融合管理体系贯标试点企业21户，

积极引导中小企业专业化、精细化、特色化、新颖化发展，有力助推了制造业与互联网融合发展。

（二）科技创新能力不断增强，低碳循环产业有序发展

由国家统计局、科技部、财政部联合公布的《国家创新型城市创新能力监测报告》显示，作为青海省唯一承担国家创新型城市建设任务的试点城市，西宁市全面完成了试点方案既定的各项目标任务，顺利通过国家验收，进入全国创新型城市行列。

自 2011 年开展创建工作以来，西宁市结合独特的资源禀赋以及产业特征，积极构建以企业为主体、产学研合作不断深化的区域科技创新体系，大力推动发展方式由要素投入增长型向创新驱动型转变，不断探索西部欠发达城市走创新驱动发展的新路子，使西宁成为全省科技创新"先行区"，带动青藏高原实施创新驱动战略的"辐射源"。

西宁地区集聚了全省 90% 的科研机构、83% 的高等院校和 80% 的人才资源，拥有国家高新技术企业 150 家，省级工程技术研究中心 58 家，院士工作站 3 个，国家级、省部级实验室 2 家，省级重点实验室 58 家，产学研创新基地 42 家，科普基地 23 家，科研院所与服务机构达 600 家，在创新引领方面展现出全省范围内极强的首位度与极高的吸引能力。

2017 年起，西宁市政府投入研发经费达 2500 万元，当年引导社会研发经费投入 105.7 亿元。依托青藏高原特色资源，积极打造国家农业科技园区、千亿元锂电产业基地和世界"藏毯之都"，先后建成国家级太阳能光伏高新技术产业化基地、国家循环化改造示范试点，"青藏高原特色生物资源与中藏药产业集群"列入国家创新型产业集群试点。此外，西宁还与北京中关村、上海科学院、宁波科技大市场等建立了长期科技合作关系。

（三）基础设施建设有效推动，旅游发展要素不断完善

西宁市构建以服务经济为主的城市形态，把旅游业培育作为战略性支柱产业，打造中国西部区域旅游集散中心，建成青藏高原特色旅游服务基地。重点发展水井巷中央商务区、建国综合商务区、南川文化旅游商贸会展区、青藏高原农副产品物流中心、鲁沙尔民族文化旅游产业园区、高新技术服务产业园、国际藏毯绒纺展销交易中心、城西金融聚集区、海湖总部经济区、

城北大学城、多巴健康养老服务聚集区等，建成了一批宾馆饭店、游客中心、自驾车营地、停车场等配套设施，积极推动智慧旅游平台发展，景区通达性明显改善，综合接待能力显著增强，旅游供给更加丰富。2020年旅游人数、收入分别达到2153万人次和220亿元，建成海洋馆、熊猫馆和10条乡村旅游示范带等标志性文旅项目，自驾车联盟影响力持续扩大。

打造精品文化旅游，丰富"世界凉爽城市西宁"旅游品牌内涵，围绕打造丝绸之路经济带国际旅游名城，推进智慧旅游、品牌景区和旅游精品线路建设，规划实施海洋馆、水上乐园、市民中心、印象西宁等一批有规模、上档次的旅游建设项目，加快完善旅游基础配套设施，提升旅游集散水平和服务功能。大力提升文化服务品质，着力发展"互联网+文化"，打造文化产业公共服务网络平台。依托好青年电影展、文化艺术节、花儿会等文化活动，进一步扩大文化消费的影响力。

（四）文旅融合项目数量增长，经济带动作用日益显现

就西宁市而言，湟源县宗家沟等景区建成试营业，推动了文化及旅游业蓬勃发展。大通边麻沟、湟中上山庄、大通汇丰景园等乡村旅游的示范点建设极大地促进了乡村振兴，有力地推动了脱贫攻坚。新华联国际旅游城、青海之窗文旅城等一大批重点旅游项目正在积极推进，产业融合快速发展。

为了尽快打开全域旅游发展格局，2018年以来，西宁市实施重点旅游项目33项，完成投资73亿元，持续提升鲁沙尔大景区品质内涵，加快丹噶尔古城二期建设，依托藏医药博物馆、昆仑玉博物馆，加快打造博物馆群5A级景区。熊猫馆、冰球馆、海洋馆等一批高层次旅游项目有序推进。西宁着力打造中央商务区、核心商圈、社区和乡镇便民商圈，逐步形成错位发展的新格局，以城市商业综合体为代表的一条龙服务新商业模式发展态势良好。全市城市商业综合体由2015年末的3家增加到2020年末的9家，倾力打造唐道637、新千丝路风情街等城市特色街区，高端旅游"品牌"逐步显现。

二、城市更新有序开展，高原美丽城镇建设取得实效

西宁市全面实施"绿色人文"建设行动，形成了崇尚绿色发展的浓厚社会氛围，绿色发展理念深入人心。长期以来，城市发展顺应人民群众对清新

空气、清澈水质、清洁环境等生态产品的期待，全面实施"高原绿""西宁蓝""河湖清""治理能力"建设行动，着力筑牢绿色屏障。在绿色发展理念的引领下，高原美丽城镇建设初具雏形，绿色生活方式逐渐成为西宁市民生活的"关键词"。

（一）高原美丽城镇建设的主要内容

实施差异化发展战略，加快旧城改造、市政基础设施和公共服务设施建设，推进特色产业发展，提升民生保障水平，增强城镇综合承载能力。因地制宜，突出特色，结合各镇自然与文化特点，改善镇容镇貌，提升文化内涵，扩大绿色生态空间，改善人居环境，塑造城镇特色风貌。营造良好就业创业环境，增强城镇就业和创新能力，显著提升城镇综合实力，提高城镇吸纳农牧业转移人口的能力。加强和改进社会治理，深化平安城镇建设，努力完善城镇社会治理体系，提高治理能力。建立城镇管理长效机制，切实巩固建设成果。到2020年，已将80个区位优势明显、产业发展具有一定基础的小城镇，打造成特色鲜明、生态环保、设施配套、宜居宜业、社会和谐、人民幸福的美丽城镇。项目完成后，县政府所在镇供水普及率达到93%以上，生活垃圾无害化处理率达到85%以上，生活污水处理率达到85%以上，建成区绿化覆盖率达到28%以上，道路硬化率达到90%以上。

1. 建设生态人文的高原美丽城镇

实施高原水城建设行动。以生态环境部黄河流域入河排污口排查为契机，配合相关职能部门全面摸清全市入河排污口底数，有效管控入河污染物排放，推进湟水河流域入河排污口排查整治。实施最严格水资源管理制度，河湖"四乱"问题整改率达100%，启动西川河生态治理，推进北川河综合整治。加速推进城区雨污分流工程，建设智慧排水系统，实施城镇污水处理"提质增效"三年行动，加快推进一污升级改造、五污水质提升等重点工程。

实施公园城市建设行动。结合"幸福西宁"创建工作，提升改造市政基础设施；加快推进垃圾焚烧发电项目、秀水路城市绿地公园项目；建设建筑垃圾消纳处置场，以项目推动创建，以进展支持创建。

2. 建设治理有序的高原美丽城镇

实施城市治理行动。全面完成"无废城市"试点目标，打造具有西宁特色的"无废城市"样板。瞄准城市固体废弃物在产生、收集、转移、利用、处置等过程中的薄弱点和关键环节，加快推进生活垃圾焚烧发电及配套设施以及餐厨垃圾处理厂、建筑垃圾处理场等建设。强化危险废物规范化管理，合格率达到90%以上。

深入推进市政公用一体化改革。完善和落实市政公用行业安全生产、隐患排查治理、设施改造提升、应急管理责任，强化城市基础设施建设整体性、系统性，强化应急保障，形成建设统筹、管理规范、养护高效的大市政一体化建管养体系，全面提升市政基础设施管理水平。

（二）高原美丽城镇建设的突出成效

1. 坚持生态保护优先，"花园城市"成效显著

在高原美丽乡村、美丽城镇建设步伐加快的背景下，青海省整体城镇发展迈入一个新的台阶，群科镇、茶卡镇、龙羊峡镇等6个镇先后成功入选国家级特色小镇，第一批省级特色小镇创建工作扎实推进。兰西城市群建设稳步推进，"大西宁"建设拉开序幕，"生态修复、城市修补"试点积极推进，西宁中心城市功能进一步增强，多巴城市副中心建设初具规模，绿色发展样板城市和幸福西宁建设取得突破性进展，有效发挥在全省城镇化建设和经济发展中的引领作用。西宁市启动了国家森林城市创建工作，建成了一批生态绿地公园，城市县城建成区绿地率达31.1%，更多市民感受到城市生态之美。

坚持生态优先，绿色发展，构建"一芯二屏三廊道"城市新型生态格局，在持续优化城市生态本底的基础上，重点突出城市绿化空间的绿化、美化、彩化，大幅提升夏都的颜值，以"花园城市"作为西宁自然环境的底色、高质量发展的底色、人民高品质生活的底色。绿化上，国土绿化三年提速行动加快推进，多项重大生态保护修复建设工程有序实施，城乡绿化工作与国家生态园林城市、森林小镇、特色小镇、绿色村庄等创建活动相融合，城区、城镇园林绿地布局不断趋向合理，增加老城区公园游园分布，实现快速增绿；美化上，以"建设出精品、改造出精品、管护出精品"为目标，在公园游园、街头绿地、道路绿化、单位庭院绿化的新建改造工程中，重点提升园林主题内涵和品位，打造园林景观示范精品；彩化上，遵循适地适树的原则，科技引领，丰富品种，以构筑城市彩色绿化空间为目标，在城市山体、公园游园、三河六岸、景观道路上重点增加彩叶树种配置，市区联动，合力打造出一批

彩色绿道、彩色通道、彩色步道、彩色大道，绿化空间彩色化成为西宁园林绿化新追求。

2. 不断提升公共服务水平，"幸福城市"建设稳步推进

住房问题是重要的民生工程，完善住房保障体系，对于促进社会和谐、人民安定团结具有重要的现实意义。近年来，西宁市坚持把居民一般性住房、保障性住房建设、棚户区改造作为调结构、惠民生的有力抓手，各地各部门尽心尽力、深化改革、倾力推进民生工程建设，逐步建立和完善了与经济发展相适应的住房保障体系。一是完善制度体系，先后印发《关于加快城镇保障性安居工程建设的实施意见》《保障性住房管理办法》等一系列文件，形成了从建设到运营管理全覆盖的一整套政策体系。二是加快实施改善居民条件工程，加快实施城市棚户区改造、城镇老旧小区综合整治、危旧房改造、居住条件综合改善工程等项目。三是不断提升城乡居民居住水平，优化居民住房户型设计和室内的布局，注重绿化和美化环境，保障小区居住标准，保证住宅品质，为广大人民群众营造了环境优美、服务完善的居住环境。

"公交都市"加快建设，"畅通西宁"三年攻坚计划全面推进，西宁建成首条公交专用道，城市公交便利化、绿色化程度显著提升。一是交通枢纽地位日益凸显。以西宁都市区为载体，构建由高速公路、骨架干线公路、高速铁路、干线铁路等共同组成的都市区综合交通网络，并形成由快速内环、高速中环、快速外环，东西川谷内四条快速路，南北川谷内五条快速路组成的"三环四横五纵"综合交通体系。二是城市快速路系统建设有序推进，中心城区干路网络向外拓展，城市周边地区的发展活力切实增强，小街小巷逐步疏通，城市交通微循环系统不断改善，城市主、次干路系统得以完善。三是城市交通智能化管理步伐加快。完成公交数字化调度和道路信号智能化管理系统搭建工作，交通影响评价机制不断完善，项目建设与城市交通协调发展，交通服务水平不断提升。

3. 着力发展循环经济，"无废城市"建设成绩突出

一是再生资源回收利用链条。修订完善《西宁市再生资源管理办法》，合理规划西宁市再生资源回收行业布局，持续加强再生资源回收网络体系建设。整合、改造现有回收网点，引导生活垃圾收运网络与再生资源回收网络"两网融合"，建设再生资源分拣中心，配套基础设施建设项目，甘河

工业园区开工建设废旧塑料综合利用生产线，云海循环经济绿色产业园区建设稳步推进，再生资源回收利用设施短板不断补齐，解决可回收物的收运处理问题。2020年，日均1300余吨涉塑、涉纺、涉金属、涉纸、涉电子产品等可回收物和易腐垃圾分别进入可回收和无害化处置网络，生活垃圾回收利用率37%。

二是规划城市生活源闭合环路。按照多源固废综合协同利用、能源梯级使用、二次污染统一控制的集中利用处置的思路，以基础设施短板问题为导向，以西宁市生活垃圾焚烧发电项目为中心，筹划建设集生活垃圾分拣中心、大件垃圾处置中心、绿植垃圾处置中心、餐厨垃圾提标扩能项目等处理为一体的城市生活固体废物综合利用循环经济产业园，将零散城市生活固体废物回收利用处置点、链条链接形成闭合环路，从根本上解决城市生活源分类收集处置问题。截至2020年底，西宁市生活垃圾焚烧发电项目建设进度良好，餐厨垃圾提标扩能项目已完成项目前期工作，生活垃圾分拣中心建设等项目完成可行性论证，城市生活源闭合环路已初现框架。

4. 提升信息化水平，"创新城市"建设迈上新台阶

2020年以来，青海省信息化建设全面提速，数字青海、宽带青海建设加快推进，基础地理信息资源覆盖率稳步提升，移动通信提速降费，移动互联网接入流量增长1.9倍。西宁入选"宽带中国"示范城市，全国首个藏文搜索引擎"云藏"上线，高原云计算大数据、青海新能源大数据中心、省级地理信息公共服务平台、高分辨率对地观测青海数据与应用中心上线运行，宽带网络覆盖所有乡镇，北斗卫星导航与位置服务基础设施基本实现全省重点区域均匀覆盖，公共信用信息共享交换，"一门一户一平台"体系基本形成，全省社区矫正信息化监管水平跻身全国"三甲"，全省首个扶贫大数据监督平台投运。

在此背景下，西宁市不断提升城市建设的信息化水平，大力推进城市规划精细化管理平台建设，搭建建设项目部门"并联"审批系统，全面推广三维审批等精细化管理手段，建立基础数据维护更新长效机制，切实提高规划管理水平。建立覆盖全市、涵盖内容完整的"规划国土一张图"系统，实现全方位、标准化、实时动态信息管理，搭建"智慧城市"信息化管理体系，推进信息共享和综合利用。西宁市城市更新注重民生改善、环境品质提升和城市特色形成，科学定位和谋划城市发展，不断加快城乡规划管理"转型提

效"步伐，推动城市规划管理向更高层次、更深领域延伸，为城市健康、和谐、可持续发展打下坚实的基础。

三、以保护促发展，城市改造成果丰硕

深度融入高原美丽城镇示范省建设，积极创建高原美丽示范市，协同推进美丽城市、美丽城镇、美丽乡村，建设宜居、绿色、韧性、智慧、人文城市效果显著。

（一）以生态环境建设为引领，探索绿色城镇建设新模式

立足公园城市建设，将公园形态和城市空间有机融合，科学优化公园、绿地布局，先后实施城区绿化提质提速行动、绿化美化彩化行动，绿地面积稳步增长，绿地空间布局日趋均衡，绿地养护建管水平逐步提高。2018—2020年，完成新建改造街头绿地（口袋游园）67处、道路绿化53条、花街花桥营造137条、单位庭院及老旧楼院景观提升改造67处；建成开放精品公园游园18个；全市新增园林绿地241.9公顷。城区生态环境得到明显改善，公园城市形态不断凸显，幸福西宁绿色颜值大幅提升。

1. 西宁园博园：工业园区转型城市绿色新地标

甘河工业园区规划于2002年，地处西宁市西南、湟中县鲁沙尔镇西端，湟水河支流甘河谷内，是以优势金属冶炼和加工等为主的材料工业集群。2015年8月，考虑到西宁及周边地区的生态脆弱性与青海省重要生态地位，为降低工业园区对西宁市及周边地区大气、土壤、水环境的污染，西宁市政府将原属于工业园区的6540亩工业用地用于建设西宁园博园，并于2021年建设完成。园博园绿化面积93.37万平方米，水域面积28.1万平方米，作为海绵城市试点，西宁市将海绵城市理念融入园林建设与苗木栽植中，园内水系贯通，植物种类丰富，园林布局巧妙。园博园建造融入江南地区、北方地区、巴蜀地区、岭南地区、河湟地区的园林建筑风格，并在西宁砖厂原址保留砖厂建筑的基础上对厂房加以改造，形成兼容并蓄的园林风格。下一步将按照"2+N"的空间规划思路，以主展园+市内展馆，串联市区各公园游园、街头绿地、绿道绿廊等景观节点，着力打造全域园博，积极申办中国国际园林博览会，巩固西宁绿色发展成果。

2. 北山美丽园：实现环境整治与人居改善的双赢

北山美丽园位于机场高速沿线，东起火车站，西起朝阳，南临高速公路，北至北山南麓。北山山体陡峭，自然灾害频发，在危岩体治理开展之前，由于缺乏妥善管理，加之靠近火车站，流动人口密集，山下违章建筑密集，在总面积约 4 平方公里的地区聚集了约 2 万流动人口。在没有垃圾污水处理设施的情况下，此处居住环境较差，山体滑坡与落石进一步给群众生命和财产带来安全隐患。为了提升省会城市的形象和品质，促进城市的改造和建设，2006 年起，西宁市大力推进机场高速沿线西宁段的环境综合整治工程，在北山危岩体综合治理的前提下，拆除高速公路北侧沿线违章建筑，构建西宁北山美丽园 6000 亩永久性绿地，形成了一条贯通城区东西的生态风景线，建成改善生态、美化环境、游览休闲、文化特色突出的主题公园。

（二）以提高城市人文气质为内涵，打造精神家园

挖掘高原自然特色，突出地域文化本地，延续高原文化脉络，打造地域特点鲜明、历史文化传承的美丽城镇成果突出。2021 年政府工作报告将城市更新作为区域协调发展和新型城镇化建设的重要抓手，提出"对城市存量片区进行挖潜提效，打造湟水河生态活力轴，保护好'一窟两街三遗址'，活化利用原制药厂、油泵油嘴厂等工业遗址"，2021 年进一步将城市更新的方向与目标列入西宁市"十四五"发展规划，将城市更新深度融入提高城市发展品质的规划当中，立足高原特色风貌、多元文化资源，通过对历史文化遗迹的保护与修缮，增强城市的人文气质内涵。

1. 四馆建设：提升文化遗迹在公共服务供给中的影响力

依托"一窟两街三遗址"建设，新建总建筑面积 4939 平方米沈那遗址公园，沈那遗址是约 3500 年前的古羌人聚落村，是远古人类从新石器时代向青铜时代过渡的一种文化遗存，该遗址以齐家文化居住遗存为主，还有少量的马家窑文化马家窑类型、半山类型和卡约文化遗存。从现有资料看，沈那遗址是我国迄今发现面积较大、文化层堆积较厚、文化内涵相当丰富、保存现状较好的多种文化并存地点之一。但是长期以来，受客观条件限制，遗址年久失修，资源开发利用不够，为有效保护沈那遗址文物的真实性、完整性和延续性，减少自然力及人为要素对遗址带来的损伤，科学、合理、适度地发

挥沈那遗址在西宁市地方文化建设中的积极作用，以沈那遗址公园建设为契机，打造设施齐全、结构合理、发展均衡、运行有效的公共文化服务体系，能够满足人民群众精神文化需求，显著提升城市文化内涵。

"四馆"建设项目包括西宁市博物馆、美术馆、图书馆、文化馆，依托沈那遗址公园打造城市历史文化展示、教育和交流的目的地，吸引人群，建成集博物、展示、教育、休闲等多项功能于一体的具有地域特色的城市文化艺术活动交流中心，提升地段的整体品质和吸引力。"四馆"建设改变了西宁市现有市级公共文化机构基础设施相对陈旧、市图书馆有馆无址，市美术馆（画院）功能缺失，市群艺馆、市博物馆面积均不达标的现状，既达到了文物保护、宣传教育、民族团结、文化传播的目的，又提升了西宁市公共文化服务水平，满足了市民日益增长的文化需求。

2. 湟源古镇：修缮更新助力"古城文化"更具旅游吸引力

湟源古城位于青海西宁湟源县，包含丹葛尔古城和湟水河两侧的磨林湿地，此地是西宁进藏入疆的交通要塞，有"海藏咽喉"之称，具有悠久的文化历史，丹葛尔古城距今已有600年历史，历来是商业、军事、宗教、民俗等多元文化交流重镇。

更新修缮建设是将古城文化和湿地自然环境相结合，建造文化、旅游为一体的特色小镇。山合水易基于对地域土地使用现状、文化保护和旅游现状等条件的分析，以"海藏之门，文化交汇之城"为主题，以文物古迹保护为前提，打造以磨林湿地自然资源环境为基底，充分挖掘提炼核心价值，以游客需求为导向，集古城观光、文化博览、酒店接待、会议会展、民俗体验、餐饮娱乐、旅游购物等多元化功能为一体的特色小镇。

修缮更新的湟源古城包括丹葛尔古城、滨水商业休闲区、商贸物流集散区、综合服务度假区、磨林湿地观光区五个区域，古城功能分布依托遗址资源，打造和提升古城文化旅游的多元化完整性，注重保存民俗风情元素、庙会文化、军事文化、儒家文化的相关主体，在修缮、保留的基础上进行改造新建，保留整体格局和空间尺度感，在保护和修复的基础上丰富和提升空间趣味，增加绿地广场和室外商业空间，以增强空间与功能的合理性与联系。其中，商贸物流集散区是还原历史上湟源"茶马商都"、商贸重镇功能的体现，园区内设置互市物流园、会议中心，为青海省土特产品和交易提供平台，作为全省土特产品向全国、全世界推广的窗口。

湟源古城的修缮更新延续了古城的生命力，并且通过旅游、会展等方面配套设施的建设，提升了古城的旅游吸引力与文化影响力，帮助古城实现历史地位在现代经济社会发展中的传承与延续。

四、西宁市城市更新面临的主要困难

"城市更新"工作在西宁启动以来，虽然举全市之力积极探索，突破了关键环节，形成了特色循环链条，着力打造高原美丽城镇，在花园城市、幸福城市、无废城市、创新城市建设等方面积累了一些经验和基础，形成了一些体系和模式，但由于西宁市受市级财力、市场、技术及地缘条件等困难因素影响，仍然存在诸多问题和困难，具体体现在以下方面：

一是对绿色发展的推动力仍显不足。试点期间，西宁市将"城市更新"作为西宁市打造绿色发展样板城市的重要实践载体，在工业绿色制造体系建设、农业绿色生产等方面与绿色发展样板城市建设进行了融合，但融合深度和广度不够，尚未真正发挥花园城市、无废城市、创新城市等作为先进城市管理理念的重要作用。

二是全领域循环网络构建不足。虽然在工业、农业、生活领域做了诸多努力和探索，形成了一些特色链条，但仅仅只完成了部分点一线组合，且与先进地区相比链条仍偏短、偏粗，由线至面工作尚显不足，跨领域耦合方面留白较多。

三是循环发展短板仍然突出。城市基础设施建设仍显薄弱，垃圾焚烧发电项目尚在建设，生活垃圾分拣、有害垃圾收集转运设施尚显不足，一般工业固废无害化处置兜底能力还需提升。"小众"固体废物利用处置管理经验不足。建筑垃圾综合利用还处于探索阶段，尚未取得明显进展，城市绿化垃圾、市政污泥、大件低值生活垃圾、报废车辆和轮胎等固体废物不断浮出水面，引发一系列新问题。

四是创新要素投入不足，创新驱动动力匮乏。在青海省"一优两高"战略部署引领下，西宁市创新发展取得了一些成效，但与经济发展的需求和周边省份相比，创新发展的动力还很不足，研究与试验发展经费（R&D）投入强度低，连续多年排名全国省会城市后五位，且与全国平均水平的差距还在不断扩大，有R&D活动的企业占比低，创新驱动引领作用没有完全发挥，制约了城市更新从发展概念上向更加革命性的方向改变。与发达省份相比,青海创新企业主体、公共技术研发平台仍显不足。新能源、节能环保等高新技术产业虽然发展迅速,但具有较大规模和较强实力的龙头骨干企业仍然偏少,截至2019年底,青海省高新技术企业仅为167家,在全国排第29位,仅高于宁夏(152家)和西藏(50家);科技型企业数量仅为415家,创新动力不足。

五是宣传引导仍需强化。宣传深度和广度还需继续扩展,需将民众对"城市更新"涉及的绿色循环可持续生活方式的认同从表面认识扩展至深度理念认同;对少数民族群众宣传存在短板,宣传手段单一、宣传效果尚不明显。城市治理工作社会化、规范化、法治化、专业化和信息化水平不高,社会力量在城市发展过程中存在感薄弱,基层社区治理精细化程度不足,社会组织在社会治理中存在感弱,功能发挥不充分,没有完全调动起公众参与城市治理的积极性,城市更新仅仅停留在基础设施重建翻新层面等问题逐渐显现。

五、西宁市城市更新改善与提高能力的方向与对策

城镇化发展水平需要与环境承载力保持一致,以免重走先污染后治理的老路,城市更新应当紧密结合城镇化发展方向与发展战略,在生态环境承载力的范围内,增强城市人居环境和生态环境的建设,以推进城乡环境基本公共服务均等化为基础,不断提升城市发展质量,为新型城镇化的健康发展提供保障。在不同的社会发展阶段,城市发展有不同的重点领域,综合考虑城镇化进程、城乡公共服务现状、城市所在地区的生态安全战略地位以及公众的环保诉求等方面,现阶段西宁市推进城市更新可以从以下方面重点推进。

(一)以生态建设为基础,夯实"绿色基底"

坚持集约、智能、绿色、低碳发展,积极探索"绿水青山"向"金山银山"转换的科学路径。以生态保护优先为引领,通过山水生态体系修复、增绿扩绿、推进环保设施建设等举措,夯实生态基底,努力建设生态保护与经济发展相得益彰、人与自然和谐共生的绿色宜居宜业城市。

1. 持续推进生态环境保护建设

深刻认识"生态似水、发展如舟",将生态环境保护融入西宁城市更新建

设全过程,依托丰富多样的生态要素,发挥河湟文化自然遗存和独特高原山水地理风貌的优势,坚持城市建设建立在尊重自然、顺应自然、保护自然的基础上。

树立"山水林田湖是一个生命共同体"的理念,全面增强自然生态系统服务功能,为群众提供更多优质的生态产品,保障西宁市可持续发展。生态建设融入"黄河生态经济带",严格落实空间规划,科学布局湟水河沿岸地区生产、生活、生态空间。扩大森林、湿地面积,提高荒山、草坡植被覆盖率,有序实现休养生息。

严格控制开发强度、提高开发水平,实行严格的水生态保护和水污染防治制度。逐步推进全流域生态综合治理,谋划实施湟水河流域生态综合体,提升湟水河流域水环境承载能力,保持区域生态格局的完整性和连续性。西宁在城市更新过程中,仍有部分地区供水设施和配套管网不完善,缺乏必要的水质处理和消毒设施,加之近年来国内多个城市发生水源污染导致的自来水停水事件,更加凸显出城镇化进程中饮用水安全仍面临着严峻的挑战。保障饮用水安全既是提高城乡环境基本公共服务水平的重要方面,也是新型城镇化进程中需要重点解决的关键问题。

注重山水田园、适宜人居环境建设,提升整体环境形象。结合商务中心、重要节点和标志性建筑,继续打造综合公园、主题公园、社区公园,完善城市空间景观节点体系;利用高速公路两侧、河道两侧空间,营造连接南北两山的绿色廊道;适度规划保留具有河湟特色的农耕体验,营造花海景观,打造特色都市田园风光,形成外围林带环绕、内部树木葱郁的山水林田湖共存的良好生态格局。

2. 坚持集约发展,推动资源高效利用

以建设生态环境友好型城市为目标,深入贯彻落实"生态保护第一"原则,坚持绿色低碳循环发展,推动资源节约集约利用,坚持科学有效有序开发,强化自然资源保护,减少环境污染,积极响应青海省率先实现碳达峰的号召,促进西宁市产业的绿色发展。

严控增量,引导土地要素合理流向优势产业和企业,加大存量土地盘活力度,坚决制止粗放型用地行为,合理、节约、集约、高效开发利用土地。根据土地利用总体规划、国家产业政策、《工业项目建设用地控制指标》等规定,提前审查项目用地的各项规划指标;根据建设用地定额指标,确定和控制新增用地总量；根据规定的定额指标及单位面积的投资强度等，确定供地总量。坚决核减超指标用地，减少土地浪费和粗放利用问题。要加大日常批后监管力度，督促用地企业按规定开发利用土地，提高土地的集约化程度，严格土地管理，严控增量，引导土地要素合理流向优势产业和企业，加大存量土地盘活力度，坚决制止粗放型用地行为；加大对闲置、低效用地的处置力度，鼓励和引导企业对存量建设用地二次开发利用。

水资源利用坚持"先生活后生产、先节水后开源"，充分考虑水资源承载能力、水环境承载能力，实现水资源的可持续利用。推进黄河流域水生态保护和污染治理等重点生态工程建设，推进湟水河流域增强水源涵养、生物多样性和水土保持等服务功能，推动用水方式由粗放向节约集约转变，实现还水于河，守护好中华民族的生命之源。城市建设应按照建设节水型城市的要求调整产业结构，强化节水措施。加大产业结构调整力度，大力发展节水型工业，关、停浪费水且效益低的工业企业，建设企业内部水循环系统，提高工业用水重复利用率。坚持节水优先，严守用水总量、用水效率、水功能区限制纳污"三条红线"，实施水资源消耗总量和强度"双控"行动，实施工业节水增效、城市节水普及、全民节水文明等节水行动，以用水方式转变倒逼产业结构调整和经济布局优化，以有限的水资源保障经济可持续发展。

加强能源基础设施建设，以保障城市能源安全为前提，推进新能源开发利用，完善电网和城镇供电配套系统。构建清洁低碳、安全高效的现代能源供应保障体系，提高居民生活质量。大力引进天然气优质能源，因地制宜地发展新能源和可再生能源，控制煤炭使用。贯彻落实《青海省建设国家清洁能源示范省工作方案》提出的各项任务，构建清洁低碳、安全高效的能源体系，依靠科技进步，加强工业节能、建筑节能管理，提高建筑节能标准，推广绿色建筑和建材。积极发展城市公共交通，调整交通出行结构，倡导使用新能源交通工具，从总体上降低交通能耗。

（二）坚持共享发展，打造城市转型发展样板

树立百年思维，着眼四季建设，打造内涵品牌，促进城市精明增长，统筹城市发展与产业支撑、人口集聚，提升城市承载能力，全力推进西宁向区域性宜居宜人的现代高品质新城转变，打造城市转型发展样板。

1. 完善基础设施，推进新型城市建设

全面落实"创新、协调、绿色、开放、共享"五大发展理念，推动形成绿色低碳的生产生活方式和城市建设运营模式。科学确定各类市政基础设施的规模和布局，优化和调整市政基础设施网络结构，形成规模合理、等级有序、联系密切的市政基础设施网络，提高市政基础设施服务水平。重点加强对短板市政基础设施的建设，保障市政基础设施有效供给，树立以人为本理念，优先加强涉及城市安全市政基础设施建设，着力提高市政基础设施应对各种风险的能力，提升市政基础设施运营标准和管理水平，消除安全隐患，保障城市健康运行。做好市政基础设施系统与局部、建设与管理、需求与时序、地上与地下、生产与生活、投资与融资等各方面的统筹协调工作，使市政基础设施建设既满足当前一段时间的需要，又能为未来发展预留空间，促进市政基础设施建设的均衡发展，实现市政基础设施的共建共享。

以环境基础设施建设保障城镇健康发展。新型城镇化发展需要以基础设施建设为支撑，而环境基础设施是不可或缺的一部分，当前环境基础设施建设滞后于城镇化进程，无法满足城镇化过程中人口集聚的需求，尚未彻底摆脱"垃圾围城"的困境，农村地区"垃圾靠风刮，污水靠蒸发"的现象依然存在。推进污水、垃圾处理设施的建设和规范运行，实现与城镇化建设的同步实施，在满足公众基本环境诉求的同时，解决与城镇化发展不匹配的问题，为城镇化健康发展提供保障。

2. 打造高端舒适居住板块

以打造"舒适性、集聚性、生态性、服务性"城市为目标，推进城镇人文特征与自然生态景观相融合，推进城市综合体建设，利用各种智能技术和方式整合现有的各类服务资源，为群众提供政务、商务、娱乐、教育、医护及生活互助等多种便捷服务。将以智慧政务提高办事效率，以智慧民生改善人民生活，以智慧家庭打造智能生活，以智慧小区提升社区品质作为目标，努力提升人居环境档次和综合服务与保障水平，因地制宜，营造宜业、宜居的生产生活环境，提升西宁市的吸引力和凝聚力。建立协调统一的城市轴线、天际线、肌理、建筑风格和色彩，构建疏密有度、错落有致、显山露水、通风透气的城市内部空间格局，打造个性化、分色化、高质化的城市空间，加强城市建筑遗产与周边环境的整体保护，保护好古遗址和古树名木，设置串联各标志性建筑，使城市空间更富有人文情怀，看得见山水、留得住乡愁。

进一步提升城市承载力，按照"三定""四融"的原则，加快建设花园城市、幸福城市、无废城市、创新城市，营造更富有人文关怀的城镇公共活动空间，全面完成美丽城镇建设任务，促进城市生态环境改善和可持续发展。加快城镇基础设施全网络建设，构建安全、快捷、便利的出省通道综合交通体系。创新城镇基础设施融资机制。全面深化"光网青海"建设，打造百兆引领的高品质宽带网络，加快5G商用部署，加大网络提速降费力度，实现高速宽带城乡全覆盖，打造以西宁为中心、辐射周边地区的"一网通城市群"。加快发展数字经济，尽快实施数字经济工程，强化信息安全保障，提升全社会信息化水平。

3. 加快提升信息通达水平

全力推进生产性服务业向专业化和价值链高端延伸，积极融入全省大数据中心体系及信息平台建设项目，强化城镇信息基础设施建设，为全面实现公用基础设施智能化服务奠定坚实基础。积极听取企业发展诉求，帮助企业解决5G建设中的实际问题，努力营造良好环境，持续推进5G发展。制订和优化5G网络建设计划，加快5G独立组网建设步伐。推进深化5G与工业、医疗、教育等垂直行业的融合发展。积极组织实施512工程，加快推动"5G+工业互联网"融合应用，促进西宁市产业向数字化、网络化、智能化转型。督促入驻电信企业加快推广新业务、新模式、新应用。抓住5G在网络教育、在线医疗、远程办公、智慧物流等方面的业务发展机遇，释放新兴消费潜力，扩大网络消费，促进信息消费。加强信息化基础建设，实现城市交通状态的全面感知。以智能信息化建设为主导，以信息资源整合应用为重点，制定专项资金投入规划，开展智能化交通管理系统建设。依托交通指挥中心，增设道路监控和交通流采集设备，根据交通流量变化实施信号调控，促进市区道路、路口交通监控覆盖率全面提升。在主要路口、各出入口设置可变电子信息显示屏，及时发布交通拥堵、实时路况、交通管制、分流路线等信息。

（刘畅，青海省社会科学院经济研究所助理研究员）

第十八章
澳门：实施城市更新行动，促进文化产业发展

一、澳门创意产业发展概况及其分析

二、澳门城市更新改造过程中的具体模式、年度热点事件、案例介绍

三、澳门城市更新中文化创意产业发展的经验总结及未来趋势研判

党的十九届五中全会审议通过的《中共中央关于制定国民经济和社会发展第十四个五年规划和二〇三五年远景目标的建议》提出"实施城市更新行动",准确研判了城市发展的新形势,这是首次将"城市更新"上升至国家战略层面,其核心在于使城市更健康、更安全、更宜居,成为人民群众高品质生活的空间。

文化是一座城市的标志与名牌,是推动城市发展的重要因素。文化创意产业是21世纪的朝阳产业,具有良好的经济和社会效益,可以在提高人民生活品质的同时,展现独特的城市气质风貌,让人们在不经意间即可触摸城市的脉搏,提升城市品牌。

澳门特别行政区积极响应国家的发展战略,澳门特别行政区政府成立澳门都市更新有限公司,其主要目的是改善澳门市民的生活质素及居住环境,提供安全和优质的设施,协助澳门建设成为宜居城市。当前,澳门的城市更新井然有序。城市作为地方历史文化和情感记忆的载体,承载着城市的历史变迁、文化沉淀。澳门特区政府充分利用自身经济优势、文化优势、"一国两制"体制优势等,制定文化创意产业的发展计划,出台一系列的相关扶持政策。澳门文化创意产业的快速发展,在推动与其他相关产业融合发展的同时,改善澳门博彩业"一业独大"的经济结构,并对澳门参与"一带一路"建设和融入粤港澳大湾区起到推动作用。

澳门的文化创意产业和城市更新具有共同的目标,相辅相成。城市为满足居民日益增长的物质和文化需求不断进行更新,与此同时也促进文化产业的发展。因此,文化创意产业不仅是澳门城市更新的必要环节,更是城市实现可持续发展的重要路径。

一、澳门创意产业发展概况及其分析

近两年,在澳门特区政府的有力支持下,文化创意产业的发展水平稳步提高、竞争力显著增强,整体呈现欣欣向荣的景象。

(一) 文化产业总体规模[①]

澳门特区政府制定的《文化产业发展政策框架》显示,澳门文化产业的四大领域包括创意设计、文化展演、艺术收藏、数码媒体。根据澳门文化产业基金统计,2019 年共有 2454 家文化产业营运机构,与 2018 年相比,增加了 208 家;在职员工亦增加 6.8%,至 13659 名。

2019 年,文化产业的服务收益为 78.5 亿澳门元,按年上升 9.3%;反映其对经济贡献的增加值总额为 29.8 亿澳门元,按年上升 14.6%,仅占澳门整体行业增加值总额的 0.7%,与 2018 年相比,增长 0.1%。2019 年增加值总额与服务收益比例为 37.9%,较上年增长 1.7%,行业营运状况有所改善。

2019 年,因期内机构购买新设备及优化场地,澳门文化产业的固定资本形成总额为 6.1 亿澳门元,按年增长 1.2 倍,其中"文化展演"占 66.5%(4.1 亿澳门元),"数码媒体"占 24.6%(1.5 亿澳门元)(见表 18-1)。

表 18-1　2016—2019 年澳门文化产业发展概况　　单位:百万澳门元

年份	企业(家)	在职员工	服务收益	增加值总额	固定资本形成总额
2016	1913	10996	6752.1	2224.7	471.0
2017	2088	11702	7076.1	2379.2	455.6
2018	2246	12719	7180.9	2597.1	285.1
2019	2454	13659	7848.0	2976.4	613.5

资料来源:澳门特别行政区政府统计暨普查局。

[①] 澳门特别行政区政府统计暨普查局.2019 年文化产业统计[R].澳门:澳门特别行政区政府统计暨普查局,2020:1.

（二）澳门文化产业四大领域发展情况[①]

2019年，澳门文化产业的四个领域中，"数码媒体"的服务收益（38.2亿澳门元）和增加值总额（18.1亿澳门元）所占份额最大，分别占文化产业整体的48.7%和60.9%。"文化展演"的固定资本形成总额（4.08亿澳门元）所占份额最大，占文化产业整体的66.5%。2019年按领域统计的文化产业企业数量、在职员工、服务收益、增加值总额、固定资本形成总额见表18-2。

表18-2 2019年按领域统计的文化产业相关数据

单位：百万澳门元

项目	企业（家）	在职员工	服务收益	增加值总额	固定资本形成总额
总数	2454	13659	7848.0	2976.4	613.5
创意设计	1397	4593	2473.9	875.8	47.9
文化展演	281	3043	1441.4	251.5	408.2
艺术收藏	138	532	114.3	36.8	6.6
数码媒体	638	5491	3818.4	1812.3	150.7

资料来源：澳门特别行政区政府统计暨普查局。

1. 创意设计领域

创意设计领域涉及诸多服务，例如文化创意产品设计、广告设计、品牌设计以及展览设计等，其涉及范围十分广泛。

2019年，创意设计领域共有营运机构1397家，占澳门文化产业总营运机构的56.9%，按年增长133家。其中以广告业为主的有755家，专门设计的有368家，分别增加4.0%及27.3%。在职人员4593名，占澳门文化产业总在职员工的31.9%，按年增加16.5%。广告业的员工人数最多，为2381人，其次为专门设计的员工，有1250人，共占从事创意设计领域人数的79.1%。服务收益为24.7亿澳门元，占比31.5%，按年增加15.5%。创意设计领域内，服务收益最高的为广告业，达9.0亿澳门元，按年增加15.5%；其次为

---

① 澳门特别行政区政府统计暨普查局.2019年文化产业统计[R].澳门:澳门特别行政区政府统计暨普查局,2020:1-3.

会议展览筹办业（5.8亿澳门元）和建筑设计业（5.6亿澳门元），分别增加22.8%及24.3%。增加值总额为8.8亿澳门元，增加17.6%。因期内部分机构增加购置新设备，固定资本形成总额按年增长64.3%至4790万澳门元；设计至生产/分销的增幅最大，增加6.1倍至560万澳门元。

另外，专门设计的服务收益、增加值总额均有增加，分别为4.2亿澳门元、1.5亿澳门元，按年分别增加15.8%及21.2%。而固定资本形成总额为560万元，减少了15.2%。

2. 文化展演领域

文化展演领域主要包含表演艺术培训、场地营运、制作以及文化展览经纪服务等。

2019年，文化展演领域共有营运机构281家，占比11.5%，比2018年增加26家。在职员工3043名，占澳门文化产业总在职员工的22.3%，按年增长13.0%；服务收益为14.4亿澳门元，占比18.3%，按年增加1.7%，其中门票收入占46%；增长值总额为2.5亿澳门元，减少37.9%，占比8.4%。固定资本形成总额则大幅度增加2.4倍至4.1亿澳门元，占比66.5%，主要是优化表演场地、购置道具及设备的投放增加所致。

从事表演艺术制作的营运机构主要有193家，按年增加21家，占文化展演领域总数的68.7%；在职员工为2291名，占比75.3%，增加15.4%。全年服务收益达12.2亿澳门元，占该领域的84.6%，增加2.2%。期内有大型机构增加宣传推广、表演及展览制作等经营费用，以致增加值总额为1.6亿澳门元，减少41.0%。

从事表演艺术培训的营运机构共76家，占比27%，按年增加5家；在职员工630名，占比20.7%，增加7.3%；服务收益（8630万元）和增加值总额（4300万元）分别减少31.0%及50.6%。固定资本形成总额为430万元，增加24.1%。

3. 艺术收藏领域

艺术收藏领域包括艺术品（绘画、书法、雕塑、摄影、古玩、园艺等）创作、销售和拍卖以及摄影服务。该领域各项数据在四大领域中都排在最后一位。

2019年，艺术收藏领域共有营运机构138家，占比5.6%，比2018年增加17家；在职人员532名，仅占澳门文化产业总在职员工的3.9%，按年增加 5.3%。

艺术收藏领域的服务收益为 1.1 亿澳门元，占比 1.4%，增加 9.7%；增加值总额为 3680 万澳门元，占比 1.2%，增加 51.8%；固定资本形成总额为 660 万澳门元，占比 1.1%，与 2018 年相比，增加 1 倍。2019 年，固定资本形成总额按年大幅度增加 19.6 倍至 230 万澳门元，主要是机构对有关楼宇单位进行大型修葺。

从事艺术品创作、销售及拍卖的营运机构共 23 家，占该领域的 16.7%，按年增加 4 家；在职人员 94 名，占该领域在职人员的 17.7%；服务收益 1720 万澳门元，减少 25.5%，其中拍卖服务佣金收入占 25.8%，增加值总额为 700 万澳门元，增加 53.9%。

摄影服务在该领域中占比最大，营运机构 115 家，增加 13 家；在职员工 438 名，增加 3.5%；员工支出减少 4.0% 至 3050 万澳门元；服务收益、增加值总额、固定资本形成总额分别为 9710 万澳门元（占比 85%）、2980 万澳门元（占比 81%）、430 万澳门元（占比 65.2%），分别增加 19.7%、51.4%、37.6%。

4. 数码媒体领域

数码媒体是文化传播的主要途径，主要包括咨询、出版、电台及电视节目制作、电影院的经营、电影的制作及发行等服务。

2019 年，数码媒体领域营运机构 638 家，占比 26%，比 2018 年增加 33 家；在职员工 5491 名，占比 40.2%，减少 2.8%；服务收益 38.2 亿澳门元，占总服务收益的 48.7%，增加 7.3%。其中咨询业为该领域的主要组成部分，全年服务收益达 22.3 亿澳门元，占该领域的 58.4%，增加 7.3%；其次为出版业，服务收益为 7.3 亿澳门元，占比 9.3%，增加 1.6%。增加值总额为 18.1 亿澳门元，占比 69.7%，按年增加 25.8%。其中咨询业的增加值总额为 9.6 亿澳门元，占比 53%，大幅增加 45.5%；电台及电视节目制作的增加值总额为 4.1 亿澳门元，占比 22.6%，增加 4.5%。

电影院的服务收益、增加值总额分别为 1.2 亿澳门元、4900 万澳门元，按年分别增加 1.7% 及 19.1%。随着电影业的发展，电影的制作及发行服务收益（1.2 亿澳门元）、增加值总额（4120 万澳门元）按年增幅显著，分别增加 80.1% 及 57.8%。由于机构增加购置新器材、软件及优化设备，数码媒体领域的固定资本形成总额为 1.5 亿澳门元，占比 24.4%，按年增加 13.1%；其中电影院（1010 万澳门元）和电影的制作及发行（2390 万澳门元）增幅显著,分别增加 5.9 倍及 4.2 倍。

(三) 澳门文化产业基金资助情况

2019 年全年,澳门文化产业基金共收到 316 个资助申请,资助 131 个项目,总资助金额约 1.55 亿澳门元,具体如表 18-3 所示。

表 18-3　2019 年文化产业基金总体资助情况

类别	常规资助	综合服务平台	文化展演	社区文创	品牌推广	企业成长发展	合计
申请数目	69	14	22	46	8	105	316
资助数目	25	4	10	28	3	49	131
资助款项	7530 万澳门元	2500 万澳门元	760 万澳门元	840 万澳门元	1430 万澳门元	928 万澳门元	1.55 亿澳门元

资料来源:《澳门文化产业基金年报 2019》。

2019 年,基金收到 69 个常规资助申请,在领域划分方面,创意设计、文化展演、艺术收藏、数码媒体和其他领域所占比例分别为 36.23%、8.7%、7.25%、42.03% 及 5.8%。从占比可以看出,以创意设计和数码媒体为主。2019 年,常规资助项目的总资助金额为 7500 多万澳门元,项目的总投资额近 3.64 亿澳门元,提供职位 446 个。[①]

(四) 澳门文化产业的优势与不足

1. 澳门文化产业的优势

独特的历史文化资源。澳门作为中西方文化交流的平台,经历了四百多年的文明碰撞与交融,从而形成了当今具有独特色彩的文化形态,其文化底蕴独特且悠久。澳门自开埠以来,凭借其独特的地理优势,成为中西方货品和人员重要的中转站之一。葡萄牙商人在进行贸易的同时,将东西方文化通过相互贸易的形式经澳门进行广泛的传播与融合,从而逐渐形成了当今独具特色的"澳门文化"。独特文化主要体现在以下三个方面:第一,澳门至今还保留着很多具有南欧风情以及中西风格相结合的建筑,并在 2005 年作为"澳

---

① 澳门特别行政区政府文化产业基金.文化产业基金年报 2019[R].2020:5.

门历史城区"被列入《世界遗产名录》。第二，澳门的文化具有开放性，所以澳门也是一个国际化的宗教文化交流中心。澳门虽小，但其宗教文化不仅汇聚了妈祖、道教、佛教等中国本土宗教，也有诸多西方教宗在此地发展壮大，例如天主教、伊斯兰教、基督教等，多种宗教文化在此处和谐相处、共生共荣。第三，作为文化的体现，澳门经常举办各种文化活动，例如赛龙舟、舞龙狮、国际幻影大巡游、葡韵嘉年华以及国际烟花会演等。这些活动都将澳门的特色文化展现得淋漓尽致。

重视文化产业的发展。近年来，澳门特区政府十分关注文化产业的发展，主要体现在"硬件"和"软件"两个方面的建设和培养。从"硬件"来看，澳门近几年大力改进、更新以及建设基础设施，主要体现在交通、广播电视、通信、会展场馆的改进以及老城区的保护和新城区的开发等。同时还积极推动文化旅游的发展，形成"文化+"模式，带动诸多相关产业的联动发展。从"软件"来看，澳门特区政府十分重视人才的培养，尤其在文化产业的教育方面。当前，已有诸多大学开设文化产业管理、艺术设计、会展策划与设计、传播学以及文化遗产旅游管理等与文化创意相关专业。

制度与区位优势。澳门地处亚太经济高速增长带的中心区以及珠三角经济圈的核心点，不仅有利于经济的快速发展，更有利于与亚太国家及内地的合作交流。同时，澳门作为中西方文化相互交融、汇集的中心点，有诸多土生葡人在此居住，并且与葡语系国家或者欧洲国家依旧保持着联系，为澳门文化创意产业的发展提供一定的区位优势。此外，澳门还具有非常显著的制度优势，该优势不仅体现在其经济的飞速发展，还体现在中央政府的大力支持。在《粤港澳大湾区规划纲要》以及《中共中央关于制定国民经济和社会发展第十四个五年规划和二〇三五年远景目标的建议》中，明确指出支持澳门经济产业实现适度多元发展，加快发展文化创意产业、旅游及会展等。目前，澳门已与内地在文化创意产业等服务领域展开密切的合作。

2. 澳门文化产业的不足

文化转化力度不够。总体来讲，虽然澳门文化创意产业的发展已经取得了阶段性的进步，但文化转化的程度还未达到发展的要求。自2005年澳门历史城区申遗成功后，澳门特区政府将开发文化遗产旅游作为文化产业发展的重点，加强了对文化遗产资源的开发与利用。澳门旅游局于2013年首次推出名为"论区行赏"的四条步行路线，将澳门的历史文化建筑和遗产路线划分为四条。2014年，将路线增至八条，主题分别为历史足迹、尽在城区，创意展现、活化艺城，中葡交汇、文化体验，古今艺文、汇萃新城，花地玛堂、缘聚濠江，花王堂区、情牵中西，凼仔嘉模、葡韵风情，路环乡情、思古寻幽，从而让游客对澳门的文化得以深入了解，并带动相关产业的发展。但作为中西方文化交汇地，澳门还有诸多特有的文化可供转化，只通过单一的文化遗产旅游是远远不够的。其文化可以向创意设计、文化展演以及影视媒体等方面进行转化。澳门在文化转化的过程中，要注重与相关产业进行融合转化，使其转化得以可持续发展。

产业政策有待完善。澳门特区政府在文化产业方面的扶持力度有待加大。首先，澳门文化产业统计及评估指标体系的建设实施较晚。澳门文化产业的统计和评估是从2015年才开始进行的，由于统计指标体系的不完善，诸多行业并未纳入其中，从而降低了该数据的使用价值，人们也很难了解澳门文化产业的发展现状。其次，澳门诸多产业间接地阻碍了文化产业的发展。由于澳门博彩行业"一业独大"，其福利待遇尤其是薪资待遇高于诸多企业和行业，并且入行门槛相对较低，所以诸多澳门本地人会选择到博彩行业工作，只有较少的人从事与文化产业相关的工作。最后，澳门文化产业基金的成效甚微，社会对文化产业基金的关注度不高。根据2019年澳门文化产业基金年报资助总结看，当年收到了316个项目审批，但只有131个项目获批，项目通过率为41.5%[①]。由此可以看出，社会对文化产业的关注度不高，且文化产业的影响力还有待加强。

二、澳门城市更新改造过程中的具体模式、年度热点事件、案例介绍

（一）澳门城市更新改造过程中的模式

澳门城市更新的模式分为三种：再开发模式、整治改善模式、保护模式[②]。

---

① 澳门特别行政区政府文化产业基金. 文化产业基金年报 2019[R]. 2020:5.
② 吴国清,吴瑶. 城市更新与旅游变迁[M]. 上海:上海人民出版社,2018.

1. 再开发模式

该模式主要是针对公共设施、基础设施、建筑物等生活质量及环境要素全面恶化的地区，这些要素已经不能通过任何方式适应当前的城市。同时以改善居民居住环境、完善公共配套设施及优化城市布局为目的，将原有的建筑拆除，对整个地区进行重新设计、考量、规划，并制定合理的重建方案，是一种彻底的更新方式。

2. 整治改善模式

该模式主要是对缺乏维护或者维护效果不佳、基础设施严重老化，但还可以使用的基础设施以及建筑物等进行整改。整治改善分为三种情况：①若建筑物维修、改建、修葺和更新设备后，仍可在较长的时间内使用，则需要因地制宜，对不同的建筑物进行不同程度的改建；②若建筑物维修、改建、修葺和更新设备后不能使用，则应对产生的问题进行分析，予以解决；③若产生公共设施缺乏或布局不当的问题，应该调整其配置与布局。整治改善模式比再开发模式需要的时间短，投入的资金也较少，同时可以减轻安置居民的压力，整治改善的目的在于改善居民的居住环境，防止其继续衰败。

3. 保护模式

该模式主要是指对当前的格局加以维护，继续保持其原有的状态，一般情况下不允许有所改变，其对象一般包括历史文化建筑、具有文化价值的建筑以及发展良好的历史城区。通过对建筑物或历史城区进行适当的维护与修葺，使其可以继续使用。这是一种随着科技进步和人们对城市更新、发展以及历史文化遗产保护看法的转变而推广的最新方法。

澳门城市更新中，祐汉七栋楼群旧区更新属于再开发模式，澳门大赛车博物馆、澳门文化中心黑盒子剧场属于整治改善模式，大炮台的修复计划、永福围规划、九澳圣母村修复及活化、荔枝碗船厂的活化属于保护模式。

（二）澳门城市更新年度热点事件（2020年）

1. 启用改建后的澳门大赛车博物馆

首届澳门格兰披治大赛于1954年10月30日至31日举行。格兰披治大赛是澳门举办的赛车体坛赛事，为世界上最古老的街道赛车，以澳门闹市区街道作为比赛赛道，其因狭窄、多弯而闻名，全程共计6.2公里。现定于每年

11月的第三个周四至周日举行比赛。

1993年，为庆祝格兰披治大赛举办四十周年，澳门文化局建立澳门大赛车博物馆，该博物馆坐落于高美士街的新口岸旅游活动中心内。博物馆分为多个区域，与大赛车相关的照片、奖项、相关纪念价值的物品都被收藏于馆内，并且井然有序地分置于各个展区。馆内还配备投影设备，用于介绍大赛车的相关知识及比赛时的精彩片段。此外，还提供两辆仿真赛车供游客体验，加深游客对大赛车文化的了解，缅怀曾为大赛车赛事做出贡献的人士和赛车手。

为庆祝大赛车举办五十周年，澳门旅游局计划对博物馆进行重修。其中，馆内新增赛车情景展示设备及多媒体互动装置，展出8尊享负盛名的赛车手蜡像，对曾经为大赛车做出贡献的人物进行特别介绍。文化局强调"寓教于乐"的参观体验，发挥传达知识、娱乐、休闲与学习等功能，并会定期举办相应的活动，带动大赛车文化的传播与传承。博物馆2021年部分对外开放。

2. 澳门文化中心黑盒子剧场重新设计

澳门文化中心于1999年正式投入使用。文化中心总面积为4.5万平方米，含有澳门艺术博物馆，临时展廊，两个分别有1200座和400座的剧院观众厅、餐厅及咖啡厅等，是澳门国际级文化艺术表演场地。澳门文化中心为来自世界各地的演绎爱好者提供国际级的表演场地，令各类演出在澳门普及，满足澳葡文化需求，提升本地文艺生活品质。

目前，澳门的剧场规模有限，现有的表演场所也不多，开辟一个新的表演场地有利于加强专业创作范围，为澳门居民增添一个新的看剧之地。因此，2020年澳门文化局提出对澳门文化中心黑盒子剧场进行重新设计。黑盒子剧场与传统的剧场表演不同，其场地以黑色为背景，空间小且灵活多变，设计简单、朴素，可随舞台面积及观众人数进行调整，并且能够拉近观众与演员的距离。现阶段已开展文化中心黑盒子剧场的重新设计初研方案及施工方案研究，预计2021年完成。

3. 文化遗产修复及活化计划

为了有效推动旧建筑的空间利用及保护文物建筑，2020年，澳门文化局持续开展多项修复及活化工作，其中包括大炮台墙体恢复、永福围规划、九澳圣母村修复及活化、荔枝碗船厂片区修复及活化。

大炮台墙体修复工作。大三巴炮台位于圣保禄教堂遗址的侧面，为澳门历史城区的重要组成部分。澳门文化局提出分三个阶段对大炮台墙体进行全面修复，第一期主要对炮台东侧的墙体进行维护和修复；第二阶段、第三阶段分别对南面及西面墙体展开修复。为了加强与市民之间的沟通，增加市民及旅客对大炮台修复工作的了解，文化局在大炮台修复期间，举办了以"大炮台历史及演变过程"和"大炮台的保护及修复技术"为主题的演讲活动，向参与的公众介绍大炮台的历史、修复方法及修复工艺等。

永福围规划。永福围地处世遗"澳门历史城区"的保护区范围内，紧靠大三巴牌坊及花王堂等核心景点，具有独特肌理、空间及文化内涵，更有昔日人们社会生活的沉淀。永福围在澳门 200 多条以"围""里"命名的街道中，面积最大，保存较为完整，具有鲜明的围里特色。文化局已对永福围的建筑进行杂物清理及结构检查，由于建筑木梁受到白蚁的蛀蚀，部分墙体裂开，内部结构残危，文化局邀请专业团队对永福围进行整体规划研究。为了让公众了解、活化文物建筑，澳门文化局举办"永福围——昔日围里生活展"，向公众展示修复成果，让公众感受"老澳门"的生活风情，加深对围里建筑空间特色的了解。未来，文化局将合理利用永福围周围的空间，不定期举办有关围里文化的主题活动，并持续做好加固及修复工作，打造未来文化休闲片区。

九澳圣母村修复及活化计划。九澳圣母村始建于 1966 年，当时是为了九澳麻风病人及其家人和附近的居民而建立的。现存建筑包括 1930 年落成的五间小屋及一间前身为教堂的活动中心。2020 年，文化局提出对九澳圣母村进行修复及活化利用，对圣母村户外空间进行整治。五间小屋的外观和结构修复工程已经完成，将其中一间小屋恢复成当年麻风病人的居住场所。与此同时，与社区合作，其余的空间规划将作为手工艺品展示区及提供简便餐饮的餐厅；旧活动中心同样也完成结构修复工程，将会增加多功能室、九澳圣母村历史展览室及后勤空间。九澳圣母村修复及活化计划预计 2021 年第四季度全部完成。

修复并活化荔枝碗船厂片区。荔枝碗船厂始建于 20 世纪 50 年代，位于澳门路环市区的荔枝碗村，是澳门现存的最大的船厂片区，也是华南地区保存至今较具规模的造船工业遗址之一。20 世纪七八十年代是该船厂最为繁荣的时代，后因邻近地区的竞争而逐渐衰落，停止营运。自 2018 年开始，澳门文化局收集市民意见，对荔枝碗船厂片区的修复及活化利用表达了关注，主要针对船厂以何种方式保留、如何在保留价值的情况下进行活化、如何确保船厂建筑结构的安全性、如何延续荔枝碗的生活脉络等方面提出意见。预计2022年第二季度完成修复并活化荔枝碗船厂片区较具条件的部分地段，包括X11至X15号及X19号，向大众开放使用。

（三）澳门城市更新案例介绍

1. 祐汉七栋楼群旧区更新

祐汉七栋楼群位于澳门花地玛堂区，东至长寿大马路，南至胜意楼、万寿楼一线，西至骑士马路，北至祐汉新村第八街。这七栋楼分别为康泰楼、吉祥楼、顺利楼、兴隆楼、牡丹楼、万寿楼及胜意楼，共有住宅单位2428户。

高龄残旧的祐汉七栋楼群，多年来受到社会的高度关注和广泛讨论，澳门都市更新股份有限公司（以下简称"都更公司"）作为推动和协调都市更新工作的实体，其核心任务之一就是持续推进澳门的旧区更新。2020年6月至8月，都更公司委托专业团队，以问卷的形式对祐汉七栋楼的居民进行调查，调研楼群的商住形态、人口、年龄、性别等资料，收集该楼群业权人及住户对旧区重建的想法和意见，以此收集推动都市更新的数据。调查中，业主、租户及商户反映该区域存在居住环境恶劣、硬件设备超负荷运行、公共休息区域及设备缺乏等问题。都更公司表示，在后期的设计中，会特别关注楼宇间的采光问题、走廊的空气流通问题、绿化及公共休息区域的建设，并且加入更多的都更元素，为市民预留公共活动区域，多功能全面发展，配合社区进行活化更新。

祐汉七栋楼群旧区更新是都更公司开展的第一个旧区改造都市更新项目，都更公司在该项目中科学地收集市民的意见，持续与相关楼群的业主洽谈重建细节，推动祐汉楼群的重建工作，逐步推进祐汉旧区的更新。都更公司表示将尽快落实重建任务，完善生活配套设施，提高居民的生活质量，加快澳门都市更新的进程。

2. 黑沙湾新填海区"P"地段

"P"地段原为"海一居"建筑项目的土地，该地段因25年临时批给合同期限届满但未完成利用,澳门特区政府宣布批给失效并收回土地。澳门特区政府随后将"P"地段规划做都市更新之用,包括建置换房及暂住房。都更公司成立后,首项工作是为符合条件的黑沙湾新填海区"P"地段建筑项目独立单位预约购买者或受让相关预约购买人士进行登记,并安排符合资格者购买置换房。

为配合推进澳门都市更新,都更公司有序推进黑沙湾新填海区"P"地段的住房项目,以便受旧区更新影响的居民暂时居住。

2019年,都更公司成立后,土地工务运输部首次公示"P"地段规划条件图草案。2020年,都更公司向澳门特区政府申请批给"P"地段土地,预计2021年启动工程,整个项目工程期为3年半。

3. 横琴"澳门新街坊"

2019年下旬,都更公司就横琴"澳门新街坊"项目开展了前期可行性研究,包括项目预算等,并积极与横琴方面就该项目的落地进行探讨。2020年3月,珠海横琴澳门新街坊发展有限公司成立,代表着横琴"澳门新街坊"项目的正式启动。该项目主要是为澳门居民在横琴生活所需的住房、生活、交通、医疗以及社会保障等多方面提供服务和构建相关配套设施。其目的在于进一步拓宽澳门居民的生活空间、提高其生活品质,为澳门居民在大湾区生活奠定基础。

目前,都更公司利用靠山面河的自然优势、宽阔的楼距设计、自然采光的居住环境,已完成项目的设计规划,于2020年12月31日全面开工,工程期为3年。此外,该项目距离横琴口岸仅6分钟车程,项目建成后,将视需要增设穿梭巴士,往返屋苑及横琴口岸。

横琴"澳门新街坊"项目积极探索跨境民生领域合作,集中规划建设一个集居住、教育、养老、医疗等多功能为一体的社区,提供最优质、最便捷、最实在的服务,惠及澳门居民。拓展澳门居民生活居住空间,为澳门居民在横琴就学、就业、创业、养老、居住和生活创造更为便利的条件。

(四)案例思考

通过上述澳门城市更新的案例,从完善法律政策、重视公众参与、建立全面的影响评估机制三个角度进行分析。

完善法律政策。目前,正在推进《澳门都市更新法律制度》,通过制度建设引导城市更新并非一蹴而就，完善政策的法律法规需要循序渐进，不断调整方向、不断改进措施做法，明确城市更新的运营模式、协作部门、主管部门等。从制度体系上看，澳门更新活动的核心为都市更新法律制度，进而根据澳门特点衍生出一系列专项配套法规，使公众参与、实施管理、土地出让等环节有法可依。

重视公众参与。澳门城市更新项目的各个阶段都以法规保障了公众的参与，如更新计划的编制、更新项目的设计与实施、后期的运营反馈等。公众参与打破了政府、开发商、业主的常规范围，更新项目的周边居民、全澳门范围内的其他民众以及学者、行业协会等也成为参与和征询的对象。

建立全面的影响评估机制。都更公司在项目开展前，会进行评估调查，并向社会各界咨询意见，建立澳门城市更新项目的影响评估机制，以求对澳门城市更新项目的全程把握。评估机制包括两大板块：社会影响评估和经济影响评估。社会影响评估关注更新项目是否会造成不可逆的影响，从而破坏澳门的社会结构，以及是否能够保留澳门的风貌特色和历史文化等。经济影响评估不仅是项目周期内的评估，还要考虑到后期的长期影响。

三、澳门城市更新中文化创意产业发展的经验总结及未来趋势研判

（一）澳门城市更新中文化创意产业发展的经验总结

1. 文化资源：城市更新注重文化遗产保护

文化遗产是城市的文化基因库，澳门十分重视历史文化遗产的保护。2020年，澳门加入世界遗产城市组织，成为中国第三个正式会员城市。城市更新和文化遗产保护存在着必然的联系，两者密不可分。目前，澳门存在较多的物质文化遗产，根据自身的条件进行创新和探索，将保护文化遗产作为前提的更新在城市更新中尤为重要。

澳门较早地制定了《文化遗产保护法》，从法律角度规定了城市更新应该如何保护文化遗产，促进澳门的更新发展。澳门文化局秉持"保护文化遗产"的使命，兼具文化遗产保护和城市更新的责任，对于具有历史意义的地区和建筑，澳门文化局创建系统的评估体系，通过规划，在综合评价的基础上指

导实施更新,并根据澳门的自身特点提出仿制重建、再生利用、整体保护等策略,为澳门的城市更新与文化遗产保护提供有力的保障。

2. 特区青年:参与教育宣传与学术交流

澳门在城市更新中大力推广文化遗产的宣传教育并且积极参与学术方面的交流。文物保护方面,澳门文化局为了从小培养澳门青少年探索历史文化的兴趣,推出澳门文化遗产小小导赏员培训计划及实践培训计划;举办内地与港澳中学生文化遗产暑假课堂;为加大文化遗产推广力度,推出"Fun 享文化课堂"。文化遗产修复推广方面,为提升遗产保护和修复工作水平及增加社会认知,澳门与开平合办"灰塑壁画修复培训班";为持续提升澳门遗产保护和再利用工作水平,与学校合办"文物建筑修复和再利用专业证书课程"。学术交流方面,为推动内地、香港和澳门历史建筑活化再利用工作,三地共同举办以"社区×生活×历史建筑活化"为主题的历史建筑活化再利用研讨会。只有增强社会对文化遗产的保护意识,才能推进澳门历史城区的保护及管理。

3. 区域合作:推进横琴粤澳深度合作

有效的区域合作,能够带动整个区域的发展。合理有效地利用粤港澳大湾区这一平台,能让区域内的市场得到有效的资源配置,发挥其自身优势,消除区域内的各种壁垒与阻碍,从而提升该区域内的竞争优势。

横琴是澳门未来发展的重要平台,为其发展提供机遇。经过多年的发展,其有希望建成一个完善、创新、开放、高质量以及环境优美的优质生活区。目前,澳门与横琴各项合作工作正在稳步推进,珠海与澳门签订的"澳门新街坊"项目已经进入施工阶段。该项目主要包含了三个重点项目:中医药科技创意博物馆、大健康板块瑞莲庄(横琴)独家主题酒店、中医药主题文化街。澳门与横琴的深入合作,逐渐实现了澳门的医疗体系与社会保障在横琴得以延伸及使用,为澳门居民在横琴的居住生活提供保障和便利。

4. 社区民众:共同参与了解自身角色

澳门的城市更新中,文化产业的发展不可缺少的环节为公众参与。公众参与不仅有利于有效地监督和促进实施澳门的城市更新,更有利于维护个体自身利益并且保障公众的利益。在城市更新中,政府出台的法规保障了公众的参与。2014年3月1日,澳门特区政府出台的2013年第12号法律《城市规划法》[1]正式生效,其中第四条第九点为透明和促进公民参与原则:促进适当推广与城市规划相关的咨询,并促进拥有私有土地的物权之人、国有土地承批人及公众参与编制和修改城市规划;第十九条公众参与第一点:土地工务运输局应设立机制,以推动公众参与城市规划草案的编制。这两点均强调公民参与的重要性。

公众参与的形式有多种,包括访谈、座谈会、问卷调查、网上征询意见等。如都更公司的祐汉七栋楼更新项目,工作人员花费两个月的时间,进行入户问卷调查,收集住户的意见;荔枝碗船厂活化及修复项目中,澳门文化局举行了三场公众咨询会,广泛听取市民及街坊的意见,对于不便出席的市民,提供邮箱、网页等方式,让其提出意见和建议。除政府直接邀请居民参与城市更新的项目外,政府为公众提供公共咨询平台,不仅可以收集公众的意见,还能发放咨询信息,供公众查询,大幅提高公众的参与效率,同时也降低政府的组织成本。

5. 特区政府:建立澳门都市更新股份有限公司

澳门都市更新股份有限公司成立于2019年4月,股东由澳门特别行政区、工商业发展基金及科学技术发展基金组成。都更公司由政府全资拥有,董事会由7人组成,监事会由3人组成,架构成员来自管理、建筑、法律、会计等多个领域的专业人士。现时董事会已成立执行委员会、设计策划委员会、员工薪酬委员会等多个专责委员会开展不同领域的工作。作为政府全资公司,都更公司将市民公共利益放在首位。公司除了设立独立的监事会监察工作外,还设立了内部审计委员会,定时作出工作检讨加强内部监控和风险管理,强化内外部监督。

都更公司将"为澳门居民提供安居乐业的生活环境,加快都市更新的步伐"作为背景,负责协调和推动澳门都更的实体,其所营事业包括:协调和推动一切与都市更新有关的活动,尤其是进行属于规划范围内的公共空间、基础设施、集体设施及建筑物的活化和重整工作;推动预防现存建筑物老化以及卫生、美观及安全条件恶化;推动修复空间创新城市功能的发展,以优

---

[1] 澳门特别行政区印务局. 澳门特别行政区第12/2013号法律城市规划法[EB/OL]. https://bo.io.gov.mo/bo/i/2013/36/lei12_cn.asp.

化澳门的居住环境,并促进经济、社会及旅游发展。目前,都更公司有三个项目正在有序进行,即祐汉七栋楼群旧区更新项目、黑沙湾新填海区"P"地段项目及横琴"澳门新街坊"项目。

都更公司的核心业务是推动澳门都市更新发展,改善澳门市民的生活条件及居住环境。都更公司的成立,有利于提高政府的工作效率和效益,增加灵活性,亦有利于与都更进程有关的人士进行协商,更好地建立互惠和信任的基础。同时,为澳门的居民提供优质的生活环境。

(二)澳门城市更新中文化创意产业发展的未来趋势研判

1. 科技发展:文化科技相互融合

随着互联网、大数据技术的崛起,将科学技术融入城市更新和文化产业已经成为一种趋势。科技的融入,不论在广度上还是在深度上都加速了城市更新及文化产业的发展,同时,文化产业融合的边界得到拓展。

目前,澳门的文化科技融合已经有了初步进展,澳门艺穗节的相关活动,在给观众带来欢乐的同时,还提供了多元的艺术体验,其中,"轻触式装置制作工坊"结合了科技与艺术,指导参加者制作一个简单的互动装置,让画在画布上的"乐器"发声;又如"艺文荟澳"系列活动"盛世"中,将发声装置与视觉装置相互融合,以不同的语言或声音进行描述,用高新技术将各种混合的文化元素呈现出来。未来,澳门将会举办多项大型盛事活动,例如"澳门光影节""澳门国际烟花比赛会演""澳门国际电影节",可以多加入文创和科技元素,并借助新媒体、新科技,将创意与创新完美融合,深化文化与科技的融合。

未来,澳门在城市更新中需要将文化创意产业与科技融合,逐步加入科技元素,积极利用科学技术,推动澳门城市更新中文化创意产业与科学技术的融合发展,不断培育发展新动能。

2. 人才培养:育才引才并举

城市的核心竞争力是人才,也是城市得以永续发展的必备要素。居民的生活质量日益提高,城市的发展更注重品质和内涵,因此,文化创意产业对于城市的发展十分重要。澳门在城市更新中最需要关注的是培养文化创意产业的相关人才。

2019年,澳门总就业人数为387800名[①],澳门文化产业的在职人员为13659名[②],文化产业就业人数仅占澳门总就业人数的3.5%,从数据可以看出,澳门文化产业的从业人数占比较小,因此,需要加强文化产业方向的人才培养。澳门特区政府可与各大高校进行合作,在高校的课程中加强文化产业课程的讲解,设立文化创意产业论坛,将文化产业组织与高校进行连接,从"学"和"研"走向"产"。

澳门特区政府在加强培训本地文化创意产业人才的同时,要实施更加开放和科学的人才引进政策,加大力度培养和引进符合澳门城市更新发展需要的人才,引进人才不仅可以弥补澳门人力资源的短板,而且可以带动本地就业和提升本地人才的作用。利用粤港澳大湾区平台,设立城市更新方面的人才数据库,将外来人才和本土人才进行互补,市场人才和文化人才进行融合,以推动澳门文化产业持续、健康、快速发展。

3. 区域融合:粤港澳多元文化共存

随着《粤港澳大湾区发展规划纲要》的实施,澳门加强粤港澳地区的深度合作,突破澳门经济适度多元发展空间局限性和生产要素制约,并且将大湾区建设作为重点加强区域合作。澳门深化粤港澳各领域合作,逐步推进落实各项专项规划和政策措施,有序推进澳门参与"一带一路"建设的各项工作。

澳门除已开展的横琴"澳门新街坊"项目外,未来,在城市更新方面应与横琴相互沟通,促进区域间城市更新的交流,开展城市更新相关论坛。澳门出于历史与文化原因,拥有独特的中西方文化,加快建设以文化为主流、多元文化为特点的交流合作基地,在促进文化交流方面起到更加积极的作用。横琴将推动影视产业及相关文化创意产业的发展,挖掘和展示澳门历史悠久的中西方融合文化。持续加强与大湾区在文化、经贸、旅游、会展等多领域的密切合作,共同拓展"一带一路"沿线国家地区和葡语国家市场。

粤港澳大湾区的深入合作,给澳门带来了前所未有的发展机遇,也为澳门居民,尤其是青年提供了优质的发展平台和机遇。

---

① 澳门特别行政区政府统计暨普查局.2019年统计年鉴[R].2020:69.
② 澳门特别行政区政府统计暨普查局.2019年文化产业统计[R].2020:1.

4. 城市更新与产业融合：文化+体育、文化+节庆、文化+会展、文化+教育

2020年，澳门特区政府公布《澳门文化产业发展政策框架（2020—2024）》[①]，该框架结合当前的最新形势，拟定了未来五年澳门文化产业发展的重点任务，其中四大融合发展行业为文化+体育、文化+节庆、文化+会展、文化+教育。

文化+体育。2020年，澳门举办了澳门国际龙舟赛、格兰披治大赛、国际乒乓球赛、澳门国际马拉松等多项国际体育赛事。举办体育赛事，可以给澳门带来巨大的地位提升，为澳门树立活力四射的年轻形象，还能有力地推动城市的经济发展。若要推动澳门的体育产业，离不开城市更新及文化产业的指引。未来，澳门要做好体育与城市更新及文化产业的融合发展。可通过建立体育主题类型的博物馆，加强体育文化的宣传，鼓励全民进行体育运动，发扬体育文化精神，激发澳门居民的凝聚力，还需制定相关的法律法规，完善政策，加强对各部门的监督，促进体育文化健康发展。

文化+节庆。节庆活动强调城市消费和城市文化，城市节庆营造过节和庆祝的氛围，也体现出城市的经济、社会、环境等问题。澳门享有独特的节庆文化，既有中国的传统节日，如春节、端午节、中秋节、重阳节等，又有西方的节日，如复活节、追思节、圣诞节等。未来，澳门可通过对旧城区的整修及装饰，将节庆活动举办成具有吸引力的旅游活动，将切入点放至游客需求中，充分体现澳门独特的中西方文化、特色的地域文化，吸引国内外游客积极参与及消费。

文化+会展。会展业是一个能推动多个行业共同发展的行业。澳门每年举办澳门国际贸易投资展览会、世界旅游经济论坛、澳门国际旅游（产业）博览会、澳门国际环保合作发展论坛及展览等多种类型的大型会展活动。未来，澳门的会展业应注重与城市更新及文化产业融合发展。办好本地品牌展会活动的同时，招揽国际化和专业化的活动，引进更多以文化产业为主题的展览项目。针对城市更新，举办以小型的城市更新为主题的会展，吸引对城市更新感兴趣的人群，解决会展缺乏创意等问题，提高澳门的文化产业和会展业

---

① 澳门特别行政区政府文化局. 特区政府公布文化产业发展政策框架[EB/OL]. https://www.gov.mo/zh.–hans/news/315171/, 2020-11-16.

的实力。

  文化+教育。教育是传承文化、传递生产和社会生活经验的一种途径，是培育人的一种社会实践活动。澳门未来应将城市更新文化与教育融合，大力推动城市更新教育发展，建立澳门居民学习圈，定期举办城市更新相关活动，推动全民参与城市更新，培养城市更新教育意识；大力发展职业技能培训，与澳门各大高校进行合作，对澳门青少年进行城市更新方面的培训等，培养复合型人才。

  综上，城市更新是一个永续的过程，是城市实现可持续发展的必由之路。而文化是一个城市的灵魂所在，是衡量城市品质层次的重要指标。2021年3月11日第十三届全国人民代表大会第四次会议审议通过的《中华人民共和国国民经济和社会发展第十四个五年规划和2035年远景目标纲要》（以下简称《纲要》）明确指出要"全面提升城市品质"，即通过实施城市更新行动来推动城市空间结构优化和品质提升。《纲要》中还提到，在城市更新过程中，要保护和延续城市文脉，让城市留下记忆、让居民记住乡愁。从国家发展战略就可以看出文化创意产业的发展对城市更新有着不可替代的作用。所以新时代的城市更新，必须与文化紧密结合，才能走出一条高质量的城市更新之路。当前，澳门特区政府正在有序推进文化创意产业的各项工作，促进文化创意产业的转型发展，这不仅推动着澳门城市更新的进程，更是提升澳门的核心竞争力的必由之路。

  未来，澳门城市更新中文化创意产业的发展，应积极将文化与科技相融合、与产业相融合、与区域相融合，同时还需注重人才的培养。只有这样，才能确保文化创意产业在发展过程中紧跟城市更新的步伐，并在推动城市更新过程中实现自身的快速发展，最终在共同发展的道路上实现双赢。

  （旷婷玥，澳门城市大学商学院，助理教授；胡玥，澳门城市大学商学院）

第十九章
评析：城市更新与中国创意产业发展

一、2020年主要城市创意产业发展态势

二、城市更新与创意产业发展的制度环境

三、城市更新与创意产业融合发展的模式特点

四、城市更新推动创意产业发展的趋势

2020年春节前夕新冠肺炎疫情暴发，各地文化创意产业几乎停滞不前。随着数字文化产业在疫情缓和后的良好表现，文化创意产业开始复苏并亮点频现，在"十三五"收官之年加快了高质量发展的步伐。

一、2020年主要城市创意产业发展态势

武汉是国内第一个受到疫情冲击的城市，经济发展遭受重创，文化产业受损明显。在疫情得到有效控制后，文化产业强势复苏，展现出了强大的韧性和活力，展现了2020年中国城市文化创意产业绝地反击的最引人注目的一幕。武汉至第三季度产业增幅已实现"由负转正"，前三季度规模以上文化企业营业收入实现增长，比上年同期增长11.6%，增幅高于全国省份平均水平。在文化及相关产业9个行业中，三个行业正向增长，新闻信息服务同比增长69.1%，创意设计服务增长29.4%，内容创作生产增长11.8%。文化新业态特征较为明显的16个行业小类比上年同期增长了52.5%，互联网其他信息服务、互联网广告服务、互联网文化娱乐平台等3个行业小类的营业收入增速均超过100%。武汉从最先受到疫情冲击整座城市被按下暂停键，到重启经济并实现增长这一经历，将成为一段值得铭记的历史。

国内其他城市较之武汉受到的疫情冲击小，文化创意产业大致也经历了触底反弹的过程，而全面数字化的趋势几乎成为各地的不二选择。

北京市规模以上文化企业营业收入统计数据显示，新闻信息服务、内容创作生产、文化投资运营三个子行业实现正增长，子行业中仅有内容创作生产和文化投资运营实现了从业人员的正增长。2020年第一季度文化企业营业收入同比下降8.0%，上半年结束时降幅收窄至5.0%，到第三季度末实现0.7%的增长，全年较上年增长0.9%，行业形势持续好转。北京旅游业受到较大冲击，全年接待旅游总人数比上年下降42.9%，旅游总收入下

降53.2%。

哈尔滨市的文化创意产业在2020年的情况与全国总体情况类似,在上半年受到极大冲击后,下半年复工复产复商复市不断推进,规模以上文化及相关产业企业运营状况趋于好转,文化产业逐步复苏。从统计数据看,2020年1—6月,全市147家规模以上文化及相关产业企业实现营业收入42.3亿元,同比下降22.2%。2020年1—6月,全市规模以上文化及相关产业企业营业利润亏损3.8亿元,亏损额是上年同期的近3倍。从城区与县域文化产业情况看,规模以上文化及相关产业企业主要集中在主城区,县域分布较少,城乡文化产业发展仍不均衡。据移动、银联、携程旅游网大数据统计,2020年国庆节、中秋节8天假期,哈尔滨市实现旅游收入53.8亿元,基本恢复到上年同期水平。

2020年宁波市文化产业中"影视宁波"板块在精准施策下逆势突围,在疫情冲击下展示了产业韧性。"文化宁波2020"建设以"独具魅力的文化强市"为目标,分别布局"影视宁波""书香宁波""音乐宁波""创意宁波"四大板块。2020年上半年,疫情冲击给影视行业整体带来了不同程度的影响,而"影视宁波"的建设却取得了重要的成果。2020年2月象山影视城出台《象山影视城应对疫情支持影视企业共渡难关八项措施》并联合各单位签署发布倡议书,从线上服务、政策优惠、金融支持等方面发力,取得显著效果。2020年全年象山影视城落地拍摄剧组187个,同比增长37%,占赴甬拍摄剧组近3/4。

2020年上半年,重庆市一方面抗疫抗洪,一方面深化文化和旅游供给侧结构性改革,促进经济内循环,提升文旅消费水平,提升文旅服务质量,在建设国际知名文化旅游目的地方面取得显著成效。"五一"假期期间重庆的红色旅游市场供需两旺,纳入统计的21个红色旅游景区共接待游客52.1万人次。为推动后疫情时代经济"内循环",重庆全市43家公共图书馆、41家文化馆免费开放,全市86家博物馆正常对外开放,推出展览57个,举办社教活动47个,全市博物馆共接待观众75.46万人次。截至2020年,重庆市文旅行业全面完成"十三五"目标任务,重庆全市文化产业增加值较2015年增长79.8%、旅游总收入较2015年增长超过一倍,全市公共图书馆、文化馆达国家等级馆率分别为100%、95.12%,国家等级率位居全国前列,文旅业有望成为成渝地区双城经济圈建设的支柱产业。

二、城市更新与创意产业发展的制度环境

为支持文化创意产业在疫情防控期间持续健康发展,从国家到地方多措并举提振创意文化消费,同时以"文化+"推动区域融合与城乡发展,制度环境持续得到优化。党的十九届五中全会通过的《中共中央关于制定国民经济和社会发展第十四个五年规划和二〇三五年远景目标的建议》明确提出实施城市更新行动,这为"十四五"乃至今后一个时期做好城市工作指明了方向,明确了目标任务。近年来,城市更新相关政策中涉及文化的议题逐渐得到重视,为城市更新与创意产业的融合发展提供了制度保障。

《关于新时代繁荣兴盛首都文化的意见》和《北京市推进全国文化中心建设中长期规划(2019—2035年)》作为北京文化建设的顶层设计正式印发,明确北京将按照"四个文化"(古都文化、红色文化、京味文化、创新文化)基本格局,以"一核一城三带两区"(一核是指以社会主义核心价值观为引领,建设社会主义先进文化之都,一城是指北京老城,三带是指大运河文化带、长城文化带、西山永定河文化带,两区是指建设公共文化服务体系示范区和文化产业发展引领区)的总体框架布局全国文化中心的建设。

哈尔滨市通过制定城市更新的规划和相关政策,确保城市更新中的文化价值和实用价值协调统一,使城市文化得到保护和传承。《哈尔滨市城区老工业区搬迁改造实施方案(2013—2020年)》将搬迁改造完成的新区定位为科研服务、现代商贸、工业旅游、金融保险、文化创意、娱乐休闲和居住一体化的区域,《哈尔滨市生态修复城市修补试点工作实施方案(2017—2020年)》明确"保护历史文化"和"塑造城市时代风貌"的重点任务,《哈尔滨市关于推进中华优秀传统文化传承发展工程的实施意见》明确提出"加强历史建筑文物保护利用"。《哈尔滨市历史文化名城保护条例》自2020年6月1日起正式实施,对保护名录、保护规划、保护措施、合理利用、法律责任等方面进行了规定,进一步规范历史文化名城保护对象,包括历史城区、历史文化街区、历史文化风貌区、历史院落、历史建筑等,同时明确历史文化名城保护规划应当纳入城市总体规划要求。在历史文化资源得到系统保护的同时,哈尔滨市鼓励和支持利用历史文化街区、历史文化风貌区、历史院落、历史建筑等开发旅游和文化产业项目,基于传统文化打造特色文化品牌,促进文化

创意产业发展。

疫情的冲击使青岛市更加重视文化创意产业核心竞争力的提升，在城市更新中继续推进传统文化资源的保护与传承。《青岛市海洋旅游高质量发展总体方案》的印发将加快青岛市海洋旅游转型升级，通过健全海洋旅游产品体系和旅游公共服务体系，塑造具有国际知名度和美誉度的海洋旅游品牌，将青岛打造成国际知名海洋休闲旅游目的地。2016年获批的《青岛市城市总体规划（2011—2020）》提出"城市更新"的目标，统筹旧城更新与新区建设，推动老城区产业升级，在传承历史文脉和风貌特色的前提下，加快旧城改造。2017年获批的《青岛历史文化名城保护规划（2011—2020）》划定了28平方公里的历史城区和13片历史文化街区，从构建历史文化名城、历史文化街区、文物古迹保护点三个层次加强保护。2020年《青岛历史文化名城保护规划（2020—2035年）》编制工作已经启动，将继续推进历史文化名城保护工作。

古都西安的城市更新工作以城市发展战略规划为纲领推进，同时加强文化建设、促进文化旅游融合发展。2018年11月公布的《大西安2050空间发展战略规划》首次明确了大西安的格局和体量，通过实施"北跨、南控、西进、东拓、中优"空间战略，促进大西安与周边城市协同发展，共同打造国家一级城市群。该规划要求中心城区进行转型发展和古城复兴，促进城市有机更新和品质提升，塑造现代时尚与历史人文相融合的古都新风貌。2020年8月，西安发布《西安市城市更新办法（草案征求意见稿）》，其中对历史文化建筑、优秀近现代建筑、工业遗产保护类建筑的更新包括原址保护、原貌修缮等，保持和延续其传统格局和历史风貌。《关于补短板加快西安文化产业发展的若干政策》《进一步加快发展服务业的若干意见》《关于推进夜游西安实施方案》《西安市关于促进民宿发展三年行动方案（2019—2021）》《西安市加强文化建设促进文化旅游产业融合发展三年行动方案（2020—2022）》《西安市旅游条例》《西安市旅游发展专项资金管理办法》《民宿基本要求与分级》等一系列政策的实施，将文化旅游作为城市发展的核心竞争力，把加强文化建设促进文旅融合发展作为全市"十项重点工作"之一。《西安市加强文化建设促进文化旅游产业融合发展三年行动方案（2020—2022）》围绕擦亮历史文化金字招牌、提升文旅产业规模层次、激发文化旅游消费潜力、提升文化旅游内涵品质、深化国际交流合作、完善文旅基础设施六个方面提出了22项重点任务,明确提出,到 2022 年基本建成国际文化旅游中心、传承中华文化的世界级旅游目的地城市。

三、城市更新与创意产业融合发展的模式特点

城市更新自城市建立起就存在,在长期的演变过程中,推动城市更新的要素逐渐由物质要素向经济、文化等多方要素转变,城市更新的目的越来越明确,即以城市复兴作为理想追求。因此留住一个城市的"根"和"魂"成为城市更新的"前置条件","文化主导的城市更新"成为越来越多学者、城市管理者的选择。在这一过程中,产业要素仍为关键,这决定了"文化主导"与"文化创意产业主导"殊途同归,文化创意产业的生长和发展与城市更新的效果形成一种正相关的关联。

(一)保护开发历史文化资源

2012 年,"北京中轴线"被列入《中国世界遗产预备名单》后,《北京中轴线保护规划》《北京中轴线申遗综合整治规划实施计划》《北京中轴线风貌管控城市设计导则》陆续出台。北京中轴线,是指北京自元大都、明清以来北京城市东西对称布局建筑物的对称轴,现已确定天安门等十余处遗产点。2017 年底,北京市推进全国文化中心建设领导小组批准成立了中轴线申遗保护专项工作组,全面启动北京中轴线申遗保护工作。以中轴线申遗保护为抓手,东城区和西城区大力推进老城整体保护和复兴。例如,东城区制定了《东城区街区更新实施意见》,积极探索街区更新工作路径,西城区推进"鼓楼西大街整理与复兴计划",通过拆违、整治、新建等举措恢复老城风貌,形成了"探访一处元代码头、漫步两段古迹高墙、体验四个口袋公园、了解多个历史典故"的景观结构,助力中轴线申遗保护。

集中体现欧陆风情的哈尔滨的中央大街是国内罕见的一条建筑艺术长廊,已于 1986 年被哈尔滨市政府确定为保护街道。为加强保护,中央大街的改造以《中央大街历史文化街区保护规划》为统领,保持历史风貌,同时对历史文化街区重点文化内容进行开发与特色文化品牌培育,在中央大街举办哈尔滨之夏音乐会、老街音乐汇、西餐文化节、圣诞嘉年华、冰雪艺术节等一系列文化旅游活动,与"中国·哈尔滨国际冰雪节""哈尔滨之夏音乐会""迷

人的哈尔滨之夏旅游文化节""哈尔滨国际时装周""哈尔滨啤酒节""哈尔滨民间民俗艺术博览会""哈尔滨国际马拉松""中俄博览会（哈洽会）"等城市节庆相呼应，提升文化影响力。2020年7月，经商务部确定，中央大街步行街正式成为全国第二批步行街改造提升试点之一，将全面落实《中央大街业态升级改造扶持政策》，从品牌提升、消费升级、商业增长、营销活动4个方面发力，打造多元化的文化生态。

常州市拥有数量丰富且极具地方特色的红色文化资源，为加强红色文化资源的开发和利用，常州市坚持保护与利用并举，整合资源、多元化开发，突出特色、差异化发展的原则，围绕常州红色文化体验区建设的目标规划了大运河核心红色文化示范区、工商业红色基因展示带、革命老区红色印记追寻带、社区基层红色沃土厚植带四个红色文化功能区（带），并打造了以"三杰故里·红色名城"为主品牌的常州红色IP品牌体系，从而更加有效地呈现常州红色文化资源的功能和价值，为推动常州高质量发展提供文化支撑，助力城市更新和文化创意产业升级。

扬州市文化积淀厚重，积累了丰富的老字号品牌资源，在城市更新中通过传统文化底蕴与现代商业元素相结合的途径，实现了古城保护与商业复兴的协同推进。扬州市在对明清古城实行整体保护的过程中，在500多条街巷中选取东关街、仁丰里、南河下3条步行街作为历史文化商业街区予以重点打造，采取提升改造紫罗兰等10家老字号店面、开设谢馥春技艺传习所和扬州书场、引导街区内企业实现由传统销售向"线上+线下""商品+体验"转变等措施，推动历史传承展示和品牌经营互动，突出商旅文联动发展，传统文化得到传承和发扬，同时城市也变得现代且宜居。

拥有千年建城历史的南昌市以历史文化名城的保护为起点，实施城市更新工程。《南昌历史文化名城保护规划》提出以"一城、三街、七片"为框架推进历史文化城区的保护。根据历史文化城区的资源禀赋和特点，南昌市旧城区形成了三大文化主题的展示体系，其中围绕"豫章古郡"的府城文化和历史街区的体系以滕王阁、万寿宫街区等明清时期的历史文化建筑为主，"红色"文化展示体系以八一起义指挥部以及八一起义纪念碑为代表，南昌民国历史遗存展示体系以民国十大乡贤路、民国三大建筑为主。

江西抚州文昌里历史悠久，文化底蕴深厚，文昌里历史文化街区不仅是临川老城最繁华的商业街区，还是目前江西省规模最大、保存最完整的历史文化街区，集聚了戏曲文化、宗教文化、商帮文化、临川才子文化、忠孝文化、民俗文化，包含汤家山和汝东园2个省级历史文化街区、13条保存比较完整的明清历史街巷、50多处保存完好的明清历史建筑。早在2015年抚州市即确定了文昌里改造要遵循"恢复历史、激活文化、带动旅游、服务百姓"的原则，重现街区历史风貌。

里院是青岛市特有的民居建筑，其建设高峰期距今已有近百年历史，其建筑样式既融合了欧式建筑风格，又体现了青岛本地的地域特色。2020年5月，广兴里以青岛里院更新与保护样板的身份成为新晋热门打卡地。广兴里的建筑修复遵循"尊重历史，修旧如旧"的原则，同时导入产业以实现老城的可持续发展。选址于广兴里的青岛工业设计创新中心作为推动青岛工业设计"四个一工程"（青岛工业设计创新中心、设计街区、设计案例、国际设计集聚区）的支撑平台，共同推进青岛工业设计向规模化、专业化、高端化、国际化发展，打造了"老城复兴·设计赋能"的全国样板。

城市历史文化区的综合更新保护是西安现阶段的城市更新行动重点工作之一。西安在钟楼片区、碑林历史文化街区、小雁塔片区、七贤庄历史文化街区、大明宫片区等多个片区实施的城市更新工程包括遗址保护、文明传承和文化发展，其改造内容包含原址保留建筑修缮、文化商业设施及游客服务中心等相关配套设施建设等。三学街历史文化街区保护项目是西安"皇城复兴计划"的重要支撑项目，现已完成《西安三学街历史文化街区保护规划（2020—2035）》并印发，提出碑林文化展示区、安居巷民国名人居住空间展示区、关中书院文化展示体验区、书院门文房商业展示区、卧龙寺寺庙文化展示体验区和明清城墙及顺城巷古城展示区等六大片区的设计，使之焕发新活力，成为城市新地标。

（二）保护利用工业遗产

城市转型升级无法回避老工业遗址改造的问题，工业遗产的更新是城市更新的有机组成部分。工业遗产更新后既可以成为创意产业发展空间，也可以成为传播城市记忆的公共文化空间。

哈尔滨西城红场工业遗址改造在借鉴国内外工业遗址改造的成功经验的基础上，形成风格各异的文化创意产业基地，是实现工业遗址与城市升级改造相结合的典范。哈尔滨市红博·西城红场时尚创意商业综合体以哈尔滨机联机械厂原工业遗址留存的 4 幢包豪斯风格的老厂房为基础,通过旅游业、文化创意产业及零售商业等推动区域更新发展,兼顾了现代商业氛围和城市工业记忆传承,成为哈尔滨的时尚名片。香坊区则致力于工业遗址的区域性改造。区域内香坊火车站、霍尔瓦特将军府、哈尔滨铁路印刷厂等中东铁路遗迹保存完好,还聚集了以哈尔滨电机厂有限责任公司、哈尔滨汽轮机厂有限责任公司和哈尔滨锅炉厂有限责任公司这"三大动力"为龙头的企业,作为全国 21 个老工业区搬迁改造试点区之一,搬迁改造后的香坊老工业区将建设成为城市综合休闲区、文化创意产业园区、生态居住区、博览展示区、主题公园区和都市工业区等相融合的时尚之地。

宁波文创港地块是宁波市重要的工业文化遗产,其建设过程中充分落实工业遗存保护与活化利用,较为完整地保存了本市最早的港区(码头)遗存痕迹,并与城市更新建设有机融合,逐步实现"工业锈带"向"活力秀场"的蜕变。正在建设的文创港核心区滨江水岸样板段项目(一期)工程集历史文化展示、高新产业发展与市民休闲娱乐于一体,在保留码头、烟囱、铁轨等工业遗存的基础上,设计了具备休闲游憩、生态教育、文化体验等多种功能的公共文化空间,并配建社会停车场、体育健身场地、游客中心等设施,将成为宁波的城市名片。

武汉第一次摘得联合国教科文组织"亚太地区文化遗产保护荣誉奖"的工程是平和打包厂保护与再利用工程。平和打包厂始建于 1905 年,是英商在汉口旧租界内最早的加工打包仓,为武汉现存规模最大、保存最完整的早期工业建筑组群,是武汉市优秀历史建筑和文物保护单位,被认定为武汉首批一级工业遗产。2017 年 3 月,平和打包厂文物保护性改造启动,于 2019 年改造成为集办公、展览与观光为一体的时尚创意产业园。在平和打包厂旧址成功改造的基础上,平和坊周边改造也将持续推进,打造"汉口文创谷",成为新旧融合的城市记忆载体。

西安纺织城片区改造以旧城更新改造为抓手,坚持产业发展与旧城改造并重,大力发展纺织、商贸物流、房地产、文化创意、旅游等产业,以产业带动更新、以更新促进产业。自 2009 年以来,原西北一印已形成了纺织城艺术区,在保留老纺织城建筑特色的基础上,活化工业遗产,将老纺织城打造成特色文化创意区。原铁路专用线和国棉三厂旧厂房改造后成为铁路主题公园和常乐尚都文化创意街区,企业聚集、业态丰富。纺织城片区还以 4A 级景区西安半坡博物馆提升改造为契机,打造彰显华夏文明的历史基地,形成集文化休闲、艺术培训、文化展览、设计策划、电子商务、生活购物、生态居住为一体的文化创意产业聚集区。

(三)优化交通与修复生态

城市更新既要有效地保留历史人文环境,又应体现现代城市的特征和功能,从肌理、空间、风貌、工艺等诸多方面做到古今融合、新旧融合。南昌绿地象南文化中心为南昌地铁 3 号线六眼井站地铁上盖的综合体。绿地象南文化商业中心地处三眼井历史文化风貌区,同时也是旧城改造中重点建设的"文创+"大商业城市综合体。在综合考量政府意愿、业主利益、建筑师诉求、民众诉求等方面后,这一街坊式生活综合体实现了文化贡献度与商业贡献度的双赢,成为既能有效保护老城文化传承,又能积极引领现代商业文明复兴的城市更新工程。

绿色发展理念在西宁市深入人心,推动高原美丽城镇建设与城市更新有序开展。位于机场高速沿线的北山美丽园,地处山体陡峭、自然灾害频发地段,在危岩体治理开展之前,由于缺乏妥善管理、流动人口、山下违章建筑密集,居住环境较差,同时存在山体滑坡与落石等安全隐患。2006 年起,西宁市大力推进机场高速沿线西宁段的环境综合整治工程,在北山危岩体综合治理的前提下,拆除高速公路北侧沿线违章建筑,构建西宁北山美丽园 6000 亩永久性绿地,形成了一条贯通城区东西的生态风景线,建成改善生态、美化环境、游览休闲、文化特色突出的主题公园。

(四)数字化驱动文化更新

2020 年初新冠肺炎疫情暴发,1 月 23 日,武汉关闭离汉通道,疫情阻击战随即打响。在这场重大的突发性公共卫生事件中,武汉居民经历了恐惧甚至生离死别的"至暗时刻"。武汉居民从个体视角出发记录的画面,成为这一场抗疫大战的记忆载体。例如电影频道和湖北电视台出品的《武汉日夜》纪录片、《在一起》抗疫电视剧等,用数字载体的形式记录、留存武汉抗疫的城市记忆。数字文化产业以数字的方式更新一座城市的记忆乃至未来想象,这种数字化的城市更新以文化更新的形式推动城市记忆的新生与延续。

四、城市更新推动创意产业发展的趋势

（一）持续优化顶层设计

城市更新必然涉及多元要素的协调与协作，编制专项规划将更好地指导城市更新工作有序开展。以规划为引领，有助于摸清家底、评估潜力，文化产业的意识形态属性和特殊的社会价值使其不能完全服从于市场行为，大规模的城市更新运动更加离不开政府的顶层规划设计，以政府之力推动文化产业与城市更新的结合，可以有效避免市场盲目逐利、罔顾社会文化效益的倾向，有利于唤起逐渐消逝的集体记忆，处理好城市系统内部的协调关系，推动城市文化形象的塑造和城市文脉的传承。

（二）加强历史风貌保护

城市更新设计需要深入研究传统文化生态，并在城市更新的过程中制定和实践与之相匹配的模式，尽量在推动城市更新发展的同时减少对传统文化的破坏。既要保护历史文化，也要塑造城市时代风貌。积极修订总体城市设计，对重点区域的城市空间形态、景观视廊、公共空间、建筑高度和风貌等进行全面控制和引导。同时，鼓励和支持利用使馆建筑、铁路建筑、教堂建筑等历史建筑，在不破坏建筑保护价值的前提下，根据建筑的历史价值、结构特点、保存状况，开设文化中心、开发特色历史建筑游览线路，展示城市历史文化。历史文化名城的保护与发展，应该着眼于城市整体的更新而对各个城市功能区进行重新调整。在城市更新中坚持文化传承，实际上就是在城市发展过程中加强对传统文化的保护和传承。

（三）强化公众参与

城市更新中，文化产业的发展不可缺少的重要环节为公众参与。公众参与能有效地监督和促进实施城市更新，亦有利于保障公众的利益。只有增强公众对文化遗产的保护意识，才能更好地推进历史城区的保护及管理。除居民直接参与城市更新的项目外，政府可为公众提供公共咨询平台，收集公众的意见，发放咨询信息，提高公众的参与效率，同时也降低政府的组织成本。

(四）创新体制机制

城市更新是一个集保护、修复、发展于一体的系统性工程，需要"自上而下"的规划控制和"自下而上"的改造实施相结合。城市更新中处理好土地用途的创新设计、历史建筑的所有权与经营权分离的方面，将能更好地发挥文化创意在其中的作用。随着城市更新行动成为"十四五"时期我国城市工作的重要部分，体制机制的创新将进一步促进城市更新与文化创意产业发展的融合，从而推动我国城市建设进入历史新时期。

［许玥姮，北京市科学技术研究院（北科智库），北京市科学技术情报研究所］

第二十章
指数发布：2020 中国城市文化创意指数报告

一、理论基础：中国城市文化创意指数理论依据

二、评价体系：中国城市文化创意指数评价指标与方法

三、综合排序：2020 中国城市文化创意指数榜单

四、分类十强：2020 中国城市文化创意指数十强榜

五、指数分析：2020 中国城市文化创意指数十强城市评析

六、单项评价：中国城市文化创意指数单项指标评析

七、指数应用：中国城市文化创意指数评级

八、专题报告：中国城市文化创意三大城市群指数分析

2020年注定是人类历史上不平凡的一年。突如其来的新冠肺炎疫情席卷全球，经济社会受到重创。文化创意及相关产业也是哀鸿遍野，尤其是影视业、演出业、旅游业等线下体验类文化创意消费受影响颇深，但社会经济总是在不破不立的循序渐进中持续向前发展。2020中国城市文化创意指数，是基于2019年度指数报告各城市公开的统计数据而形成的指数应用和分析，由疫情所带来的影响尚未体现在本年度报告中。然而本报告所呈现的各城市"文化创意+"发展效能和优势，或为新的一年城市发展和文化创意赋能经济带来借鉴和启迪。

自2018年首次发布以来，中国城市文化创意指数的发展历程已经进入第三个年头。在2018年12月5日举办的"中国企业家博鳌论坛"上，由王齐国先生发布了"2018中国城市文化创意指数排行榜"，这是国内第一次就城市文化创意指数进行研究和排序发布；2019年1月5日，王齐国先生出席北京大学"第十六届中国文化产业新年论坛"并发布了"2018中国城市文化创意指数研究报告"。2018年度中国城市文化创意指数的两次发布，引起了较大反响，国内超过200家媒体进行报道或转发。新华网、中国网等都以专栏形式进行了系列发布。

2020年4月24日，"2019中国城市文化创意指数地级市百强榜单"在新华网旅游频道发布；2020年8月5日，"2019中国城市文化创意指数研究报告暨中国城市文化创意指数排行榜"在新华网举办第二次发布会。2019年度指数报告的两次发布，不仅引起国内各大主流媒体转载报道，而且获得更多城市文化创意相关行政部门的关注，西安市人民政府网、西安曲江新区管理委员会、陕西宣传网、陕西党建网、合肥市人民政府网、合肥市文化和旅游局等政府官方网站对指数发布相关内容进行了转载。

中国城市文化创意指数在力争成为"文化创意+"城市更新战略管理工具的里程中不断前行与精进。2020中国城市文化创意指数又进行了新的突破。

一是城市样本扩充,新增了中国香港、澳门两个特别行政区等9个城市。香港和澳门样本的加入,使得中国城市文化创意指数具有更广阔和更多元化的城市视角,也为内地城市和港澳之间的文化创意相互了解与学习借鉴提供通路和工具。我们可以看到像澳门这样小而精的城市的文化创意发展情况,尽管文化创意经济产值规模仅为十亿级,但文化创意产业划分和数据统计十分细致,数据的开放性和更新率要优于内地城市。与内地城市的文化产业统计分类不同,澳门文化产业主要分为四大类和16小类:第一,创意设计(广告业、会展筹办业、专门设计、设计至生产/分销、建筑设计);第二,文化展演(表演艺术制作、文化展演经纪服务、表演艺术培训、表演艺术场地运营);第三,艺术收藏(艺术品制作销售及拍卖、摄影服务);第四,数字媒体(出版业、资讯业、电台及电视节目制作、电影制作及发行、电影院经营)。

二是指标迭代完善,优化了文化创意GDP和文创贡献率指标。这两项指标在以往综合统计文化创意GDP的基础上,进一步细分为文化创意相关制造业产值和文化创意相关服务业产值,从而更清晰地呈现出城市文化创意对经济的贡献结构比例,更有助于发现文化创意对不同产业的赋能能力。中国城市之间的经济发展水平不同,产业发展要素和基础不同,城市发展进程的阶段和现状不同,因此"文化创意+"赋能的产业选择和路径方式也是因需而制,循序渐进地不断优化升级,在文化创意相关制造业和服务业发展中找到高质量发展模式。在文化创意GDP指标统计中,文化创意相关制造业涵盖国民经济统计分类中的造纸和纸制品业、印刷和记录媒介复制业、文教/工美/体育和娱乐用品制造业等;文化创意相关服务业涵盖国民经济统计分类中的信息传输/软件和信息技术服务业、文化体育和娱乐业。

三是丰富了城市群主题报告,对粤港澳大湾区、长三角城市群、京津冀城市群进行了专题分析。相较于2019年的专题报告,本年度粤港澳大湾区专题报告完善了湾区城市样本,在纳入香港和澳门城市样本后,覆盖了湾区内全部11个城市,更加完整地呈现了粤港澳大湾区城市群文化创意发展整体现状和城市之间的差级现状。同时,本年度新增了2020长三角城市群文化创意指数分析报告及排行榜、2020京津冀城市群文化创意指数分析报告及排行榜,不仅丰富了不同城市群文化创意发展的全局内容,也有助于不同城市群之间城市相互对标,寻找发展定标对象以及协同发展的合作对象。

一、理论基础：中国城市文化创意指数理论依据

文化产业这一术语产生于 20 世纪初，最初出现在霍克海默和阿多诺合著的《启蒙辩证法》一书中，"文化产业把旧的、熟悉的东西熔铸成一种新的特质。"应该说，文化产业的大规模发展使审美的商品属性昭然若揭，并使审美生产与消费呈现出规模化的效应。[1]

联合国教科文组织关于文化产业的定义如下：文化产业就是按照工业标准，生产、再生产、储存以及分配文化产品和服务的一系列活动。这一定义主要从传统工业化角度，将文化产品和服务以工业标准化流程即生产、流通、分配、消费进行界定。

英国是最早提出"创意产业"并以此为理论进行创意产业发展战略规划的国家。1998 年英国成立"创意产业特别工作小组"，并将创意产业定义为：源于个人创造力与技能及才华，通过知识产权的生成和利用，具有创造财富并增加就业潜力的活动。这一定义中，首次融入知识产权概念，并强调了创意产业与知识产权的生成和利用是密不可分的。

"文化产业""创意产业""文化创意产业"，是不同国家以及不同区域基于其文化背景对"精神消费商品"的不同认知（在我国不同城市中，也会经常使用"文化产业"或"文化创意产业"的不同描述），虽然其内涵部分是重叠的，却有着根本的差别——比如对创意的定义。

中国城市文化创意指数的核心理论，依据北京大学文化产业研究院、九州一方文化创意院王齐国教授有关文化产业、创意、文化创意及文化创意+的研究成果和理论体系，其定义有别于目前国内外的学者认知。

（一）对文化产业的概念界定

我们认为：文化产业是生产和销售与人们精神消费商品相关的产业，是以创意为根本手段，以文化内容、创意成果为核心价值，以知识产权实现或消费为交易特征，为社会创造财富，并促进社会进步和居民综合素质提升的

---

[1] 王一川. 美学教程[M]. 上海：复旦大学出版社，2004.

产业（见图20-1）。[①]

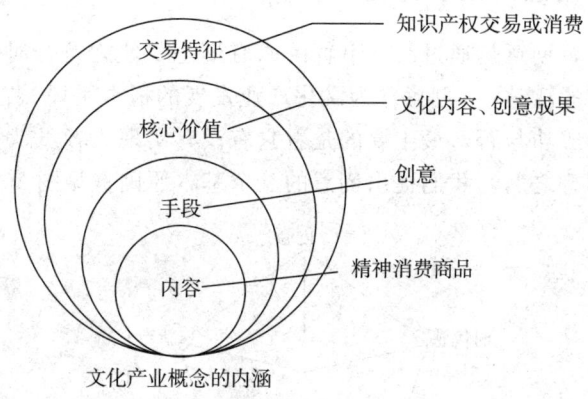

图20-1 文化产业的定义

我们从三个方面阐述文化产业的内涵：第一是产出，文化产业生产的是精神消费商品。第二是属性，文化产业具有经济和文化的双重属性，经济是第一属性，文化是第二属性。这从根本上解决了文化产业属性不清的问题。第三是效率平衡，文化产业在追求批量生产和规模效益的工业化效率时，又反效率化，强调精神消费商品的异质性和个性化（见图20-2）。

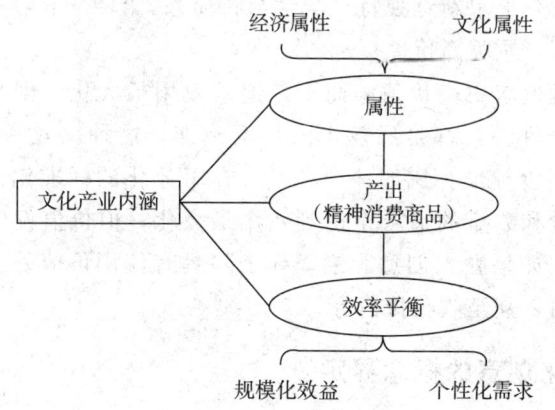

图20-2 文化产业的内涵

---

① 王齐国,张凌云.文化产业园区理论与实践[M].济南:山东大学出版社,2011.

(二) 对创意的概念界定

我们认为，创意是通过改变事物的原有形态，使之符合时代的审美需求，并创造出价值的活动①。创意作为文化产业发展的根本手段，首先是一种创新手段。创意的成功与否，最主要的是看它有没有实现或者贡献新的价值。

在定义创意之后，我们提出创意的五个基本原则（见图20-3）：

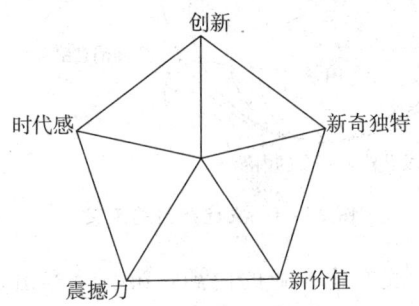

图20-3　创意的五个基本原则

第一，创意与创新有关，比如由创意带来的制度创新、模式创新、生态创新、产品创新、服务创新等；第二，创意要有时代感，也就是说，创意是与时俱进的；第三，追求新奇独特（个性与特质）；第四，有震撼力——打动心灵的能力；第五，贡献新价值。

创意的本质是追求更高价值，而不是追求效用最大化。创意所追求的异质性、差异性、个性等，都是反效率的尺度标准。这种反效率的尺度标准，正是创意标准的评价标准。比如一个杯子，在工业化的标准化、规模化生产过程中，在对质量和数量的追求中达到效用最大化，但价值仅停留在作为容器的使用价值上，如果融入创意元素，杯子除具有使用价值外，还增加了欣赏价值、审美价值，甚至收藏价值等。

(三) 对文化创意的概念界定

文化创意是指在创意活动中发现并创造新的审美趣味和审美价值，从而促进经济和社会变革的活动。

---

① 王齐国,张凌云. 文化产业园区理论与实践[M]. 济南:山东大学出版社,2011.

文化创意的本质是价值驱动和审美驱动。价值驱动从根本上解决人的生存动机、生产动机、生活动机（包含消费动机），体现对人的尊重和对人性的尊重，是构建美好社会的基本手段。而审美驱动，则是提高人的审美趣味，让人有高远的精神追求：把人从物质引向形式，从感觉引向法则[1]，从有限存在引向绝对存在。生活经历唤醒了感性冲动，规律唤醒了形式冲动，只有这两种冲动都存在时，人性才得以形成。而人只有在具有人性后才会追求美的、抵制丑的、追求善的、抵制恶的，在价值观取向上有所作为[2]。人不单单是物质的，而且是精神的。

（四）"文化创意+"理论

中国倡导"互联网+"以后，社会上涌现出众多"+"：文化+、旅游+、××行业+，等等，造成"+"混乱。

"互联网+"之所以可以实现，是因为互联网具有经济引擎功能，可以"+"得起来。经济引擎有三类：一是要素引擎（投资、消费、出口）；二是技术引擎（包括激发创新的知识）；三是制度引擎（有利于资源配置的方式方法的文化）。

"文化创意+"具有经济引擎的特质——技术（激发创新的知识）和制度（有利于资源配置的方式方法的文化），对经济社会发展的贡献是显而易见的，所以才能够"+"起来。并且，与"互联网+"提高传统产业的量及便利性不同，"文化创意+"提升传统产业的内涵和品位，更加关注经济社会发展的品质，可以与"互联网+"形成双翼或双轮。

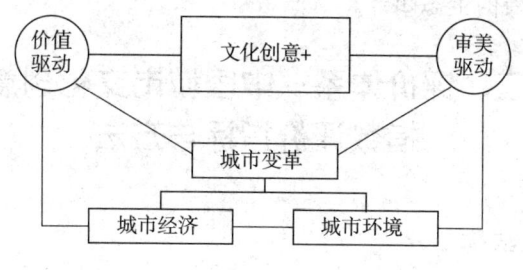

图 20-4 "文化创意+"理论模型

---

[1] 席勒. 审美教育书简[M]. 冯至, 范大灿, 译. 北京：北京大学出版社, 1985.
[2] 王齐国. 文化创意：变革的力量[M]. 北京：开明出版社, 2018.

"文化创意+"理论（见图20-4）认为，文化创意的本质是价值驱动和审美驱动。文化创意的价值驱动可以从两个方面体现：一是以文化创意作为生产力，通过创意设计赋能传统经济社会，实现价值最大化；二是以文化创意作为生产资料，使无形资产（有时特指知识产权）转变为价值资产。

文化创意的审美驱动也可以从两个方面体现：一是文化创意与商品服务融合，在商品服务的使用价值之上，增加审美趣味，实现商品服务更高的附加值；二是文化创意与城市空间融合，使空间结构利用更加高效、空间设施更具人文色彩，更加舒适而便利，空间景观更具审美意义。

"文化创意+"理论认为，文化创意的价值驱动和审美驱动，是推动城市变革的动力因素，文化创意对城市变革的作用与影响体现在城市经济和城市环境两方面。第一，文化创意可以无边界地与各个产业融合发展，实现传统产业的转型升级和供给侧产品结构改革与创新，向消费者提供高品质、高附加值、有竞争力的商品。比如文化创意+农业，可以形成农业创意观光、生态美食、田园游憩、家庭种植体验等；又如文化创意+工业，可以使传统工业商品从内到外（内在的技术创新与外在的审美形态）发生改变，成为一个"崭新"商品。第二，文化创意可以融入城市建筑、城市景观、城市公共设施等城市环境中，提升城市文化内涵，树立新的审美形象，而且可以提高居民生活品质和幸福指数。第三，文化创意具有集聚效应，一个城市拥有较好的文化创意氛围，会对创意人才以及高端人才产生吸引力，人才的聚集会带动产业发展，产业的发展吸引资本聚集，资本的投入再反作用于产业发展，产业发展再形成人才的集聚，人才聚集再带动各种城市配套环境的提升与发展，由此形成良性发展的生态闭环。

二、评价体系：中国城市文化创意指数评价指标与方法

（一）指标结构

如表20-1所示，中国城市文化创意指数的指标体系结构由4个一级指标、16个二级指标和45个三级指标/数据项构成。一级指标4个，分别为"文化创意+"创意生态、"文化创意+"赋能能力、"文化创意+"审美驱动力、

"文化创意+"创新驱动力。二级指标16个,分别为智力资本、资本环境、政策环境、市场潜力、文化创意 GDP、文创贡献率、产品设计力、消费带动力、城市好客度、城市美感、城市普惠度、城市幸福感、智权成果、失败容忍度、创新研发力、未来可塑性。各项指标说明参见上年度本报告[《中国创意产业发展报告(2020)》第十八章]。

表 20-1 中国城市文化创意指数指标体系

一级指标	二级指标	三级指标/数据项
Ⅰ "文化创意+"创意生态	1. 智力资本	1. 文化创意从业者数量 2. 文化创意从业者结构比 3. 潜在文化创意人力资源
	2. 资本环境	4. 信贷环境 5. 金融景气指数 6. 外资利用环境
	3. 政策环境	7. 文化创意财政支持规模 8. 文化创意财政支持占比 9. 文化创意政策完善度 10. 文化创意政策持续力度
	4. 市场潜力	11. 文化创意消费能力 12. 文化创意本地消费市场容量 13. 文化创意入境消费市场规模
Ⅱ "文化创意+"赋能能力	5. 文化创意 GDP	14. 文化创意相关制造业产值 15. 文化创意相关服务业产值
	6. 文创贡献率	16. 文化创意产值贡献率
	7. 产品设计力	17. 文化创意设计资源增量 18. 人均文化创意设计能力
	8. 消费带动力	19. 文化旅游消费力
Ⅲ "文化创意+"审美驱动力	9. 城市好客度	20. 外来常住人口数量 21. 常住人口流动增速 22. 旅游人次

续表

一级指标	二级指标	三级指标/数据项
Ⅲ "文化创意+"审美驱动力	10. 城市美感	23. 文化创意旅游资源 24. 文化创意旅游吸引力 25. 公共人文空间资源 26. 蓝繁环境指数
	11. 城市普惠度	27. 人均文化创意财政补贴 28. 人均公共文化设施拥有量 29. 人均拥有图书馆藏书量 30. 人均绿地休闲拥有量
	12. 城市幸福感	31. 高等教育资源人群覆盖度 32. 文化休闲空间服务
Ⅳ "文化创意+"创新驱动力	13. 智权成果	33. 智权成果成长力 34. 智权成果增长效度
	14. 失败容忍度	35. 创新支持力度 36. 新增市场主体 37. 创业增长率 38. 外来人口占比
	15. 创新研发力	39. 研发人力资源 40. 研发人员密度 41. 研发投入规模 42. 研发投入力度
	16. 未来可塑性	43. 城市对外开放性 44. 城市商业吸引力 45. 城市经济成长性

（二）指数模型与计算公式

详细指数模型解释与指标计算公式参见上年度本报告［《中国创意产业发展报告（2020）》第十八章］。

(三) 指数样本、数据来源及权重设计说明

2020中国城市文化创意指数共计纳入149个样本城市，覆盖全国23个省、5个自治区、4个直辖市、2个特别行政区。与2019年相比，新增9个样本城市，包括香港、澳门、肇庆、滁州、池州、宣城、衡水、邢台、安阳。

本次城市样本范围延展主要考虑以下三点：一是补充增加香港、澳门、肇庆三个城市，完善粤港澳大湾区城市群样本；二是补充增加滁州、池州、宣城三个城市，完善长江三角洲城市群样本；三是补充增加衡水、邢台、安阳三个城市，完善京津冀城市群样本。

2020年度样本城市的数据来源主要有以下几方面：2017—2019年连续三年的城市社会经济统计公报；2018—2019年城市统计年鉴以及各省统计年鉴；各城市政府统计局、文化和旅游局等官网发布数据及文化创意相关政策信息等。

本次指数权重设计以指数的核心旨意为出发点，突出文化创意对城市发展的价值驱动和审美驱动的功能和作用，因此在设计一级指标分值权重分布时，"文化创意+"创意生态指标分值权重占比2/10、"文化创意+"赋能能力指标分值权重占比3/10、"文化创意+"审美驱动力指标分值权重占比3/10、"文化创意+"创新驱动力指标分值权重占比2/10，相对于"文化创意+"创意生态和"文化创意+"创新驱动力，对"文化创意+"赋能能力和"文化创意+"审美驱动力两项指标分值进行了增强加权设计。

三、综合排序：2020中国城市文化创意指数榜单

(一) 2020中国城市文化创意指数总排序

表20-2　2020中国城市文化创意指数总排序

排序	城市	创意生态	赋能能力	审美驱动力	创新驱动力	指数	上年名次
1	北京	13.354	18.893	11.268	13.352	56.868	1→
2	深圳	7.260	22.935	11.499	14.021	55.714	3↑
3	上海	9.814	20.372	9.297	11.344	50.827	2↓

续表

排序	城市	创意生态	赋能能力	审美驱动力	创新驱动力	指数	上年名次
4	广州	8.257	19.793	8.537	9.304	45.891	4→
5	杭州	6.995	18.198	8.755	7.205	41.153	5→
6	苏州	6.103	14.468	7.112	9.009	36.693	12↑
7	南京	6.710	16.650	7.728	5.329	36.416	10↑
8	西安	7.582	10.742	9.680	7.413	35.418	7↓
9	东莞	5.148	12.330	10.965	6.930	35.372	9→
10	重庆	9.063	10.274	10.158	4.243	33.738	6↓
11	成都	7.162	11.077	7.805	4.686	30.730	8↓
12	天津	6.269	12.081	6.881	5.326	30.558	11↓
13	武汉	7.858	7.335	7.576	4.806	27.575	13→
14	宁波	5.361	9.680	6.745	5.514	27.300	14→
15	长沙	6.050	9.955	6.280	4.372	26.656	15→
16	泉州	4.414	13.896	4.739	2.929	25.979	39↑
17	贵阳	5.328	7.892	8.146	2.591	23.957	22↑
18	厦门	4.774	7.132	7.143	4.530	23.579	27↑
19	珠海	5.235	5.708	8.163	4.344	23.450	19→
20	青岛	5.814	5.537	6.205	5.198	22.754	16↓
21	合肥	5.601	6.494	6.282	4.285	22.662	21→
22	香港	7.819	4.636	5.131	5.066	22.653	—
23	佛山	4.964	7.771	5.475	4.224	22.434	17↓
24	南昌	5.610	6.155	7.555	2.494	21.814	24→
25	嘉兴	5.327	6.830	6.035	3.555	21.748	33↑
26	绍兴	4.505	7.192	5.691	4.351	21.739	28↑
27	济南	5.884	4.882	6.516	4.032	21.313	27→
28	中山	5.170	5.505	5.151	4.417	20.244	32↑
29	温州	5.108	6.812	4.449	3.827	20.197	31↑
30	澳门	4.240	1.350	13.078	1.519	20.187	—
31	湖州	4.924	5.924	5.904	3.417	20.169	38↑
32	金华	4.655	5.871	5.573	3.691	19.790	50↑

续表

排序	城市	创意生态	赋能能力	审美驱动力	创新驱动力	指数	上年名次
33	福州	5.469	5.310	6.413	2.312	19.504	18↓
34	芜湖	4.600	3.279	7.736	2.857	18.473	47↑
35	郑州	6.697	1.926	5.917	3.800	18.341	23↓
36	淄博	3.834	5.461	4.887	3.611	17.794	45↑
37	九江	4.308	6.749	4.820	1.530	17.407	43↑
38	南通	3.842	6.950	4.455	1.846	17.093	84↑
39	江门	4.219	4.963	4.859	2.999	17.039	75↑
40	昆明	5.070	3.294	6.549	2.090	17.003	29↓
41	呼和浩特	5.232	2.689	7.032	1.894	16.847	48↑
42	扬州	4.109	5.669	4.818	2.248	16.844	40↓
43	台州	4.397	3.334	5.271	3.644	16.645	51↑
44	沈阳	5.576	3.455	5.023	2.236	16.290	37↓
45	常州	3.520	5.849	3.708	3.080	16.157	53↑
46	兰州	4.293	1.720	7.764	2.324	16.100	42↓
47	镇江	4.276	5.075	5.298	1.410	16.060	35↓
48	无锡	3.973	2.486	5.618	3.435	15.512	25↓
49	惠州	4.315	3.312	4.461	3.325	15.413	55↑
50	莆田	2.372	8.213	3.307	1.267	15.158	123↑
51	大连	3.812	4.812	4.660	1.677	14.960	30↓
52	海口	4.670	1.240	6.146	2.881	14.937	74↑
53	连云港	4.260	6.302	3.477	0.898	14.936	81↑
54	郴州	3.941	5.973	3.558	1.459	14.931	90↑
55	衢州	4.393	4.611	3.987	1.580	14.571	98↑
56	漳州	2.659	6.359	3.365	2.079	14.461	69↑
57	赣州	4.406	4.888	3.377	1.654	14.325	73↑
58	威海	3.933	4.160	3.287	2.933	14.313	49↓
59	哈尔滨	4.995	2.514	5.387	1.384	14.280	26↓
60	舟山	4.801	1.918	5.129	2.292	14.139	59↓
61	烟台	4.259	3.169	3.258	3.200	13.886	41↓

续表

排序	城市	创意生态	赋能能力	审美驱动力	创新驱动力	指数	上年名次
62	宜昌	3.740	2.716	4.729	2.687	13.872	66 ↑
63	长春	4.391	3.629	3.971	1.812	13.803	36 ↓
64	潍坊	4.481	2.131	3.915	2.966	13.492	58 ↓
65	安庆	3.882	3.436	4.208	1.924	13.450	54 ↓
66	南宁	4.836	3.519	2.867	2.053	13.275	44 ↓
67	遵义	3.510	3.548	4.493	1.650	13.202	56 ↓
68	石家庄	5.100	4.397	1.358	2.234	13.089	60 ↓
69	泰安	3.906	3.125	3.489	2.468	12.988	65 ↓
70	肇庆	3.145	4.175	3.915	1.418	12.653	—
71	丽水	3.291	2.412	5.157	1.688	12.547	87 ↑
72	洛阳	4.464	1.592	4.165	2.129	12.350	34 ↓
73	湛江	3.767	4.052	3.106	1.422	12.347	92 ↑
74	盐城	4.153	3.435	3.486	1.254	12.329	80 ↑
75	银川	3.400	0.379	5.921	2.405	12.106	82 ↑
76	蚌埠	3.571	3.282	3.459	1.672	11.984	83 ↑
77	嘉峪关	1.703	0.497	7.496	2.147	11.844	139 ↑
78	徐州	3.979	2.578	3.686	1.522	11.765	63 ↓
79	柳州	3.685	1.344	5.505	1.176	11.711	52 ↓
80	济宁	3.644	2.368	3.243	2.450	11.706	61 ↓
81	马鞍山	2.981	2.471	3.941	2.310	11.703	64 ↓
82	淮安	3.803	2.454	3.681	1.107	11.045	70 ↓
83	乌鲁木齐	3.131	1.371	4.520	1.989	11.011	67 ↓
84	岳阳	3.674	4.066	1.568	1.701	11.010	89 ↑
85	唐山	3.896	2.284	2.890	1.923	10.993	93 ↑
86	宿迁	3.403	3.215	2.565	1.657	10.839	116 ↑
87	泸州	3.394	2.838	3.441	1.058	10.731	77 ↓
88	三亚	3.282	0.763	5.030	1.623	10.698	110 ↑
89	临沂	4.395	0.824	2.543	2.817	10.579	72 ↓
90	襄阳	3.071	2.264	2.592	2.543	10.470	111 ↑

续表

排序	城市	创意生态	赋能能力	审美驱动力	创新驱动力	指数	上年名次
91	泰州	2.856	2.033	3.769	1.676	10.333	86↓
92	宜宾	3.950	1.879	2.940	1.403	10.172	101↑
93	太原	3.199	1.412	4.190	1.341	10.142	46↓
94	秦皇岛	3.188	1.222	3.613	2.007	10.030	68↓
95	新乡	3.633	1.480	2.630	2.284	10.027	78↓
96	枣庄	3.724	2.543	1.583	2.045	9.896	104↑
97	滁州	2.043	2.948	2.606	2.239	9.835	—
98	铜陵	3.295	1.497	3.818	1.177	9.788	76↓
99	开封	3.232	2.957	2.071	1.521	9.780	79↓
100	盘锦	3.201	1.222	2.993	2.341	9.757	
101	宝鸡	3.006	1.129	3.281	2.336	9.751	115↑
102	池州	3.755	1.428	3.006	1.396	9.586	
103	茂名	3.747	1.213	3.509	1.094	9.563	99↓
104	宣城	2.747	1.642	3.057	1.929	9.375	
105	鄂尔多斯	1.705	0.987	5.045	1.628	9.366	94↓
106	东营	1.339	2.188	2.974	2.773	9.274	95↓
107	菏泽	3.184	2.550	1.947	1.552	9.233	125↑
108	延安	3.189	0.836	3.888	1.236	9.149	122↑
109	株洲	3.528	1.298	1.873	2.052	8.750	71↓
110	大同	2.636	1.105	3.945	1.058	8.744	96↓
111	滨州	1.729	2.014	2.772	1.950	8.466	114↑
112	张家口	3.199	1.249	3.128	0.779	8.355	108↓
113	衡阳	2.688	0.819	3.132	1.431	8.070	85↓
114	张掖	2.545	1.023	3.571	0.863	8.002	126↑
115	聊城	2.475	2.223	1.181	2.112	7.991	134↑
116	沧州	3.330	1.262	2.116	1.235	7.942	131↑
117	德州	3.309	0.697	1.272	2.486	7.763	113↓
118	常德	2.751	0.628	2.284	2.030	7.693	91↓
119	承德	2.635	1.272	2.800	0.969	7.677	117↓

续表

排序	城市	创意生态	赋能能力	审美驱动力	创新驱动力	指数	上年名次
120	南阳	3.504	0.588	2.238	1.319	7.649	109↓
121	保定	3.463	1.733	1.086	1.187	7.468	105↓
122	临汾	2.975	0.925	2.222	1.345	7.468	121↓
123	淮南	3.301	0.795	2.322	0.979	7.397	103↓
124	安阳	2.253	1.456	2.001	1.527	7.236	—
125	张家界	3.427	1.232	1.132	1.385	7.176	57↓
126	许昌	3.132	0.627	2.026	1.258	7.043	88↓
127	长治	2.426	0.831	2.033	1.451	6.741	124↓
128	孝感	2.711	0.248	2.057	1.683	6.698	112↓
129	邯郸	3.287	1.177	0.748	1.422	6.634	120↓
130	拉萨	2.252	0.420	2.321	1.548	6.541	102↓
131	包头	1.956	0.747	2.114	1.673	6.491	106↓
132	榆林	1.318	0.486	3.045	1.631	6.480	128↓
133	周口	3.332	0.180	1.460	1.444	6.415	129↓
134	通辽	1.997	0.326	3.296	0.628	6.247	133↓
135	丽江	2.029	1.203	1.577	1.232	6.041	107↓
136	渭南	1.987	0.849	1.985	1.202	6.023	130↓
137	阳泉	2.197	0.629	1.932	1.217	5.975	132↓
138	鞍山	1.719	0.604	2.538	1.112	5.973	135↓
139	吉林	1.559	1.427	3.053	−0.081	5.957	136↓
140	咸阳	2.641	0.572	2.137	0.315	5.664	140→
141	西宁	1.948	0.449	2.071	0.932	5.401	97↓
142	邢台	1.877	0.435	1.404	1.560	5.275	—
143	衡水	1.422	0.237	1.413	2.164	5.237	—
144	吐鲁番	1.380	0.377	1.700	1.200	4.656	127↓
145	萍乡	2.406	0.631	1.190	0.428	4.656	118↓
146	石河子	1.016	0.460	2.352	0.757	4.584	119↓
147	临沧	2.259	0.410	0.540	1.252	4.461	138↓
148	大庆	1.829	0.188	1.511	0.820	4.347	139↓

续表

排序	城市	创意生态	赋能能力	审美驱动力	创新驱动力	指数	上年名次
149	廊坊	1.762	0.547	0.299	1.731	4.338	100↓

注:"↑"代表较上年度名次提升;"↓"代表较上年度名次下降;"→"代表与上年度名次持平;"—"代表无上年度名次。

(二) 2020 中国城市文化创意指数副省级城市排序

表 20-3 2020 中国城市文化创意指数副省级城市排序

排序	城市	创意生态	赋能能力	审美驱动力	创新驱动力	指数	上年名次	总榜排名
1	深圳	7.260	22.935	11.499	14.021	55.714	1→	2
2	广州	8.257	19.793	8.537	9.304	45.891	2→	4
3	杭州	6.995	18.198	8.755	7.205	41.153	3→	5
4	南京	6.710	16.650	7.728	5.329	36.416	6↑	7
5	西安	7.582	10.742	9.680	7.413	35.418	4↓	8
6	成都	7.162	11.077	7.805	4.686	30.730	5↓	11
7	武汉	7.858	7.335	7.576	4.806	27.575	7→	13
8	宁波	5.361	9.680	6.745	5.514	27.300	8→	14
9	厦门	4.774	7.132	6.413	4.530	22.849	12↑	18
10	青岛	5.814	5.537	6.205	5.198	22.754	9↓	20
11	济南	5.884	4.882	6.516	4.032	21.313	10↓	27
12	沈阳	5.576	3.455	5.023	2.236	16.290	15↑	44
13	大连	3.812	4.812	4.660	1.677	14.960	13→	51
14	哈尔滨	4.995	2.514	5.387	1.384	14.280	11↓	59
15	长春	4.391	3.629	3.971	1.812	13.803	14↓	63

注:"↑"代表较上年度名次提升;"↓"代表较上年度名次下降;"→"代表与上年度名次持平。

(三) 2020 中国城市文化创意指数地级市排序 (TOP50)

表 20-4 2020 中国城市文化创意指数地级市排序 (TOP50)

排序	城市	创意生态	赋能能力	审美驱动力	创新驱动力	指数	上年名次	总榜排名
1	苏州	6.103	14.468	7.112	9.009	36.693	2↑	6
2	东莞	5.148	12.330	10.965	6.930	35.372	1↓	9
3	长沙	6.050	9.955	6.280	4.372	26.656	3→	15
4	泉州	4.414	13.896	4.739	2.929	25.979	20↑	16
5	贵阳	5.328	7.892	8.146	2.591	23.957	8↑	17
6	珠海	5.235	5.708	8.163	4.344	23.450	6→	19
7	合肥	5.601	6.494	6.282	4.285	22.662	7→	21
8	佛山	4.964	7.771	5.475	4.224	22.434	4↓	23
9	南昌	5.610	6.155	7.555	2.494	21.814	10↑	24
10	嘉兴	5.327	6.830	6.035	3.555	21.748	16↑	25
11	绍兴	4.505	7.192	5.691	4.351	21.739	12↑	26
12	中山	5.170	5.505	5.151	4.417	20.244	15↑	28
13	温州	5.108	6.812	4.449	3.827	20.197	14↑	29
14	湖州	4.924	5.924	5.904	3.417	20.169	19↑	31
15	金华	4.655	5.871	5.573	3.691	19.790	31↑	32
16	福州	5.469	5.310	6.413	2.312	19.504	5↓	33
17	芜湖	4.600	3.279	7.736	2.857	18.473	28↑	34
18	郑州	6.697	1.926	5.917	3.800	18.341	9↓	35
19	淄博	3.834	5.461	4.887	3.611	17.794	26↑	36
20	九江	4.308	6.749	4.820	1.530	17.407	24↑	37
21	南通	3.842	6.950	4.455	1.846	17.093	65↑	38
22	江门	4.219	4.963	4.859	2.999	17.039	56↑	39
23	昆明	5.070	3.294	6.549	2.090	17.003	13↓	40
24	呼和浩特	5.232	2.689	7.032	1.894	16.847	29↑	41
25	扬州	4.109	5.669	4.818	2.248	16.844	21↓	42
26	台州	4.397	3.334	5.271	3.644	16.645	32↑	43

续表

排序	城市	创意生态	赋能能力	审美驱动力	创新驱动力	指数	上年名次	总榜排名
27	常州	3.520	5.849	3.708	3.080	16.157	34↑	45
28	兰州	4.293	1.720	7.764	2.324	16.100	23↓	46
29	镇江	4.276	5.075	5.298	1.410	16.060	18↓	47
30	无锡	3.973	2.486	5.618	3.435	15.512	11↓	48
31	惠州	4.315	3.312	4.461	3.325	15.413	36↑	49
32	莆田	2.372	8.213	3.307	1.267	15.158	104↑	50
33	海口	4.670	1.240	6.146	2.881	14.937	55↑	52
34	连云港	4.260	6.302	3.477	0.898	14.936	62↑	53
35	郴州	3.941	5.973	3.558	1.459	14.931	71↑	54
36	衢州	4.393	4.611	3.987	1.580	14.571	79↑	55
37	漳州	2.659	6.359	3.365	2.079	14.461	50↑	56
38	赣州	4.406	4.888	3.377	1.654	14.325	54↑	57
39	威海	3.933	4.160	3.287	2.933	14.313	30↓	58
40	舟山	4.801	1.918	5.129	2.292	14.139	40→	60
41	烟台	4.259	3.169	3.258	3.200	13.886	22↓	61
42	宜昌	3.740	2.716	4.729	2.687	13.872	47↑	62
43	潍坊	4.481	2.131	3.915	2.966	13.492	39↓	64
44	安庆	3.882	3.436	4.208	1.924	13.450	35↓	65
45	南宁	4.836	3.519	2.867	2.053	13.275	25↓	66
46	遵义	3.510	3.548	4.493	1.650	13.202	37↓	67
47	石家庄	5.100	4.397	1.358	2.234	13.089	41↓	68
48	泰安	3.906	3.125	3.489	2.468	12.988	46↓	69
49	肇庆	3.145	4.175	3.915	1.418	12.653	—	70
50	丽水	3.291	2.412	5.157	1.688	12.547	68↑	71

注:"↑"代表较上年度名次提升;"↓"代表较上年度名次下降;"→"代表与上年度名次持平;—代表无上年度名次。地级市共128个,50以后排序与总榜单顺序一致。

四、分类十强：2020中国城市文化创意指数十强榜

（一）2020中国城市文化创意指数总榜十强

2020中国城市文化创意指数总榜十强：

1. 北京（56.868）、2. 深圳（55.714）、3. 上海（50.827）、4. 广州（45.891）、5. 杭州（41.153）、6. 苏州（36.693）、7. 南京（36.416）、8. 西安（35.418）、9 东莞（35.372）、10 重庆（33.738）（见图20-5）。

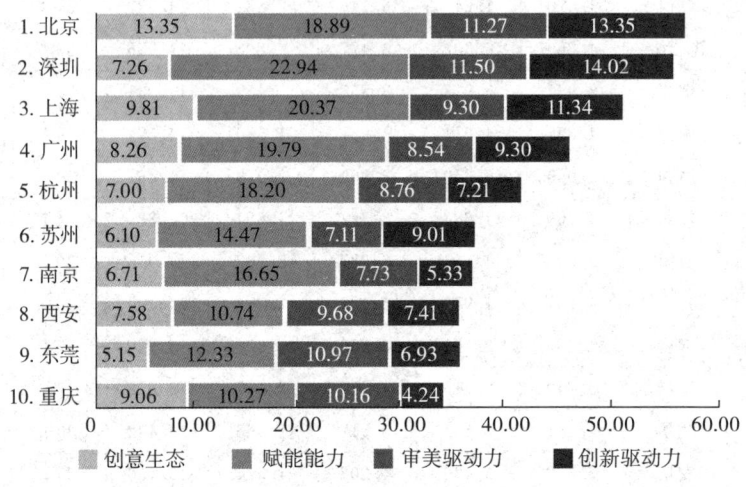

图20-5　2020中国城市文化创意指数总榜十强

（二）2020中国城市文化创意指数直辖市榜单

2020中国城市文化创意指数直辖市排名：

1. 北京（56.868，总榜第1名）、2. 上海（50.827，总榜第3名）、3. 重庆（33.738，总榜第10名）、4. 天津（30.558，总榜第12名）（见图20-6）。

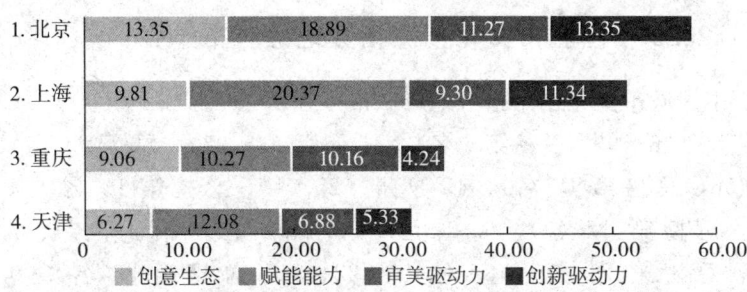

图 20-6　2020 中国城市文化创意指数直辖市榜单

(三) 2020 中国城市文化创意指数副省级城市十强

2020 中国城市文化创意指数副省级城市十强：

1. 深圳（55.714，总榜第 2 名）、2. 广州（45.891，总榜第 4 名）、3. 杭州（41.153，总榜第 5 名）、4. 南京（36.416，总榜第 7 名）、5. 西安（35.418，总榜第 8 名）、6. 成都（30.730，总榜第 11 名）、7. 武汉（27.575，总榜第 13 名）、8. 宁波（27.300，总榜第 14 名）、9. 厦门（22.849，总榜第 18 名）、10. 青岛（22.754，总榜第 20 名）（见图 20-7）。

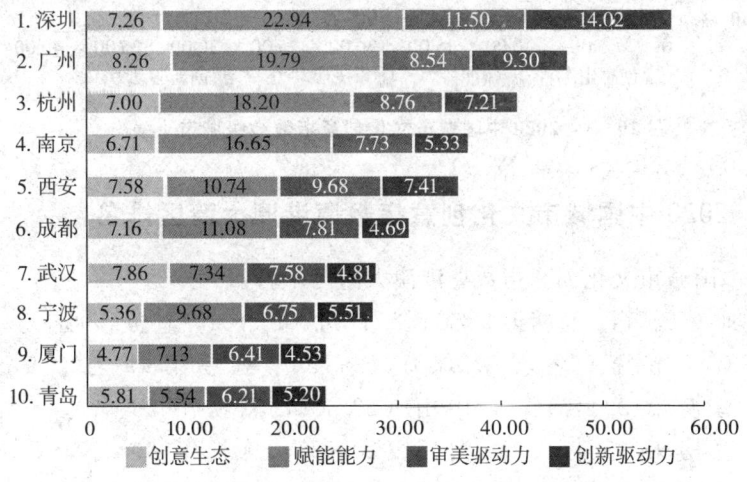

图 20-7　2020 中国城市文化创意指数副省级城市十强

(四) 2020 中国城市文化创意指数地级城市十强

2020 中国城市文化创意指数地级城市十强：

1. 苏州（36.693，总榜第 6 名）、2. 东莞（35.372，总榜第 9 名）、3. 长沙（26.656，总榜第 15 名）、4. 泉州（25.979，总榜第 16 名）、5. 贵阳（23.957，总榜第 17 名）、6. 珠海（23.450，总榜第 19 名）、7. 合肥（22.662，总榜第 21 名）、8. 佛山（22.434，总榜第 23 名）、9. 南昌（21.814，总榜第 24 名）、10. 嘉兴（21.748，总榜第 25 名）（见图 20－8）。

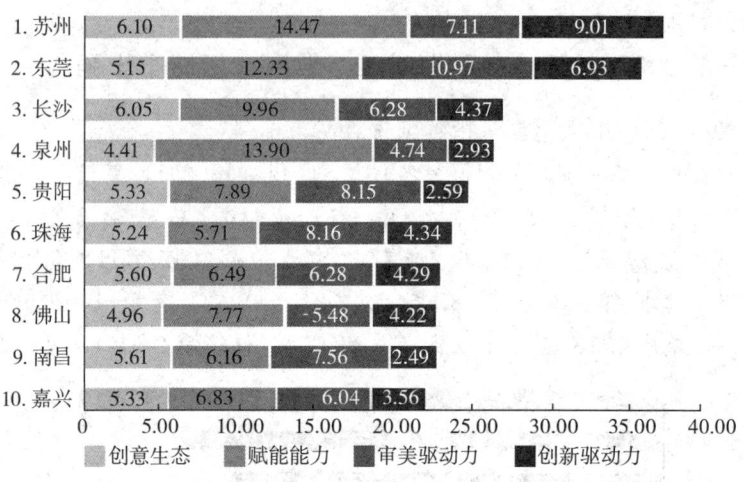

图 20－8　2020 中国城市文化创意指数地级城市十强

(五) 2020 中国城市文化创意指数粤港澳大湾区排名

2020 中国城市文化创意指数粤港澳大湾区排名：

1. 深圳（55.714，总榜第 2 名）、2. 广州（45.891，总榜第 4 名）、3. 东莞（35.373，总榜第 9 名）、4. 珠海（23.450，总榜第 19 名）、5. 香港（22.653，总榜第 22 名）、6. 佛山（22.434，总榜第 23 名）、7. 中山（20.244，总榜第 28 名）、8. 澳门（20.187，总榜第 30 名）、9. 江门（17.039，总榜第 39 名）、10. 惠州（15.413，总榜第 49 名）、11. 肇庆（12.653，总榜第 70 名）（见图 20－9）。

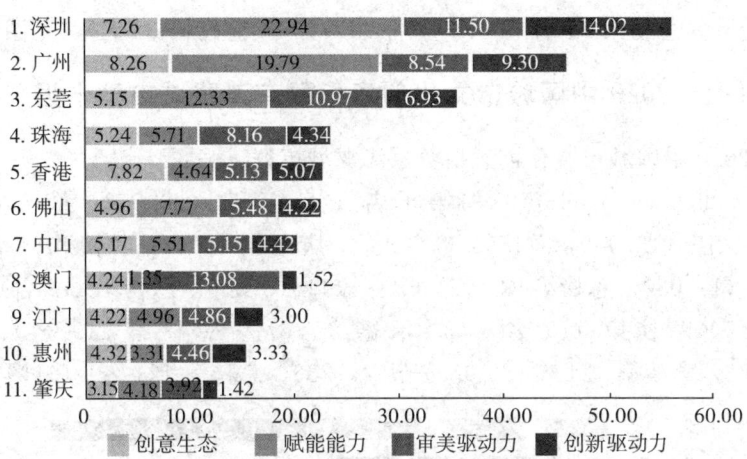

图 20-9　2020 中国城市文化创意指数粤港澳大湾区排名

（六）2020 中国城市文化创意指数长三角城市群十强

2020 中国城市文化创意指数长三角城市群十强：

1. 上海（50.827，总榜第 3 名）、2. 杭州（41.153，总榜第 5 名）、3. 苏州（36.693，总榜第 6 名）、4. 南京（36.416，总榜第 7 名）、5. 宁波（27.300，总榜第 14 名）、6. 合肥（22.662，总榜第 21 名）、7. 嘉兴（21.748，总榜第 25 名）、8. 绍兴（21.739，总榜第 26 名）、9. 湖州

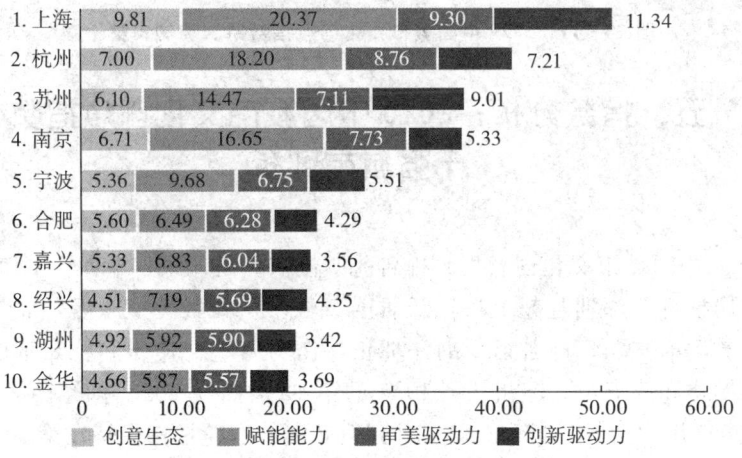

图 20-10　2020 中国城市文化创意指数长三角城市群十强

（20.169，总榜第 31 名）、10. 金华（19.790，总榜第 32 名）（见图 20-10）。

（七）2020 中国城市文化创意指数京津冀城市群十强

2020 中国城市文化创意指数京津冀城市群十强：

1. 北京（56.868，总榜第 1 名）、2. 天津（30.558，总榜第 12 名）、3. 石家庄（13.089，总榜第 68 名）、4. 唐山（10.993，总榜第 85 名）、5. 秦皇岛（10.030，总榜第 94 名）、6. 张家口（8.355，总榜第 112 名）、7. 沧州（7.942，总榜第 116 名）、8. 承德（7.677，总榜第 119 名）、9. 保定（7.468，总榜第 121 名）、10. 安阳（7.236，总榜第 124 名）（见图 20-11）。

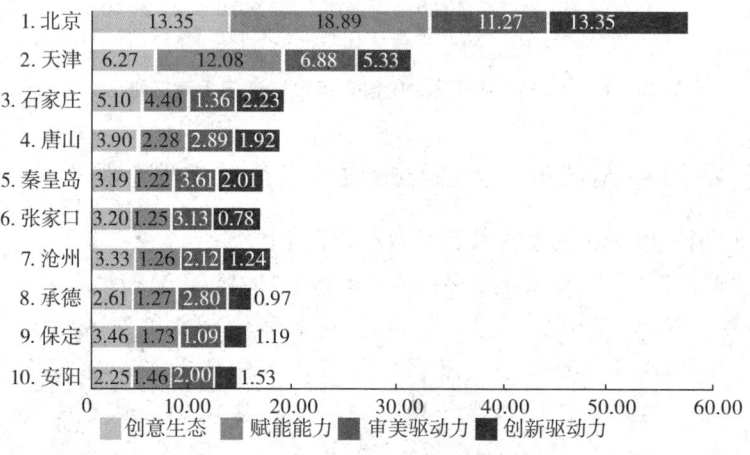

图 20-11 2020 中国城市文化创意指数京津冀城市群十强

五、指数分析：2020 中国城市文化创意指数十强城市评析

2020 中国城市文化创意指数排名前四位依然是北京、深圳、上海、广州。北京位居榜首，深圳赶超上海，跃居第 2 位。从指数分值来看，北京位居榜首的优势逐渐减弱，排名第 2 的深圳正在奋力直追。广州和杭州依然分别保持在第四位和第五位。苏州从 2019 年的第 12 名跻身 2020 年度十强，位列第 6 名。南京从 2019 年的第 10 名提升到第 7 名。东莞依然保持在第 9 名。2019 年入围十强的三个西部城市，2020 年排名整体下滑，西安从 2019 年的第 7 名

下降至第 8 名,重庆从 2019 年的第 6 名下降至第 10 名,上年排名第 8 位的成都滑出 2020 年度十强城市,位列第 11 名(见表 20-5)。

表 20-5　2020 中国城市文化创意指数十强城市指标分值及排名情况

排序	城市	创意生态	赋能能力	审美驱动力	创新驱动力	指数	名次变动
1	北京	13.354	18.893	11.268	13.352	56.868	→
2	深圳	7.260	22.935	11.499	14.021	55.714	↑
3	上海	9.814	20.372	9.297	11.344	50.827	↓
4	广州	8.257	19.793	8.537	9.304	45.891	→
5	杭州	6.995	18.198	8.755	7.205	41.153	↓
6	苏州	6.103	14.468	7.112	9.009	36.693	↑
7	南京	6.710	16.650	7.728	5.329	36.416	↑
8	西安	7.582	10.742	9.680	7.413	35.418	↓
9	东莞	5.148	12.330	10.965	6.930	35.372	→
10	重庆	9.063	10.274	10.158	4.243	33.738	↓

注:"→"代表名次保持不变;"↑"代表名次上升;"↓"代表名次下降。

(一)前三甲城市北京、深圳、上海对比分析:北京保持榜首,优势再度减弱,深圳后发之力强劲

通过图 20-12,我们可以看到 2020 中国城市文化创意指数前三甲北京、深圳、上海在四项核心指标方面的优势与差距。北京仍然保持着全国文化创意发展的领跑者地位,在创意生态指标方面优势明显,但在其他三项指标方面,排名第二位的深圳已经显现出后发之力,在文化创意赋能方面明显超越北京,其审美驱动力和创新驱动力也以略微优势超越了北京。同时也可以看出,除了创意生态指标之外,深圳在其他三项指标方面也明显超越了上海。

进一步展开中国城市文化创意指数的创意生态一级指标,我们可以看到北京在文化创意智力资本和政策环境方面具有明显优势(见图 20-13)。2019 年 12 月末,北京规模以上文化产业单位从业人员达到 59.4 万人;高校在校生作为储备人才,数量高于上海和深圳。在政策环境方面,北京在与文化相关的财政支出方面一直居全国首位,《北京统计年鉴(2019)》数据显示,2018 年北京在文化体育与传媒方面的财政支出为 245.43 亿元,较上年增长 17.5%。

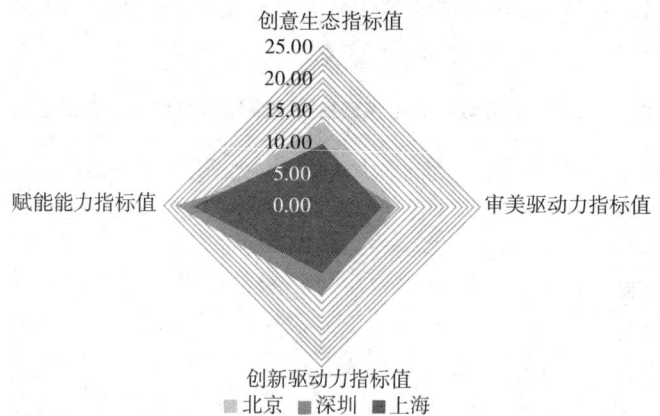

图 20-12 中国城市文化创意指数雷达图（北京、深圳、上海）

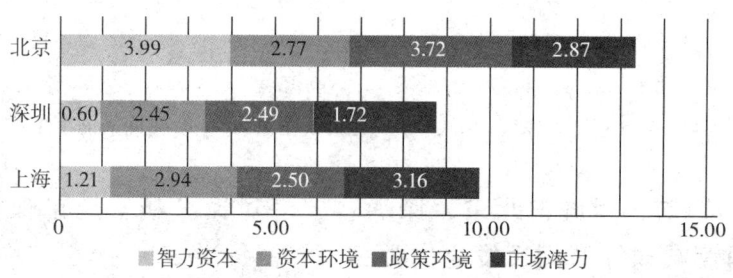

图 20-13 创意生态指标对比（北京、深圳、上海）

在资本环境和市场潜力方面，上海则更具优势。2019 年上海本外币贷款余额为 79843.01 亿元，位居全国之首；外资利用额约 190.48 亿美元，远高于北京和深圳。在市场消费能力方面，上海人均可支配收入为 69442 元，高于北京（67756 元）和深圳（62522.4 元）；在旅游市场方面，2019 年上海全年接待游客约 3.7 亿人次，高于北京（3.2 亿人次）和深圳（0.67 亿人次）。

而在中国城市文化创意指数的赋能能力一级指标里，可以看到深圳在文创 GDP、文创贡献率、产品设计力方面的明显优势（见图 20-14）。

文创 GDP 指标包括文化产业相关制造业和服务业两方面数据。据 2019 年各城市统计年鉴数据，深圳文创 GDP 指标统计值约为 6195 亿元，其中文创制造业约 1520 亿元，文创服务业约 4675 亿元，共计占 GDP 比重约 23.01%。上海文创 GDP 指标统计值约为 6351 亿元，其中文创制造业约 826

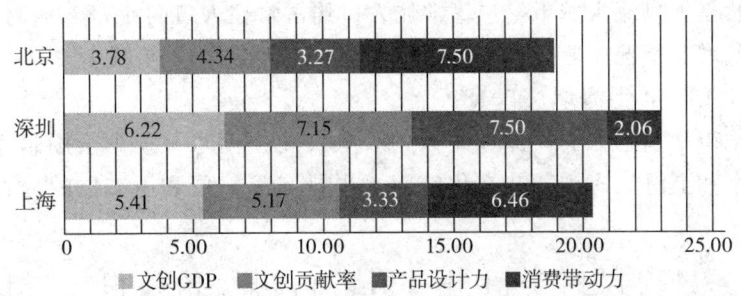

图 20-14 赋能能力指标对比（北京、深圳、上海）

亿元，文创服务业约 5524 亿元，共计占 GDP 比重约 16.64%。北京文创 GDP 指标统计值约为 4940 亿元，其中文创制造业约 320 亿元，文创服务业约 4620 亿元，共计占 GDP 比重约 13.97%。从数据对比可以看出，在文创相关服务业产值方面上海占据优势；在文创相关制造业产值方面深圳优势明显；而北京由于非首都功能疏解和产业结构调整，文创相关制造业产值明显下降，文创相关服务业产值尚未能实现对此部分产值的弥合。

在产品设计力方面，深圳充分展示出作为创意之都的城市优势。《深圳统计年鉴（2019）》显示，深圳 2018 年申请外观设计专利和实用新型专利共计 17.86 万件，实现每万人设计力约 132.9 件，处于全国领先水平。相比深圳，北京共计申请两类专利 9.6 万件，每万人设计力约 44.6 件；上海在 2018 年共计申请两类专利 10.22 万件，每万人设计力约 42.1 件。

在消费带动力方面，北京依然优势明显。从文化旅游市场来看，虽然北京全年旅游人次低于上海，但文化旅游消费收入高于上海，达到 6224.6 亿元，位居全国第一。

在审美驱动力一级指标得分方面，深圳仅高于北京 0.2 分（见图 20-15）。对该项一级指标进行展开分析，我们可以看到深圳在城市好客度和城市幸福感方面均超越北京，在城市美感方面相差甚微，北京拉高审美驱动力指标分值主要体现在城市普惠度方面。依据《北京统计年鉴（2019）》和《深圳统计年鉴（2019）》数据测算，2018 年北京财政在文化传媒与体育方面的人均支出约 1140 元，深圳人均支出约 490 元，上海财政支出分类中未列明该项支出，数据缺失。

在城市好客度方面，北京位居深圳、上海之后。从常住人口结构来看，北京依然是人口流入城市,户籍常住人口约占常住人口的 63.87%;但从常住人口数量增长情况来看,2019 年北京常住人口较 2018 年减少 0.03%,而深圳增长 3.16%,上海增长 0.18%。

在城市幸福感方面,深圳的人均公共文化空间水平位列全国第三,明显高于北京和上海。人均公共文化空间水平排名第一位和第二位的分别是澳门和东莞。

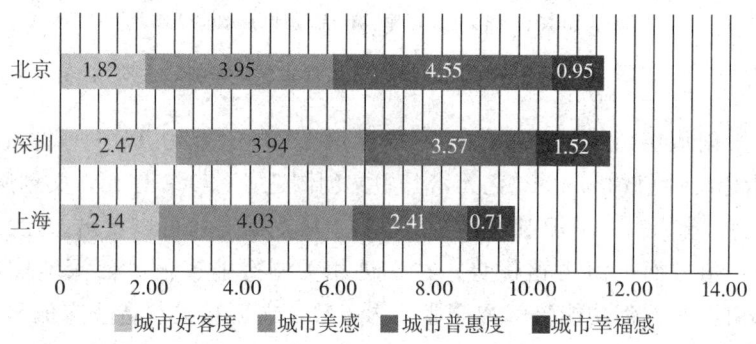

图 20-15 审美驱动力指标对比(北京、深圳、上海)

创新驱动力一级指标分值,深圳优于北京和上海(见图 20-16)。对该项一级指标进行展开分析,我们可以看到深圳在智权成果和失败容忍度两个方面优势明显。各城市 2019 年统计年鉴数据显示,深圳 2018 年共申请专利 26.15 万件,授权专利 16.66 万件,两项数据均位居全国第一。深圳的专利申请数量较北京高出 3.55 万件,较之上一年深圳的专利申请数量高出北京 1.7 万件,这一超越趋势正在逐渐加强。

在失败容忍度方面,北京落后于深圳和上海。一是北京常住人口数量呈现减少趋势;二是北京的创业及营商活跃度低于深圳和上海。从 2019 年新设立市场主体数量来看,深圳新增 50.51 万户,上海新增 43.2 万户,而北京新增 21.24 万户。

在创新研发力方面,北京依旧保持着明显优势,主要体现在研发人员数量、研发投入规模和研发投入 GDP 占比方面,各项数据均排名全国第一。

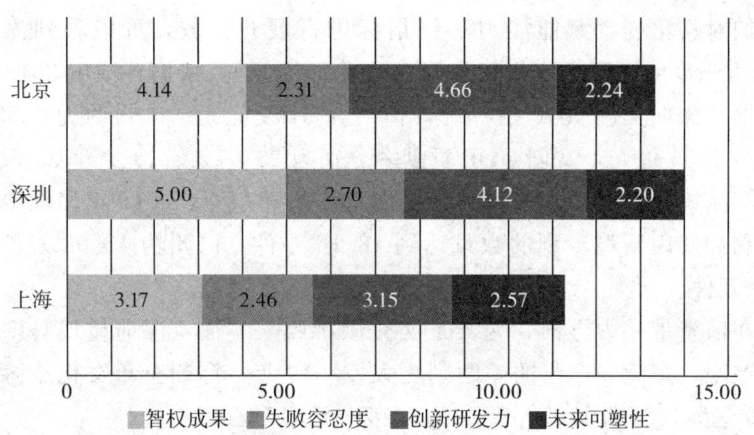

图20-16 创新驱动力指标对比（北京、深圳、上海）

（二）中国城市文化创意指数十强城市中，珠三角占据三席：深圳、广州、东莞

2020中国城市文化创意指数十强城市中，珠三角城市群中城市占据三席，其中深圳排名第二，广州排名第四，东莞排名第九。从这三个城市文化创意指数雷达图来看，广州在创意生态方面优于深圳和东莞，但在审美驱动力方面明显弱于深圳和东莞。在文化创意赋能能力和创新驱动力方面，三个城市之间存在明显的分值差级（见图20-17）。

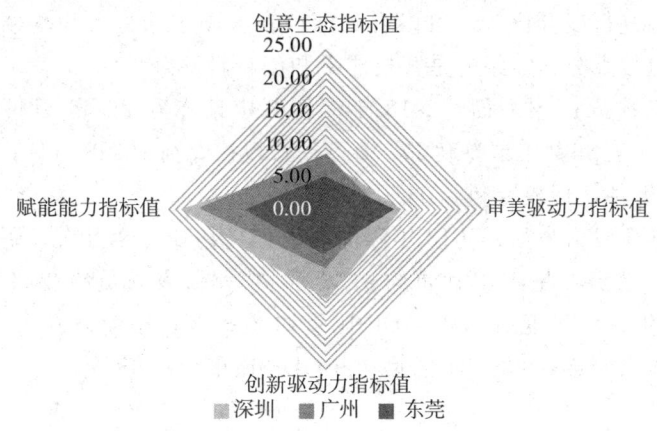

图20-17 中国城市文化创意指数雷达图（深圳、广州、东莞）

我们对文化创意赋能能力一级指标进行展开比较，可以看到深圳文创GDP及贡献率明显高于广州和东莞（见图20-18）。依据各城市2019年统计年鉴数据，深圳文创GDP指标统计值约为6195亿元、广州约为4358亿元、东莞约为1555亿元，文创GDP贡献率分别为23.01％、18.45％、16.40％。

在产品设计力方面，深圳明显领先于广州和东莞。2018年深圳申请外观设计专利和实用新型专利的数量达到18.16万件，广州为13.06万件，东莞为6.29万件。

但在消费带动力方面，尤其是文化旅游收入方面，深圳显现与广州之间的较大差距，东莞与广州的差距则更大。2019年，广州全年文化旅游收入约4454.59亿元，深圳1709.67亿元，东莞574.16亿元。

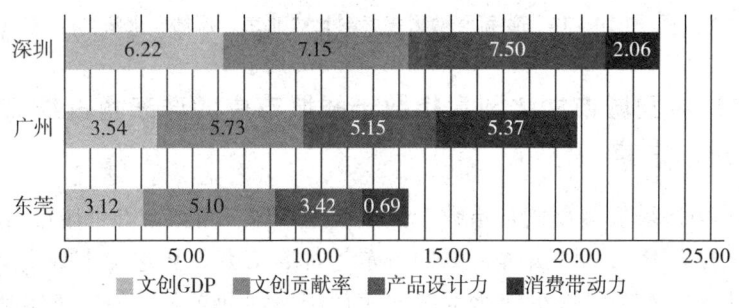

图20-18 赋能能力指标对比（深圳、广州、东莞）

在创新驱动力指标方面，深圳遥遥领先（见图20-19）。我们对创新驱动力一级指标进行展开比较，可以看到深圳在各项子指标方面均领先于广州和东莞，明显拉大分值差距的是智权成果和创新研发力。

在智权成果产出方面，2018年深圳共申请专利26.15万件，授权专利16.66万件；广州共申请专利17.72万件，授权专利10.48万件；东莞共申请专利8.32万件，授权专利6.04万件。

在创新研发力方面，2018年深圳研发人员约34.09万人，研发投入资金约1163.43亿元，占GDP比重约4.32％。广州研发人员约22.9万人，研发投入资金约677.76亿元，占GDP比重约2.87％。东莞研发人员约11.2万人，研发投入资金约221.24亿元，占GDP比重约2.33％。

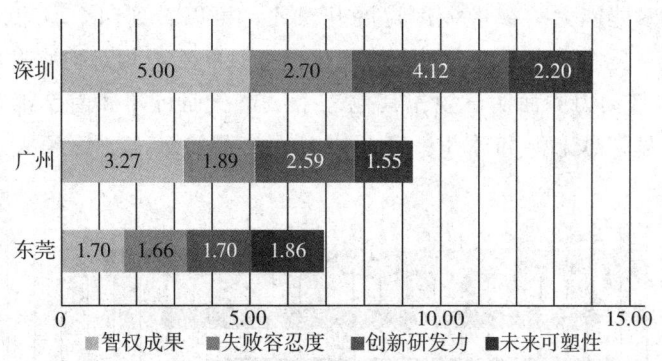

图 20-19 创新驱动力指标对比（深圳、广州、东莞）

（三）中国城市文化创意指数十强城市中，长三角实力提升，占据四席：上海、杭州、苏州、南京

2020 中国城市文化创意指数十强城市中，长三角城市群中城市占据四席，其中上海排名第三，杭州排名第五，苏州排名第六，南京排名第七。从城市文化创意指数雷达图来看，长三角区域晋级十强的四个城市之间，上海全面领先，而杭州、苏州、南京之间并未形成明显的城市级差，尤其是苏州和南京的综合城市文化创意指数分值仅存 0.3 的差值，两个城市之间的差异化优势在于南京的文化创意赋能能力更好，苏州的创新驱动力更好（见图 20-20）。

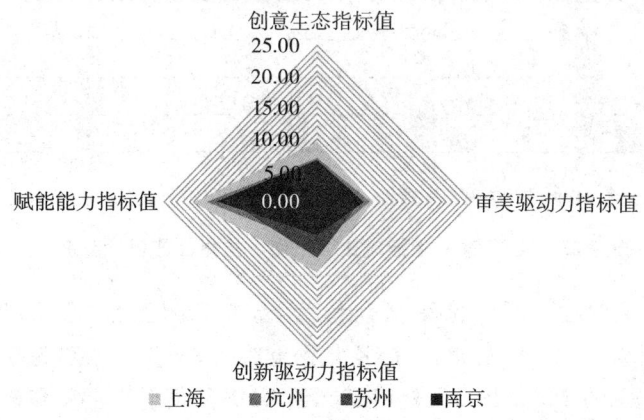

图 20-20 中国城市文化创意指数雷达图（上海、杭州、苏州、南京）

我们对赋能能力一级指标进行展开对比,可以看到四个城市之间的一些差异化优势(见图20-21)。上海的文化创意赋能能力相对均衡发展,在文创GDP和消费带动力方面明显领先其他三个城市。而杭州和南京都是在文创贡献率方面明显超越上海和苏州。苏州则是在产品设计力方面领先上海、杭州和南京。

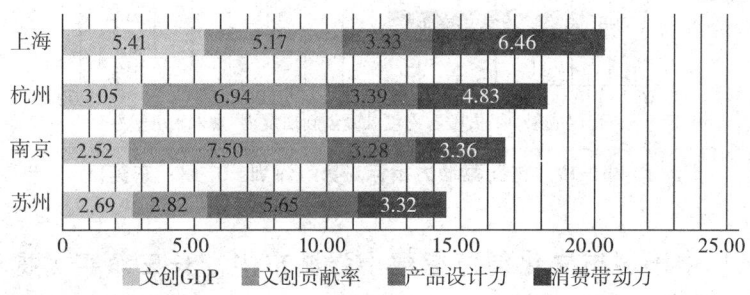

图20-21 赋能能力指标对比(上海、杭州、苏州、南京)

对比这四个城市的文创GDP指标,只有苏州的文化创意相关制造业产值高于文化创意相关服务业收入,其他三个城市都是以文化创意相关服务业为主取得文创收入(见图20-22)。

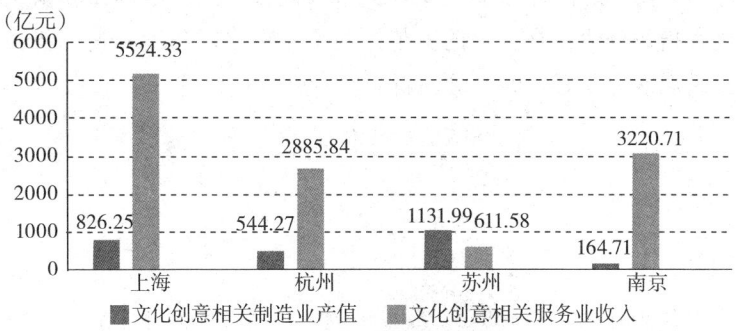

图20-22 文创GDP指标对比(上海、杭州、苏州、南京)

2018年上海文创GDP指标统计值为6350.58亿元,占GDP比重约16.64%;杭州为3430.11亿元,占GDP比重约22.31%;南京为3385.42亿元,占GDP比重约24.13%(虽然南京文创GDP产值低于上海和杭州,但文创GDP贡献率高于上海和杭州,说明文化创意对经济的贡献在南京发挥着重要作用);苏州为1743.57亿元,占GDP比重约9.06%。

(四)中国城市文化创意指数十强城市中,西部城市排名下滑,西安和重庆守住席位,成都跌出十强

2020中国城市文化创意指数十强城市中,西部地区占据两席,其中西安排名第八,重庆排名第十。与上年相比,西部地区的十强席位少了一席,成都跌出十强位置。

从城市文化创意指数雷达图来看,西安相较重庆的优势在于文化创意赋能能力和创新驱动力,重庆相较西安的优势在于创意生态和审美驱动力(见图20-23)。

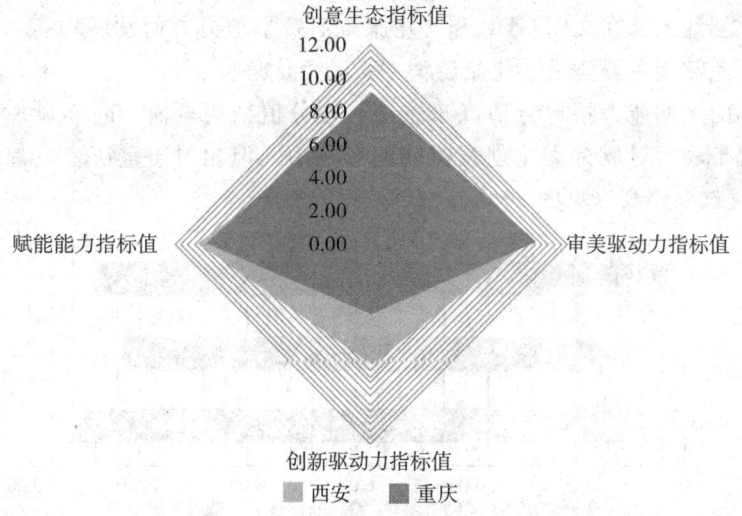

图20-23 中国城市文化创意指数雷达图(西安、重庆)

我们对创意生态一级指标进行展开对比,可以看到重庆和西安之间的差异化优势。重庆在资本环境和市场潜力方面优于西安,特别是重庆的文化旅游市场,全年接待旅游人次稳居全国第一。西安则在智力资本方面和政策环境方面更具优势。成都作为另一西部城市代表,与重庆在创意生态方面的差距主要体现在文化旅游市场潜力方面(见图20-24)。

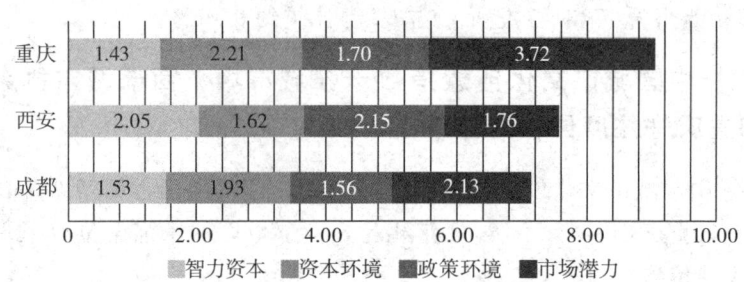

图 20–24　创意生态指标对比（西安、重庆、成都）

西安的文化创意赋能能力指标分值高于重庆。我们对赋能能力一级指标进行展开对比，可以看到西安和重庆在文化创意赋能方面的差异化优势，西安的文化创意赋能在文创 GDP 和文化旅游消费带动力方面发展均衡，而重庆的文化创意赋能主要凭借文化旅游消费带动力优势。

成都的赋能能力指标分值高于重庆，在分值结构方面，同样显现出文化旅游消费带动力对成都文化创意赋能的影响力，但相对于重庆，成都的文创 GDP 及贡献率要高（见图 20–25）。

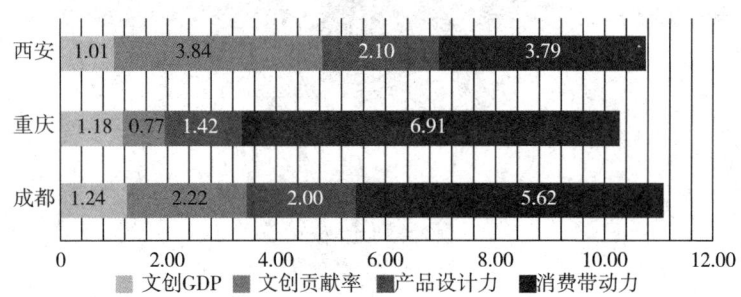

图 20–25　赋能能力指标对比（西安、重庆、成都）

重庆的审美驱动力指标分值优于西安，对审美驱动力一级指标进行展开分析，我们可以看到重庆的优势在于城市好客度和城市美感，在重庆和成都之间也是如此。在城市幸福感方面，西安明显优于重庆，成都略优于重庆（见图 20–26）。

在创新驱动力方面，西安的指标分值明显超越重庆，尤其是在失败容忍度和创新研发力两方面分值优势明显（见图 20–27）。2019 年西安新增市场主体数量位居全国第一，约 88.3 万户。2018 年西安研发投入资金约 360.17

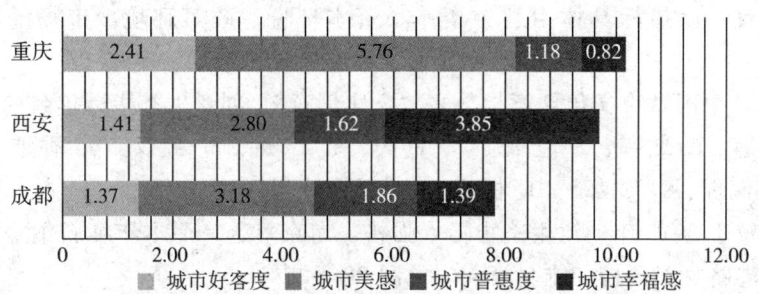

图 20-26 审美驱动力指标对比（西安、重庆、成都）

亿元，研发资金规模全国排名第八，但是研发投入 GDP 占比达到 3.86%，全国排名第三。

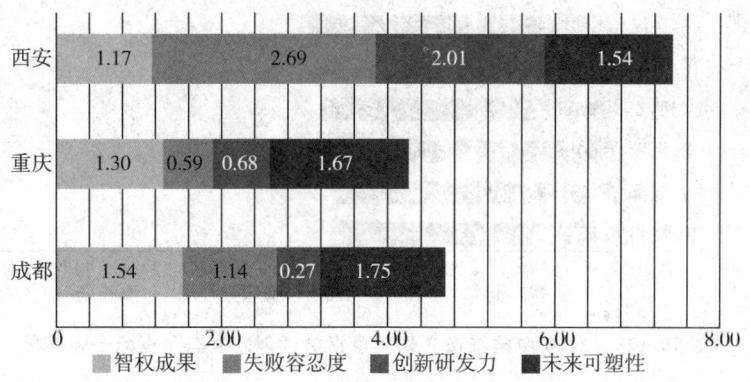

图 20-27 创新驱动力指标对比（西安、重庆、成都）

六、单项评价：中国城市文化创意指数单项指标评析

（一）创意生态指标十强城市：香港跻身第六名，在智力资本和市场潜力方面优势明显

"文化创意+"创意生态指标是评价城市文化创意发展的环境条件的指标，包括人才、政策、资本、市场等基本环境要素，通过该指标量化呈现，可以了解城市文化创意生态现状、发现优势与短板，进而实现针对性的创意

生态哺育。该指标具体由智力资本、资本环境、政策环境、市场潜力综合体现。

2020中国城市文化创意指数之"文化创意+"创意生态指标排名前十位城市分别是：1. 北京、2. 上海、3. 重庆、4. 广州、5. 武汉、6. 香港、7. 西安、8. 深圳、9. 成都、10. 杭州。

相较于2019年创意生态指标十强榜，南京落选，而本年度新纳入样本城市的香港跻身十强榜，排名第六（见图20－28）。

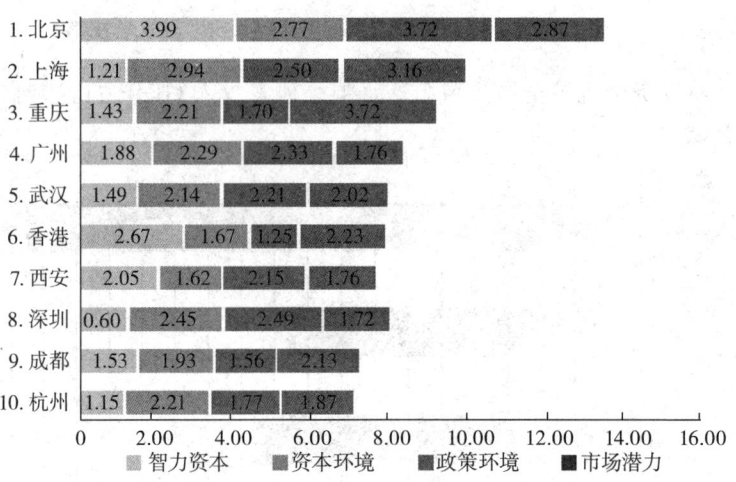

图20－28　2020中国城市文化创意指数"创意生态"指标十强榜单

从创意生态一级指标的四项子指标十强排序中，我们可以看到单项指标十强中的黑马城市。

子指标智力资本十强榜中，香港和郑州分别荣登第二位和第三位，合肥排名第十位。2019年香港文化产业从业人员21.73万人，占总体从业人员的5.48％，这一水平高于内地很多城市。《郑州统计年鉴（2019）》数据显示，2018年郑州高校在校生人数107.9万人，在人才输出数量上位居全国第三；郑州的文化、体育和娱乐业从业人员10.1万人，数量全国排名第五，占全体从业人员的1.62％。

子指标政策环境十强榜中，呼和浩特和海口分别居第二位和第三位，青岛排名第八，本年度新纳入样本城市池州跃进十强。2018年海口在文化体育与传媒方面的财政支出占比位居全国第一，达到6.87％，约238.25亿元。呼和浩特在文化体育与传媒方面的财政支出占比达到4.35%,全国排名第二。另外,2019年呼和浩特出台了《关于推进呼和浩特市文化旅游融合发展的实施意见》,在政策扶持方面加大了对文化旅游发展的推动。池州是2020年度新纳入的样本城市,之所以可以入围政策环境十强榜,是因为2019年池州推出了系列政策,如《池州市2019年全域旅游发展行动计划》《池州市发展乡村旅游促进乡村振兴三年行动计划》《池州市文化旅游产业发展若干奖励政策(征求意见稿)》等,为当地文化旅游及文化创意发展创造了良好的政策环境。

在子指标市场潜力十强榜单中,香港再次跃进十强,排名第四。香港居民人均可支配收入稳居全国之首,按照0.85汇率计算,2019年人均可支配收入约合12.5万元人民币(见表20-6)。

表20-6 创意生态一级指标及其子指标十强排序

单项指标排序	一级指标 创意生态	二级指标 智力资本	二级指标 资本环境	二级指标 政策环境	二级指标 市场潜力
1	北京	北京	上海	北京	重庆
2	上海	香港	北京	呼和浩特	上海
3	重庆	郑州	深圳	海口	北京
4	广州	西安	广州	上海	香港
5	武汉	广州	重庆	深圳	成都
6	香港	成都	杭州	中山	天津
7	西安	武汉	东莞	广州	武汉
8	深圳	重庆	武汉	青岛	杭州
9	成都	南京	郑州	苏州	西安
10	杭州	合肥	成都	池州	广州

(二)赋能能力指标十强城市:南京、泉州、东莞成为新晋十强

"文化创意+"赋能能力指标,是评价文化创意对区域产业结构调整和转型升级、产品供给侧消费升级等城市经济带动能力的指标,通过指标量化呈现,可以了解区域文化创意赋能的结构现状,分析发挥带动效应的主要途径,针对性提升其他赋能途径。该指标具体由文化创意GDP、文创贡献率、产品设计力、消费带动力综合体现。

2020中国城市文化创意指数之"文化创意+"赋能能力指标排名前十位城市分别是：1. 深圳、2. 上海、3. 广州、4. 北京、5. 杭州、6. 南京、7. 苏州、8. 泉州、9. 东莞、10. 天津。

相较于2019年赋能能力指标榜单，成都、重庆、西安未能保住十强席位，南京、泉州、东莞三个城市取而代之成为新晋十强（见图20-29）。

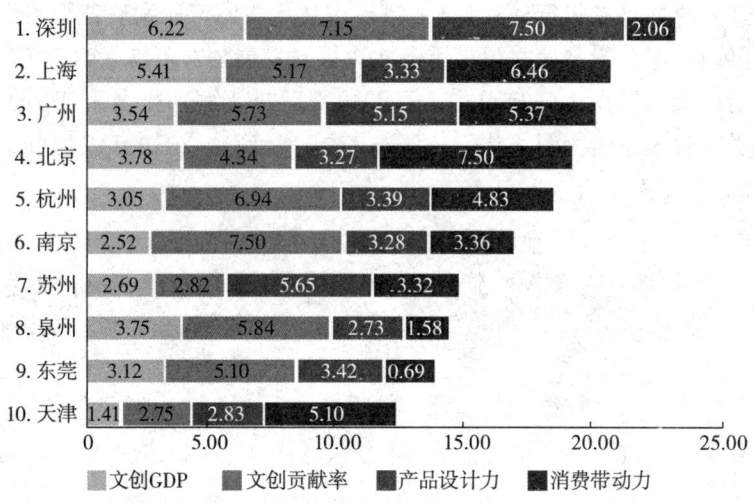

图20-29 2020中国城市文化创意指数"赋能能力"指标十强榜单

子指标文创GDP十强榜中，除北京外，其余九个城市均为南方城市，广东省占据四席，泉州凭借文化相关制造业优势名列第四。

在子指标文创贡献率榜单中，涌现出莆田、连云港、郴州的名字，泉州再次入榜。从2019年各城市统计年鉴数据来看，2018年莆田文创GDP指标统计值为515.67亿元，占GDP比重19.87%，其中文化相关制造业成为重要经济推动力量，占GDP比重18.24%，而文化相关服务业占1.63%。连云港与莆田情况相反，2018年其文创GDP统计指标值为524.29亿元，占GDP比重15.59%，其中文化相关服务业发挥主力作用，占GDP比重15.59%，而文化相关制造业占1.11%。郴州2018年文创GDP规模约360.25亿元，但对总体GDP贡献达到14.94%，其中文化相关服务业GDP占比已经达到10.76%。

在子指标产品设计力榜单中，同样显现出南方城市的竞争力优势，珠三角占据四席,中山入榜;长三角占据五席,绍兴入榜。北方城市依然只有北京。

在子指标消费带动力榜单中,贵阳晋升十强。2019年贵阳全年文化旅游约2.29亿人次,文旅消费收入达到3098.79亿元,位居全国第十(见表20-7)。

表20-7 赋能能力一级指标及其子指标十强排序

单项指标排序	一级指标 赋能能力	二级指标 文创GDP	二级指标 文创贡献率	二级指标 产品设计力	二级指标 消费带动力
1	深圳	深圳	南京	深圳	北京
2	上海	上海	深圳	苏州	重庆
3	广州	北京	杭州	广州	上海
4	北京	泉州	莆田	中山	成都
5	杭州	广州	泉州	东莞	广州
6	南京	东莞	广州	杭州	天津
7	苏州	杭州	连云港	绍兴	杭州
8	泉州	苏州	上海	上海	武汉
9	东莞	南京	东莞	南京	西安
10	天津	佛山	郴州	北京	贵阳

(三)审美驱动力指标十强城市:澳门跻身榜首,珠海入围,名列第十

"文化创意+"审美驱动力指标,是评价城市公共文化空间、公共文化服务等为市民提供文化艺术享受及审美趣味培养等服务水平的指标,通过指标量化呈现,可以了解区域公共文化空间和城市服务的现状,以便更加具有针对性地改善和提升城市公共文化服务和治理水平。该指标具体由城市好客度、城市美感、城市普惠度、城市幸福感综合体现。

2020中国城市文化创意指数之"文化创意+"审美驱动力指标排名前十位城市分别是:1.澳门、2.深圳、3.北京、4.东莞、5.重庆、6.西安、7.上海、8.杭州、9.广州、10.珠海。

相较于2019年审美驱动力指标榜单,哈尔滨滑出十强席位,澳门晋升十

强。澳门作为本年度新纳入样本城市,凭借城市普惠度和城市幸福感的强劲优势,一跃成为审美驱动力子榜单魁首(见图20-30)。

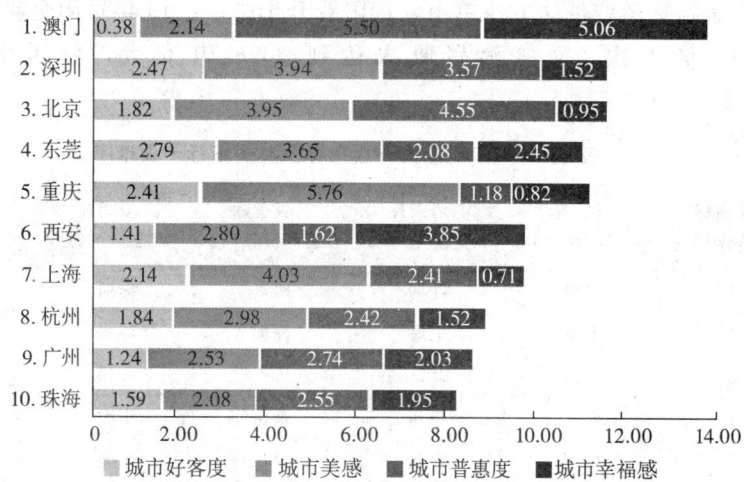

图20-30 2020中国城市文化创意指数"审美驱动力"指标十强榜单

子指标城市好客度榜单中,济南和东莞分别位居第一、第二。厦门排名第八,珠海入围十强。从人口流动情况来看,东莞是人口净流入比例最高的城市,外来常住人口约占总体常住人口的70%;济南的常住人口增长速率最高,2019年济南常住人口890.87万人,较2018年增长19.41%,增速位居全国第一。

子指标城市美感榜单中,贵阳和遵义入围十强,分别排名第八和第九。2019年各城市蓝繁指数显示,在过去一年中,遵义空气达标天数为360天,全国排名第三;贵阳为358天,全国排名第六。

在城市普惠度榜单中,澳门稳居榜首。嘉峪关、芜湖、丽水三个城市脱颖而出,分别排名第三、第五、第八。据澳门统计处公布数据,2019年澳门对旅游局、新闻局、文化局的财政支出约11.4亿澳门元,按0.82汇率计算,合计约9.34亿元人民币,人均文化创意相关财政支出约1375元人民币,处于全国最高水平。嘉峪关人均公园绿地面积最大,达到33.39平方米。芜湖每万人拥有0.45个博物馆,处于全国最高水平。

在城市幸福感榜单中,澳门再夺桂冠。兰州排名第二。南昌、郑州、昆明入围十强,分别排名第四、第五、第六。芜湖再度入围十强,排名第九

(见表20-8)。

表20-8 审美驱动力一级指标及其子指标十强排序

单项指标排序	一级指标 审美驱动力	二级指标 城市好客度	二级指标 城市美感	二级指标 城市普惠度	二级指标 城市幸福感
1	澳门	济南	重庆	澳门	澳门
2	深圳	东莞	上海	北京	兰州
3	北京	深圳	北京	嘉峪关	西安
4	东莞	重庆	深圳	深圳	南昌
5	重庆	上海	东莞	芜湖	郑州
6	西安	杭州	成都	广州	昆明
7	上海	北京	杭州	苏州	南京
8	杭州	厦门	贵阳	丽水	东莞
9	广州	武汉	遵义	珠海	芜湖
10	珠海	珠海	西安	杭州	武汉

(四) 创新驱动力指标十强城市：深圳超越北京，跃居榜首

"文化创意+"创新驱动力指标，是评价城市创新能力水平的指标，通过指标量化呈现，可以了解区域创新成果、创新环境以及城市未来发展潜力。该指标具体由智权成果、失败容忍度、创新研发力、未来可塑性四项指标综合体现。

2020中国城市文化创意指数之"文化创意+"创新驱动力指标排名前十位城市分别是：1.深圳、2.北京、3.上海、4.广州、5.苏州、6.西安、7.杭州、8.东莞、9.宁波、10.南京。

相较于2019年创新驱动力指标榜单，深圳超越北京夺得榜首，重庆和成都落榜，苏州和宁波晋升2020年度十强（见图20-31）。

子指标失败容忍度榜单，深圳排名第一，西安排名第二。海口入围十强榜单，排名第九。2019年海口新增市场主体9.5万户，较上年增长54.4%。

子指标未来可塑性榜单，香港排名第一。2019年香港进出口贸易总值为84041亿港元，按照0.85汇率换算，约合71435亿元人民币，位居全国第一。遵义入围十强，排名第九。遵义在过去三年中，GDP平均增速达到10.73%，

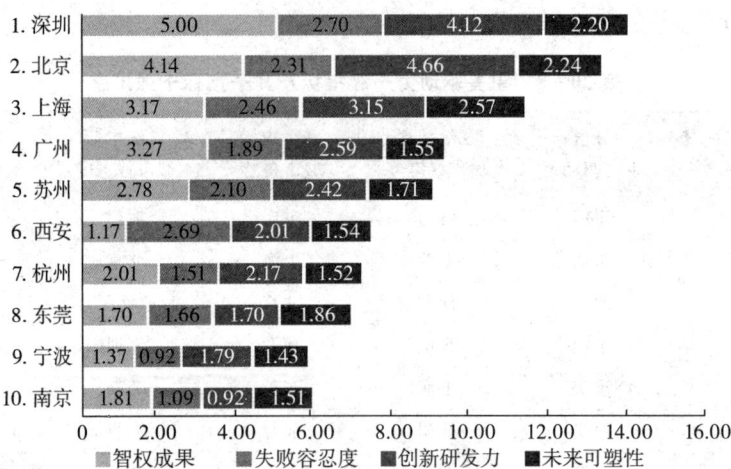

图 20-31 2020 中国城市文化创意指数"创新驱动力"指标十强榜单

超越所有样本城市（见表 20-9）。

表 20-9 创新驱动力一级指标及其子指标十强排序

单项指标排序	一级指标 创新驱动力	二级指标 智权成果	二级指标 失败容忍度	二级指标 创新研发力	二级指标 未来可塑性
1	深圳	深圳	深圳	北京	香港
2	北京	北京	西安	深圳	上海
3	上海	广州	上海	上海	北京
4	广州	上海	北京	广州	深圳
5	苏州	苏州	苏州	苏州	东莞
6	西安	杭州	广州	杭州	武汉
7	杭州	南京	东莞	西安	成都
8	东莞	天津	中山	宁波	苏州
9	宁波	东莞	海口	东莞	遵义
10	南京	成都	杭州	珠海	重庆

七、指数应用：中国城市文化创意指数评级

（一）文化创意 4A 城市（文化创意驱动型城市）

评级标准：基于城市文化创意指数的四项核心指标确定，凡指标分值达到全部样本城市的平均值以上，该项指标即评为 A 级。四项指标均达到 A 级水平，则该城市入围文化创意 4A 城市。文化创意 4A 城市意味着该城市进入文化创意转型城市，文化创意正在推动城市社会经济发展方式的转变。

2020 中国城市文化创意指数样本共有 24 个城市入围文化创意 4A 城市，其中包括 2 个直辖市、7 个副省级城市、14 个地级市和 1 个特别行政区（见表 20-10）。

表 20-10　2020 中国城市文化创意指数应用评级

城市类型	序号	城市	评级	序号	城市	评级
文化创意 4A+城市（文化创意高能赋城市）	1	北京	AAAA+	2	深圳	AAAA+
	3	上海	AAAA+	4	广州	AAAA+
	5	杭州	AAAA+	6	西安	AAAA+
文化创意 4A 城市（文化创意驱动型城市）	1	苏州	AAAA	2	南京	AAAA
	3	东莞	AAAA	4	重庆	AAAA
	5	成都	AAAA	6	天津	AAAA
	7	武汉	AAAA	8	宁波	AAAA
	9	长沙	AAAA	10	泉州	AAAA
	11	厦门	AAAA	12	珠海	AAAA
	13	青岛	AAAA	14	合肥	AAAA
	15	香港	AAAA	16	佛山	AAAA
	17	嘉兴	AAAA	18	绍兴	AAAA
	19	济南	AAAA	20	中山	AAAA
	21	温州	AAAA	22	湖州	AAAA
	23	金华	AAAA	24	江门	AAAA

（二）文化创意 4A+城市（文化创意高能赋城市）

评级标准：以文化创意 4A 城市作为样本池，基于城市文化创意指数的四

项核心指标确定，当四项指标分值均超过 4A 城市指标平均值时，则入围文化创意 4A+城市。

入选文化创意 4A+城市意味该城市已经进入文化创意高能赋城市行列，文化创意已经高度融合并渗透进城市发展之中，在产业经济、产品服务、公共空间、市民素质等方面具有较高能赋水平。

2020 中国城市文化创意指数样本共有 6 个城市入围文化创意 4A+城市，分别是北京、深圳、上海、广州、杭州、西安。西安成为 2020 年度新晋文化创意 4A+城市。

（三）中国文化创意 4A/4A+城市分布

从 2020 中国文化创意 4A 城市和文化创意 4A+城市分布来看，长三角地区和粤港澳大湾区城市文化创意发展水平相对较高。北方城市只有北京和天津分别被评为 4A+和 4A。两个直辖市上海和重庆分别被评为 4A+和 4A。广东省有 5 个 4A 城市，2 个 4A+城市分别是深圳和广州。浙江省有 6 个 4A 城市和 1 个 4A+城市（杭州）。山东省、福建省、江苏省各有 2 个 4A 城市。四川省、湖南省、湖北省、安徽省各有 1 个 4A 城市。香港特别行政区被评为 4A 城市。

（四）中国文化创意 3A 城市

通过对样本城市核心指标的评级应用，可以有的放矢地完善提升城市文化创意相关要素和发展水平。我们看到表 20-11 中的 13 个城市均获评了 3 项一级指标 A 级评价。这 13 个城市中，贵阳、南昌、福州、九江、扬州、镇江在创新驱动力指标方面未能被评为 A 级；芜湖、郑州、台州、无锡、惠州、海口在赋能能力指标方面未能被评为 A 级；淄博在创意生态指标方面未能被评为 A 级。

表 20-11　2020 中国城市文化创意指数 3A 城市

城市	排名	创意生态评级	赋能能力评级	审美驱动力评级	创新驱动力评级
贵阳	17	A	A	A	
南昌	24	A	A	A	
福州	33	A	A	A	
芜湖	34	A		A	A

续表

城市	排名	创意生态评级	赋能能力评级	审美驱动力评级	创新驱动力评级
郑州	35		A	A	A
淄博	36		A	A	A
九江	37	A	A	A	
扬州	42	A	A	A	
台州	43	A		A	A
镇江	47	A	A	A	
无锡	48	A		A	A
惠州	49	A		A	A
海口	52	A			

八、专题报告：中国城市文化创意三大城市群指数分析

（一）2020粤港澳大湾区城市文化创意指数分析

粤港澳大湾区，由香港、澳门两个特别行政区和广东省广州、深圳、珠海、佛山、惠州、东莞、中山、江门、肇庆九个珠三角城市组成。

2020中国城市文化创意指数粤港澳大湾区城市排名：1.深圳、2.广州、3.东莞、4.珠海、5.香港、6.佛山、7.中山、8.澳门、9.江门、10.惠州、11.肇庆。其中前八名城市均排进2020中国城市文化创意指数综合排行榜的前30名（见表20-12）。

表20-12　2020粤港澳大湾区城市文化创意指数指标分值及排名情况

大湾区排名	城市	创意生态	赋能能力	审美驱动力	创新驱动力	指数	总榜排名
1	深圳	7.260	22.935	11.499	14.021	55.714	2
2	广州	8.257	19.793	8.537	9.304	45.891	4
3	东莞	5.148	12.330	10.965	6.930	35.372	9
4	珠海	5.235	5.708	8.163	4.344	23.450	19
5	香港	7.819	4.636	5.131	5.066	22.653	22

续表

大湾区排名	城市	创意生态	赋能能力	审美驱动力	创新驱动力	指数	总榜排名
6	佛山	4.964	7.771	5.475	4.224	22.434	23
7	中山	5.170	5.505	5.151	4.417	20.244	28
8	澳门	4.240	1.350	13.078	1.519	20.187	30
9	江门	4.219	4.963	4.859	2.999	17.039	39
10	惠州	4.315	3.312	4.461	3.325	15.413	49
11	肇庆	3.145	4.175	3.915	1.418	12.653	70

2020中国城市文化创意指数的城市平均值约为14.80，粤港澳大湾区城市群的文化创意指数平均值约为26.46，除了肇庆外，其他十个城市文化创意指数分值均超过全国平均水平。

表20-13 2020粤港澳大湾区城市文化创意指数排名及一级指标排名

排名	指数综合排名	创意生态排名	赋能能力排名	审美驱动力排名	创新驱动力排名
1	深圳	广州	深圳	澳门	深圳
2	广州	香港	广州	深圳	广州
3	东莞	深圳	东莞	东莞	东莞
4	珠海	珠海	佛山	广州	香港
5	香港	中山	珠海	珠海	中山
6	佛山	东莞	中山	佛山	珠海
7	中山	佛山	江门	中山	佛山
8	澳门	惠州	香港	香港	惠州
9	江门	澳门	肇庆	江门	江门
10	惠州	江门	惠州	惠州	澳门
11	肇庆	肇庆	澳门	肇庆	肇庆

从表20-13来看，粤港澳大湾区文化创意生态排名前三位城市分别是广州、香港、深圳，赋能能力前三位分别是深圳、广州、东莞，审美驱动力前三位分别是澳门、深圳、东莞，创新驱动力前三位分别是深圳、广州、东莞。

对文化创意生态指标进行展开分析，我们可以看到粤港澳大湾区城市群中，香港在文化创意人才方面优势明显，其次是广州，澳门排在第三（见图

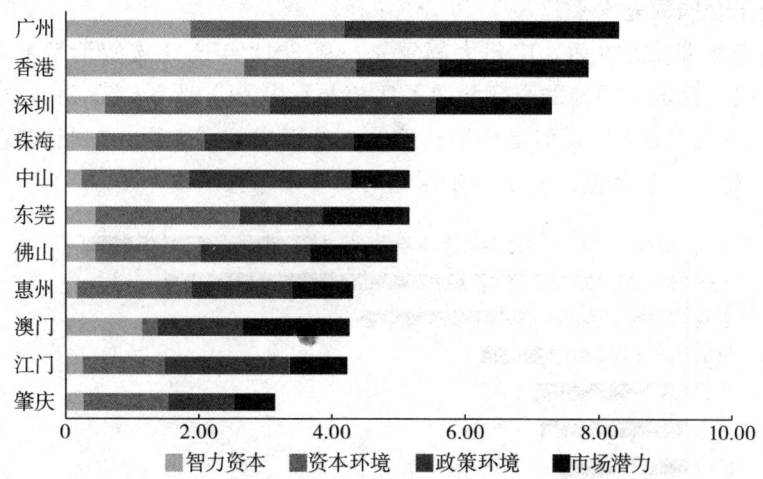

图 20-32 2020 粤港澳大湾区文化创意生态指标排名

20-32)。从高校人才来看，2019 年广州在校生人数约 115 万人，香港约 32 万人，但香港文创从业人员占比高于广州。

香港在文化创意市场潜力方面优势也较为明显，主要体现在香港居民可支配收入水平高于内地居民。深圳和广州在文化创意市场潜力方面不相上下，然后是澳门。

在文化创意相关政策方面，内地城市的政策扶持力度要高于港澳地区。从 2019 年各城市统计年鉴数据来看，2018 年深圳和广州在文化体育与传媒方面的财政支出分别达到 65.91 亿元和 47.14 亿元，分别排名全国第二位和第六位。

与全国其他省市相比，广东省城市文化创意相关财政支出力度普遍高于其他城市，从文化体育与传媒财政支出占城市总体财政支出比例来看，尽管佛山、江门、惠州、肇庆的财政支出金额规模无法与深圳和广州相比，但支出占比均排在全国前 20 名，分别排名第四、第六、第十二、第十九。

对赋能能力指标进行展开分析，我们可以看到粤港澳大湾区城市群中，深圳、广州、东莞、佛山在文创 GDP 和文创贡献率方面拉开了与其他城市之间的差距。

在产品设计力方面，深圳和广州稳居全国领先地位，依然保持着与上一年相同的名次，分别排名全国第一和第二。深圳作为设计之都，2018 年申请外观设计专利和实用新型专利共计 17.86 万件，实现每万人设计力约 132.9

件，处于全国领先水平。

在消费带动力方面，广州大幅领先。从2019年文化旅游消费数据来看，虽然广州、深圳、香港的全年旅游人次相差不多，分别为6773万人次、6718万人次、6515万人次，但是旅游消费收入却形成较大差距，广州实现文旅收入4454亿元，是香港的2倍，是深圳的2.6倍（见图20－33）。

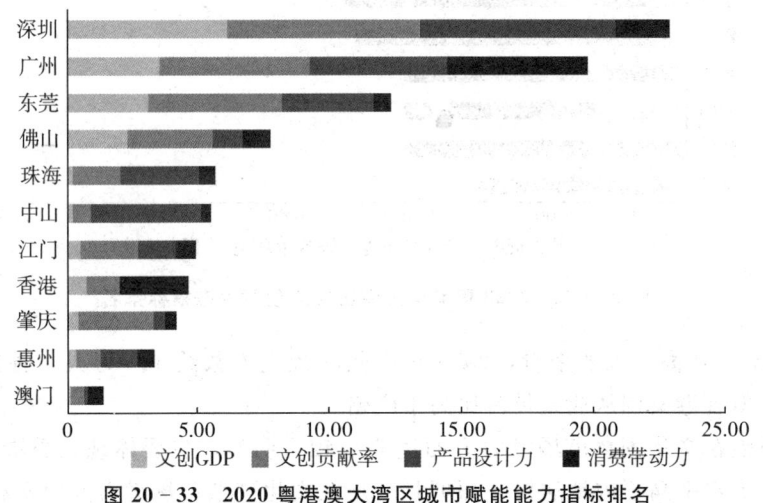

图20－33　2020粤港澳大湾区城市赋能能力指标排名

在审美驱动力指标方面，粤港澳大湾区城市群的平均指标水平要高于全国平均水平，除了肇庆以外，其余10个城市的该项指标分值均超越全国平均值。对审美驱动力指标进行展开分析，我们可以看到澳门以明显的城市普惠度和城市幸福感优势位居湾区城市之首，同时也是全国排名之首。

深圳和东莞在城市好客度和城市美感方面，不仅在湾区城市中优势明显，在全国依然处于领先地位。在全国城市好客度指标排序中，东莞位居第二、深圳位居第三。在城市美感方面，深圳位居全国第四、东莞位居第五（见图20－34）。

在创新驱动力方面，深圳是粤港澳大湾区城市群的引领者，同时，深圳也是全国创新引领城市，与上一年度排名相比，深圳超越北京成为全国第一。2018年深圳在创新活动方面共计申请专利26.15万件，授权专利16.66万件，分别是北京的1.15倍和1.26倍。

在失败容忍度指标方面，深圳同样位居全国第一，在研发投入规模和新

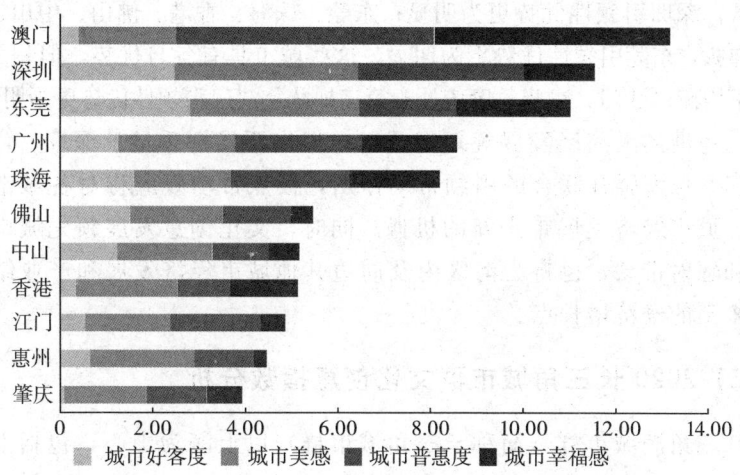

图 20-34　2020 粤港澳大湾区城市审美驱动力指标排名

设立市场主体创业活跃度方面，都处于全国前列。

在未来可塑性方面，香港在 2020 年时展现出明显的优势，尤其在城市开放性和商业吸引力方面，均排在全国首位（见图 20-35）。

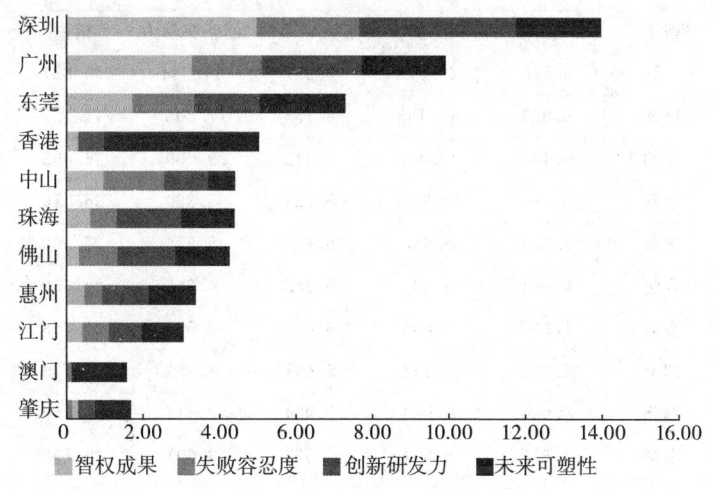

图 20-35　2020 粤港澳大湾区城市创新驱动力指标排名

通过 2020 粤港澳大湾区城市文化创意指数的量化呈现，我们可以看到湾区内 11 个城市的文化创意发展水平大致可以分为三个梯队：深圳和广州处于第一梯队,深圳引领性优势更为明显;东莞、珠海、香港、佛山、中山、澳门处于第二梯队,东莞引领性优势更为明显,这些城市具有各自优势,但相关发展要素水平不均衡;江门、惠州、肇庆处于第三梯队,江门引领性优势更为明显。

在《粤港澳大湾区发展规划纲要》中提出要发挥香港—深圳、广州—佛山、澳门—珠海强强联合的引领带动作用,极点带动效应将对各城市文化创意发展、城市经济发展带来新的机遇。同时,文化创意发展领先城市通过要素流动和辐射带动,也将为湾区内及周边其他城市经济发展和产业结构转型升级带来新的经济增长点。

(二) 2020 长三角城市群文化创意指数分析

长江三角洲城市群(简称长三角城市群)以上海为中心,包括上海、江苏省9个城市、浙江省8个城市、安徽省8个城市,共计26个城市。

2020长三角城市群文化创意指数排行榜前十位城市:1.上海、2.杭州、3.苏州、4.南京、5.宁波、6.合肥、7.嘉兴、8.绍兴、9.湖州、10.金华(见表20-14)。

表20-14 2020长三角城市群文化创意指数指标分值及排名情况

长三角排名	城市	创意生态	赋能能力	审美驱动力	创新驱动力	指数	总榜排名
1	上海	9.814	20.372	9.297	11.344	50.827	3
2	杭州	6.995	18.198	8.755	7.205	41.153	5
3	苏州	6.103	14.468	7.112	9.009	36.693	6
4	南京	6.710	16.650	7.728	5.329	36.416	7
5	宁波	5.361	9.680	6.745	5.514	27.300	14
6	合肥	5.601	6.494	6.282	4.285	22.662	21
7	嘉兴	5.327	6.830	6.035	3.555	21.748	25
8	绍兴	4.505	7.192	5.691	4.351	21.739	26
9	湖州	4.924	5.924	5.904	3.417	20.169	31
10	金华	4.655	5.871	5.573	3.691	19.790	32
11	芜湖	4.600	3.279	7.736	2.857	18.473	34
12	南通	3.842	6.950	4.455	1.846	17.093	38
13	扬州	4.109	5.669	4.818	2.248	16.844	42

续表

长三角排名	城市	创意生态	赋能能力	审美驱动力	创新驱动力	指数	总榜排名
14	台州	4.397	3.334	5.271	3.644	16.645	43
15	常州	3.520	5.849	3.708	3.080	16.157	45
16	镇江	4.276	5.075	5.298	1.410	16.060	47
17	无锡	3.973	2.486	5.618	3.435	15.512	48
18	舟山	4.801	1.918	5.129	2.292	14.139	60
19	安庆	3.882	3.436	4.208	1.924	13.450	65
20	盐城	4.153	3.435	3.486	1.254	12.329	74
21	马鞍山	2.981	2.471	3.941	2.310	11.703	81
22	泰州	2.856	2.033	3.769	1.676	10.333	91
23	滁州	2.043	2.948	2.606	2.239	9.835	97
24	铜陵	3.295	1.497	3.818	1.177	9.788	98
25	池州	3.755	1.428	3.006	1.396	9.586	102
26	宣城	2.747	1.642	3.057	1.929	9.375	104

2020长三角城市群文化创意指数平均值约为19.84，高于全国城市文化创意指数平均值（14.80）。在长三角区域26个城市中，文化创意指数分值在全国平均值以上的有17个城市，处于全国平均值以下的有9个城市（见图20-36）。

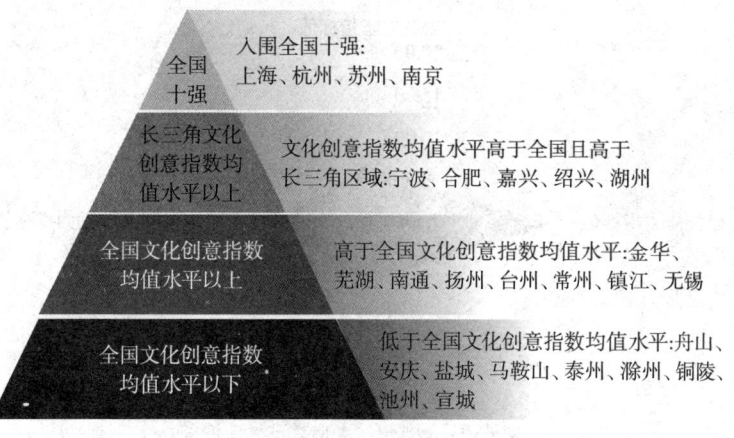

图20-36 中国长三角城市群文化创意指数层级图

从表20-15看,长三角城市群中,上海在文化创意生态、赋能能力、审美驱动力和创新驱动力方面全面领先;杭州在文化创意生态、赋能能力、审美驱动力三个方面均排名第二,仅在创新驱动力方面分值低于苏州。

表20-15 2020长三角城市群文化创意指数及一级指标排名前十

排名	指数综合排名	创意生态排名	赋能能力排名	审美驱动力排名	创新驱动力排名
1	上海	上海	上海	上海	上海
2	杭州	杭州	杭州	杭州	苏州
3	苏州	南京	南京	芜湖	杭州
4	南京	苏州	苏州	南京	宁波
5	宁波	合肥	宁波	苏州	南京
6	合肥	宁波	绍兴	宁波	绍兴
7	嘉兴	嘉兴	南通	合肥	合肥
8	绍兴	湖州	嘉兴	嘉兴	金华
9	湖州	舟山	合肥	湖州	台州
10	金华	金华	湖州	绍兴	嘉兴

我们对杭州、苏州、南京、宁波进行雷达图分析,可以看到这四个城市在文化创意生态环境和审美驱动力方面的城市差距相对较小,在文化创意赋能能力和创新驱动力方面的城市差距相对明显(见图20-37)。

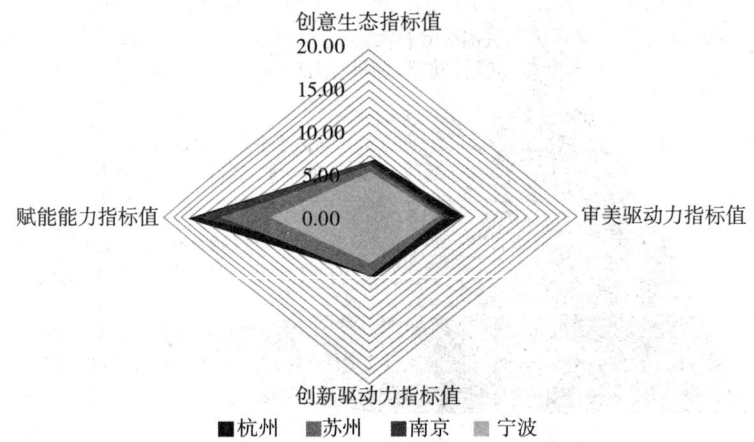

图20-37 中国城市文化创意指数雷达图(杭州、苏州、南京、宁波)

对文化创意赋能能力进一步展开分析，可以看到杭州在文创贡献率和消费带动力方面优势明显，苏州在产品设计力方面优势突出，南京的文创贡献率在文化创意赋能中发挥主要作用（见图20－38）。

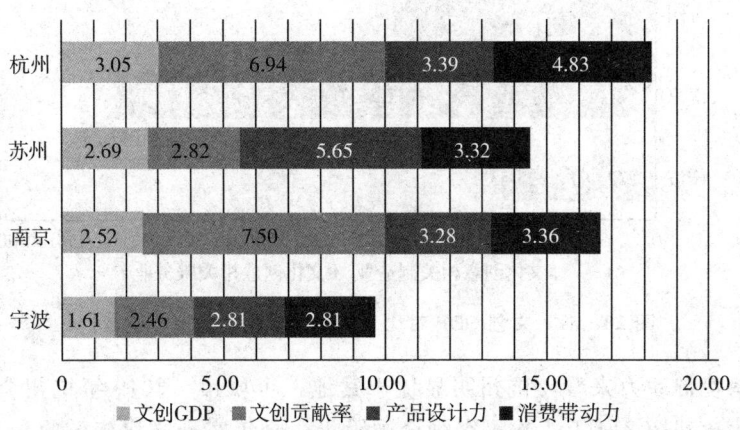

图20－38　赋能能力指标对比（杭州、苏州、南京、宁波）

2018年这四个城市的外观设计专利和实用新型专利申请数量分别为：苏州11.96万件，全国排名第三位；杭州7.02万件，全国排名第七位；南京6.05万件，全国排名第九位；宁波5.2万件，全国排名第十一位。尽管存在城市间差距，但从全国水平来看，这四个长三角区域城市均处于全国高位水平。

从文创GDP对比情况来看，杭州和南京在整体产值规模上相差不大，分别为3430亿元和3385亿元；在产值结构方面，南京的文化创意相关服务业产值占比约为95%，杭州约为83%。苏州和宁波的文创GDP产值结构相似，都是文化创意相关制造业产值高于文化创意相关服务业，苏州的文创GDP总产值约为1744亿元，其中文化创意相关制造业产值占比约为65%；宁波的文创GDP总产值约为948亿元，其中文化创意相关制造业产值占比约76%（见图20－39）。

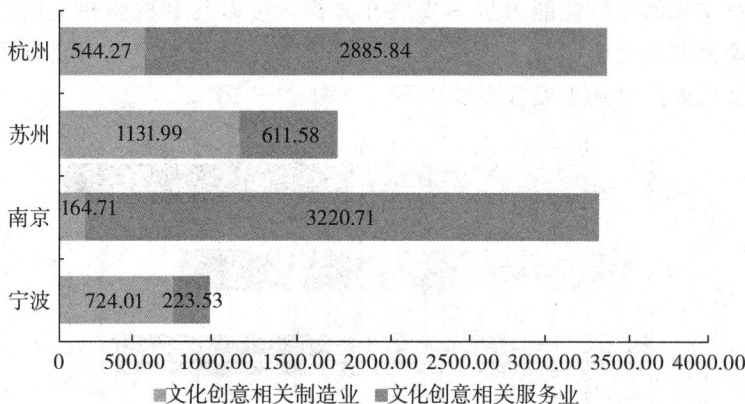

图 20-39 文创 GDP 对比（杭州、苏州、南京、宁波）

从消费带动力来看，杭州明显优于其他三个城市。2019 年杭州全年文化旅游人次达到 20814 万人次，名列全国第十；全年实现文化旅游收入 4005 亿元，排名全国第七。

南京、苏州和宁波之间差距不大。从全年文化旅游人次来看，南京 14682 万人次、宁波 14076 万人次、苏州 13609 万人次，分别名列全国第十七、第二十、第二十三。对比文化旅游收入，南京实现 2785 亿元，排名第十一；苏州实现 2751 亿元，排名第十二；宁波实现 2331 亿元，排名第十四（见图 20-40）。

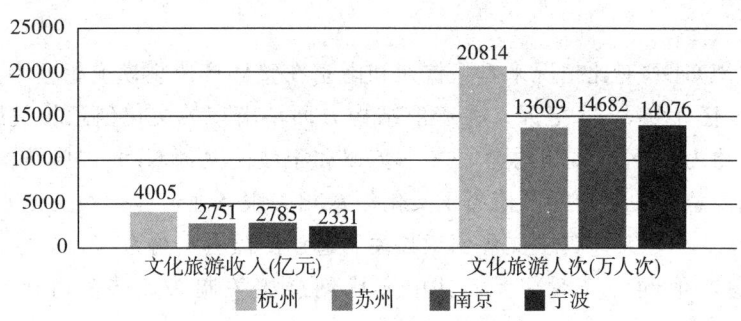

图 20-40 消费带动力对比（杭州、苏州、南京、宁波）

从文化旅游人均消费来看，这四个城市中苏州人均消费最高，平均人均消费约 2021 元，其次是杭州，约 1924 元，南京和宁波分别为 1897 元和 1656 元。

对创新驱动力指标展开对比,可以看到苏州在智权成果、失败容忍度、创新研发力和未来可塑性方面都超越其他三个城市。尤其在智权成果方面,2018年苏州专利申请数量达到16.3万件,全国排名第五;授权专利8.11万件,全国排名第五(见图20-41)。

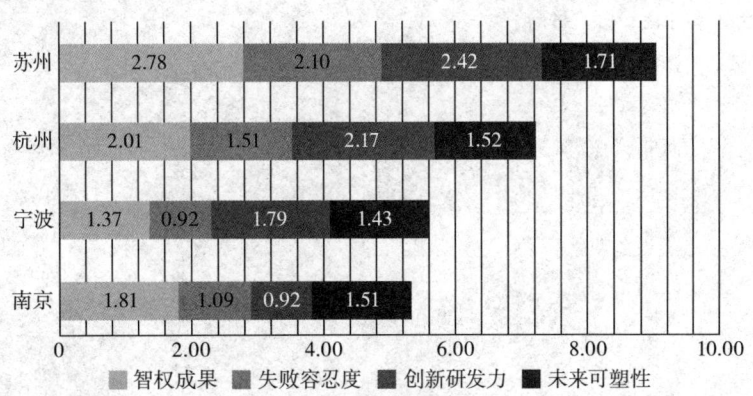

图20-41 创新驱动力指标对比(杭州、苏州、南京、宁波)

虽然杭州、南京、宁波与苏州之间形成一定差距,但是从全国情况来看,这三个城市也处于全国前列。从2018年专利申请数量来看,杭州11.36万件、南京10.3万件、宁波7万件,分别排名全国第六、第七、第十三;从专利授权数量来看,杭州6.16万件、南京5.5万件、宁波4.7万件,分别排名全国第六、第九、第十一。

在创新研发力方面,南京相较于其他三个城市在研发投入力度上相对较弱。2018年杭州研发投入资金约530亿元,占GDP比重3.45%;苏州研发投入资金约518亿元,占GDP比重2.69%;宁波研发投入资金约324亿元,占GDP比重2.7%;南京研发投入约181亿元,占GDP比重1.29%。

从表20-16我们可以看到,浙江省城市的热力颜色更深,其中有1个城市入围全国十强,4个城市在长三角区域均值水平以上,2个城市在全国均值水平以上,只有舟山城市文化创意指数在全国平均水平以下,台州仅在文化创意赋能能力指标方面处于全国均值水平。

表 20-16 长三角城市群文化创意指数热力情况

省市	城市	创意生态	赋能能力	审美驱动力	创新驱动力	2019年指数	长三角排序
直辖市	上海	9.814	20.372	9.297	11.344	50.827	1
浙江	杭州	6.995	18.198	8.755	7.205	41.153	2
浙江	宁波	5.361	9.680	6.745	5.514	27.300	5
浙江	嘉兴	5.327	6.830	6.035	3.555	21.748	7
浙江	绍兴	4.505	7.192	5.691	4.351	21.739	8
浙江	湖州	4.924	5.924	5.904	3.417	20.169	9
浙江	金华	4.655	5.871	5.573	3.691	19.790	10
浙江	台州	4.397	3.334	5.271	3.644	16.645	14
浙江	舟山	4.801	1.918	5.129	2.292	14.139	18
江苏	苏州	6.103	14.468	7.112	9.009	36.693	3
江苏	南京	6.710	16.650	7.728	5.329	36.416	4
江苏	南通	3.842	6.950	4.455	1.846	17.093	12
江苏	扬州	4.109	5.669	4.818	2.248	16.844	13
江苏	常州	3.520	5.849	3.708	3.080	16.157	15
江苏	镇江	4.276	5.075	5.298	1.410	16.060	16
江苏	无锡	3.973	2.486	5.618	3.435	15.512	17
江苏	盐城	4.153	3.435	3.486	1.254	12.329	20
江苏	泰州	2.856	2.033	3.769	1.676	10.333	22
安徽	合肥	5.601	6.494	6.282	4.285	22.662	6
安徽	芜湖	4.600	3.279	7.736	2.857	18.473	11
安徽	安庆	3.882	3.436	4.208	1.924	13.450	19
安徽	马鞍山	2.981	2.471	3.941	2.310	11.703	21
安徽	滁州	2.043	2.948	2.606	2.239	9.835	23
安徽	铜陵	3.295	1.497	3.818	1.177	9.788	24
安徽	池州	3.755	1.428	3.006	1.396	9.586	25
安徽	宣城	2.747	1.642	3.057	1.929	9.375	26

注：通过颜色深浅度代表一级指标及指数分值水平的不同划分；由浅到深依次为一级指标和指数分值水平在全国平均值以下、在长三角区域平均值以下、在长三角区域均值水平以上、进入全国十强。

江苏省城市的热力颜色要强于安徽省。江苏省有 2 个城市入围全国十强，有 5 个城市达到全国均值水平以上，有 2 个城市低于全国均值水平。在长三角城市群中，安徽的城市文化创意发展相对弱于浙江和江苏，仅有 2 个城市的文化创意指数高于全国均值水平，其中合肥达到长三角区域均值水平以上。

2019 年 12 月，中共中央、国务院印发《长江三角洲区域一体化发展规划纲要》，明确了联合打造一批包括文化创意在内的九大服务业聚集区和创新平台，这将为长三角区域内城市文化创意合力发展带来新的机遇。

（三）2020 京津冀城市群文化创意指数分析

2018 年 11 月 18 日，中共中央、国务院发布的《中共中央 国务院关于建立更加有效的区域协调发展新机制的意见》明确指出，以京津冀城市群、长三角城市群、粤港澳大湾区等城市群推动国家重大区域战略融合发展，建立以中心城市引领城市群发展、城市群带动区域发展新模式，推动区域板块之间融合互动发展。京津冀城市群的概念由"首都经济圈"发展而来，包括北京和天津两个直辖市，河北省保定、廊坊、唐山、石家庄、邯郸、秦皇岛、张家口、承德、沧州、邢台、衡水 11 个地级市和定州、辛集 2 个省直管市，以及河南省安阳市。其中，安阳作为中原经济区对接京津冀、衔接环渤海经济区的重要门户，具有突出的交通区位和文化资源优势，在 2016 年纳入《"十三五"时期京津冀国民经济和社会发展规划》，也是河南省唯一纳入京津冀一体化协同发展的城市。本次 2020 京津冀城市群文化创意指数样本城市共计 14 个，未包含定州和辛集。

2020 京津冀城市群文化创意指数排行榜前十位城市：1. 北京、2. 天津、3. 石家庄、4. 唐山、5. 秦皇岛、6. 张家口、7. 沧州、8. 承德、9. 保定、10. 安阳（见表 20 - 17）。

表 20 - 17　2020 京津冀城市群文化创意指数指标分值及排名情况

京津冀排名	城市	创意生态	赋能能力	审美驱动力	创新驱动力	指数	总榜排名
1	北京	13.354	18.893	11.268	13.352	56.868	1
2	天津	6.269	12.081	6.881	5.326	30.558	12
3	石家庄	5.100	4.397	1.358	2.234	13.089	68
4	唐山	3.896	2.284	2.890	1.923	10.993	85

续表

京津冀排名	城市	创意生态	赋能能力	审美驱动力	创新驱动力	指数	总榜排名
5	秦皇岛	3.188	1.222	3.613	2.007	10.030	94
6	张家口	3.199	1.249	3.128	0.779	8.355	112
7	沧州	3.330	1.262	2.116	1.235	7.942	116
8	承德	2.635	1.272	2.800	0.969	7.677	119
9	保定	3.463	1.733	1.086	1.187	7.468	121
10	安阳	2.253	1.456	2.001	1.527	7.236	124
11	邯郸	3.287	1.177	0.748	1.422	6.634	129
12	邢台	1.877	0.435	1.404	1.560	5.275	142
13	衡水	1.422	0.237	1.413	2.164	5.237	143
14	廊坊	1.762	0.547	0.299	1.731	4.338	149

2020京津冀城市群文化创意指数平均值约为12.97，尽管有排名首位北京的高分拉动，但均值仍然低于全国城市文化创意指数平均值（14.80）。不同于粤港澳大湾区和长三角城市群，京津冀城市群文化创意发展水平之间存在着较大差距，除了北京和天津两个直辖市以外，其余12个城市的文化创意指数均在全国平均水平以下。

河北省样本城市指数分值普遍偏低，部分影响来自河北省城市数据开放性和及时性较差，统计局官方网站发布的年鉴仍截至2018年。

尽管河北省整体文化创意指数分值水平较低，但在文化旅游方面部分城市也具有一定发展基础和优势。

2019年度全国内地城市文化旅游人次平均值约为8805.4万人次，在该项数据上，石家庄和保定达到全国内地城市平均值以上，都超过1亿人次；同时，在文化旅游消费收入方面，石家庄和保定也达到全国内地城市平均值以上，都超过千亿元。

从人均文化旅游消费情况来看，2019年全国内地城市平均值约为1211.1元，石家庄和保定虽然在文化旅游人次和文化旅游消费收入总规模上均超越全国内地城市平均水平，但在人均文化旅游消费水平上低于全国平均值。令人欣慰的是，唐山、秦皇岛、张家口、承德、安阳在人均文化旅游消费水平上超越全国平均值（见表20-18）。

表 20-18 京津冀城市群文化旅游情况对比

排序	城市	旅游人次（万人次）	旅游收入（亿元）	人均消费（元）
1	北京	32200↑	6224.6↑	1933.11↑
2	天津	24959.16↑	4229.68↑	1694.64↑
3	石家庄	12298.30↑	1479.00↑	1135.93
4	唐山	7866.00	907.00	1248.91↑
5	秦皇岛	7262.33	1013.97	1261.70↑
6	张家口	8605.06	1037.00	1253.76↑
7	沧州	2871.91	230.18	801.50
8	承德	8271.09	1055.67	1226.80↑
9	保定	13020.20↑	1437.94↑	1169.22
10	安阳	4967.82	603.10	1214.01↑
11	邯郸	8036.55	977.13	1242.22
12	邢台	3551.95	360.88	1016.01
13	衡水	2290.70	197.10	860.44
14	廊坊	3940.70	453.60	1151.06
	内地城市均值水平	8805.4	1102.5	1211.1

注：除廊坊为 2018 年度数据外，其余城市均为 2019 年度数据；↑代表该项数值高于全国均值水平。

京津冀城市群文化创意发展两极分化明显，北京和天津应如何发挥自身优势协同带动京津冀一体化发展，仍是文化创意领域需要持续探索的问题。

（王齐国，北京大学文化产业研究院研究员；王苗苗，北京九州一方文化创意院总监）

参考文献

[1]简·奥斯曼.集体记忆与文化身份[J].陶东风,译.文化研究,2011(11):3-10.

[2]莫里斯·哈尔瓦赫.论集体记忆[M].毕然,郭金华,译.上海:上海人民出版社,2002:7-10.

[3]雅克·德里达.多义的记忆[M].蒋梓骅,译.北京:中央编译出版社,1999:67.

[4]刘易斯·芒福德,宋俊岭,倪文彦.城市发展史——起源、演变和前景[M].北京:中国建筑工业出版社,2005:123.

[5]阿尔多·罗西.城市建筑学[M].剑桥:剑桥麻省理工学院出版社,1982:79.

[6]伊塔洛·卡尔维诺.看不见的城市[M].王志弘,译.台北:时报文化出版社,1993:20.

[7]《石家庄新型智慧城市总体规划(2019—2021年)》正式发布[EB/OL].http://www.sjz.gov.cn,2019-10-12.

[8]2020年全国各城市电影票房成绩 TOP50 出炉[EB/OL].https://baijiahao.baidu.com/s?id=1687693532230417679&wfr=spider&for=pc,2021-01-01.

[9]Hyung yu Park. Shared National Memory as Intangible Jeritage[J]. Annals of Tourism Research, 2010, 38(2):520-539.

[10]Maoz Azaryahu and Aharon Kellerman Barrett. Symbolic Places of National History and Revival: A Study in Zionist Mythical Geography[J]. Transactions of the Institute of British Geographers, 1999, 24(1):109-123.

[11]Symbolic Space: Representations of Space in Geography and Anthropology[J]. Geografiska Annaler, Series B, Human Geography, 1994, 76(1):51-58.

[12]澳门特别行政区印务局.澳门特别行政区第12/2013号法律城市规划法[EB/OL].https://bo.io.gov.mo/bo/i/2013/36/lei12_cn.asp.

[13]2019年文化产业统计[R].澳门:澳门特别行政区政府统计暨普查局,2020:1.

[14]文化产业基金年报2019[R].澳门:澳门特别行政区政府文化产业基金,2020:5.

[15]澳门特别行政区政府文化局.特区政府公布文产发展政策框架[EB/OL].https://www.gov.mo/zh–hans/news/315171/,2020–11–16.

[16]白云区人民政府.文化服务百花齐放,品质白云人人共享——白云区持续提升公共文化服务水平推动文化事业发展[EB/OL].贵阳市人民政府官网.http://www.guiyang.gov.cn/zwgk/zwgkxwdt/zwgkxwdtqxdt/202011/t20201119_65304156.html,2020–11–19.

[17]青岛正式启动城市更新专项规划编制 从六个方面着力[EB/OL].半岛官网.http://163.com/dy/article/FQGMI96D0550EWRZ.html,2020–11–03.

[18]鲍蔚.产业链视阈的文化创意产业发展研究[D].合肥:合肥工业大学,2012.

[19]陈蕾.基于城市记忆的近代产业遗产的保护和再利用[D].武汉:华中科技大学,2005.

[20]陈问菩.到"十四五"末——贵阳力争文化旅游项目总投资达800亿元以上[N].贵阳日报,2021–02–04(A02).

[21]青岛市文化和旅游局:发挥文旅行业统筹规划作用 推进全市项目招引、落地[EB/OL].大众网·海报新闻.https://www.163.com/dy/article/G48L86QR055061FK.html,2021–03–04.

[22]戴志强.以公共档案馆为主体整合共享性档案信息资源的思考[J].档案学研究,2010(1):32–36.

[23]冯骥才.抢救日渐迷失的建筑遗产[J].重庆建筑,2005(10):5.

[24]情怀+现代,青岛中山路街区改造升级正当时[EB/OL].凤凰网青岛综合.https://qd.ifeng.com/c/81RY7xdxBBo,2020–11–16.

[25]傅祎顿,伍世代,等.福州市文化创意产业园空间分布特征及影响因素分析[J].福建师范大学学报(自然科学版),2020(6).

[26]傅涌.豫章记忆:南昌非物质文化遗产精粹[M].南昌:江西人民出版社,2016.

[27]高文龙.南昌绳金塔历史街区建筑现状研究[J].门窗,2016(7):237.

[28]青岛市北:中车四方智汇港项目正式启动[EB/OL].光明网.https://difang.gmw.cn/qd/2020－11/19/content_34383192.htm,2020－11－19.

[29]贵安新区产发局.贵阳贵安共建产业园招商引业政策措施(试行)[EB/OL].贵州贵安新区管理委员会.http://www.gaxq.gov.cn/zsyz_34948/tzzcjhj_34954/202011/t20201119_65304615.html,2020－11－19.

[30]贵阳市人民政府.2020国庆中秋长假期间贵阳市累计接待游客1437.78万人,实现旅游收入106.33亿元[EB/OL].贵阳市文化和旅游局.http://www.guiyang.gov.cn/zwgk/zwgkxwdt/zwgkxwdtbmdt/202010/t20201012_63995018.html,2020－10－12.

[31]贵阳市人民政府.2021年政府报告[N].贵阳日报,2021－03－03(A01).

[32]贵阳市人民政府,贵阳市教育局.优化教育资源,推进义务教育优质均衡发展[EB/OL].http://www.guiyang.gov.cn/zwgk/zwgkxwdt/zwgkxwdtbmdt/202102/t20210205_66689755.html,2021－02－05.

[33]贵阳市统计局.贵阳市2020年经济运行情况[EB/OL].贵阳市统计局官网.http://tjj.guiyang.gov.cn/tjsj/tjsjtjxxyfx/202102/t20210202_66649428.html,2021－02－02.

[34]贵阳市投资促进局.贵阳市聚力招商引资打造高质量发展新动能[EB/OL].贵阳市人民政府官网.http://www.guiyang.gov.cn/zwgk/zwgkxwdt/zwgkxwdtbmdt/202101/t20210128_66595805.html,2021－01－28.

[35]贵阳市文化和旅游局.《文化和旅游部关于推动数字文化产业高质量发展的意见》解读[EB/OL].贵阳市文化和旅游局官网.http://wlj.guiyang.gov.cn/jdhy/zcjd/202011/t20201130_65428777.html,2020－11－27.

[36]贵阳市文化和旅游局.贵阳市文化和旅游局2020年工作总结及2021年打算[EB/OL].贵阳市文化和旅游局官网.http://wlj.guiyang.gov.cn/zfxxgk_500649/fdzdgknr/jhgh_5625644/jhzj_5625646/202102/t20210224_66843063.html,2021－01－04.

[37]贵州省人民政府.《贵州省文化产业创新发展工程专项行动方案》印发[EB/OL].贵州省人民政府网.http://www.guizhou.gov.cn/xwdt/rmyd/202006/t20200629_61274447.html,2020－06－29.

[38]贵州省文化和旅游厅.贵州省文化和旅游厅关于印发《贵州省文化和

旅游厅关于文化旅游业综合引领消费十条措施》的通知(黔文旅发〔2020〕34号)[Z],2020-09-18.

[39]国家统计局.2020年前三季度全国规模以上文化及相关产业企业营业收入下降0.6%,降幅比上半年收窄5.6个百分点[EB/OL].国家统计局网.http://www.stats.gov.cn/tjsj/zxfb/202010/t20201030_1797140.html,2020-10-30.

[40]江西省第十三届人民代表大会第五次会议政府工作报告(2021年1月26日)[N].江西日报,2021-02-08.

[41]李发戈.传统产业园区(开发区)向现代产业园区转型发展路径研究——以四川省产业园区为例[J].中共四川省委党校学报,2020(3).

[42]李巍,杨哲,范圆圆.基于居民和游客视角的民族地区城市记忆研究——以甘肃省甘南藏族自治州夏河县城为例[J].地域研究与开发,2020,39(4):104-108,133.

[43]刘辉.贵阳市完善设施优化服务,加强高质量文化供给,群众文化获得感不断增强[N].贵阳日报,2020-10-05(A01).

[44]刘守华.留住城市记忆,我们大有可为——"档案与城市记忆"论坛综述[J].中国档案,2008(1):16-19.

[45]马达,青岛日报.青岛,一座环湾港城的前世今生[EB/OL].http://www.dailyqd.com/epaper/html/2019-12/23/content_270851.htm,2019-12-23.

[46]民居守望者.城市记忆的延续与更新——简论青岛里院的保护与整饬[EB/OL].https://mp.weixin.qq.com/s/lXBbpr9aACYXHcZkbwjs1A,2019-07-03.

[47]南昌市旧城区JC505单元(绳金塔周边地区)城市设计及控规修编(2017).

[48]齐鲁壹点.青岛老里院变身工业设计创新中心,有望5月启用[EB/OL].http://baijiahao.baidu.com/s?id=16609388720572168968&wfr=spider&for=pc,2020-03-12.

[49]钱丽."五一"假期——贵阳旅游收入逾28亿元[N].贵阳日报,2020-05-07(A01).

[50]青岛市自然资源和规划局.青岛历史文化名城保护规划(2011—2020)[EB/OL].http://zrzygh.qingdao.gov.cn/n28356074/n32564262/

n32564281/190225141502894764.html,2017-09-04.

[51]2020年青岛全市居民人均可支配收入47156元,人均消费支出首超3万元[EB/OL].青岛新闻网.https://baijiahao.baidu.com/s?id=16899287613180308272&wfr=spider&for=pc,2021-01-26.

[52]大刀阔斧推动"城市更新"青岛开启城市迭代之旅[EB/OL].青岛新闻网.http://baijiahao.baidu.com/s?id=16877688775587715651&wfr=spider&for=pc,2021-01-02.

[53]青岛市城市更新专项规划启动编制[EB/OL].青岛政务网.http://www.qingdao.gov.cn/n172/n24624151/n24626535/n24626549/n24626577/201102135938422182.html,2020-11-02.

[54]青岛市文化和旅游局2020年工作总结[EB/OL].青岛政务网.http://www.qingdao.gov.cn/zwgk/zdgk/ghjh/jhwcqk/202102/t20210209_2967012.shtml,2021-02-09.

[55]关于实施青岛市城市总体规划(2011—2020年)的意见[EB/OL].青岛政务网.http://www.qingdao.gov.cn/n172/n68422/n68424/n31280703/n31280704/160512134237282484.html,2016-05-12.

[56]青岛市城市品质改善提升攻势作战方案(2019—2022年)[EB/OL].青岛政务网.http://www.qingdao.gov.cn/n172/n68422/n68423/n31284702/190805135838004817.html,2019-08-03.

[57]青岛市人民政府关于印发青岛商业步行街改造提升行动方案的通知[EB/OL].青岛政务网.http://www.qingdao.gov.cn/n172/n68422/n68423/n31284702/190805135838004817.html,2020-12-14.

[58]全力以赴推进高质量发展——马宇骏在市第十四届人民代表大会第六次会议上的政府工作报告(摘登)[EB/OL].http://www.sjz.gov.cn,2021-02-27.

[59]青岛市历史城区保护更新试点项目5月28日正式开园[EB/OL].人民网精选资讯官方账号.http://baijiahao.baidu.com/s?id=16679236012351937292&wfr=spider&for=pc,2020-05-28.

[60]任永芳.城市记忆建设中信息资源整合研究[J].图书馆工作与研究,2009(1):12-14.

[61]石清,王骏,梁燕.南昌市"大规模拆迁"旧城改造模式的成因剖析与转型思考[J].城市建筑,2018(35):7-11.

[62]市北发布.台东步行街迭代升级的密码——"1253"[EB/OL]. https://baijiahao. baidu. com/s? id=1673318286349436661&wfr=spider& for=pc,2020-07-27.

[63]广兴里,青岛老城更新的"里院样板"[EB/OL].搜狐网. http://sohu. com/a/400167031_707120,2020-06-06.

[64]王明珂.历史事实、历史记忆与历史心性[J].历史研究,2001(5):136-147,191.

[65]王齐国,张凌云.文化产业园区理论与实践[M].济南:山东大学出版社,2011.

[66]王齐国.文化创意:变革的力量[M].北京:开明出版社,2018.

[67]王一川.美学教程[M].上海:复旦大学出版社,2004.

[68]王煜阳.被动房技术在南昌绳金塔街区历史建筑改造中应用的探讨[D].南昌:南昌航空大学,2018:23.

[69]王治卿.集约型一体化管理体系创建与实践[M].北京:中国石化出版社,2010.

[70]乌当新天园.贵阳乌当:助力园区产业与城市建设融合发展[EB/OL].前瞻产业园区库. https://y. qianzhan. com/yuanqu/detail/610/201222-b5333a02. html, 2020-12-22.

[71]吴国清,吴瑶.城市更新与旅游变迁[M].上海:上海人民出版社,2018.

[72]武汉市统计局.前三季度我市规上文化企业营业收入增11.6%[EB/OL].武汉市统计局网. http://tjj. wuhan. gov. cn/tjfw/tjfx/202011/t20201127_1519739. shtml,2020-11-17.

[73]武汉市文化和旅游局."十一"黄金周期间武汉市文化和旅游市场情况综述[EB/OL].武汉市文化和旅游局网. http://wlj. wuhan. gov. cn/zwgk_27/zwdt/jdxw/202010/t20201009_1461459. shtml,2020-10-09.

[74]武汉市文化和旅游局.疫情期间斗鱼直播公司经济效益为何能够逆势上扬[EB/OL].武汉市文化和旅游局网. http://wlj. wuhan. gov. cn/whly/wlcy/202006/t20200622_1382982. shtml,2020-06-22.

[75]席勒.审美教育书简[M].冯至,范大灿,译.北京:北京大学出版社. 1985:77.

[76]信网.已筹集20亿进行更新改造,邮轮母港区全球招商[EB/OL]. ht-

tps://www.sohu.com/a/394175956_120869,2020-05-10.

[77]青岛国际邮轮母港区开工建设并进行全球招商[EB/OL].央广网.http://www.cnr.cn/sd/gd/20200329/t20200329_525034266.shtml,2020-03-29.

[78]超200亿元!2020年中国电影票房全球第一,你贡献了多少?[EB/OL].央视新闻.https://baijiahao.baidu.com/s?id=1687732596818683601&wfr=spider&for=pc,2021-01-02.

[79]杨茂川.环境景观设计中的城市记忆[J].城市发展研究,2006(5):41-45.

[80]张华新.纪录片细节的叙事分析[J].电影评介,2011(3):9-11.

[81]张晓欢.我国文化产业园区建设的经验与政策思考[J].中国市场,2020(29).

[82]张晓宁.试分析"一带一路"背景下的文化创意产业发展问题[EB/OL].https://www.fx361.com/page/2018/0823/4104446,shtml,2018-08-13.

[83]章芳.谁来救救西镇里院文化[N].青岛早报,2007-04-15.

[84]赵毫,周雅萌.今天,2020年东盟(贵阳)"一带一路"文化旅游交流周在贵阳开幕[EB/OL].天眼新闻,https://baijiahao.baidu.com/s?id=1678077589933159495&wfr=spider&for=pc,2020-09-17.

[85]正定县人民政府2021年政府工作报告[EB/OL].http://www.zd.gov.cn,2021-03-22.

[86]中共青岛市北区委宣传部官方澎湃号,揭开广兴里的神秘新面纱,市北老城复兴第一站正式激活[EB/OL].http://m.thepaper.cn/newsDetail_forward_7487094,2020-05-21.

[87]习近平在山东考察[EB/OL].中国政府网,http://www.gov.cn/xinwen/2018-06/14/content_5298781.htm,2018-06-14.

[88]朱蓉.城市与记忆:心理学视维中的城市历史延续与发展[J].南方建筑,2004(4):65-68.

[89]邹锦良,何川.江西文化创意产业集群发展现状及对策研究[J].老区建设,2020(8):44-49.

附录　中国创意产业研究中心
《创意书系》出版书目

2006 年	《中国创意产业发展报告（2006）》，中国经济出版社
2007 年	《中国创意产业发展报告（2007）》，中国经济出版社
	《创意为王——中国创意产业案例典藏》，科学出版社
2008 年	"奥运·创意"丛书之《科技奥运》，科学出版社
	"奥运·创意"丛书之《绿色奥运》，科学出版社
	"奥运·创意"丛书之《人文奥运》，科学出版社
	"奥运·创意"丛书之《和谐奥运》，科学出版社
	"奥运·创意"丛书之《安全奥运》，科学出版社
	"奥运·创意"丛书之《财富奥运》，科学出版社
	"奥运·创意"丛书之《创意奥运》，科学出版社
	《北京——创新之都》，科学出版社
	《中国创意产业发展报告（2008）》，中国经济出版社
2009 年	《中国创意产业发展报告（2009）》，中国经济出版社
	《思想力》，中国人民大学出版社
2010 年	《中国创意产业发展报告（2010）》，中国经济出版社
	《首都文化创意产业标准化》，科学出版社
	《创意起步——中小型创意企业创业指导》，中国经济出版社
	《注意力——创意产业案例之影视戏剧篇》，中国城市出版社
2011 年	《中国创意产业发展报告（2011）》（上、下），中国经济出版社
	《文化创意产业集群发展理论与实践》，科学出版社
	"创意城市蓝皮书"之《北京文化创意产业发展报告 2011》，社科文献出版社
	"创意城市蓝皮书"之《青岛文化创意产业发展报告 2011》，社科文献出版社
2012 年	《中国创意产业发展报告（2012）》，中国经济出版社
	"创意城市蓝皮书"之《北京文化创意产业发展报告 2012》，社科文献出版社
	"创意城市蓝皮书"之《青岛文化创意产业发展报告 2012》，社科文献出版社

续表

2013年	《中国创意产业发展报告（2013）》，中国经济出版社
	《工业遗产的保护与利用——创意经济时代的视角》，北京大学出版社
	《中外文化创意产业政策研究》，科学出版社
	《中国创意产业发展战略》，中国计划出版社
	"创意城市蓝皮书"之《北京文化创意产业发展报告2013》，社科文献出版社
	"创意城市蓝皮书"之《无锡文化创意产业发展报告2013》，社科文献出版社
	"创意城市蓝皮书"之《武汉文化创意产业发展报告2013》，社科文献出版社
2014年	《中国创意产业发展报告（2014）》，中国经济出版社
	《北京文化创意产业功能区发展研究》，中国经济出版社
	"创意城市蓝皮书"之《北京文化创意产业发展报告2014》，社科文献出版社
	"创意城市蓝皮书"之《武汉文化创意产业发展报告2014》，社科文献出版社
	"创意城市蓝皮书"之《无锡文化创意产业发展报告2014》，社科文献出版社
	"创意城市蓝皮书"之《台北文化创意产业发展报告2014》，社科文献出版社
	"创意城市蓝皮书"之《青岛文化创意产业发展报告2013—2014》，社科文献出版社
	"创意城市蓝皮书"之《重庆创意产业发展报告2014》，社科文献出版社
2015年	《中国创意产业发展报告（2015）》，中国经济出版社
	"创意城市蓝皮书"之《北京文化创意产业发展报告2015》，社科文献出版社
	"创意城市蓝皮书"之《武汉文化创意产业发展报告2015》，社科文献出版社
	《北京文化创意产业功能区发展报告2014》，中国经济出版社
	《中国创意城市指数评价体系研究》，中国城市出版社
	《文化产业（文化企业）案例分析》，经济日报出版社
2016年	《中国创意产业发展报告（2016）》，中国经济出版社
	"创意城市蓝皮书"之《北京文化创意产业发展报告2016》，社科文献出版社
	"创意城市蓝皮书"之《武汉文化创意产业发展报告2016》，社科文献出版社
	"创意城市蓝皮书"之《天津文化创意产业发展报告2015—2016》，社科文献出版社
2017年	《中国创意产业发展报告（2017）》，中国经济出版社
	"创意城市蓝皮书"之《北京文化创意产业发展报告2017》，社科文献出版社
	"创意城市蓝皮书"之《武汉文化创意产业发展报告2017》，社科文献出版社

续表

2018年	《中国创意产业发展报告（2018）》，中国经济出版社
	"创意城市蓝皮书"之《北京文化创意产业发展报告2018》，社科文献出版社
	"创意城市蓝皮书"之《武汉文化创意产业发展报告2018》，社科文献出版社
	"创意城市蓝皮书"之《成都市文化创意产业发展报告2018》，社科文献出版社
	"创意城市蓝皮书"之《天津文化创意产业发展报告2017—2018》，社科文献出版社
2019年	《中国创意产业发展报告（2019）》，中国经济出版社
	"创意城市蓝皮书"之《北京文化创意产业发展报告2019》，社科文献出版社
2020年	《中国创意产业发展报告（2020）》，中国经济出版社
	"创意城市蓝皮书"之《北京文化创意产业发展报告2020》，社科文献出版社
	"创意城市蓝皮书"之《成都市文化创意产业发展报告2020》，社科文献出版社
	"创意城市蓝皮书"之《武汉文化创意产业发展报告2019—2020》，社科文献出版社
2021年	"创意城市蓝皮书"之《中国创意产业发展报告（2021）》，中国经济出版社
	"创意城市蓝皮书"之《北京文化创意产业发展报告2021》，社科文献出版社

后 记

《中国创意产业发展报告》是由中国创意产业研究中心编辑发布的品牌性年度蓝皮书。"创意产业"的概念起源于英国,2005年国内已有专家学者开始研究创意产业相关问题,组织学术研讨、论坛会议等活动;2006年第一届"中国北京国际文化创意产业博览会"正式召开,许多地方提出要大力发展文化创意产业,全国主要城市都开启了创意产业发展的大幕,因此,我们说2006年是中国创意产业发展的元年。

由于长期从事软科学研究,结合对当时国家经济发展形势的判断,我敏锐地感觉到创意产业将会是国民经济发展的持续热点,于是在2005年7月组建团队开展前期研究,收集了国内外大量资料,经系统分析、分类梳理和综合研究,提出了较为适合中国实际的创意产业定义和行业范围界定。于是就有了国内第一本创意产业研究蓝皮书——《中国创意产业发展报告2006》,当年5月份由中国经济出版社正式出版。同时我们继续开展深入研究,丰富了创意产业理论,修订了分类指标体系,严格对应国标GB/T4754—2002行业代码,并利用第一次全国经济普查数据进行了产业结构分析和城市评价,对15个典型城市创意产业发展情况进行了排名,出版了《中国创意产业发展报告2007》。

随着研究的持续深入,根据创意产业主要在城市发展的实际,从《中国创意产业发展报告2008》开始,我们确立了自己独特的蓝皮书结构范式,即通过若干重点城市创意产业的发展反映全国总体情况和趋势,每年重点关注一个主题,形成了总报告、分城市报告、评析的三块板结构,一直延续下来。到目前已经研究覆盖了全国50多个城市,较为全面地记录了中国创意产业发展的历程,展示了各个创意城市风采,也为业内专家学者提供了交流平台,产生了广泛影响。(其中2011报告分上、下两卷,下卷利用第二次全国经济普查数据对60个城市进行评价分析排名,个别年份增加了新视点和指数发布作为补充)

《中国创意产业发展报告》关注重点城市文化创意产业发展状况,持续对中国文化创意产业发展环境、发展理论、发展政策、发展规模和发展现状进行紧密追踪和综合描述,并对发展趋势作出基本判断。由于每个城市只有一章2万字的篇幅,对于像北京、天津、武汉等综合性大城市来说不能系统全面反映其创意产业发展全貌。于是,从2011年开始,我们又策划了《创意城市蓝皮书》城市单行本,由社会科学文献出版社出版。在相关合作城市研究团队的共同努力下,十年间已有北京、青岛、武汉、无锡、台北、重庆、天津、成都8个城市28本蓝皮书出版,成为专题蓝皮书跨区域出版的范例,在文化创意产业领域形成了城市联动效应。其中我们自己编撰的《北京文化创意产业发展报告》(已出版10本)已成为首都13个高端智库的重要成果,为北京市文化创意产业发展见证、发声、建言献策。

进入2021年,与时俱进,我们决定将《中国创意产业发展报告》也纳入《创意城市蓝皮书》体系中,形成中国报告和城市报告一体化的蓝皮书品牌,希望创意城市蓝皮书产生的品牌影响力推动中国从"大力发展创意产业"走向"重点建设创意城市",实现城市更新与产业升级。

《创意城市蓝皮书》可为政府相关部门制定文化创意产业发展战略提供决策支持,为文化创意企业的市场判断提供参考,为高等院校、科研院所、咨询机构以及行业协会等提供文化创意产业研究与发展的最新成果,为国内其他城市发展文化创意产业提供经验借鉴。

张京成

2021年7月